老吕专硕系列

MBA/MPA/MPAcc

主编 ◎ 吕建刚

管理类联考
老·吕·综·合
—— 真题超精解 ——

（试卷版）

（第3版）

北京理工大学出版社
BEIJING INSTITUTE OF TECHNOLOGY PRESS

如何高效使用真题?

所有同学都知道,真题是考研备考的重中之重,那么,如何高效使用真题呢?我认为,至少分为两个步骤。

第一步,当然是限时模考。《老吕综合真题超精解(试卷版)》提供了完整的真题套卷和标准答题卡,就是为了方便你模考。

老吕要求你严格按照 3 小时的做题时间,排除一切干扰,从写名字到做题、涂卡、写作文,进行限时模考。通过限时模考,我们能调整做题顺序、把握做题速度、测试自我水平、进行查缺补漏。

另外,老吕发现有很多同学在模考时懒得写作文,或者做题太慢没时间写作文。你进了考场也懒得写作文吗? 模考,没有人监督你,但请不要自欺欺人!

但使用真题的关键是第二步,就是模考后,使用《老吕综合真题超精解(母题分类版)》进行题型总结。为什么呢,理由如下。

1. 数学的命题特点是重点题型反复考

来看一道 2019 年的真题:

设圆 C 与圆 $(x-5)^2+y^2=2$ 关于直线 $y=2x$ 对称,则圆 C 的方程为( ).

(A) $(x-3)^2+(y-4)^2=2$　　　　　　(B) $(x+4)^2+(y-3)^2=2$

(C) $(x-3)^2+(y+4)^2=2$　　　　　　(D) $(x+3)^2+(y+4)^2=2$

(E) $(x+3)^2+(y-4)^2=2$

这一道题曾在 2010 年考过近似题,如下:

圆 C_1 是圆 $C_2:x^2+y^2+2x-6y-14=0$ 关于直线 $y=x$ 的对称圆.

(1) 圆 $C_1:x^2+y^2-2x-6y-14=0$.

(2) 圆 $C_2:x^2+y^2+2y-6x-14=0$.

再看一道 2019 年的真题:

某单位要铺设草坪,若甲、乙两公司合作需要 6 天完成,工时费共计 2.4 万元;若甲公司单独做 4 天后由乙公司接着做 9 天完成,工时费共计 2.35 万元.若由甲公司单独完成该项目,则工时费共计( )万元.

(A) 2.25　　　(B) 2.35　　　(C) 2.4　　　(D) 2.45　　　(E) 2.5

这一道题曾在 2015 年考过近似题,如下:

一项工作,甲、乙合作需要 2 天,人工费 2 900 元;乙、丙合作需要 4 天,人工费 2 600 元;甲、丙合作 2 天完成了全部工作量的 $\dfrac{5}{6}$,人工费 2 400 元.甲单独做该工作需要的时间和人工费分别为( ).

(A)3 天,3 000 元 　　　　　　　　(B)3 天,2 850 元
(C)3 天,2 700 元 　　　　　　　　(D)4 天,3 000 元
(E)4 天,2 900 元

再看一道 2019 年的真题:

设数列 $\{a_n\}$ 满足 $a_1=0, a_{n+1}-2a_n=1$,则 $a_{100}=$(　　).
(A)$2^{99}-1$　　(B)2^{99}　　(C)$2^{99}+1$　　(D)$2^{100}-1$　　(E)$2^{100}+1$

这一道题在 2019 版《老吕数学要点精编》中有原题,如下:

数列 $\{a_n\}$ 中,$a_1=1, a_{n+1}=3a_n+1$,求数列的通项公式.

受篇幅所限,老吕不再一一列举真题,但老吕可以很负责任地和你说,数学 90%以上的题目是以前考过或者老吕的书上写过的题。因此,数学备考一定要总结题型,也就是搞定母题。

2. 逻辑的命题特点也是重点题型反复考

自 1997 年到现在,仅管理类联考和管理类联考的前身 MBA 联考,就考了 1 500 余道逻辑题,而逻辑只有三四十个知识点,这意味着什么？就是所有题目,都在以前考过十几二十次,"新瓶装旧酒"而已。

来看一道 2019 年的真题:

新常态下,消费需求发生深刻变化,消费拉开档次,个性化、多样化消费渐成主流,在相当一部分消费者那里,对产品质量的追求压倒了对价格的考虑。供给侧结构性改革,说到底是满足需求。低质量的产能必然会过剩,而顺应市场需求不断更新换代的产能不会过剩。

根据以上陈述,可以得出以下哪项？
(A)只有质优价高的产品才能满足需求。
(B)顺应市场需求不断更新换代的产能不是低质量的产能。
(C)低质量的产能不能满足个性化需求。
(D)只有不断更新换代的产品才能满足个性化、多样化消费的需求。
(E)新常态下,必须进行供给侧结构性改革。

此题考查的是箭头的串联,你可以在近 12 年真题中找到 30 余道相似题(受篇幅所限,老吕不再一一列举)。

再看一道 2018 年的真题:

唐代韩愈在《师说》中指出:"孔子曰:三人行,则必有我师。是故弟子不必不如师,师不必贤于弟子,闻道有先后,术业有专攻,如是而已。"

根据上述韩愈的观点,可以得出以下哪项？
(A)有的弟子必然不如师。
(B)有的弟子可能不如师。
(C)有的师不可能贤于弟子。
(D)有的弟子可能不贤于师。
(E)有的师可能不贤于弟子。

此题考查的是简单命题的负命题,你可以在近 12 年真题中找到约 10 道相似题(受篇幅所限,老吕不再一一列举)。

再看一道 2016 年的真题：

近年来，越来越多的机器人被用于在战场上执行侦察、运输、拆弹等任务，甚至将来冲锋陷阵的都不再是人，而是形形色色的机器人。人类战争正在经历自核武器诞生以来最深刻的革命。有专家据此分析指出，机器人战争技术的出现可以使人类远离危险，更安全、更有效率地实现战争目标。

以下哪项如果为真，最能质疑上述专家的观点？

(A) 现代人类掌控机器人，但未来机器人可能会掌控人类。
(B) 因不同国家之间军事科技实力的差距，机器人战争技术只会让部分国家远离危险。
(C) 机器人战争技术有助于摆脱以往大规模杀戮的血腥模式，从而让现代战争变得更为人道。
(D) 掌握机器人战争技术的国家为数不多，将来战争的发生更为频繁也更为血腥。
(E) 全球化时代的机器人战争技术要消耗更多资源，破坏生态环境。

此题考查的是对措施目的的削弱，你可以在近 12 年真题中找到约 10 道相似题（受篇幅所限，老吕不再一一列举）。

可见，逻辑备考的关键，也是题型总结，也就是搞定母题。

3. 写作的命题大方向不变

首先，论证有效性分析是典型的套路化文章，常见的逻辑谬误都有固定的写作套路，而且，也都在真题里曾出现过。

常见的论证有效性分析母题如下：

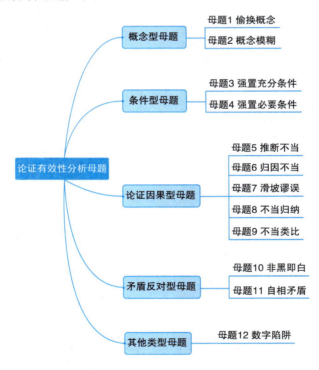

其次，论说文真题看起来变化多端，实际上考的都是管理者素养、企业管理、社会治理三个方向。本质上来说，都是对考生管理决策能力的考查，因此，论说文母题的思路如下：

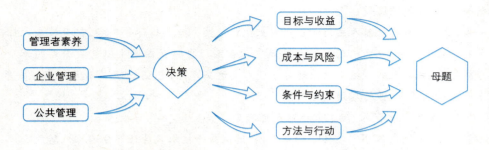

综上所述,我们把最新版的《老吕综合真题超精解》分为"试卷版"和"母题分类版"两个版本共 **4** 本书,就是为了满足大家的模考和总结需要。这套书的使用思路如下:

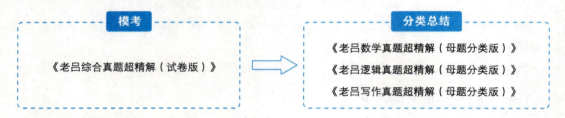

最后,真题是考研备考的重中之重,希望这套书能帮助大家考上梦想中的名校,实现你的人生理想。让我们一起努力,让我们一直努力!加油。

吕建刚

版权专有　侵权必究

图书在版编目（CIP）数据

管理类联考·老吕综合真题超精解：试卷版/吕建刚主编.—3版.—北京：北京理工大学出版社，2019.3（2020.3重印）

ISBN 978-7-5682-6870-7

Ⅰ.①管… Ⅱ.①吕… Ⅲ.①管理学－研究生－入学考试－题解 Ⅳ.①C93-44

中国版本图书馆CIP数据核字（2019）第052075号

出版发行 / 北京理工大学出版社有限责任公司
社　　址 / 北京市海淀区中关村南大街5号
邮　　编 / 100081
电　　话 / (010) 68914775（总编室）
　　　　　 (010) 82562903（教材售后服务热线）
　　　　　 (010) 68948351（其他图书服务热线）
网　　址 / http://www.bitpress.com.cn
经　　销 / 全国各地新华书店
印　　刷 / 保定市中画美凯印刷有限公司
开　　本 / 787毫米×1092毫米　1/16
印　　张 / 24.5　　　　　　　　　　　　　　　　　责任编辑 / 多海鹏
字　　数 / 575千字　　　　　　　　　　　　　　　文案编辑 / 多海鹏
版　　次 / 2019年3月第3版　2020年3月第3次印刷　责任校对 / 周瑞红
定　　价 / 69.80元　　　　　　　　　　　　　　　责任印制 / 李志强

图书出现印装质量问题，请拨打售后服务热线，本社负责调换

绝密★启用前

2009年全国硕士研究生招生考试
管理类专业学位联考综合能力试题

(科目代码:199)

考试时间:8:30—11:30

考生注意事项

1. 答题前,考生须在试题册指定位置上填写考生姓名和考生编号;在答题卡指定位置上填写报考单位、考生姓名和考生编号,并涂写考生编号信息点。
2. 选择题的答案必须涂写在答题卡相应题号的选项上,非选择题的答案必须书写在答题卡指定位置的边框区域内。超出答题区域书写的答案无效;在草稿纸、试题册上答题无效。
3. 填(书)写部分必须使用黑色字迹签字笔或者钢笔书写,字迹工整、笔迹清楚;涂写部分必须使用2B铅笔填涂。
4. 考试结束,将答题卡和试题册按规定交回。

考生编号															
考生姓名															

一、问题求解：第 1～15 小题，每小题 3 分，共 45 分。下列每题给出的（A）、（B）、（C）、（D）、（E）五个选项中，只有一项是符合试题要求的。请在答题卡上将所选项的字母涂黑。

1. 一家商店为回收资金，把甲、乙两件商品以 480 元一件卖出，已知甲商品赚了 20%，乙商品亏了 20%，则商店盈亏结果为（　　）．

   (A)不亏不赚　　　　　　　　(B)亏了 50 元　　　　　　　　(C)赚了 50 元

   (D)赚了 40 元　　　　　　　(E)亏了 40 元

2. 某国参加北京奥运会的男、女运动员的比例原为 19∶12，由于先增加若干名女运动员，使男、女运动员的比例变为 20∶13，后又增加了若干名男运动员，于是男、女运动员比例最终变为 30∶19，如果后增加的男运动员比先增加的女运动员多 3 人，则最后运动员的总人数为（　　）．

   (A)686　　　　(B)637　　　　(C)700　　　　(D)661　　　　(E)600

3. 某工厂定期购买一种原料，已知该厂每天需用该原料 6 吨，每吨价格 1 800 元，原料的保管等费用平均每天每吨 3 元，每次购买原料需支付运费 900 元，若该工厂要使平均每天支付的总费用最省，则应该每（　　）天购买一次原料．

   (A)11　　　　(B)10　　　　(C)9　　　　(D)8　　　　(E)7

4. 在某实验中，三个试管各盛水若干克．现将浓度为 12% 的盐水 10 克倒入 A 管中，混合后，取 10 克倒入 B 管中，混合后再取 10 克倒入 C 管中，结果 A,B,C 三个试管中盐水的浓度分别为 6%,2%,0.5%，那么三个试管中原来盛水最多的试管及其盛水量各是（　　）．

   (A)A 试管,10 克　　　　　　(B)B 试管,20 克　　　　　　(C)C 试管,30 克

   (D)B 试管,40 克　　　　　　(E)C 试管,50 克

5. 一艘轮船往返航行于甲、乙两个码头之间，若船在静水中的速度不变，则当这条河的水流速度增加 50% 时，往返一次所需的时间比原来将（　　）．

   (A)增加　　　　　　　　　　(B)减少半个小时　　　　　　(C)不变

   (D)减少一个小时　　　　　　(E)无法判断

6. 方程 $|x-|2x+1||=4$ 的根是（　　）．

   (A)$x=-5$ 或 $x=1$　　　　(B)$x=5$ 或 $x=-1$　　　　(C)$x=3$ 或 $x=-\dfrac{5}{3}$

   (D)$x=-3$ 或 $x=\dfrac{5}{3}$　　　(E)不存在

7. $3x^2+bx+c=0(c\neq 0)$ 的两个根为 α、β，如果又以 $\alpha+\beta$，$\alpha\beta$ 为根的一元二次方程是 $3x^2-bx+c=0$，则 b 和 c 分别为（　　）．

   (A)2,6　　　　(B)3,4　　　　(C)$-2,-6$

   (D)$-3,-6$　　　(E)以上结果都不正确

8. 若 $(1+x)+(1+x)^2+\cdots+(1+x)^n=a_1(x-1)+2a_2(x-1)^2+\cdots+na_n(x-1)^n$，则 $a_1+2a_2+3a_3+\cdots+na_n=$（　　）．

   (A)$\dfrac{3^n-1}{2}$　　(B)$\dfrac{3^{n+1}-1}{2}$　　(C)$\dfrac{3^{n+1}-3}{2}$　　(D)$\dfrac{3^n-3}{2}$　　(E)$\dfrac{3^n-3}{4}$

9. 在36人中,血型情况如下:A型12人,B型10人,AB型8人,O型6人,若从中随机选出两人,则两人血型相同的概率是( ).

(A) $\dfrac{77}{315}$ (B) $\dfrac{44}{315}$ (C) $\dfrac{33}{315}$

(D) $\dfrac{9}{122}$ (E)以上结果都不正确

10. 湖中有四个小岛,它们的位置恰好近似构成正方形的四个顶点,若要修建三座桥将这四个小岛连接起来,则不同的建桥方案有( )种.

(A)12 (B)16 (C)18 (D)20 (E)24

11. 若数列$\{a_n\}$中,$a_n \neq 0(n \geq 1)$,$a_1 = \dfrac{1}{2}$,前n项和S_n满足$a_n = \dfrac{2S_n^2}{2S_n-1}(n \geq 2)$,则$\left\{\dfrac{1}{S_n}\right\}$是( ).

(A)首项为2,公比为$\dfrac{1}{2}$的等比数列

(B)首项为2,公比为2的等比数列

(C)既非等差数列也非等比数列

(D)首项为2,公差为$\dfrac{1}{2}$的等差数列

(E)首项为2,公差为2的等差数列

12. 直角三角形ABC的斜边$AB=13$厘米,直角边$AC=5$厘米,把AC对折到AB上去与斜边重合,点C与点E重合,折痕为AD(如图1所示),则图中阴影部分的面积为( )平方厘米.

(A)20 (B)$\dfrac{40}{3}$ (C)$\dfrac{38}{3}$

(D)14 (E)12

13. 设直线$nx+(n+1)y=1$(n为正整数)与两坐标轴围成的三角形面积为$S_n(n=1,2,\cdots,2009)$,则$S_1+S_2+\cdots+S_{2009}=$( ).

(A) $\dfrac{1}{2} \times \dfrac{2\,009}{2\,008}$ (B) $\dfrac{1}{2} \times \dfrac{2\,008}{2\,009}$ (C) $\dfrac{1}{2} \times \dfrac{2\,009}{2\,010}$

(D) $\dfrac{1}{2} \times \dfrac{2\,010}{2\,009}$ (E)以上结论都不正确

14. 若圆$C:(x+1)^2+(y-1)^2=1$与x轴交于A点,与y轴交于B点,则与此圆相切于劣弧AB的中点M(注:小于半圆的弧称为劣弧)的切线方程是( ).

(A) $y=x+2-\sqrt{2}$ (B) $y=x+1-\dfrac{1}{\sqrt{2}}$ (C) $y=x-1+\dfrac{1}{\sqrt{2}}$

(D) $y=x-2+\sqrt{2}$ (E) $y=x+1-\sqrt{2}$

15. 已知实数a,b,x,y满足$y+|\sqrt{x}-\sqrt{2}|=1-a^2$和$|x-2|=y-1-b^2$,则$3^{x+y}+3^{a+b}=$( ).

(A)25 (B)26 (C)27 (D)28 (E)29

二、**条件充分性判断**：第 16～25 小题，每小题 3 分，共 30 分。要求判断每题给出的条件（1）和条件（2）能否充分支持题干所陈述的结论。（A）、（B）、（C）、（D）、（E）五个选项为判断结果，请选择一项符合试题要求的判断，在答题卡上将所选项的字母涂黑。

(A)条件(1)充分,但条件(2)不充分.

(B)条件(2)充分,但条件(1)不充分.

(C)条件(1)和条件(2)单独都不充分,但条件(1)和条件(2)联合起来充分.

(D)条件(1)充分,条件(2)也充分.

(E)条件(1)和条件(2)单独都不充分,条件(1)和条件(2)联合起来也不充分.

16. $a_1^2 + a_2^2 + a_3^2 + \cdots + a_n^2 = \dfrac{1}{3}(4^n - 1)$.

    (1)数列$\{a_n\}$的通项公式为 $a_n = 2^n$.

    (2)在数列$\{a_n\}$中,对任意正整数 n,有 $a_1 + a_2 + a_3 + \cdots + a_n = 2^n - 1$.

17. A 企业的职工人数今年比前年增加了 30%.

    (1)A 企业的职工人数去年比前年减少了 20%.

    (2)A 企业的职工人数今年比去年增加了 50%.

18. $|\log_a x| > 1$.

    (1)$x \in [2, 4]$, $\dfrac{1}{2} < a < 1$.

    (2)$x \in [4, 6]$, $1 < a < 2$.

19. 对于使 $\dfrac{ax + 7}{bx + 11}$ 有意义的一切 x 的值,这个分式为一个定值.

    (1)$7a - 11b = 0$.

    (2)$11a - 7b = 0$.

20. $\dfrac{a^2 - b^2}{19a^2 + 96b^2} = \dfrac{1}{134}$.

    (1)a, b 均为实数,且 $|a^2 - 2| + (a^2 - b^2 - 1)^2 = 0$.

    (2)a, b 均为实数,且 $\dfrac{a^2 b^2}{a^4 - 2b^4} = 1$.

21. $2a^2 - 5a - 2 + \dfrac{3}{a^2 + 1} = -1$.

    (1)a 是方程 $x^2 - 3x + 1 = 0$ 的根.

    (2)$|a| = 1$.

22. 点(s, t)落入圆$(x - a)^2 + (y - a)^2 = a^2$ 内的概率是 $\dfrac{1}{4}$.

    (1)s, t 是连续掷一枚骰子两次所得到的点数,$a = 3$.

    (2)s, t 是连续掷一枚骰子两次所得到的点数,$a = 2$.

23. $(x^2 - 2x - 8)(2 - x)(2x - 2x^2 - 6) > 0$.

    (1)$x \in (-3, -2)$.

(2) $x \in [2,3]$.

24. 圆 $(x-1)^2+(y-2)^2=4$ 和直线 $(1+2\lambda)x+(1-\lambda)y-3-3\lambda=0$ 相交于两点.

    (1) $\lambda = \dfrac{2\sqrt{3}}{5}$.

    (2) $\lambda = \dfrac{5\sqrt{3}}{2}$.

25. $\{a_n\}$ 的前 n 项和 S_n 与 $\{b_n\}$ 的前 n 项和 T_n 满足 $S_{19} : T_{19} = 3 : 2$.

    (1) $\{a_n\}$ 和 $\{b_n\}$ 是等差数列.

    (2) $a_{10} : b_{10} = 3 : 2$.

三、逻辑推理：第 26～55 小题，每小题 2 分，共 60 分。下列每题给出的 (A)、(B)、(C)、(D)、(E) 五个选项中，只有一项是符合试题要求的。请在答题卡上将所选项的字母涂黑。

26. 某中学发现有学生在课余时间用扑克玩带有赌博性质的游戏，因此规定学生不得带扑克进入学校，不过即使是硬币，也可以用作赌具，但禁止学生带硬币进入学校是不可思议的，因此，禁止学生带扑克进入学校是荒谬的。

    以下哪项如果为真，最能削弱上述论证？

    (A) 禁止带扑克进入学校不能阻止学生在校外赌博。

    (B) 硬币作为赌具远不如扑克方便。

    (C) 很难查明学生是否带扑克进入学校。

    (D) 赌博不但败坏校风，而且影响学生的学习成绩。

    (E) 有的学生玩扑克不涉及赌博。

27. 甲、乙、丙和丁四人进入某围棋邀请赛半决赛，最后要决出一名冠军。张、王和李三人对结果作了如下预测：

    张：冠军不是丙。

    王：冠军是乙。

    李：冠军是甲。

    已知张、王、李三人中恰有一人的预测正确，则以下哪项为真？

    (A) 冠军是甲。　　　　　(B) 冠军是乙。　　　　　(C) 冠军是丙。

    (D) 冠军是丁。　　　　　(E) 无法确定冠军是谁。

28. 除非年龄在 50 岁以下，并且能持续游泳 3 000 米以上，否则不能参加下个月举行的花样横渡长江活动。同时，高血压和心脏病患者不能参加。老黄能持续游泳 3 000 米以上，但没有被批准参加这项活动。

    以上断定能推出以下哪项结论？

    Ⅰ. 老黄的年龄至少 50 岁。

    Ⅱ. 老黄患有高血压。

    Ⅲ. 老黄患有心脏病。

    (A) 仅Ⅰ。　　　　　(B) 仅Ⅱ。　　　　　(C) 仅Ⅲ。

(D)Ⅰ,Ⅱ和Ⅲ至少有一。 (E)Ⅰ,Ⅱ和Ⅲ都不能从题干推出。

29. 一项对西部山区小塘村的调查发现:小塘村约五分之三的儿童入中学后出现中度以上的近视,而他们的父母及祖辈,没有机会到正规学校接受教育,很少出现近视。
    以下哪项作为上述断定的结论最为恰当?
    (A)接受文化教育是造成近视的原因。
    (B)只有在儿童时期接受正式教育才易于成为近视。
    (C)阅读和课堂作业带来的视觉压力必然造成儿童的近视。
    (D)文化教育的发展和近视现象的出现有密切的关系。
    (E)小塘村约五分之二的儿童是文盲。

30. 小李考上了清华,或者小孙没考上北大。
    增加以下哪项条件,能推出小李考上了清华?
    (A)小张和小孙至少有一人未考上北大。
    (B)小张和小李至少有一人未考上清华。
    (C)小张和小孙都考上了北大。
    (D)小张和小李都未考上清华。
    (E)小张和小孙都未考上北大。

31. 大李和小王是某报新闻部的编辑,该报总编计划从新闻部抽调人员到经济部。总编决定:未经大李和小王本人同意,将不调动两人。大李告诉总编:"我不同意调动,除非我知道小王是否调动。"
    小王说:"除非我知道大李是否调动,否则我不同意调动。"
    如果上述三人坚持各自的决定,则可推出以下哪项结论?
    (A)两人都不可能调动。
    (B)两人都可能调动。
    (C)两人至少有一人可能调动,但不可能两人都调动。
    (D)要么两人都调动,要么两人都不调动。
    (E)题干的条件推不出关于两人调动的确定结论。

32. 去年经纬汽车专卖店调高了营销人员的营销业绩奖励比例。专卖店李经理打算新的一年继续执行该奖励比例,因为去年该店的汽车销售数量较前年增加了16%。陈副经理对此持怀疑态度。她指出,他们的竞争对手并没有调整营销人员的奖励比例,但在过去的一年中也出现了类似的增长。
    以下哪项最为恰当地概括了陈副经理的质疑方法?
    (A)运用一个反例,否定李经理的一般性结论。
    (B)运用一个反例,说明李经理的论据不符合事实。
    (C)运用一个反例,说明李经理的论据虽然成立,但不足以推出结论。
    (D)指出李经理的论证对一个关键概念的理解和运用有误。
    (E)指出李经理的论证中包含自相矛盾的假设。

33. 某综合性大学只有理科与文科,理科学生多于文科学生,女生多于男生。
    如果上述断定为真,则以下哪项关于该大学学生的断定也一定为真?

Ⅰ. 文科的女生多于文科的男生。

Ⅱ. 理科的男生多于文科的男生。

Ⅲ. 理科的女生多于文科的男生。

(A)仅Ⅰ和Ⅱ。 (B)仅Ⅲ。 (C)仅Ⅱ和Ⅲ。

(D)Ⅰ、Ⅱ和Ⅲ。 (E)Ⅰ、Ⅱ和Ⅲ都不一定为真。

34. 对本届奥运会所有奖牌获得者进行了尿样化验,没有发现兴奋剂使用者。

如果以上陈述为假,则以下哪项一定为真?

Ⅰ. 或者有的奖牌获得者没有化验尿样,或者在奖牌获得者中发现了兴奋剂使用者。

Ⅱ. 虽然有的奖牌获得者没有化验尿样,但还是发现了兴奋剂使用者。

Ⅲ. 如果对所有的奖牌获得者进行了尿样化验,则一定发现了兴奋剂使用者。

(A)仅Ⅰ。 (B)仅Ⅱ。 (C)仅Ⅲ。 (D)仅Ⅰ和Ⅲ。 (E)仅Ⅰ和Ⅱ。

35. 某地区过去三年日常生活必需品平均价格增长了30%。在同一时期,购买日常生活必需品的开支占家庭平均月收入的比例并未发生变化。因此,过去三年家庭平均收入一定也增长了30%。

以下哪项最可能是上述论证所假设的?

(A)在过去的三年中,平均每个家庭购买的日常生活必需品数量和质量没有变化。

(B)在过去的三年中,除生活必需品外,其他商品平均价格的增长低于30%。

(C)在过去的三年中,该地区家庭数量增长了30%。

(D)在过去的三年中,家庭用于购买高档消费品的平均开支明显减少。

(E)在过去的三年中,家庭平均生活水平下降了。

36～37题基于以下题干:

张教授:在南美洲发现的史前木质工具存在于13 000年以前。有的考古学家认为,这些工具是其祖先从西伯利亚迁徙到阿拉斯加的人群使用的。这一观点难以成立,因为要到达南美洲,这些人群必须在13 000年前经历长途跋涉,而在从阿拉斯加到南美洲之间,从未发现13 000年前的木质工具。

李研究员:您恐怕忽视了,这些木质工具是在泥煤沼泽中发现的,北美很少有泥煤沼泽。木质工具在普通的泥土中几年内就会腐烂化解。

36. 以下哪项最为准确地概括了张教授与李研究员所讨论的问题?

(A)上述史前木质工具是否是其祖先从西伯利亚迁徙到阿拉斯加的人群使用的?

(B)张教授的论据是否能推翻上述考古学家的结论?

(C)上述人群是否可能在13 000年前完成从阿拉斯加到南美洲的长途跋涉?

(D)上述木质工具是否只有在泥煤沼泽中才不会腐烂化解?

(E)上述史前木质工具存在于13 000年以前的断定是否有足够的根据?

37. 以下哪项最为准确地概括了李研究员的应对方法?

(A)指出张教授的论据违背事实。

(B)引用与张教授的结论相左的权威性研究成果。

(C)指出张教授曲解了考古学家的观点。

(D)质疑张教授的隐含假设。

(E)指出张教授的论据实际上否定其结论。

38. 一些人类学家认为,如果不具备应付各种自然环境的能力,人类在史前年代就不可能幸存下来。然而相当多的证据表明,阿法种南猿——一种与早期人类有关的史前物种,在各种自然环境中顽强生存的能力并不亚于史前人类,但最终灭绝了。因此,人类学家的上述观点是错误的。

上述推理的漏洞也类似地出现在以下哪项中?

(A)大张认识到赌博是有害的,但就是改不掉。因此,"不认识错误就不能改正错误"这一断定是不成立的。

(B)已经找到了证明造成艾克矿难是操作失误的证据。因此,关于艾克矿难起因于设备老化、年久失修的猜测是不成立的。

(C)大李图便宜,买了双旅游鞋,没穿几天就坏了。因此,怀疑"便宜无好货"是没道理的。

(D)既然不怀疑小赵可能考上大学,那就没有理由担心小赵可能考不上大学。

(E)既然怀疑小赵一定能考上大学,那就没有理由怀疑小赵一定考不上大学。

39. 关于甲班体育达标测试,三位老师有如下预测:

张老师说:"不会所有人都不及格。"

李老师说:"有人会不及格。"

王老师说:"班长和学习委员都能及格。"

如果三位老师中只有一人的预测正确,则以下哪项一定真?

(A)班长和学习委员都没及格。

(B)班长和学习委员都及格了。

(C)班长及格,但学习委员没及格。

(D)班长没及格,但学习委员及格了。

(E)以上各项都不一定为真。

40~41题基于以下题干:

因为照片的影像是通过光线与胶片的接触形成的,所以每张照片都具有一定的真实性。但是,从不同角度拍摄的照片总是反映了物体某个侧面的真实,而不是全部的真实。在这个意义上,照片又是不真实的。因此,在目前的技术条件下,以照片作为证据是不恰当的,特别是在法庭上。

40. 以下哪项是上述论证所假设的?

(A)不完全反映全部真实的东西不能成为恰当的证据。

(B)全部的真实性是不可把握的。

(C)目前的法庭审理都把照片作为重要物证。

(D)如果从不同角度拍摄一个物体,就可以把握它的全部真实性。

(E)法庭具有判定任一证据真伪的能力。

41. 以下哪项如果为真,最能削弱上述论证?

(A)摄影技术是不断发展的,理论上说,全景照片可以从外观上反映物体的全部真实。

(B)任何证据只需要反映事实的某个侧面。

(C)在法庭审理中,有些照片虽然不能成为证据,但有重要的参考价值。

(D)有些照片是通过技术手段合成或伪造的。

(E)就反映真实性而言,照片的质量有很大的差别。

42. 如果一个学校的大多数学生都具备足够的文学欣赏水平和道德自律意识,那么,像《红粉梦》和《演艺十八钗》这样的出版物就不可能成为在该校学生中销售最多的书。去年在H学院的学生中,《演艺十八钗》的销售量仅次于《红粉梦》。

如果上述断定为真,则以下哪项一定为真?

Ⅰ. 去年H学院的大多数学生都购买了《红粉梦》或《演艺十八钗》。

Ⅱ. H学院的大多数学生既不具备足够的文学欣赏水平,也不具备足够的道德自律意识。

Ⅲ. H学院至少有些学生不具备足够的文学欣赏水平,或者不具备足够的道德自律意识。

(A)仅Ⅰ。　　　　　　　(B)仅Ⅱ。　　　　　　　(C)仅Ⅲ。

(D)仅Ⅱ和Ⅲ。　　　　　(E)Ⅰ、Ⅱ和Ⅲ。

43. 这次新机种试飞只是一次例行试验,既不能算成功,也不能算不成功。

以下哪项对于题干的评价最为恰当?

(A)题干的陈述没有漏洞。

(B)题干的陈述有漏洞,这一漏洞也出现在后面的陈述中:这次关于物价问题的社会调查结果,既不能说完全反映了民意,也不能说一点也没有反映民意。

(C)题干的陈述有漏洞,这一漏洞也出现在后面的陈述中:这次考前辅导,既不能说完全成功,也不能说彻底失败。

(D)题干的陈述有漏洞,这一漏洞也出现在后面的陈述中:人有特异功能,既不是被事实证明的科学结论,也不是纯属欺诈的伪科学结论。

(E)题干的陈述有漏洞,这一漏洞也出现在后面的陈述中:在即将举行的大学生辩论赛中,我不认为我校代表队一定能进入前四名,我也不认为我校代表队可能进不了前四名。

44. S市持有驾驶证的人员数量较五年前增加了数十万,但交通死亡事故却较五年前有明显的减少。

由此可以得出结论:目前S市驾驶员的驾驶技术熟练程度较五年前有明显的提高。

以下各项如果为真,都能削弱上述论证,除了:

(A)交通事故的主要原因是驾驶员违反交通规则。

(B)目前S市的交通管理力度较五年前有明显加强。

(C)S市加强对驾校的管理,提高了对新驾驶员的培训标准。

(D)由于油价上涨,许多车主改乘公交车或地铁上下班。

(E)S市目前的道路状况及安全设施较五年前有明显改善。

45. 肖群一周工作五天,除非这周内有法定休假日。除了周五在志愿者协会,其余四天肖群都在太平洋保险公司上班。上周没有法定休假日。因此,上周的周一、周二、周三和周四肖群一定在太平洋保险公司上班。

以下哪项是上述论证所假设的?

(A)一周内不可能出现两天以上的法定休假日。

(B)太平洋保险公司实行每周四天工作日制度。

(C)上周的周六和周日肖群没有上班。

(D)肖群在志愿者协会的工作与保险业有关。

(E)肖群是个称职的雇员。

46. 在接受治疗的腰肌劳损患者中,有人只接受理疗,也有人接受理疗与药物双重治疗。前者可以得到与后者相同的预期治疗效果。对于上述接受药物治疗的腰肌劳损患者来说,此种药物对于获得预期的治疗效果是不可缺少的。

如果上述断定为真,则以下哪项一定为真?

Ⅰ. 对于一部分腰肌劳损患者来说,要配合理疗取得治疗效果,药物治疗是不可缺少的。

Ⅱ. 对于一部分腰肌劳损患者来说,要取得治疗效果,药物治疗不是不可缺少的。

Ⅲ. 对于所有腰肌劳损患者来说,要取得治疗效果,理疗是不可缺少的。

(A)仅Ⅰ。　　(B)仅Ⅱ。　　(C)仅Ⅲ。　　(D)仅Ⅰ和Ⅱ。　　(E)Ⅰ、Ⅱ和Ⅲ。

47. 在潮湿的气候中仙人掌很难成活,在寒冷的气候中柑橘很难生长。在某省的大部分地区,仙人掌和柑橘至少有一种不难成活或生长。

如果上述断定为真,则以下哪项一定为假?

(A)该省的一半地区,既潮湿又寒冷。

(B)该省的大部分地区炎热。

(C)该省的大部分地区潮湿。

(D)该省的某些地区既不寒冷也不潮湿。

(E)柑橘在该省的所有地区都无法生长。

48. 主持人:有网友称你为"国学巫师",也有网友称你为"国学大师"。你认为哪个名称更适合你?

上述提问中的不当也存在于以下各项中,除了:

(A)你要社会主义的低速度,还是资本主义的高速度?

(B)你主张为了发展可以牺牲环境,还是主张宁可不发展也不能破坏环境?

(C)你认为人都自私,还是认为人都不自私?

(D)你认为"9·11"恐怖袭击必然发生,还是认为有可能避免?

(E)你认为中国队必然夺冠,还是认为不可能夺冠?

49. 张珊:不同于"刀""枪""箭""戟","之""乎""者""也"这些字无确定所指。

李思:我同意。因为"之""乎""者""也"这些字无意义。因此,应当在现代汉语中废止。

以下哪项最有可能是李思认为张珊的断定所蕴含的意思?

(A)除非一个字无意义,否则一定有确定所指。

(B)如果一个字有确定所指,则它一定有意义。

(C)如果一个字无确定所指,则应当在现代汉语中废止。

(D)只有无确定所指的字,才应当在现代汉语中废止。

(E)大多数的字都有确定所指。

50. 中国要拥有一流的国家实力,必须有一流的教育。只有拥有一流的国家实力,中国才能做出应有的国际贡献。

以下各项都符合题干的意思,除了:

(A)中国难以做出应有的国际贡献,除非拥有一流的教育。

(B)只要中国拥有一流的教育,就能做出应有的国际贡献。

(C)如果中国拥有一流的国家实力,就不会没有一流的教育。

(D)不能设想中国做出了应有的国际贡献,但缺乏一流的教育。

(E)中国面临选择:或者放弃应尽的国际义务,或者创造一流的教育。

51. 科学离不开测量,测量离不开长度单位。千米、米、分米、厘米等基本长度单位的确立完全是一种人为约定。因此,科学的结论完全是一种人的主观约定,谈不上客观的标准。

以下哪项与题干的论证最为类似?

(A)建立良好的社会保障体系离不开强大的综合国力,强大的综合国力离不开一流的国民教育。因此,要建立良好的社会保障体系,必须有一流的国民教育。

(B)做规模生意离不开做广告,做广告就要有大额资金投入。不是所有人都能有大额资金投入。因此,不是所有人都能做规模生意。

(C)游人允许坐公园的长椅,要坐公园长椅就要靠近它们,靠近长椅的一条路径要踩踏草地。因此,允许游人踩踏草地。

(D)具备扎实的舞蹈基本功必须经过常年不懈的艰苦训练。在春节晚会上演出的舞蹈演员必须具备扎实的基本功。常年不懈的艰苦训练是乏味的。因此,在春节晚会上演出是乏味的。

(E)家庭离不开爱情,爱情离不开信任。信任是建立在真诚的基础上的。因此,对真诚的背离是家庭危机的开始。

52. 所有的灰狼都是狼,这一断定显然是真的。因此,所有的疑似SARS病例都是SARS病例,这一断定也是真的。

以下哪项最为恰当地指出了题干论证的漏洞?

(A)题干的论证忽略了:一个命题是真的,不等于具有该命题形式的任一命题都是真的。

(B)题干的论证忽略了:灰狼与狼的关系,不同于疑似SARS病例和SARS病例的关系。

(C)题干的论证忽略了:在疑似SARS病例中,大部分不是SARS病例。

(D)题干的论证忽略了:许多狼不是灰色的。

(E)题干的论证忽略了:此种论证方式会得出其他许多明显违反事实的结论。

53. 违法必究,但几乎看不到违反道德的行为受到惩罚,如果这成为一种常规,那么,民众就会失去道德约束。道德失控对社会稳定的威胁并不亚于法律失控。因此,为了维护社会的稳定,任何违反道德的行为都不能不受惩治。

以下哪项对上述论证的评价最为恰当?

(A)上述论证是成立的。

(B)上述论证有漏洞,它忽略了有些违法行为并未受到追究。

(C)上述论证有漏洞,它忽略了由违法必究,推不出缺德必究。

(D)上述论证有漏洞,它夸大了违反道德行为的社会危害性。

(E)上述论证有漏洞,它忽略了由否定"违反道德的行为都不受惩治",推不出"违反道德的行为都要受惩治"。

54. 张珊喜欢喝绿茶,也喜欢喝咖啡。他的朋友中没有人既喜欢喝绿茶,又喜欢喝咖啡,但他的所有朋友都喜欢喝红茶。

如果上述断定为真,则以下哪项不可能为真?

(A)张珊喜欢喝红茶。

(B)张珊的所有朋友都喜欢喝咖啡。

(C)张珊的所有朋友喜欢喝的茶在种类上完全一样。

(D)张珊有一个朋友既不喜欢喝绿茶,也不喜欢喝咖啡。

(E)张珊喜欢喝的饮料,他有一个朋友都喜欢喝。

55. 一个善的行为,必须既有好的动机,又有好的效果。如果是有意伤害他人,或是无意伤害他人,但这种伤害的可能性是可以预见的,在这两种情况下,对他人造成伤害的行为都是恶的行为。

以下哪项叙述符合题干的断定?

(A)P先生写了一封试图挑拨E先生与其女友之间关系的信。P的行为是恶的,尽管这封信起到了与他的动机截然相反的效果。

(B)为了在新任领导面前表现自己,争夺一个晋升名额,J先生利用业余时间解决积压的医疗索赔案件,J的行为是善的,因为S小姐的医疗索赔请求因此得到了及时的补偿。

(C)在上班途中,M女士把自己的早餐汉堡给了街上的一个乞丐。乞丐由于急于吞咽而意外地噎死了。所以,M女士无意中实施了一个恶的行为。

(D)大雪过后,T先生帮邻居铲除了门前的积雪,但不小心在台阶上留下了冰。他的邻居因此摔了一跤。因此,一个善的行为导致了一个坏的结果。

(E)S女士义务帮邻居照看3岁的小孩。小孩在S女士不注意时跑到马路上结果被车撞了。尽管S女士无意伤害这个小孩,但她的行为还是恶的。

四、写作:第56~57小题,共65分。 其中论证有效性分析30分,论说文35分。 请答在答题纸相应的位置上。

56. 论证有效性分析:分析下述论证中存在的缺陷与漏洞,选择若干要点,写一篇600字左右的文章,对该论证的有效性进行分析和评论。(论证有效性分析的一般要点是:概念特别是核心概念的界定和使用是否准确并前后一致,有无各种明显的逻辑错误,论证的论据是否成立并支持结论,结论成立的条件是否充分等。)

1 000是100的十倍,但是当分母大到上百亿的时候,作为分子的这两个数的差别就失去了意义。在知识经济时代,任何人所掌握的知识,都只是沧海一粟,这使得在培养与选拔人才时,知识尺度已变得毫无意义。

现代网络技术可以使你在最短的时间内查询到你所需要的任何知识信息,有的大学毕业生因此感叹何必要为学习各种知识数年寒窗,这不无道理。传授知识不应当继续成为教育,特别是高等教育的功能。学习知识需要记忆。记忆能力,是浅层次的大脑功能。人们在思维方面的差异,不在于能记住什么,而在于能提出什么。素质教育的真正目标,是培养批判性思维与创造性思维能力。知识与此种能力之间并没有实质性的联系,否则就难以解释,具备与爱因斯坦相同知识背景的人多的是,为什么唯独他发现了相对论。硕士、博士这些知识头衔的实际价值一再受到有识之士的质疑,道理就在这里。

"知识就是力量"这一曾经激励了几代人的口号,正在成为空洞的历史回声,这其实是时代的进步。

57. 论说文:以"由三鹿奶粉事件所想到的"为题,写一篇700字左右的论说文。

答案速查

一、问题求解

1~5 　(E)(B)(B)(C)(A)　　6~10　(C)(D)(C)(A)(B)

11~15　(E)(B)(C)(A)(D)

二、条件充分性判断

16~20　(B)(E)(D)(B)(D)　　21~25　(A)(B)(E)(D)(C)

三、逻辑推理

26~30　(B)(D)(E)(D)(C)　　31~35　(A)(C)(B)(D)(A)

36~40　(B)(D)(A)(A)(A)　　41~45　(B)(C)(E)(C)(C)

46~50　(D)(A)(D)(A)(B)　　51~55　(D)(B)(E)(E)(E)

四、写作

略

答案详解

一、问题求解

1. (E)

【解析】母题 94 · 利润问题

设甲商品原价 x 元，乙商品原价 y 元. 根据题意，得

$$\begin{cases} \dfrac{480-x}{x}=20\%, \\ \dfrac{y-480}{y}=20\%, \end{cases}$$

解得 $x=400,y=600$，则 $480\times 2-400-600=-40$(元).

所以，亏了 40 元.

2. (B)

【解析】母题 92 · 比例问题

设原来男运动员人数为 $19k$，女运动员人数为 $12k(k\in \mathbf{N}^*)$，先增加 x 名女运动员，则后增加的男运动员是 $x+3$ 人，根据题意，得

$$\begin{cases} \dfrac{19k}{12k+x}=\dfrac{20}{13}, \\ \dfrac{19k+x+3}{12k+x}=\dfrac{30}{19}, \end{cases}$$

解得 $k=20, x=7$. 故最后运动员的总人数为 $(19k+x+3)+(12k+x)=637$.

【快速得分法】 倍数法.

男、女运动员的最终比例为 30∶19，则最终的总人数一定为 49 的倍数；

增加男运动员之前，男女比例为 20∶13，所以女运动员一定能被 13 整除，所以总人数也能被 13 整除；

故总人数一定为 13 和 49 的公倍数，故选(B).

3. (B)

【解析】 母题 100·最值问题

设每 x 天购买一次原料，平均每天支付的总费用为 y 元，根据题意，得

$$y=\frac{900+6\times 1\,800x+3\times 6\times[(x-1)+\cdots+2+1]}{x}$$

$$=\frac{900+6\times 1\,800x+3\times 6\times\frac{x(x-1)}{2}}{x}$$

$$=6\times 1\,800+\frac{900}{x}+9x-9,$$

根据均值不等式等号成立的条件，当 $\frac{900}{x}=9x$ 时，y 有最小值，解得 $x=10$.

4. (C)

【解析】 母题 96·溶液问题

设 A 管中原有水 x 克，B 管中原有水 y 克，C 管中原有水 z 克，根据题意，得

$$\begin{cases}\dfrac{0.12\times 10}{x+10}=0.06,\\ \dfrac{0.06\times 10}{y+10}=0.02,\\ \dfrac{0.02\times 10}{z+10}=0.005,\end{cases}\text{解得}\begin{cases}x=10,\\ y=20,\\ z=30.\end{cases}$$

所以原来盛水量最多的是 C 管，盛水量是 30 克.

5. (A)

【解析】 母题 98·行程问题

设甲、乙两个码头之间距离为 s，船在静水中的速度为 v，原来的水流速度为 x，则后来的水流速度为 $\frac{3}{2}x$，根据题意，得

原来往返所需要的时间： $t_1=\dfrac{s}{v+x}+\dfrac{s}{v-x}$,

后来往返所需要的时间： $t_2=\dfrac{s}{v+\frac{3}{2}x}+\dfrac{s}{v-\frac{3}{2}x}$,

则有 $t_2-t_1=\dfrac{s}{v+\frac{3}{2}x}+\dfrac{s}{v-\frac{3}{2}x}-\left(\dfrac{s}{v+x}+\dfrac{s}{v-x}\right)$

$$=\frac{s}{v+\frac{3}{2}x}-\frac{s}{v+x}+\frac{s}{v-\frac{3}{2}x}-\frac{s}{v-x}$$

$$=s\left[\frac{-\frac{x}{2}}{\left(v+\frac{3}{2}x\right)(v+x)}+\frac{\frac{x}{2}}{\left(v-\frac{3}{2}x\right)(v-x)}\right]>0,$$

故增加水速增加了往返所需要的时间.

【快速得分法】极值法.

设水速增加到与船速相等,则船逆水行驶的速度为 0,永远不能到达目的地. 显然增加水速就增加了往返所需要的时间.

6. (C)

【解析】母题 13·求解绝对值方程和不等式

原式等价于 $x-|2x+1|=4$ 或 $x-|2x+1|=-4$.

即 $\begin{cases} 2x+1\geqslant 0, \\ x-2x-1=4 \end{cases}$ 或 $\begin{cases} 2x+1<0, \\ x+2x+1=4, \end{cases}$ 无解;

或者 $\begin{cases} 2x+1\geqslant 0, \\ x-2x-1=-4 \end{cases}$ 或 $\begin{cases} 2x+1<0, \\ x+2x+1=-4, \end{cases}$ 解得 $x=3$ 或 $x=-\frac{5}{3}$.

【快速得分法】选项代入法,易知选(C).

7. (D)

【解析】母题 36·韦达定理问题

根据韦达定理,可知

$$\begin{cases} \alpha+\beta=-\frac{b}{3}, \\ \alpha\beta=\frac{c}{3}, \end{cases} \text{且} \begin{cases} (\alpha+\beta)+\alpha\beta=\frac{b}{3}, \\ (\alpha+\beta)\alpha\beta=\frac{c}{3}, \end{cases}$$

解得 $b=-3, c=-6$.

8. (C)

【解析】母题 22·求展开式的系数

赋值法求多项式系数和.

令 $x=2$,则有

$$a_1+2a_2+3a_3+\cdots+na_n=3+3^2+\cdots+3^n=\frac{3(1-3^n)}{1-3}=\frac{3^{n+1}-3}{2}.$$

9. (A)

【解析】母题 82·古典概型

两人血型相同的概率为

$$P=\frac{C_{12}^2+C_{10}^2+C_8^2+C_6^2}{C_{36}^2}=\frac{12\times 11+10\times 9+8\times 7+6\times 5}{36\times 35}=\frac{77}{315}.$$

10. (B)

【解析】母题 71·排列组合的基本问题

如图 2 所示,在四个小岛中的任意两个中间架桥,有 6 种方式,即正方形的四条边和对角线,故架 3 座桥总的不同方法有 C_6^3 种;

当三座桥分别构成 $\triangle ABC$,$\triangle ABD$,$\triangle ACD$,$\triangle BCD$ 的三条边时,不能将四个小岛连接起来;

所以,符合题意的建桥方案有 $C_6^3 - 4 = 16$(种).

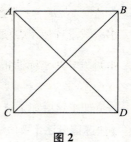

图 2

11. (E)

【解析】母题 54·递推公式问题

$a_n = S_n - S_{n-1}$ 法.

当 $n=1$ 时,$\dfrac{1}{S_1} = \dfrac{1}{a_1} = 2$;

当 $n \geqslant 2$ 时,则

$$2a_n S_n - a_n = 2S_n^2 \Rightarrow 2(S_n - S_{n-1})S_n - (S_n - S_{n-1}) = 2S_n^2$$
$$\Rightarrow S_n - S_{n-1} = -2S_{n-1}S_n \Rightarrow \dfrac{1}{S_n} - \dfrac{1}{S_{n-1}} = 2,$$

故 $\left\{\dfrac{1}{S_n}\right\}$ 是首项为 2、公差为 2 的等差数列.

【快速得分法】特殊值法.

当 $n=1$ 时,$\dfrac{1}{S_1} = \dfrac{1}{a_1} = 2$;当 $n=2$ 时,$a_2 = \dfrac{2S_2^2}{2S_2 - 1}$,解得 $\dfrac{1}{S_2} = 4$. 同理可得,$\dfrac{1}{S_3} = 6$.

归纳法知,$\left\{\dfrac{1}{S_n}\right\}$ 是首项为 2、公差为 2 的等差数列.

12. (B)

【解析】母题 58· 求面积问题

方法一:$\triangle ABC$ 与 $\triangle DBE$ 相似,$S_{\triangle ABC} = \dfrac{1}{2} \times \sqrt{13^2 - 5^2} \times 5 = 30$.

根据面积比等于相似比的平方,得

$$\dfrac{S_{\triangle ABC}}{S_{\triangle DBE}} = \left(\dfrac{|BC|}{|BE|}\right)^2 = \left(\dfrac{\sqrt{13^2 - 5^2}}{13 - 5}\right)^2 = \dfrac{9}{4},$$

所以,$S_{\triangle DBE} = \dfrac{40}{3}$.

方法二:因为折痕为 AD,所以 AD 是直角三角形 ABC 中 $\angle A$ 的角平分线,得

$\dfrac{|CD|}{|DB|} = \dfrac{|AC|}{|AB|}$,$\dfrac{|CD|}{|BC|} = \dfrac{|AC|}{|AC| + |AB|}$,即 $\dfrac{|CD|}{12} = \dfrac{5}{18}$,故 $|DE| = |CD| = \dfrac{10}{3}$.

所以阴影部分的面积为 $\dfrac{1}{2}|DE| \times |BE| = \dfrac{1}{2} \times \dfrac{10}{3} \times 8 = \dfrac{40}{3}$.

13. （C）

【解析】母题 9·实数的运算技巧问题

多分数求和使用裂项相消法.

由直线与两坐标轴相交,可求得直线的横截距为 $\dfrac{1}{n}$,纵截距为 $\dfrac{1}{n+1}$,故三角形的面积为

$$S_n = \dfrac{1}{2n(n+1)} = \dfrac{1}{2}\left(\dfrac{1}{n} - \dfrac{1}{n+1}\right),$$

则

$$S_1 + S_2 + \cdots + S_{2009} = \dfrac{1}{2} \times \left(1 - \dfrac{1}{2} + \dfrac{1}{2} - \dfrac{1}{3} + \cdots + \dfrac{1}{2\,009} - \dfrac{1}{2\,010}\right)$$

$$= \dfrac{1}{2} \times \left(1 - \dfrac{1}{2\,010}\right) = \dfrac{1}{2} \times \dfrac{2\,009}{2\,010}.$$

14. （A）

【解析】母题 63·直线与圆的位置关系

画图像可知此切线的斜率为 1,设切线的方程为 $y = x + b$.

圆心 $(-1, 1)$ 到切线的距离等于 1,即

$$\dfrac{|-1-1+b|}{\sqrt{1^2+1^2}} = 1, \; |b-2| = \sqrt{2},$$

解得 $b = 2 + \sqrt{2}$（舍去）或 $b = 2 - \sqrt{2}$.

故切线方程为 $y = x + 2 - \sqrt{2}$.

15. （D）

【解析】母题 15·非负性问题

两式型非负性问题,两式相加.

由 $y + |\sqrt{x} - \sqrt{2}| = 1 - a^2$,得

$$a^2 + |\sqrt{x} - \sqrt{2}| = 1 - y, \qquad ①$$

由 $|x - 2| = y - 1 - b^2$,得

$$|x - 2| + b^2 = y - 1, \qquad ②$$

①+②,得 $|\sqrt{x} - \sqrt{2}| + a^2 + |x - 2| + b^2 = 0$.

故 $x = 2, a = b = 0, y = 1$. 所以 $3^{x+y} + 3^{a+b} = 28$.

【快速得分法】特殊值法.

令 $x = 2, a = b = 0$,可知 $y = 1$,代入验证即可.

二、条件充分性判断

16. （B）

【解析】母题 51·数列的判定

条件(1)：$a_n = 2^n, a_n^2 = 4^n$,数列 $\{a_n^2\}$ 是首项为 4、公比为 4 的等比数列.

$$a_1^2+a_2^2+\cdots+a_n^2=S_n=\frac{4(1-4^n)}{1-4}=\frac{4}{3}(4^n-1)\neq\frac{1}{3}(4^n-1),条件(1)不充分.$$

条件(2):由题有

$$a_1=2-1=1,$$
$$a_1+a_2+\cdots+a_n=2^n-1, \quad ①$$
$$a_1+a_2+\cdots+a_{n-1}=2^{n-1}-1, \quad ②$$

①-②,可得 $a_n=(2^n-1)-(2^{n-1}-1)=2^n-2^{n-1}=2^{n-1}(n\geq 2)$.

可知数列 $\{a_n^2\}$ 是首项为 1、公比为 4 的等比数列.

所以 $a_1^2+a_2^2+\cdots+a_n^2=S_n=\dfrac{1\cdot(1-4^n)}{1-4}=\dfrac{1}{3}(4^n-1)$,条件(2)充分.

【快速得分法】特殊值法.

令 $n=1,2,3$ 验证即可.

17.（E）

【解析】母题 93·增长率问题

条件(1)和条件(2)单独显然不充分,联合两个条件,设 A 企业前年的职工人数为 a.

由条件(1),去年的职工人数为 $a(1-20\%)=\dfrac{4}{5}a$;

由条件(2),今年的职工人数为 $(1+50\%)\times\dfrac{4}{5}a=\dfrac{6}{5}a$.

故 A 企业的职工人数今年比前年增加了 $\dfrac{\left(\dfrac{6a}{5}-a\right)}{a}\times 100\%=20\%$.

故联合起来也不充分.

【快速得分法】赋值法.

设前年的职工为 100 人,则去年为 80 人,今年为 120 人,增加 20%.

18.（D）

【解析】母题 39·指数与对数

$|\log_a x|>1$,等价于 $\log_a x>1$ 或 $\log_a x<-1$.

条件(1):$\dfrac{1}{2}<a<1$,故 $1<\dfrac{1}{a}<2$;

因为 $x\in[2,4]$,所以 $x>\dfrac{1}{a}$;

因为 $y=\log_a x$ 是减函数,所以 $\log_a x<\log_a \dfrac{1}{a}=-1$,条件(1)充分.

条件(2):$1<a<2$,有 $x>a$,$y=\log_a x$ 是增函数.

故 $\log_a x>\log_a a=1$,条件(2)也充分.

19.（B）

【解析】母题 29·其他整式、分式的化简求值条件(1)：令 $a=11,b=7$，则 $\dfrac{ax+7}{bx+11}=\dfrac{11x+7}{7x+11}$，和 x 的取值有关，不是定值，故条件(1)不充分.

条件(2)：$11a-7b=0$，得 $a=\dfrac{7b}{11}$，代入可得

$$\dfrac{ax+7}{bx+11}=\dfrac{\dfrac{7b}{11}x+7}{bx+11}=\dfrac{7bx+77}{11bx+121}=\dfrac{7}{11}.$$

故条件(2)充分.

20. (D)

【解析】母题 26·齐次分式求值

条件(1)：由条件可知 $a^2=2, a^2-b^2-1=0, b^2=1$，则

$$\dfrac{a^2-b^2}{19a^2+96b^2}=\dfrac{2-1}{19\times 2+96\times 1}=\dfrac{1}{134},$$

故条件(1)充分.

条件(2)：$\dfrac{a^2b^2}{a^4-2b^4}=1$，整理得

方法一：

$$a^2b^2=a^4-2b^4,$$
$$a^2b^2+b^4=a^4-b^4,$$
$$b^2(a^2+b^2)=(a^2+b^2)(a^2-b^2),$$
$$2b^2=a^2.$$

方法二：$a^4-a^2b^2-2b^4=0$，十字相乘法得 $(a^2+b^2)(a^2-2b^2)=0$.

因 $a^2+b^2\neq 0$，故 $a^2-2b^2=0, a^2=2b^2$.

所以，$\dfrac{a^2-b^2}{19a^2+96b^2}=\dfrac{2b^2-b^2}{19\times 2b^2+96b^2}=\dfrac{b^2}{134b^2}=\dfrac{1}{134}$，条件(2)也充分.

21. (A)

【解析】母题 27·已知 $x+\dfrac{1}{x}=a$ 或者 $x^2+ax+1=0$，求代数式的值

条件(1)：a 是方程 $x^2-3x+1=0$ 的根，代入可得 $a^2-3a+1=0$，则有 $a^2+1=3a, a^2=3a-1, a+\dfrac{1}{a}=3$，所以

$$2a^2-5a-2+\dfrac{3}{a^2+1}=2(a^2-3a+1)+a-4+\dfrac{1}{a}=-1,$$

故条件(1)充分.

条件(2)：$|a|=1, a^2=1, a=\pm 1$，则

$$2a^2-5a-2+\dfrac{3}{a^2+1}=2\pm 5-2+\dfrac{3}{1+1}=\dfrac{13}{2} \text{ 或 } -\dfrac{7}{2},$$

故条件(2)不充分.

22. (B)

【解析】母题 83·古典概型之色子问题

用穷举法,s,t 可取 1、2、3、4、5、6.

条件(1):要使点 (s,t) 落入 $(x-3)^2+(y-3)^2=3^2$ 内,则

当 $s=1$ 时,$t=1、2、3、4、5$;当 $s=2$ 时,$t=1、2、3、4、5$;

当 $s=3$ 时,$t=1、2、3、4、5$;当 $s=4$ 时,$t=1、2、3、4、5$;

当 $s=5$ 时,$t=1、2、3、4、5$;当 $s=6$ 时,t 无解.

点 (s,t) 落入 $(x-a)^2+(y-a)^2=a^2$ 内的概率是 $\dfrac{25}{36}$,可知条件(1)不充分.

条件(2):要使点 (s,t) 落入 $(x-2)^2+(y-2)^2=2^2$ 内,则

当 $s=1$ 时,$t=1、2、3$;当 $s=2$ 时,$t=1、2、3$;

当 $s=3$ 时,$t=1、2、3$;当 $s=4、5、6$ 时,t 无解.

点 (s,t) 落入 $(x-a)^2+(y-a)^2=a^2$ 内的概率是 $\dfrac{9}{36}=\dfrac{1}{4}$.可知条件(2)充分.

23. (E)

【解析】母题 41·穿线法解分式、高次不等式

原式等价于

$$(x^2-2x-8)(x-2)(2x^2-2x+6)>0,$$

由于 $2x^2-2x+6>0$ 恒成立,可删去,则有

$$(x+2)(x-2)(x-4)>0,$$

根据穿线法,可得 $-2<x<2$ 或 $x>4$.

所以,条件(1)和条件(2)单独不充分,联合起来也不充分.

24. (D)

【解析】母题 63·直线与圆的位置关系

方法一:圆心 $(1,2)$ 到直线 $(1+2\lambda)x+(1-\lambda)y-3-3\lambda=0$ 的距离小于 2,即

$$\dfrac{|(1+2\lambda)+2(1-\lambda)-3-3\lambda|}{\sqrt{(1+2\lambda)^2+(1-\lambda)^2}}<2,$$

即

$$(3\lambda)^2<4\times(5\lambda^2+2\lambda+2)\Rightarrow 11\lambda^2+8\lambda+8>0,$$

又得

$$\Delta=64-4\times 11\times 8<0,$$

所以,λ 可以取任意实数.条件(1)和条件(2)单独都充分.

方法二:$(1+2\lambda)x+(1-\lambda)y-3-3\lambda=0$,可以整理为

$$(2x-y-3)\lambda+x+y-3=0,$$

是过直线 $2x-y-3=0$ 和直线 $x-y+3=0$ 的交点的直线系.

联立两条直线的方程,可知交点坐标为 $(2,1)$,点 $(2,1)$ 在圆 $(x-1)^2+(y-2)^2=4$ 内,因此,不论 λ

取何值,都有圆$(x-1)^2+(y-2)^2=4$和直线$(1+2\lambda)x+(1-\lambda)y-3-3\lambda=0$相交于两点.
所以,条件(1)和条件(2)单独都充分.

25. (C)

【解析】母题45·两等差数列相同的奇数项和之比

两个条件单独显然不充分,联合两个条件.

根据前n项和定理,等差数列$\{a_n\}$的前n项和S_n与等差数列$\{b_n\}$的前n项和T_n满足

$$\frac{S_{2n-1}}{T_{2n-1}}=\frac{(2n-1)(a_1+a_{2n-1})}{2}\cdot\frac{2}{(2n-1)(b_1+b_{2n-1})}=\frac{a_1+a_{2n-1}}{b_1+b_{2n-1}}=\frac{2a_n}{2b_n}=\frac{a_n}{b_n},$$

故$\frac{S_{19}}{T_{19}}=\frac{a_{10}}{b_{10}}=\frac{3}{2}$. 所以,两个条件联合起来充分.

三、逻辑推理

26. (B)

【解析】母题15·论证型削弱题(类比论证)

题干:

硬币:可以用作赌具;

扑克:可以用作赌具;

不禁止学生带硬币进入学校;

所以,没必要禁止学生带扑克进入学校。

(A)项,无关选项,题干中的建议是约束学生在校内的行为,与"校外赌博"无关。

(B)项,指出硬币和扑克有差异(类比对象有差异),不当类比,故削弱题干。

(C)项,"很难查明"不代表"不能查明"。

(D)项,无关选项,赌博有什么坏处与学生会不会用硬币赌博无关。

(E)项,"有的"学生玩扑克不涉及赌博,不代表"所有"学生都不用扑克赌博。

27. (D)

【解析】母题12·简单命题的真假话问题

假设王的预测正确,即冠军是乙,则张的预测也正确,这与题干"张、王、李三人中恰有一人的预测正确"相矛盾。因此,王的预测错误,即冠军不是乙。

同理,假设李的预测正确,即冠军是甲,则张的预测也正确,这与题干"张、王、李三人中恰有一人的预测正确"相矛盾。因此,李的预测错误,即冠军不是甲。

所以,张的预测正确,即冠军不是丙,从而可知冠军是丁。

28. (E)

【解析】母题3·箭头+德摩根定律

题干有两个判断:

① $\neg$（50岁以下$\wedge$游3 000米以上）$\rightarrow \neg$横渡长江。

② 高血压$\vee$心脏病$\rightarrow \neg$横渡长江。

根据箭头指向原则,"¬横渡长江"后面没有任何箭头,所以,从"老黄没有被批准参加横渡长江活动",推不出任何论断。

故(E)项正确。

29. (D)

【解析】母题29·概括结论题

题干:小塘村约五分之三的儿童入中学后出现近视,而他们的没有接受正规学校教育的父母及祖辈却很少出现近视。

根据求异法的推理,上述调查比较的现象是"是否近视",差异因素是"是否接受学校教育",从而有利于推出结论:文化教育的发展和近视现象的出现有密切的关系。因此,(D)项作为题干断定的结论最为恰当。

因为求异法是或然性的,不能断言接受文化教育是造成近视的原因,故(A)项推理过度。

(B)项,推理过度,"只有"儿童时期接受正式教育才易出现近视,过于绝对。

(C)项,推理过度,"必然"过于绝对。

(E)项,不能推出,"约五分之三的儿童入中学后出现近视"不等于其他儿童没有接受教育。

30. (C)

【解析】母题4·"∨"与"→"的互换

题干:小李清华∨¬小孙北大=小孙北大→小李清华。

可知,如果小孙考上了北大,则可推出小李考上了清华。

(C)项中,小张和小孙都考上了北大,必有小孙考上了北大,则可推出小李考上了清华。

31. (A)

【解析】母题1·充分必要条件

由题干可知:要调动大李,先要使大李本人同意调动;要使大李本人同意调动,必须先确定小王是否调动。要调动小王,先要使小王本人同意调动;要使小王本人同意调动,必须先确定大李是否调动。

显然,两人的调动是互为条件的,故大李和小王两人都不可能调动,所以(A)项正确。

32. (C)

【解析】母题31·评论逻辑技法

李经理的论据:去年经纬汽车专卖店调高了奖励比例,结果增加了销售量。

李经理的结论:新的一年继续执行该奖励比例以继续增加销售量。

陈副经理提出了一个反例,用以说明销售量的增加并不一定是调高奖励比例的结果。这就说明,李经理的论据虽然成立,但不足以推出结论,故(C)项最为恰当。

(A)项,不恰当,因为李经理的结论只针对经纬汽车专卖店,不是一般性结论。

(B)项,不恰当,因为陈副经理并没有反对李经理的论据。

(D)项,概念混淆,不恰当。

(E)项,自相矛盾,不恰当。

33.（B）

【解析】母题38·数字推理题

设某综合性大学的理科女生为 a，理科男生为 b，文科女生为 m，文科男生为 n，则有：

①理科学生多于文科学生：$a+b>m+n$。

②女生多于男生：$a+m>b+n$。

①+②得：$2a+m+b>m+b+2n$，故 $a>n$。

即理科女生多于文科男生，Ⅲ项一定为真。另外两个复选项不一定为真。

34.（D）

【解析】母题10·简单命题的负命题

题干：①并非（对所有奖牌获得者进行了尿样化验∧没有发现兴奋剂使用者）。

①等价于：②没有对所有的奖牌获得者进行尿样化验∨发现了兴奋剂使用者。

②等价于：③对所有的奖牌获得者进行了尿样化验→发现了兴奋剂使用者，故Ⅲ项必为真。

②又等价于：有的奖牌获得者没有进行尿样化验∨发现了兴奋剂使用者，故Ⅰ项必为真。

Ⅱ项的含义为：有的奖牌获得者没有进行尿样化验∧发现了兴奋剂使用者，"或者"不能推"并且"，所以，Ⅱ项可真可假。

35.（A）

【解析】母题25·数字型假设题

题干：

①日常生活必需品平均价格增长了30%。

②购买日常生活必需品的开支占家庭平均月收入的比例并未发生变化 $\xrightarrow{证明}$ 家庭平均收入一定也增长了30%。

因为，支出＝价格×购买数量，显然题干暗含一个假设：平均每个家庭购买的日常生活必需品数量和质量没有变化，否则，如果平均每个家庭购买的日常生活必需品数量和质量有变化（提升或者下降），则不能推出题干中的结论（取非法），故（A）项必须假设。

36.（B）

【解析】母题32·争论焦点题

张教授：从阿拉斯加到南美洲之间，从未发现13 000年前的木质工具 $\xrightarrow{证明}$ 考古学家的观点是不成立的。

李研究员指出："没发现"木质工具不代表"没有"木质工具，可能是腐烂了。所以，张教授的论据未必能推翻考古学家的结论。

因此，两人争论的问题是张教授的论据是否能推翻上述考古学家的结论。故（B）项正确。

37.（D）

【解析】母题31·评论逻辑技法

张教授的隐含假设是：如果这些工具是从西伯利亚迁徙到阿拉斯加的人群使用的，那么，在从阿拉斯加到南美洲之间,应该能发现13 000年前的木质工具。李研究员对这一假设进行了质疑(质疑隐含假设)。

38. (A)

【解析】母题35·论证逻辑型结构相似题

题干:①人类学家:不具备应付各种自然环境的能力(¬A),不可能幸存(¬B)。②例证:阿法种南猿,具备应付各种自然环境的能力(A),但最终灭绝了(¬B)。所以,人类学家的观点是错误的。

符号化:①¬A→¬B。②例证:A∧¬B。所以①错误;此推论是错误的。

(A)项,①不认识错误(¬A)就不能改正错误(¬B)。②例证:大张认识到赌博是有害的(A),但就是改不掉(¬B)。所以①错误,与题干相同。

(B)项,A的原因是B,所以A的原因不是C,与题干不同。

(C)项,①便宜(A)无好货(¬B)。②例证:大李图便宜(A),不是好货(¬B)。所以①正确,与题干不同。

(D)、(E)项,显然与题干不同。

39. (A)

【解析】母题12·简单命题的真假话问题

题干有以下信息:

张老师:不会所有人都不及格,等价于:有的人及格。

李老师:有人不及格。

王老师:班长及格∧学习委员及格。

张老师和李老师的预测为下反对关系,故必有一真。又已知三位老师中只有一人的预测正确,故王老师的预测错误,即¬(班长及格∧学习委员及格)=¬班长及格∨¬学习委员及格。所以,李老师的预测"有人不及格"为真,故张老师的预测为假。

由张老师的预测为假可得:并非有的人及格=所有人都没有及格,故班长和学习委员都没有及格。

40. (A)

【解析】母题22·论证型假设题与搭桥法

题干:照片只能反映物体某个侧面的真实,而不是全部的真实 —证明→ 以照片作为证据是不恰当的。

显然要建立"不能反映全部真实"和"不能作为证据"之间的因果关系,故(A)项必须假设。

(B)项,诉诸未知。

(C)项,诉诸众人。

(D)项,无关选项,此项说的是"把握全部真实性的方法",而题干是说"真实性与证据的关系"。

(E)项,无关选项。

41. (B)

【解析】母题15·论证型削弱题

由上题分析可知,题干隐含一个假设:只能反映物体某个侧面的真实,就不能作为证据。

(A)项,削弱论据,"理论上说"不代表"实际上"已经做到了,力度较弱。

(B)项,削弱隐含假设,可以削弱。

(C)项,此项中的"参考价值"不等于题干中的"证据",不能削弱。

(D)、(E)项显然均为无关选项。

42. (C)

【解析】母题28·一般推论题

由题干可知,《红粉梦》和《演艺十八钗》是在该校学生中销售最多的书,但不能推出:去年H学院的大多数学生都购买了《红粉梦》或《演艺十八钗》。因此,Ⅰ项不一定为真。

题干断定:大多数学生都具备足够的文学欣赏水平和道德自律意识→像《红粉梦》和《演艺十八钗》这样的出版物就不可能成为在该校学生中销售最多的书。

等价于:像《红粉梦》和《演艺十八钗》这样的出版物成为在该校学生中销售最多的书→至少有些学生不具备足够的文学欣赏水平,或者不具备足够的道德自律意识。

故,Ⅲ项一定为真。

由题干不能确定Ⅱ项的真假情况,故Ⅱ项可真可假。

43. (E)

【解析】母题30·评论逻辑漏洞

"成功"和"不成功"是一对矛盾命题,必为一真一假。题干对两个命题同时否定,自相矛盾(两不可)。

(A)项,显然不恰当。

(B)项,"完全反映了民意"与"一点也没有反映民意"是反对关系(如:还有"部分反映民意"),不是矛盾关系。

(C)项,"完全成功"与"彻底失败"是反对关系(如:还有"有成功之处也有失败之处"),不是矛盾关系。

(D)项,"被事实证明的科学结论"与"纯属欺诈的伪科学结论"是反对关系(如:还有"尚待证明的科学结论"),不是矛盾关系。

(E)项中,"一定进入前四名"和"可能进不了前四名"互相矛盾,不能同时否定,与题干的逻辑漏洞相同。

44. (C)

【解析】母题16·因果型削弱题(找原因)

题干的论证关系:S市持有驾驶证的人员增加,但交通死亡事故却明显减少 —证明→ S市驾驶员的驾驶技术提高了。

本题是一个果因推理:S市持有驾驶证的人员增加,但交通死亡事故却明显减少(果) ←导致— S市驾驶员的驾驶技术提高了(因)。

(C)项,支持题干,驾校的培训标准提高了,意味着驾驶员的驾驶技术通过培训得到了提高。

其余各项均为另有他因,削弱题干。

45. (C)

【解析】母题22·论证型假设题与搭桥法

题干中的前提:

①没有法定休假日,则工作五天。

②周五在志愿者协会∧其余四天在太平洋保险公司上班。

③上周没有法定休假日。

题干中的结论:上周的周一、周二、周三和周四肖群一定在太平洋保险公司上班。

由①、③知,上周肖群工作了五天,由②知,肖群周五在志愿者协会上班。

所以,肖群可能在周一、周二、周三、周四、周六、周日中的4天去太平洋保险公司上班。

故,要推出周一、周二、周三和周四肖群一定在太平洋保险公司上班,必须假定周六、周日肖群没有上班,即(C)项正确。

46. (D)

【解析】母题28·一般推论题

题干:

①有人接受理疗与药物双重治疗,可以得到预期治疗效果。

②有人只接受理疗,达到相同的预期治疗效果。

③对于上述接受药物治疗的腰肌劳损患者来说,此种药物不可缺少。

由①、③可知,I项必然为真。

由②可知,II项必然为真。

题干只提到了有的人用理疗,有的人用理疗与药物双重治疗,但没有表明"所有腰肌劳损患者"都必须理疗。因此,III项并不一定为真,扩大了对象的范围。

47. (A)

【解析】母题7·二难推理

题干有如下判断:

①潮湿→仙人掌难成活,等价于:¬仙人掌难成活→¬潮湿。

②寒冷→柑橘难生长,等价于:¬柑橘难生长→¬寒冷。

③某省大部分地区:¬仙人掌难成活∨¬柑橘难生长。

由二难推理的公式(3)可知,某省大部分地区:¬潮湿∨¬寒冷。

(A)项与题干结论矛盾,必然为假。

48. (D)

【解析】母题35·论证逻辑型结构相似题

题干:"国学巫师"与"国学大师"是反对关系而非矛盾关系,提问不当,因为对方可能既不是"国学巫师",也不是"国学大师"。

(D)项,"必然发生"和"可能避免"(即"可能不发生")为矛盾关系,与题干不同。

其余各项中的概念均为反对关系,与题干相同。

49. (A)

【解析】母题22·论证型假设题与搭桥法

张珊认为:"之""乎""者""也"这些字无确定所指。

李思认为:"之""乎""者""也"这些字无意义,因此,这些字应该废止。

题干问的是"李思认为张珊的断定所蕴含的意思",所以要建立张珊的断定和李思的论据的关系,即建立"无确定所指"与"无意义"的关系,故必须有:如果一个字无确定所指,则这个字无意义,即无确定所指→无意义。

(A)项,根据口诀"除非否则去除否,箭头直接向右划",得:¬ 一个字无意义→有确定所指,等价于:无确定所指→无意义,正确。

注意:

(1)此题不选(C)项,因为"废止"是李思新提出的观点。

(2)如果此题的问题改为"李思的断定所蕴含的意思",则是"无意义→应该废止"。

50. (B)

【解析】母题5·箭头的串联

题干中有以下判断:

①国家实力→教育。

②国家实力←国际贡献。

②、①串联得:国际贡献→国家实力→教育。

逆否得:¬ 教育→¬ 国家实力→¬ 国际贡献。

(A)项,¬ 教育→¬ 国际贡献,与题干相同。

(B)项,教育→国际贡献,不符合题干的意思。

(C)项,国家实力→教育,与题干相同。

(D)项,¬ (国际贡献∧¬ 教育)=¬ 国际贡献∨教育=国际贡献→教育,与题干相同。

(E)项,¬ 国际贡献∨教育=国际贡献→教育,与题干相同。

51. (D)

【解析】母题34·形式逻辑型结构相似题

题干:科学(A)离不开测量(B),测量(B)离不开长度单位(C)。长度单位(C)是人为约定(D)。因此,科学(A)是人为约定(D)。

符号化:A 离不开 B,B 离不开 C。C 有性质 D。因此,A 有性质 D。

(A)项,A 离不开 B,B 离不开 C。因此,要有 A,必须有 C。与题干不同。

(B)项,A 离不开 B,B 离不开 C。不是所有人都 C。因此,不是所有人都 A。与题干不同。

(C)项,A 可以 B,B 需要 C,C 需要 D。因此,A 可以 D。与题干不同。

(D)项,A 离不开 B,B 离不开 C。C 有性质 D。因此,A 有性质 D。与题干相同。

(E)项,A 离不开 B,B 离不开 C。C 需要 D。因此,不 D 是不 A 的开始。与题干不同。

52. (B)

【解析】母题30·评论逻辑漏洞

题干使用了类比论证,其漏洞在于类比不当,这是因为,"灰狼"是"狼"的一种(种属关系),而"疑似SARS病例"不是"SARS病例"的一种。(B)项恰当地指出了这一漏洞。

其余各项均不正确。

53. (E)

【解析】母题30·评论逻辑漏洞

题干断定:违反道德的行为都不受惩治→引起道德失控→威胁社会稳定。

题干断定等价于:维护社会的稳定→¬违反道德的行为都不受惩治。

"¬违反道德的行为都不受惩治"="有的违反道德的行为受惩治",而不是"违反道德的行为都要受惩治",故(E)项正确。

54. (E)

【解析】母题2·并且、或者、要么及德摩根定律

题干断定:

①张珊喜欢喝绿茶∧张珊喜欢喝咖啡。

②张珊的朋友中没有人既喜欢喝绿茶,又喜欢喝咖啡,等价于:朋友不喜欢喝绿茶∨朋友不喜欢喝咖啡,即张珊喜欢喝的饮料,他的朋友至少有一种不喜欢。

可得:张珊喜欢喝的饮料,他的朋友不会都喜欢喝。因此,(E)项不可能为真。

其余各项均可能为真。

55. (E)

【解析】母题13·定义题

题干断定:

①善的行为→好的动机∧好的效果。

②无论是否有意伤害他人,只要伤害的可能性是可以预见的,则对他人造成伤害的行为都是恶的行为,即伤害的可能性可以预见∧伤害了他人→恶的行为。

在(E)项中,S女士对小孩的伤害虽然是无意的,但这种伤害的可能性是可以预见的,因此,她的行为还是恶的。故(E)项符合题干的断定。

其余各项均不符合题干的断定。例如,(A)项中的P先生虽然有伤害他人的动机,但事实上并未造成伤害,根据题干,不能断定其行为是恶的。

四、写作

56. 论证有效性分析

【谬误分析】

①"1 000是100的十倍,但是当分母大到百亿的时候,作为分子的这两个数的差别就失去了意义。"该论证是欠妥当的,两个数的差别再小,在特定的需要下,其意义还是存在的。

②由单纯的数量关系类比到"任何人所掌握的知识,都只是沧海一粟",是不当类比。而且,人类

也并不需要掌握全部或者是较大部分的知识,而是只要掌握某一领域的知识,就足以成为人才,因此,不能说"培养与选拔人才时,知识尺度已变得毫无意义"。

③"通过现代网络技术可以查询到知识",不代表大学生不必寒窗苦读、不必学习知识。因为,查询到知识不代表能够掌握、运用这些知识。

④学习需要记忆,不等于只需要记忆。"记住什么"和"提出什么"也并不矛盾,完全可以共存。如果在学习知识的过程中既锻炼了"记住什么"的能力,又锻炼了"提出什么"的能力,岂不是一举两得,又怎么能得到知识无用论?

⑤"具备与爱因斯坦相同知识背景的人有的是,但唯独他发现了相对论",只能得出结论:知识不是发现相对论的充分条件,而不能得出知识是无用的。

⑥"硕士、博士受到质疑",是因为知识无用?还是因为这些硕士、博士没有掌握足够的知识?如果是后者,那么材料的论证不但不能说明知识无用,反而说明我们应该掌握更多的知识。

(说明:以上谬误分析引用和改编自教育部考试中心《管理类专业学位联考综合能力考试大纲》给出的参考答案。)

 参考范文

知识不是力量了吗?

上文试图论证"知识不再是力量",然而其论证存在多处不当,分析如下:

第一,由单纯的数量关系类比到"任何人所掌握的知识,都只是沧海一粟",是不当类比。而且,人类也并不需要掌握全部或者是较大部分的知识,而是只要掌握某一领域的知识,就足以成为人才,因此,不能说"培养与选拔人才时,知识尺度已变得毫无意义"。

第二,"通过现代网络技术可以查询到知识",不代表大学生不必寒窗苦读、不必学习知识。因为,查询到知识不代表能够掌握、运用这些知识。

第三,学习需要记忆,不等于只需要记忆。"记住什么"和"提出什么"也并不矛盾,完全可以共存。如果在学习知识的过程中既锻炼了"记住什么"的能力,又锻炼了"提出什么"的能力,岂不是一举两得,又怎么能得到知识无用论?

第四,"具备与爱因斯坦相同知识背景的人有的是,但唯独他发现了相对论",只能得出结论:知识不是爱因斯坦发现相对论的充分条件,而不能得出,知识对于他发现相对论来说是无用的。也许知识正是爱因斯坦发现相对论的必要条件之一。

第五,"硕士、博士受到质疑"是因为知识无用?还是因为这些硕士、博士没有掌握足够的知识?如果是后者,那么材料的论证不但不能说明知识无用,反而说明我们应该掌握更多的知识。

综上所述,上文在论证过程中存在多处逻辑漏洞,难以说明"知识就是力量已经成为空洞的历史回声"。

(全文共562字)

57. 论说文

【参考立意】

本题立意比较宽泛，只要是从三鹿奶粉事件中有感而发、阐明道理的文章都是好文章。可以从诚信、社会责任、管理、监督机制、道德、义利之辨、三鹿奶粉事件的原因与防范等多方面分析。

诚信为本、以义取利
——由三鹿奶粉事件所想到的

吕建刚

三鹿奶粉事件曝光，举国震惊。此事件之所以酿成灾难性的后果，丧失诚信、见利忘义是其中一个重要的原因。

孔子说："民无信不立。"孟子说："反身而诚，乐莫大焉。"诚实守信、见利思义，既是立人之本，也是经营之道。

是的，人无信不立，业无信不长。始建于康熙八年的同仁堂，"炮制虽繁，必不敢省人工""品味虽贵，必不敢减物力"，以"济世养生，取利于义"为其经营宗旨。正是这种对诚信的坚持，使同仁堂历三百年而不衰，赢得了广泛的赞誉。然而，生活中不守诚信、见利忘义的例子却并不鲜见。"毒奶粉""地沟油""瘦肉精"、苏丹红、加洗衣粉的油条、加漂白剂的面粉，一轮又一轮地"洗礼"着中国人的肠胃。这一次的三鹿奶粉事件，打在国人脸上，伤在妈妈们的心里。

那么，是什么让众多企业弃诚信于不顾？无非"利益"二字！诚信，被挂在口头上、写在文件上、糊在墙头上，而利益，落在口袋里。所以，在这些企业眼里，与利益相比，诚信、道德、企业责任都不重要，都可以弃之如敝屣，在金钱上得到实惠才是最重要的。"满口的诚信经营，一肚子的见利忘义"正是对这些企业的最好写照。

然而，诚信并不是古板的说教，利益也不是不变的真理。三鹿奶粉的破产，就是一记打在唯利是图者脸上的响亮耳光。所以，眼里只有利益、忘记诚信的企业，也许能谋一时之利，但早晚会被消费者所唾弃，难逃市场的惩罚；只有坚守诚信的企业，才能获得消费者的信任与忠诚，市场自会给予真正的回报。

所以，要杜绝三鹿奶粉事件的再次发生，一是要有正确的义利观，"君子爱财，取之有道"，不取不义之财；二是要杜绝"近视"，杜绝为了眼前利益而弃长远利益于不顾的行为；三是政府要加强监管、舆论要加强监督、消费者要擦亮眼睛，让不法企业无可遁形。

司马光曾说："诚者，天下之道。"时代在变，道却不变。坚守诚信，以义取利，才是企业发展的恒久之路！

（全文共 776 字）

绝密★启用前

2010年全国硕士研究生招生考试
管理类专业学位联考综合能力试题

(科目代码:199)

考试时间:8:30—11:30

考生注意事项

1. 答题前,考生须在试题册指定位置上填写考生姓名和考生编号;在答题卡指定位置上填写报考单位、考生姓名和考生编号,并涂写考生编号信息点。
2. 选择题的答案必须涂写在答题卡相应题号的选项上,非选择题的答案必须书写在答题卡指定位置的边框区域内。超出答题区域书写的答案无效;在草稿纸、试题册上答题无效。
3. 填(书)写部分必须使用黑色字迹签字笔或者钢笔书写,字迹工整、笔迹清楚;涂写部分必须使用2B铅笔填涂。
4. 考试结束,将答题卡和试题册按规定交回。

考生编号															
考生姓名															

一、问题求解：第1~15小题，每小题3分，共45分。下列每题给出的（A）、（B）、（C）、（D）、（E）五个选项中，只有一项是符合试题要求的。请在答题卡上将所选项的字母涂黑。

1. 电影开演时观众中女士与男士人数之比为5：4，开演后无观众入场，放映一个小时后，女士的20%、男士的15%离场，则此时在场的女士与男士人数之比为(　　).
   (A)4：5　　　　　(B)1：1　　　　　(C)5：4
   (D)20：17　　　　(E)85：64

2. 某商品的成本为240元，若按该商品标价的8折出售，利润率是15%，则该商品的标价为(　　).
   (A)276元　(B)331元　(C)345元　(D)360元　(E)400元

3. 三名小孩中有一名学龄前儿童(年龄不足6岁)，他们的年龄都是质数(素数)，且依次相差6岁，他们的年龄之和为(　　).
   (A)21　(B)27　(C)33　(D)39　(E)51

4. 在表1中每行为等差数列，每列为等比数列，$x+y+z=$(　　).

表1

2	$\frac{5}{2}$	3
x	$\frac{5}{4}$	$\frac{3}{2}$
a	y	$\frac{3}{4}$
b	c	z

   (A)2　(B)$\frac{5}{2}$　(C)3　(D)$\frac{7}{2}$　(E)4

5. 如图1所示，在直角三角形ABC区域内部有座山，现计划从BC边上某点D开凿一条隧道到点A，要求隧道长度最短，已知AB长为5千米，AC长为12千米，则所开凿的隧道AD的长度约为(　　).
   (A)4.12千米　　　　　　　　(B)4.22千米
   (C)4.42千米　　　　　　　　(D)4.62千米
   (E)4.92千米

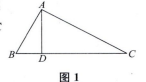
图1

6. 某商店举行店庆活动，顾客消费达到一定数量后，可以在4种赠品中随机选取2个不同的赠品，任意两位顾客所选赠品中，恰有1件品种相同的概率是(　　).
   (A)$\frac{1}{6}$　(B)$\frac{1}{4}$　(C)$\frac{1}{3}$　(D)$\frac{1}{2}$　(E)$\frac{2}{3}$

7. 多项式x^3+ax^2+bx-6的两个因式是$x-1$和$x-2$，则第三个一次因式为(　　).
   (A)$x-6$　(B)$x-3$　(C)$x+1$　(D)$x+2$　(E)$x+3$

8. 某公司的员工中，拥有本科毕业证、计算机等级证、汽车驾驶证的人数分别为130、110、90，又知只有一种证的人数为140，三证齐全的人数为30，则恰有双证的人数为(　　).
   (A)45　(B)50　(C)52　(D)65　(E)100

9. 甲商店销售某种商品,该商品的进价为每件90元,若每件定价100元,则一天内能售出500件,在此基础上,定价每增1元,一天少售出10件,若使甲商店获得最大利润,则该商品的定价应为( ).

(A)115元 (B)120元 (C)125元 (D)130元 (E)135元

10. 已知直线 $ax-by+3=0(a>0,b>0)$ 过圆 $x^2+4x+y^2-2y+1=0$ 的圆心,则 ab 的最大值为( ).

(A)$\frac{9}{16}$ (B)$\frac{11}{16}$ (C)$\frac{3}{4}$ (D)$\frac{9}{8}$ (E)$\frac{9}{4}$

11. 某大学派出5名志愿者到西部4所中学支教,若每所中学至少有一名志愿者,则不同的分配方案共有( ).

(A)240种 (B)144种 (C)120种 (D)60种 (E)24种

12. 某装置的启动密码是由0到9中的3个不同数字组成,连续3次输入错误密码,就会导致该装置永久关闭,一个仅记得密码是由3个不同数字组成的人能够启动此装置的概率为( ).

(A)$\frac{1}{120}$ (B)$\frac{1}{168}$ (C)$\frac{1}{240}$ (D)$\frac{1}{720}$ (E)$\frac{3}{1\,000}$

13. 某居民小区决定投资15万元修建停车位,据测算,修建一个室内车位的费用为5 000元,修建一个室外车位的费用为1 000元,考虑到实际因素,计划室外车位的数量不少于室内车位的2倍,也不多于室内车位的3倍,这笔投资最多可建车位的数量为( ).

(A)78 (B)74 (C)72 (D)70 (E)66

14. 如图2所示,长方形 $ABCD$ 的两条边分别为8米和6米,四边形 $OEFG$ 的面积是4平方米,则阴影部分的面积为( )平方米.

(A)32 (B)28 (C)24
(D)20 (E)16

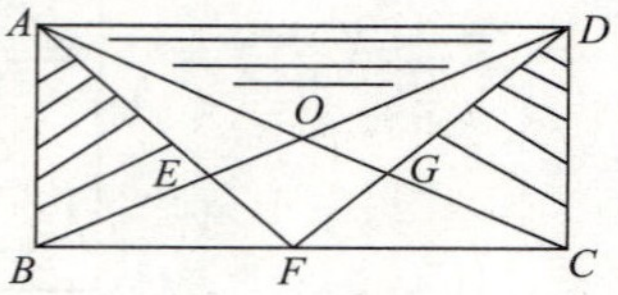

15. 在一次竞猜活动中,设有5关,如果连续通过2关就算闯关成功,小王通过每关的概率都是 $\frac{1}{2}$,他闯关成功的概率为( ).

(A)$\frac{1}{8}$ (B)$\frac{1}{4}$ (C)$\frac{3}{8}$ (D)$\frac{4}{8}$ (E)$\frac{19}{32}$

图 2

二、条件充分性判断:第16~25小题,每小题3分,共30分。 要求判断每题给出的条件(1)和条件(2)能否充分支持题干所陈述的结论。(A)、(B)、(C)、(D)、(E)五个选项为判断结果,请选择一项符合试题要求的判断,在答题卡上将所选项的字母涂黑。

(A)条件(1)充分,但条件(2)不充分.

(B)条件(2)充分,但条件(1)不充分.

(C)条件(1)和条件(2)单独都不充分,但条件(1)和条件(2)联合起来充分.

(D)条件(1)充分,条件(2)也充分.

(E)条件(1)和条件(2)单独都不充分,条件(1)和条件(2)联合起来也不充分.

16. $a|a-b| \geqslant |a|(a-b)$.

(1)实数 $a>0$.

(2)实数 a,b 满足 $a>b$.

17. 有偶数位来宾.
    (1)聚会时所有来宾都被安排坐在一张圆桌周围,且每位来宾与其邻座性别不同.
    (2)聚会时男宾人数是女宾人数的两倍.

18. 售出一件甲商品比售出一件乙商品利润要高.
    (1)售出 5 件甲商品,4 件乙商品共获利 50 元.
    (2)售出 4 件甲商品,5 件乙商品共获利 47 元.

19. 已知数列 $\{a_n\}$ 为等差数列,公差为 d, $a_1+a_2+a_3+a_4=12$,则 $a_4=0$.
    (1) $d=-2$.
    (2) $a_2+a_4=4$.

20. 甲企业今年人均成本是去年的 60%.
    (1)甲企业今年总成本比去年减少 25%,员工人数增加 25%.
    (2)甲企业今年总成本比去年减少 28%,员工人数增加 20%.

21. 该股票涨了.
    (1)某股票连续三天涨 10% 后,又连续三天跌 10%.
    (2)某股票连续三天跌 10% 后,又连续三天涨 10%.

22. 某班有 50 名学生,其中女生 26 名,已知在某次选拔测试中,有 27 名学生未通过,则有 9 名男生通过.
    (1)在通过的学生中,女生比男生多 5 人.
    (2)在男生中,未通过的人数比通过的人数多 6 人.

23. 甲企业一年的总产值为 $\frac{a}{p}[(1+p)^{12}-1]$.
    (1)甲企业一月份的产值为 a,以后每月产值的增长率为 p.
    (2)甲企业一月份的产值为 $\frac{a}{2}$,以后每月产值的增长率为 $2p$.

24. 设 a,b 为非负实数,则 $a+b\leqslant\frac{5}{4}$.
    (1) $ab\leqslant\frac{1}{16}$.
    (2) $a^2+b^2\leqslant 1$.

25. 如图 3 所示,在三角形 ABC 中,已知 $EF\parallel BC$,则三角形 AEF 的面积等于梯形 $EBCF$ 的面积.
    (1) $|AG|=2|GD|$.
    (2) $|BC|=\sqrt{2}|EF|$.

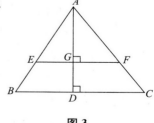

图3

三、逻辑推理：第 26～55 小题，每小题 2 分，共 60 分。下列每题给出的（A）、（B）、（C）、（D）、（E）五个选项中，只有一项是符合试题要求的。请在答题卡上将所选项的字母涂黑。

26. 针对威胁人类健康的甲型 H1N1 流感，研究人员研制出了相应的疫苗。尽管这些疫苗是有效的，但某大学研究人员发现，阿司匹林、羟苯基乙酰胺等抑制某些酶的药物会影响疫苗的效果，这位研究人员指出："如果你服用了阿司匹林或者对乙酰氨基酚，那么你注射疫苗后就必然不会产生良好的抗体反应。"

    如果小张注射疫苗后产生了良好的抗体反应，那么根据上述研究结果可以得出以下哪项结论？

    (A) 小张服用了阿司匹林，但没有服用对乙酰氨基酚。
    (B) 小张没有服用阿司匹林，但感染了 H1N1 流感病毒。
    (C) 小张服用了阿司匹林，但没有感染 H1N1 流感病毒。
    (D) 小张没有服用阿司匹林，也没有服用对乙酰氨基酚。
    (E) 小张服用了对乙酰氨基酚，但没有服用羟苯基乙酰胺。

27. 为了调查当前人们的识字水平，某实验者列举了 20 个词语，请 30 位文化人士识读，这些人的文化程度都在大专以上。识读结果显示，多数人只读对 3～5 个词语，极少数人读对 15 个以上，甚至有人全部读错。其中，"蹒跚"的辨识率最高，30 人中有 19 人读对；"呱呱坠地"所有人都读错。20 个词语的整体误读率接近 80%。该实验者由此得出，当前人们的识字水平并没有提高，甚至有所下降。

    以下哪项如果为真，最能对该实验者的结论构成质疑？

    (A) 实验者选取的 20 个词语不具有代表性。
    (B) 实验者选取的 30 位识读者均没有博士学位。
    (C) 实验者选取的 20 个词语在网络流行语言中不常用。
    (D) "呱呱坠地"这个词的读音有些大学老师也经常读错。
    (E) 实验者选取的 30 位识读者中约有 50% 大学成绩不佳。

28. 域控制器存储了域内的账户、密码和属于这个域的计算机三项信息。当计算机接入网络时，域控制器首先要鉴别这台计算机是否属于这个域，用户使用的登录账户是否存在，密码是否正确。如果三项信息均正确，则允许登录；如果以上信息有一项不正确，那么域控制器就会拒绝这个用户从这台计算机登录。小张的登录账号是正确的，但是域控制器拒绝小张的计算机登录。

    基于以上陈述能得出以下哪项结论？

    (A) 小张输入的密码是错误的。
    (B) 小张的计算机不属于这个域。
    (C) 如果小张的计算机属于这个域，那么他输入的密码是错误的。
    (D) 只有小张输入的密码是正确的，他的计算机才属于这个域。
    (E) 如果小张输入的密码是正确的，那么他的计算机属于这个域。

29. 现在越来越多的人拥有了自己的轿车，但他们明显地缺乏汽车保养的基本知识。这些人会按照维修保养手册或 4S 店售后服务人员的提示做定期保养。可是，某位有经验的司机会告诉你，每行驶 5 000 公里做一次定期检查，只能检查出汽车可能存在问题的一小部分，这样的检查是没有意义的,是浪费时间和金钱。

以下哪项不能削弱该司机的结论?

(A)每行驶 5 000 公里做一次定期检查是保障车主安全所需要的。

(B)每行驶 5 000 公里做一次定期检查能发现引擎的某些主要故障。

(C)在定期检查中所做的常规维护是保证汽车正常运行所必需的。

(D)赵先生的新车未做定期检查,行驶到 5 100 公里时出了问题。

(E)某公司新购的一批汽车未做定期检查,均安全行驶了 7 000 公里以上。

30. 化学课上,张老师演示了两个同时进行的教学实验:一个实验是 $KClO_3$ 加热后,有 O_2 缓慢产生;另一个实验是 $KClO_3$ 加热后迅速撒入少量 MnO_2,这时立即有大量的 O_2 产生。张老师由此指出:MnO_2 是 O_2 快速产生的原因。

以下哪项与张老师得出结论的方法类似?

(A)同一品牌的化妆品价格越高卖得就越火。由此可见,消费者喜欢价格高的化妆品。

(B)居里夫人在沥青矿物中提取放射性元素时发现,从一定量的沥青矿物中提取的全部纯铀的放射性强度比同等数量的沥青矿物中放射性强度低数倍。她据此推断,沥青矿物中还存在其他放射性更强的元素。

(C)统计分析发现,30 岁至 60 岁之间,年纪越大,胆子越小,有理由相信:岁月是勇敢的腐蚀剂。

(D)将闹钟放在玻璃罩里,使它打铃,可以听到铃声;然后把玻璃罩里的空气抽空,再使闹钟打铃,就听不到铃声了。由此可见,空气是声音传播的介质。

(E)人们通过对绿藻、蓝藻、红藻的大量观察,发现结构简单、无根叶是藻类植物的主要特征。

31. 湖队是不可能进入决赛的。如果湖队进入决赛,那么太阳就从西边出来了。

以下哪项与上述论证方式最相似?

(A)今天天气不冷。如果冷,湖面怎么结冰了?

(B)语言是不能创造财富的。若语言能够创造财富,则夸夸其谈的人就是世界上最富有的了。

(C)草木之生也柔脆,其死也枯槁。故坚强者死之徒,柔弱者生之徒。

(D)天上是不会掉馅饼的。如果你不相信这一点,那上当受骗是迟早的事。

(E)古典音乐不流行。如果流行,那就说明大众的音乐欣赏水平大大提高了。

32. 在某次课程教学改革的研讨会上,负责工程类教学的程老师说,在工程设计中,用于解决数学问题的计算机程序越来越多了,这样就不必要求工程技术类大学生对基础数学有深刻的理解。因此,在未来的教学体系中,基础数学课程可以用其他重要的工程类课程替代。

以下哪项如果为真,能削弱程老师的上述论证?

Ⅰ. 工程类基础课程中已经包含了相关的基础数学内容。

Ⅱ. 在工程设计中,设计计算机程序需要对基础数学有全面的理解。

Ⅲ. 基础数学课程的一个重要目标是培养学生的思维能力,这种能力对工程设计来说很关键。

(A)仅Ⅱ。　　　　　　　(B)仅Ⅰ和Ⅱ。　　　　　　(C)仅Ⅰ和Ⅲ。

(D)仅Ⅱ和Ⅲ。　　　　　(E)Ⅰ、Ⅱ和Ⅲ。

33. 蟋蟀是一种非常有趣的小动物。宁夏的夏夜,草丛中传来阵阵清脆悦耳的鸣叫声。那是蟋蟀在唱歌。蟋蟀优美动听的歌声并不是出自它的好嗓子,而是来自它的翅膀。左右两翅一张一合,相互摩擦,就可以发出悦耳的响声了。蟋蟀还是建筑专家,与它那柔软的挖掘工具相比,蟋蟀的住宅真可以算得上是伟大的工程了。在其住宅门口,有一个收拾得非常舒适的平台。夏夜,除非下雨或者刮风,否则蟋蟀肯定会在这个平台上唱歌。

根据以上陈述,以下哪项是蟋蟀在无雨的夏夜所做的?

(A)修建住宅。

(B)收拾平台。

(C)在平台上唱歌。

(D)如果没有刮风,它就在抢修工程。

(E)如果没有刮风,它就在平台上唱歌。

34. 一般认为,出生地间隔较远的夫妻所生子女的智商较高。有资料显示,夫妻均是本地人,其所生子女的平均智商为102.45;夫妻是省内异地的,其所生子女的平均智商为106.17;而隔省婚配的,其所生子女的智商则高达109.35。因此,异地通婚可提高下一代的智商水平。

以下哪项如果为真,最能削弱上述结论?

(A)统计孩子平均智商的样本数量不够多。

(B)不难发现,一些天才儿童的父母均是本地人。

(C)不难发现,一些低智商儿童的父母的出生地间隔较远。

(D)能够异地通婚者是智商比较高的,他们自身的高智商促成了异地通婚。

(E)一些情况下,夫妻双方出生地间隔很远,但他们的基因可能接近。

35. 成品油生产商的利润在很大程度上受国际市场原油价格的影响,因为大部分原油是按国际市场价购进的。近年来,随着国际原油市场价格的不断提高,成品油生产商的运营成本大幅度增加,但某国成品油生产商的利润并没有减少,反而增加了。

以下哪项如果为真,最有助于解释上述看似矛盾的现象?

(A)原油成本只占成品油生产商运营成本的一半。

(B)该国成品油价格根据市场供需确定,随着国际原油市场价格的上涨,该国政府为成品油生产商提供相应的补贴。

(C)在国际原油市场价格不断上涨期间,该国成品油生产商降低了个别高薪雇员的工资。

(D)在国际原油市场价格上涨之后,除进口成本增加外,成品油生产的其他成本也有所提高。

(E)该国成品油生产商的原油有一部分来自国内,这部分受国际市场价格波动影响较小。

36. 太阳风中的一部分带电粒子可以到达 M 星表面,将足够的能量传递给 M 星表面粒子,使后者脱离 M 星表面,逃逸到 M 星大气中。为了判定这些逃逸的粒子,科学家们通过三个实验获得了如下信息:

实验一:或者是 X 粒子,或者是 Y 粒子。

实验二:或者不是 Y 粒子,或者不是 Z 粒子。

实验三:如果不是 Z 粒子,就不是 Y 粒子。

根据上述三个实验,以下哪项一定为真?
(A)这种粒子是 X 粒子。　　(B)这种粒子是 Y 粒子。
(C)这种粒子是 Z 粒子。　　(D)这种粒子不是 X 粒子。
(E)这种粒子不是 Z 粒子。

37. 美国某大学医学院的研究人员在《小儿科》杂志上发表论文指出,在对 2 702 个家庭的孩子进行跟踪调查后发现,如果孩子在 5 岁前每天看电视超过 2 小时,他们长大后出现行为问题的风险将会增加 1 倍多。所谓行为问题是指性格孤僻、言行粗鲁、侵犯他人、难与他人合作等。

以下哪项最好地解释了以上论述?
(A)电视节目会使孩子产生好奇心,容易导致孩子出现暴力倾向。
(B)电视节目中有不少内容容易使孩子长时间处于紧张、恐惧的状态。
(C)看电视时间过长,会影响孩子与其他人的交往,久而久之,孩子便会缺乏与他人打交道的经验。
(D)儿童模仿能力强,如果只对电视节目感兴趣,长此以往,会阻碍他们分析能力的发展。
(E)每天长时间地看电视,容易使孩子神经系统产生疲劳,影响身心发展。

38. 一种常见的现象是,从国外引进的一些畅销科普读物在国内并不畅销。有人对此解释说,这与我们多年来沿袭的文理分科有关。文理分科人为地造成了自然科学与人文社会科学的割裂,导致科普类图书的读者市场还没有真正形成。

以下哪项如果为真,最能加强上述观点?
(A)有些自然科学工作者对科普读物也不感兴趣。
(B)科普读物不是没有需求,而是有效供给不足。
(C)由于缺乏理科背景,非自然科学工作者对科学敬而远之。
(D)许多科普电视节目都拥有固定的收视群,相应的科普读物也大受欢迎。
(E)国内大部分科普读物只是介绍科学常识,很少真正关注科学精神的传播。

39. 大、小行星悬浮在太阳系边缘,极易受附近星体引力作用的影响。据研究人员计算,有时这些力量会将彗星从奥尔特星云拖出。这样,它们更有可能靠近太阳。两位研究人员据此分别做出了以下两种有所不同的断定:
①木星的引力作用要么将它们推至更小的轨道,要么将它们逐出太阳系;
②木星的引力作用或者将它们推至更小的轨道,或者将它们逐出太阳系。
如果上述两种断定只有一种为真,则可以推出以下哪项结论?
(A)木星的引力作用将它们推至更小的轨道,并且将它们逐出太阳系。
(B)木星的引力作用没有将它们推至更小的轨道,但是将它们逐出太阳系。
(C)木星的引力作用将它们推至更小的轨道,但是没有将它们逐出太阳系。
(D)木星的引力作用既没有将它们推至更小的轨道,也没有将它们逐出太阳系。
(E)木星的引力作用如果将它们推至更小的轨道,就不会将它们逐出太阳系。

40. 鸽子走路时,头部并不是有规律地前后移动,而是一直在往前伸。行走时,鸽子脖子往前一探,然后,头部保持静止,等待着身体和爪子跟进。有学者曾就鸽子走路时伸脖子的现象做出假设:在等待身体跟进的时候,暂时静止的头部有利于鸽子获得稳定的视野,看清周围的食物。

以下哪项如果为真,最能支持上述假设?
(A)鸽子行走时如果不伸脖子,很难发现远处的食物。
(B)步伐太大的鸟类,伸脖子的幅度远比步伐小的要大。
(C)鸽子行走速度的变化,刺激内耳控制平衡的器官,导致伸脖子。
(D)鸽子行走时一举翅一投足,都可能出现脖子和头部肌肉的自然反射,所以头部不断运动。
(E)如果雏鸽步态受到限制,功能发育不够完善,那么,成年后鸽子的步伐变小,脖子伸缩幅度则会随之降低。

41. S市环保检测中心的统计分析表明,2009年空气质量为优的天数为150天,比2008年多出22天。二氧化碳、一氧化碳、二氧化氮、可吸入颗粒物四项污染物浓度平均值,与2008年相比分别下降了约21.3%、25.6%、26.2%、15.4%。S市环保负责人指出,这得益于近年来本市政府持续采取的控制大气污染的相关措施。

以下除哪项外,均能支持上述市环保负责人的看法?
(A)S市广泛展开环保宣传,加强了市民的生态理念和环保意识。
(B)S市启动了内部控制污染方案,凡是不达标的燃煤锅炉停止运行。
(C)S市执行了机动车排放国Ⅳ标准,单车排放比Ⅲ降低了49%。
(D)S市市长办公室最近研究了焚烧秸秆的问题,并着手制定相关条例。
(E)S市制定了"绿色企业"标准,继续加快污染重、能耗高的企业的退出。

42. 在某次思维训练课上,张老师提出"尚左数"这一概念的定义:在连续排列的一组数字中,如果一个数字左边的数字都比其大(或无数字),且其右边的数字都比其小(或无数字),则称这个数字为尚左数。

根据张老师的定义,在8、9、7、6、4、5、3、2这列数字中,以下哪项包含了该列数字中所有的尚左数?
(A)4、5、7和9。 (B)2、3、6和7。 (C)3、6、7和8。
(D)5、6、7和8。 (E)2、3、6和8。

43. 一般认为,剑乳齿象是从北美洲迁入南美洲的。剑乳齿象的显著特征是具有较直的长剑型门齿,颚骨较短,齿的齿冠隆起,齿板数目为7~8个,并呈乳状突起,剑乳齿象因此得名。剑乳齿象的牙齿比较复杂,这表明它能吃草,在南美洲的许多地方都有证据显示史前人类捕捉过剑乳齿象。由此可以推测,剑乳齿象的灭绝可能与人类的过度捕杀有密切关系。

以下哪项如果为真,最能反驳上述结论?
(A)史前动物之间经常发生大规模相互捕杀的现象。
(B)剑乳齿象在遇到人类攻击时缺乏自我保护能力。
(C)剑乳齿象也存在由南美洲进入北美洲的回迁现象。
(D)由于人类活动范围的扩大,大型食草动物难以生存。
(E)幼年剑乳齿象的牙齿结构比较简单,自我生存能力弱。

44. 小东在玩"勇士大战"游戏,进入第二关时,界面出现四个选项。第一个选项是"选择任意选项都需要支付游戏币",第二个选项是"选择本项后可以得到额外游戏奖励",第三个选项是"选择本项后游戏不会进行下去",第四个选项是"选择某个选项不需要支付游戏币"。

如果四个选项中的陈述只有一句为真,则以下哪项一定为真?

(A)选择任意选项都需要支付游戏币。

(B)选择任意选项都不需要支付游戏币。

(C)选择任意选项都不能得到额外游戏奖励。

(D)选择第二个选项后可以得到额外游戏奖励。

(E)选择第三个选项后游戏能继续进行下去。

45. 有位美国学者做了一个实验,给被试儿童看了三幅图画:鸡、牛、青草,然后让儿童将其分为两类。结果大部分中国儿童把牛和青草归为一类,把鸡归为另一类;大部分美国儿童则把牛和鸡归为一类,把青草归为另一类。这位美国学者由此得出:中国儿童习惯于按照事物之间的关系来分类,美国儿童则习惯于把事物按照各自所属的"实体"范畴进行分类。

以下哪项是这位学者得出结论所必须假设的?

(A)马和青草是按照事物之间的关系被归为一类。

(B)鸭和鸡蛋是按照各自所属的"实体"范畴被归为一类。

(C)美国儿童只要把牛和鸡归为一类,就是习惯于按照各自所属"实体"范畴进行分类。

(D)美国儿童只要把牛和鸡归为一类,就不是习惯于按照事物之间的关系来分类。

(E)中国儿童只要把牛和青草归为一类,就不是习惯于按照各自所属"实体"范畴进行分类。

46. 相互尊重是相互理解的基础,相互理解是相互信任的前提;在人与人的相互交往中,自重、自信也是非常重要的,没有一个人尊重不自重的人,没有一个人信任他所不尊重的人。

以上陈述可以推出以下哪项结论?

(A)不自重的人也不被任何人信任。   (B)相互信任才能相互尊重。

(C)不自信的人也不自重。   (D)不自信的人也不被任何人信任。

(E)不自信的人也不受任何人尊重。

47. 学生:IQ和EQ哪个更重要?您能否给我指点一下?

学长:你去书店问问工作人员关于 IQ 和 EQ 的书,哪类销得快,哪类就更重要。

以下哪项与题干中的问答方式最为相似?

(A)员工:我们正制定一个度假方案,你说是在本市好,还是去外地好?

  经理:现在年终了,各公司都在安排出去旅游,你去问问其他公司的同行,他们计划去哪里,我们就不去哪里,不凑热闹。

(B)平平:母亲节那天我准备给妈妈送一份礼物,你说是送花好,还是送巧克力好?

  佳佳:你在母亲节前一天去花店看一下,看看买花的人多不多就行了嘛。

(C)顾客:我准备买一件毛衣,你看颜色是鲜艳一点好,还是素一点好?

  店员:这个需要结合自己的性格与穿衣习惯,各人可以有自己的选择与喜好。

(D)游客:我们前面有两条山路,走哪一条更好?

  导游:你仔细看看,哪一条山路上车马的痕迹深,我们就走哪一条。

(E)学生:我正在准备期末复习,是做教材上的练习重要,还是理解教材内容更重要?

  老师:你去问问高年级得分高的同学,他们是否经常背书、做练习。

48. 李赫、张岚、林宏、何柏、邱辉5位同事近日各自买了一台不同品牌的小轿车,分别为雪铁龙、奥迪、宝马、奔驰、桑塔纳。这五辆车的颜色分别与5人名字最后一个字谐音的颜色不同。已知,李赫买的是蓝色的雪铁龙。

以下哪项排列可能依次对应张岚、林宏、何柏、邱辉所买的车?
(A)灰色奥迪、白色宝马、灰色奔驰、红色桑塔纳。
(B)黑色奥迪、红色宝马、灰色奔驰、白色桑塔纳。
(C)红色奥迪、灰色宝马、白色奔驰、黑色桑塔纳。
(D)白色奥迪、黑色宝马、红色奔驰、灰色桑塔纳。
(E)黑色奥迪、灰色宝马、白色奔驰、红色桑塔纳。

49. 克鲁特是德国家喻户晓的"明星"北极熊,北极熊是北极名副其实的霸主,因此,克鲁特是名副其实的北极霸主。

以下除哪项外,均与上述论证中出现的谬误相似?
(A)儿童是祖国的花朵,小雅是儿童,因此,小雅是祖国的花朵。
(B)鲁迅的作品不是一天能读完的,《祝福》是鲁迅的作品。因此,《祝福》不是一天能读完的。
(C)中国人是不怕困难的,我是中国人。因此,我是不怕困难的。
(D)康怡花园坐落在清水街,清水街的建筑属于违章建筑。因此,康怡花园的建筑属于违章建筑。
(E)西班牙语是外语,外语是普通高等学校招生的必考科目。因此西班牙语是普通高等学校招生的必考科目。

50. 在本年度篮球联赛中,长江队主教练发现,黄河队五名主力队员之间的上场配置有如下规律:
(1)若甲上场,则乙也要上场。
(2)只有甲不上场,丙才不上场。
(3)要么丙不上场,要么乙和戊中有人不上场。
(4)除非丙不上场,否则丁上场。

若乙不上场,则以下哪项配置合乎上述规律?
(A)甲、丙、丁同时上场。　　　　　(B)丙不上场,丁、戊同时上场。
(C)甲不上场,丙、丁都上场。　　　(D)甲、丁都上场,戊不上场。
(E)甲、丁、戊都不上场。

51. 陈先生:未经许可侵入别人的电脑,就好像开偷来的汽车撞伤了人,这些都是犯罪行为。但后者性质更严重,因为它既侵占了有形财产,又造成了人身伤害;而前者只是在虚拟世界中捣乱。

林女士:我不同意,例如,非法侵入医院的电脑,有可能扰乱医疗数据,甚至危及病人的生命。因此,非法侵入电脑同样会造成人身伤害。

以下哪项最为准确地概括了两人争论的焦点?
(A)非法侵入别人电脑和开偷来的汽车是否同样会危及人的生命?
(B)非法侵入别人电脑和开偷来的汽车伤人是否都构成犯罪?
(C)非法侵入别人电脑和开偷来的汽车伤人是否是同样性质的犯罪?

(D)非法侵入别人电脑的犯罪性质是否和开偷来的汽车伤人一样的严重?
(E)是否只有侵占有形财产才构成犯罪?

52. 小明、小红、小丽、小强、小梅五人去听音乐会,他们五人在同一排且座位相连,其中只有一个座位最靠近走廊,如果小强想坐在最靠近走廊的座位上,小丽想跟小明紧挨着,小红不想跟小丽紧挨着,小梅想跟小丽紧挨着,但不想跟小强或小明紧挨着。
以下哪项顺序符合上述五人的意愿?
(A)小明,小梅,小丽,小红,小强。　　　　(B)小强,小红,小明,小丽,小梅。
(C)小强,小梅,小红,小丽,小明。　　　　(D)小明,小红,小梅,小丽,小强。
(E)小强,小丽,小梅,小明,小红。

53. 参加某国际学术研讨会的60名学者中,亚裔学者31人,博士33人,非亚裔学者中无博士学位的4人。
根据上述陈述,参加此次国际研讨会的亚裔博士有几人?
(A)1人。　　(B)2人。　　(C)4人。　　(D)7人。　　(E)8人。

54. 对某高校本科生的某项调查统计发现:在因成绩优异被推荐免试攻读硕士研究生的文科专业学生中,女生占有70%。由此可见,该校本科生文科专业的女生比男生优秀。
以下哪项如果为真,能最有力地削弱上述结论?
(A)在该校本科生文科专业学生中,女生占30%以上。
(B)在该校本科生文科专业学生中,女生占30%以下。
(C)在该校本科生文科专业学生中,男生占30%以下。
(D)在该校本科生文科专业学生中,女生占70%以下。
(E)在该校本科生文科专业学生中,男生占70%以上。

55. 某中药配方有如下要求:
(1)如果有甲药材,那么也要有乙药材。
(2)如果没有丙药材,那么必须有丁药材。
(3)人参和天麻不能都有。
(4)如果没有甲药材而有丙药材,则需要有人参。
如果含有天麻,则关于该配方的断定哪项为真?
(A)含有甲药材。　　　　　　　　　　(B)含有丙药材。
(C)没有丙药材。　　　　　　　　　　(D)没有乙药材和丁药材。
(E)含有乙药材或丁药材。

四、写作:第56～57小题,共65分。 其中论证有效性分析30分,论说文35分。 请答在答题纸相应的位置上。

56. 论证有效性分析:分析下述论证中存在的缺陷与漏洞,选择若干要点,写一篇600字左右的文章,对该论证的有效性进行分析和评论。(论证有效性分析的一般要点是:概念特别是核心概念的界定和使用是否准确并前后一致,有无各种明显的逻辑错误,论证的论据是否成立并支持结论,结论成立的条件是否充分等。)

美国学者弗里德曼的《世界是平的》一书认为,全球化对当代人类社会的思想、经济、政治和文化等领域产生了深刻影响。全球化抹去了各国的疆界,使世界从立体变成了平面,也就是说,世界各国之间的社会发展差距正在日益缩小。

"世界是平的"的观点,是基于近几十年信息传播技术迅速发展的状况而提出的。互联网的普及、软件的创新使海量信息迅速扩散到世界各地。由于世界是平的,穷国可以和富国一样在同一平台上接收同样的最新信息,这样就大大促进了各国的经济发展,从而改善了它们的国际地位。

事实也是如此。所谓"金砖四国"国际声望的上升,无不得益于它们的经济成就,无不得益于互联网技术的发展。同时也可作为"世界是平的"这一观点的有力佐证。

毋庸置疑,信息传播技术革命还远未结束,互联网技术将会有更大的发展,人类社会将会有更惊人的变化。可以预言,由于信息技术的迅猛发展,世界的经济格局与政治格局将会发生巨大的变化,世界最不发达国家和最发达国家之间再也不会让人有天壤之别的感觉,非洲大陆将会变成另一个北美。同样也可以预言,由于中国的信息技术发展迅猛,中国和世界一样,也会从立体变为平面,中国东西部之间的经济鸿沟将被填平,中国西部的雄起指日可待。

57. 论说文:根据下述材料,写一篇700字左右的论说文,题目自拟。

一个真正的学者,其崇高使命是追求真理。学者个人的名利乃至生命与之相比都微不足道,但因为其献身于真理就会变得无限伟大。一些著名大学的校训中都含有追求真理的内容。然而,近年学术界的一些状况与追求真理这一使命相去甚远,部分学者的功利化倾向越来越严重,抄袭剽窃、学术造假、自我炒作、沽名钓誉等现象时有所闻。

答案速查

一、问题求解

1~5　　(D)(C)(C)(A)(D)　　　6~10　　(E)(B)(B)(B)(D)

11~15　(A)(C)(B)(B)(E)

二、条件充分性判断

16~20　(A)(A)(C)(D)(D)　　21~25　(E)(D)(A)(C)(B)

三、逻辑推理

26~30　(D)(A)(C)(E)(D)　　31~35　(B)(D)(E)(D)(B)

36~40　(A)(C)(C)(A)(A)　　41~45　(D)(B)(A)(E)(C)

46~50　(A)(D)(A)(D)(C)　　51~55　(D)(B)(E)(C)(E)

四、写作

略

答案详解

一、问题求解

1. (D)

【解析】母题 92·比例问题

设开场时女观众人数是 $5a$,男观众人数是 $4a$.

一个小时后女观众人数为 $5a(1-20\%)=4a$,男观众人数为 $4a(1-15\%)=3.4a$.

所以,此时女士与男士人数之比为 $\dfrac{4a}{3.4a}=\dfrac{20}{17}$.

【快速得分法】赋值法.

令女观众人数为 50 人,男观众人数为 40 人,则一小时后女观众为 40 人,男观众为 34 人.

所以此时女士与男士人数之比为 20：17.

2. (C)

【解析】母题 94·利润问题

设标价为 x 元,则实际售价为 $0.8x$ 元,根据题意,得

$$\dfrac{0.8x-240}{240}\times 100\%=15\%,$$

解得 $x=345$.

3.（C）

【解析】母题 4·质数与合数问题

穷举法.设三个小孩的年龄分别为 a,b,c,则

若 $a=2$,则 $b=8,c=14$,不合题意；

若 $a=3$,则 $b=9,c=15$,不合题意；

若 $a=5$,则 $b=11,c=17$,符合题意.

故三人的年龄之和为 $a+b+c=5+11+17=33$.

4.（A）

【解析】母题 52·等差数列与等比数列综合题

由第二行可知 $x+\dfrac{3}{2}=2\times\dfrac{5}{4}$,解得 $x=1$;

由第二列可知 $\dfrac{5}{2}y=\left(\dfrac{5}{4}\right)^2$,解得 $y=\dfrac{5}{8}$;

由第三列可知 $\dfrac{3}{2}z=\left(\dfrac{3}{4}\right)^2$,解得 $z=\dfrac{3}{8}$.

所以,$x+y+z=2$.

5.（D）

【解析】母题 56·三角形的心及其他基本问题

据勾股定理,可得 $|BC|=\sqrt{5^2+12^2}=13$.要使 AD 最短,则 AD 为 BC 边上的高,所以
$$|AD|=\dfrac{|AB|\cdot|AC|}{|BC|}=\dfrac{5\times 12}{13}\approx 4.62.$$

6.（E）

【解析】母题 82·古典概型

分成两步：

第一步:甲顾客选赠品,即 C_4^2.

第二步:乙顾客从甲顾客选择的赠品中选一个,再从甲顾客没选的赠品中选一个,即 $C_2^1 C_2^1$.

故满足题意的不同的选法一共有 $C_4^2 C_2^1 C_2^1$ 种.

甲、乙两个顾客任意选赠品的总选法有 $C_4^2 C_4^2$ 种.

所以,所求概率为 $\dfrac{C_4^2 C_2^1 C_2^1}{C_4^2 C_4^2}=\dfrac{2}{3}$.

7.（B）

【解析】母题 20·因式分解问题

设第三个一次因式为 $x+c$,则
$$x^3+ax^2+bx-6=(x-1)(x-2)(x+c),$$

则有

$$-6=(-1)(-2) \cdot c,$$

解得 $c=-3$.

故第三个一次因式为 $x-3$.

【快速得分法】首尾项法.

原式的常数项定等于各因式的常数项之积,故有 $-6=(-1)(-2) \cdot c$,解得 $c=-3$.

8. (B)

【解析】母题 30·集合问题

由题意可以把证件分为三类:单证,双证,三证;三类证件的个数之和等于证件的总个数,设有双证的人数为 x,则有

$$140+2x+30 \times 3=130+110+90,$$

解得 $x=50$.

9. (B)

【解析】母题 100·最值问题

设定价比原定价高了 x 元,利润为 y 元,根据题意,得

$$\begin{aligned} y &= (100+x-90)(500-10x) \\ &= 10(500+40x-x^2) \\ &= -10(x^2-40x+400-900) \\ &= -10(x-20)^2+9\,000, \end{aligned}$$

根据一元二次函数的性质,可知当 $x=20$ 时,利润最高,此时定价为 120 元.

10. (D)

【解析】母题 34·一元二次函数的最值

根据圆的一般方程可知圆心坐标为 $(-2,1)$,代入直线方程得

$$-2a-b+3=0,\text{ 即 } b=3-2a,$$
$$ab=a(3-2a)=-2a^2+3a,$$

根据抛物线的顶点坐标公式可知,顶点坐标为 $\left(\dfrac{3}{4},\dfrac{9}{8}\right)$. 故 ab 的最大值为 $\dfrac{9}{8}$.

11. (A)

【解析】母题 75·不同元素的分配

其中一所学校分配 2 人,其余 3 所学校各分配一人,分两步:

第一步:从 5 名志愿者中任选 2 人作为一组,另外三人各成一组:C_5^2;

第二步:将 4 组志愿者任意分配给 4 所学校:A_4^4.

故不同的分配方案有 $C_5^2 A_4^4=240$(种).

12. (C)

【解析】母题 86·袋中取球模型

能够启动此装置的情况可分为三类:

第一类:尝试一次即成功,则 $\dfrac{1}{A_{10}^3}=\dfrac{1}{720}$;

第二类:第一次尝试不成功,第二次尝试成功,则 $\dfrac{719}{720}\times\dfrac{1}{719}=\dfrac{1}{720}$;

第三类:第一、二次尝试不成功,第三次尝试成功,则 $\dfrac{719}{720}\times\dfrac{718}{719}\times\dfrac{1}{718}=\dfrac{1}{720}$.

由加法原理,能启动装置的概率为 $3\times\dfrac{1}{720}=\dfrac{1}{240}$.

【快速得分法】抽签原理的应用(不放回的取球).

本题相当于有 720 个签,抽 3 个抽中正确密码即可,故概率为 $\dfrac{3}{720}=\dfrac{1}{240}$.

13.(B)

【解析】母题 101·线性规划问题

由题意可知,欲使总车位最多,应尽量多建室外车位,故应使室外车位数量是室内车位数量的 3 倍,设室内车位建 x 个,则室外车位建 $3x$ 个,则

$$5\,000x+1\,000\times 3x=150\,000,$$

解得 $x=18.75$. 检验 $x=18$ 和 $x=19$,可知当 $x=19$ 时,可建 19 个室内车位和 55 个室外车位,此时车位最多为 74 个.

14.(B)

【解析】母题 58·求面积问题

图中的空白部分由两个三角形叠放而成,故用集合的两饼图公式可知

$$S_{空白}=S_{\triangle DBF}+S_{\triangle AFC}-S_{四边形 OEFG}$$

$$=\dfrac{1}{2}\times BF\times AB+\dfrac{1}{2}\times CF\times AB-4$$

$$=\dfrac{1}{2}\times BC\times AB-4=20.$$

故 $S_{阴影}=S_{矩形 ABCD}-S_{空白}=48-20=28$.

15.(E)

【解析】母题 89·闯关和比赛问题

成功的可能有表 2 所示的几种(过关用√标示,没过关用×标示):

表 2

第1关	第2关	第3关	第4关	第5关
√	√			
×	√	√		
×	×	√	√	

续表

	第1关	第2关	第3关	第4关	第5关
	√	×	√	√	
	√	×	×	√	√
	×	√	×	√	√
	×	×	×	√	√

故闯关成功的概率为

$$P=\left(\frac{1}{2}\right)^2+\left(\frac{1}{2}\right)^3+2\times\left(\frac{1}{2}\right)^4+3\times\left(\frac{1}{2}\right)^5=\frac{19}{32}.$$

二、条件充分性判断

16. (A)

【解析】母题14·绝对值的化简求值与证明

条件(1)：$a\geq 0$，则 $|a|=a$，原式化为 $a|a-b|\geq a(a-b)$，即 $|a-b|\geq a-b$，成立，条件(1)充分.

条件(2)：$a\geq b$，则 $|a-b|=a-b$，原式化为 $a\geq|a|$，当 $a<0$ 时，此式不成立，所以条件(2)不充分.

【易错点】此题有大量的考生选择(C)．诚然，条件(1)和条件(2)联立起来确实能使不等式成立，但是仅条件(1)就充分了，不需要联立．

17. (A)

【解析】母题3·奇数与偶数问题

条件(1)：男宾人数与女宾人数相等，所以男女人数之和必为偶数，故条件(1)充分.

条件(2)：设女宾为1位，则男宾为2位，总数为3位，故条件(2)不充分.

18. (C)

【解析】母题94·利润问题

设甲商品的利润为 x 元，乙商品的利润为 y 元，

条件(1)和条件(2)单独显然不充分，联立两个条件，得

$$\begin{cases}5x+4y=50,\\4x+5y=47,\end{cases}$$

即 $x-y=3$．甲商品的利润比乙商品多3元，故两个条件联合起来充分.

【快速得分法】逻辑推理法.

联合条件(1)和条件(2)，同样是9件商品，甲商品多则利润多，说明甲的利润比乙高.

19. (D)

【解析】母题44·等差数列基本问题

$a_1+a_2+a_3+a_4=12$，即 $a_1+a_4=6$，所以 $2a_1+3d=6$.

条件(1)：$d=-2$，代入 $2a_1+3d=6$，得

$$2a_1-6=6,a_1=6,$$

故 $a_4 = a_1 + 3d = 6 - 6 = 0$,条件(1)充分.

条件(2):$a_2 + a_4 = 4, a_1 + a_4 = 6$,得
$$a_2 - a_1 = -2 = d,$$
所以条件(2)与条件(1)等价,条件(2)也充分.

20. (D)

【解析】母题93·增长率问题

用赋值法,设企业去年的人数为100人,总成本为100元,则人均成本为1元.

条件(1):今年总成本减少25%,为75元,人数增加25%,为125人;

人均成本:$\frac{75}{125} = 0.6$(元/人). 所以,今年人均成本是去年的60%,条件(1)充分.

条件(2):今年总成本减少28%,为72元,人数增加20%,为120人;

人均成本:$\frac{72}{120} = 0.6$(元/人). 所以,今年人均成本是去年的60%,条件(2)充分.

21. (E)

【解析】母题93·增长率问题

设股票的初始价格为a元,最后的价格为b元.

条件(1):$b = a \times (1+10\%)^3 \times (1-10\%)^3 = a(1-0.1^2)^3 < a$.

所以该股票降价了,条件(1)不充分.

条件(2):$b = a \times (1-10\%)^3 \times (1+10\%)^3 = a(1-0.1^2)^3 < a$.

所以该股票降价了,条件(2)不充分.

两个条件显然不能联立.

【快速得分法】赋值法.

22. (D)

【解析】母题90·简单算术问题

由题意可知共有男生24名,共有23名学生通过考试,设有x名男生通过,有y名女生通过,则
$$x + y = 23. \qquad ①$$

条件(1):根据题意有
$$y - x = 5. \qquad ②$$

联立式①、式②,解得$x=9, y=14$,故条件(1)充分.

条件(2):根据题意,有$(24-x) - x = 6$,解得$x=9$,故条件(2)也充分.

23. (A)

【解析】母题93·增长率问题

条件(1):首项为a,公比为$1+p$,$S_{12} = \frac{a[1-(1+p)^{12}]}{1-(1+p)} = \frac{a}{p}[(1+p)^{12} - 1]$,充分.

条件(2):首项为 $\frac{a}{2}$,公比为 $1+2p$, $S_{12}=\dfrac{\frac{a}{2}[1-(1+2p)^{12}]}{1-(1+2p)}=\dfrac{a}{4p}[(1+2p)^{12}-1]$,不充分.

24. (C)

【解析】 母题 31·不等式的性质

条件(1):令 $a=2,b=0$,显然 $a+b>\dfrac{5}{4}$,不充分.

条件(2):令 $a=\dfrac{\sqrt{2}}{2},b=\dfrac{\sqrt{2}}{2}$,显然 $a+b=\sqrt{2}>\dfrac{5}{4}$,不充分.

联立条件(1)和条件(2):$a^2+b^2=(a+b)^2-2ab\leqslant 1$,所以
$$(a+b)^2\leqslant 1+2ab\leqslant 1+2\times\dfrac{1}{16}=\dfrac{9}{8},$$

因为 a,b 为非负实数,可知
$$0\leqslant a+b\leqslant\sqrt{\dfrac{9}{8}}<\dfrac{5}{4},$$

故联立两个条件充分.

25. (B)

【解析】 母题 57·平面几何五大模型

条件(1):由 $|AG|=2|GD|$,可得 $|AG|:|AD|=2:3$.

△AEF 与 △ABC 相似,根据面积比等于相似比的平方,可知
$$\dfrac{S_{\triangle AEF}}{S_{\triangle ABC}}=\left(\dfrac{|AG|}{|AD|}\right)^2=\left(\dfrac{2}{3}\right)^2=\dfrac{4}{9},$$

故
$$\dfrac{S_{\triangle AEF}}{S_{\text{梯形}EBCF}}=\dfrac{S_{\triangle AEF}}{S_{\triangle ABC}-S_{\triangle AEF}}=\dfrac{4}{9-4}=\dfrac{4}{5}.$$

所以,△AEF 与梯形 EBCF 面积不相等,条件(1)不充分.

条件(2):同理,可知
$$\dfrac{S_{\triangle AEF}}{S_{\triangle ABC}}=\left(\dfrac{EF}{BC}\right)^2=\left(\dfrac{1}{\sqrt{2}}\right)^2=\dfrac{1}{2},$$

$$\dfrac{S_{\triangle AEF}}{S_{\text{梯形}EBCF}}=\dfrac{S_{\triangle AEF}}{S_{\triangle ABC}-S_{\triangle AEF}}=\dfrac{1}{2-1}=1.$$

所以,△AEF 与梯形 EBCF 面积相等,条件(2)充分.

三、逻辑推理

26. (D)

【解析】 母题 3·箭头+德摩根定律

题干:阿司匹林 ∨ 对乙酰氨基酚 → 不会产生良好的抗体反应。

等价于:产生良好的抗体反应 → ¬(阿司匹林 ∨ 对乙酰氨基酚)。

等价于:产生良好的抗体反应→¬阿司匹林∧¬对乙酰氨基酚。

已知,小张产生了良好的抗体反应,则小张没有服用阿司匹林,也没有服用对乙酰氨基酚。

故(D)项正确。

27.（A）

【解析】母题15·论证型削弱题（调查统计）

题干:实验者列举了"20个词语",请"30位文化人士"识读,误读率很高 ——证明→ 当前"人们"的"识字水平"并没有提高,甚至有所下降。

题干中的推论要成立,30位文化人士的识字水平必须能代表当前人们的识字水平;实验的20个词语的识别情况必须能代表对所有词语的识别情况。

(A)项,指出所选的词语没有代表性,可以削弱。

其余各项均不能削弱。

28.（C）

【解析】母题3·箭头＋德摩根定律

题干:①属于这个域∧账户存在∧密码正确→允许登录。

等价于:②¬允许登录→¬属于这个域∨¬账户存在∨¬密码正确。

③¬属于这个域∨¬账户存在∨¬密码正确→¬允许登录。

现在,域控制器拒绝小张的计算机登录,由②知:或者小张的计算机不属于这个域,或者小张的账户不存在,或者小张的密码错误。

又知,小张的登录账号是正确的,所以,或者小张的计算机不属于这个域,或者小张的密码错误;

等价于:如果小张的计算机属于这个域,那么他输入的密码是错误的,即(C)项正确。

29.（E）

【解析】母题15·论证型削弱题

题干:每行驶5 000公里的定期检查只能检查出汽车可能存在问题的一小部分 ——证明→ 每行驶5 000公里的定期检查没有意义。

(A)、(B)、(C)项,均指出定期检查的好处,可以削弱题干。

(D)项,指出没做定期检查的坏处,可以削弱题干。

(E)项,指出没做定期检查也可以安全行驶,支持题干。

30.（D）

【解析】母题35·论证逻辑型结构相似题

题干使用求异法:

没有MnO_2:有O_2缓慢产生;

加入少量MnO_2:立即有大量的O_2产生;

所以,MnO_2是O_2快速产生的原因。

(A)项,共变法,与题干不同。

(B)项,剩余法,与题干不同。

(C)项,共变法,与题干不同。

(D)项,求异法,与题干相同。

(E)项,求同法,与题干不同。

31. (B)

【解析】母题35·论证逻辑型结构相似题

题干:如果湖队进入决赛,那么太阳就从西边出来了。"太阳从西边出来"显然是荒谬的,所以湖队不可能进入决赛(归谬法)。

(B)项,若语言能够创造财富,则夸夸其谈的人就是世界上最富有的了。"夸夸其谈的人是世界上最富有的"显然是荒谬的,所以语言不能创造财富,也是使用归谬法,故与题干相同。

其余各项均与题干的论证方式不相同。

32. (D)

【解析】母题16·因果型削弱题(猜结果)

题干:计算机程序可以解决数学问题 —导致→ 工程技术类大学生不必深刻理解基础数学 —导致→ 基础数学课程可以被其他重要的工程类课程替代。

Ⅰ项,工程类基础课程中已经包含了相关的基础数学内容,那么基础数学课程就没必要开了(即可以被其他重要的工程类课程替代),支持题干。

Ⅱ、Ⅲ项,指出了基础数学的重要性,不可以被替代,削弱题干。

33. (E)

【解析】母题3·箭头＋德摩根定律

题干:夏夜,除非下雨或者刮风,否则蟋蟀肯定会在这个平台上唱歌。

符号化:¬(下雨∨刮风)∧夏夜→蟋蟀唱歌,等价于:¬下雨∧¬刮风∧夏夜→蟋蟀唱歌。

所以,无雨的夏夜,如果不刮风,则蟋蟀在平台上唱歌。

故(E)项正确。

34. (D)

【解析】母题16·因果型削弱题(共变法)

题干:异地通婚 —导致→ 子女智商较高。

(A)项,质疑样本的数量,可以削弱,但是没有(D)项削弱力度强。

(B)项和(C)项的错误相同,个体数据不能削弱全体的平均数。

(D)项,另有他因,不是异地通婚导致孩子智商高,而是他们本身智商高导致他们异地通婚,进而导致孩子的智商较高(共因削弱)。

(E)项,无关选项,题干没有提及基因相近与否和智商高低的关系。

35.（B）

【解析】母题 27·解释数量关系

需要解释的矛盾：随着国际市场原油价格的不断提高，成品油生产商的运营成本大幅度增加，但是，成品油生产商的利润反而增加了。

$$利润＝收入－成本，$$

所以，只需要指出收入提高，即可解释题干中的矛盾。

(B)项指出，政府为成品油生产商提供了补助，使其收入提高，故(B)项可以解释题干中的矛盾。

其余各项均不能解释题干中的矛盾现象。

36.（A）

【解析】母题 7·二难推理

题干有以下断定：

①X∨Y，等价于：¬Y→X。

②¬Y∨¬Z，等价于：Z→¬Y。

③¬Z→¬Y。

根据二难推理公式(1)，由②、③得，¬Y。

再由①得：¬Y→X。故该粒子为 X 粒子。

37.（C）

【解析】母题 26·解释现象

需要解释的现象：为什么看电视时间过长会导致行为问题？

各选项中，只有(C)项和(E)项涉及看电视时间过长的影响，其中(C)项直接解释了题干中行为问题产生的原因；(E)项中，影响身心发展不一定导致题干中的行为问题，也可能是其他方面的身心发展问题，所以解释力度不如(C)项。

38.（C）

【解析】母题 20·因果型支持题（找原因）

题干：文理分科 —导致→ 自然科学与人文社会科学的割裂 —导致→ 科普类图书的读者市场还没有真正形成 —导致→ 国外畅销科普读物在国内并不畅销。

(A)项，不能支持，"有些"自然科学工作者的情况，无法支持整体状况。

(B)项，另有他因，削弱题干。

(C)项，补充新论据，缺乏理科背景的人，对科学敬而远之，从而导致他们不喜欢阅读科普类图书，说明题干中的现象确实是"文理分科"的结果，加强题干。

(D)、(E)项，无关选项，没有涉及"文理分科"。

39. (A)

【解析】母题2·并且、或者、要么及德摩根定律

题干有两种断定：

① 推至更小的轨道 ∀ 逐出太阳系。
② 推至更小的轨道 ∨ 逐出太阳系。

要么→或者，故若①为真，则②也为真，与题干"两种断定只有一种为真"矛盾，故①为假。由① 为假可推出：推至更小的轨道 ∧ 逐出太阳系，或者，¬ 推至更小的轨道 ∧ ¬ 逐出太阳系。

由①为假可知，②为真，故必有：推至更小的轨道 ∧ 逐出太阳系。

40. (A)

【解析】母题20·因果型支持题

题干：伸脖子的目的是使得暂时静止的头部可以获得稳定的视野，看清周围的食物。

(A)项，无因无果，支持题干。

(B)项，无关选项，题干的论证对象是"鸽子"，而此项的论证对象是"鸟类"。

(C)项，此项解释了伸脖子的原因，但并没有对伸脖子的目的进行削弱或支持。

(D)项，此项解释了伸脖子的原因，但并没有对伸脖子的目的进行削弱或支持。

(E)项，显然是无关选项。

41. (D)

【解析】母题20·因果型支持题（找原因）

题干：近年来S市政府持续采取控制大气污染的措施 —导致→ S市空气质量改善。

(A)、(B)、(C)、(E)四项均补充论据，指出了S市政府为控制大气污染采取的具体措施，支持题干中的结论。

(D)项，相关措施尚未实施，所以不能支持题干中的结论。

42. (B)

【解析】母题13·定义题

尚左数：一个数字左边的数字都比其大(或无数字) ∧ 该数字右边的数字都比其小(或无数字)。

根据定义，显然(B)项正确。

43. (A)

【解析】母题16·因果型削弱题（找原因）

题干：人类的过度捕杀 —导致→ 剑乳齿象的灭绝。

(A)项，另有他因，可能是史前动物之间经常发生的大规模相互捕杀导致了剑乳齿象的灭绝，削弱题干。

(B)项，支持题干，说明了剑乳齿象为什么会因为人类捕杀而灭绝。

(C)项，无关选项，"回迁现象"与"灭绝"无关。

(D)项,支持题干,"人类活动"包含"捕杀"。

(E)项,削弱力度弱,幼年时自我生存能力弱,不代表它们不能生存(例如:在成年象抚育下生存)。

44.（E）

【解析】母题12·简单命题的真假话问题

找矛盾:第一个选项和第四个选项的陈述矛盾,必有一真一假。

推真假:已知四个选项中的陈述只有一句为真,故第二个选项和第三个选项的陈述均为假。

判断真实情况:由第二个选项的陈述为假,可知选择第二个选项后不能得到额外的游戏奖励;由第三个选项的陈述为假,可知选择第三个选项后游戏能进行下去。

故(E)项正确。

45.（C）

【解析】母题22·论证型假设题与搭桥法

题干:

①中国儿童把牛和青草归为一类,把鸡归为另一类 ——证明→ 中国儿童习惯于按照事物之间的关系来分类。

②美国儿童则把牛和鸡归为一类,把青草归为另一类 ——证明→ 美国儿童则习惯于把事物按照各自所属的"实体"范畴进行分类。

(C)项是②的假设,搭桥法,否则,若美国儿童把牛和鸡归为一类,不是按照各自所属"实体"范畴进行分类,则推翻了题干中的结论(取非法)。

46.（A）

【解析】母题5·箭头的串联

题干有以下断定:

①相互理解→相互尊重。

②相互信任→相互理解。

③¬自重→¬被尊重。

④¬被尊重→¬被信任。

③、④串联得:¬自重→¬被尊重→¬被信任,故(A)项为真。

②、①串联得:相互信任→相互理解→相互尊重。

(B)项,相互尊重→相互信任,无箭头指向,可真可假。

题干中没有提到不自信会怎样,所以(C)、(D)、(E)项均可能为真,也可能为假。

47.（D）

【解析】母题35·论证逻辑型结构相似题

学长:关于IQ和EQ的书,哪类销得快,哪类就更重要,学长犯了诉诸众人的逻辑错误。

(A)项,不是诉诸众人。

(B)项,诉诸众人,但是题干进行了两类对象的比较,而(B)项没有比较,因此类似度不高。

(C)项,诉诸未知。

(D)项,诉诸众人,且有比较,与题干相同。

(E)项,诉诸权威。

48.（A）

【解析】母题39·简单匹配题

选项排除法：

(A)项,可能为真。

(B)项,不可能为真,因为林宏不买红色的车。

(C)项,不可能为真,因为何柏不买白色的车。

(D)项,不可能为真,因为邱辉不买灰色的车。

(E)项,不可能为真,因为何柏不买白色的车。

49.（D）

【解析】母题35·论证逻辑型结构相似题

题干：克鲁特是德国家喻户晓的"明星"北极熊（类概念）；北极熊（集合概念）是北极名副其实的霸主,所以题干犯了偷换概念的逻辑错误。

也可以认为题干误把事物的全体具有的性质,认为其中每个事物也具有（分解谬误）。

(A)项,儿童（集合概念）是祖国的花朵,小雅是儿童（类概念）,偷换概念,与题干相同。

(B)项,鲁迅的作品（集合概念）不是一天能读完的,《祝福》是鲁迅的作品（类概念）,偷换概念,与题干相同。

(C)项,中国人（集合概念）是不怕困难的,我是中国人（类概念）,偷换概念,与题干相同。

(D)项,康怡花园坐落在清水街（类概念）,清水街的建筑（类概念）属于违章建筑,所以此项的推理是正确的,与题干不同。

(E)项,西班牙语是外语（类概念）,外语（集合概念）是普通高等学校招生的必考科目,偷换概念,与题干相同。

50.（C）

【解析】母题5·箭头的串联

题干有以下断定：

① 甲→乙 = ¬乙→¬甲。

② ¬甲←¬丙 = 甲→丙。

③ ¬丙∀(¬乙∨¬戊)。

④ 丙→丁。

⑤ ¬乙。

由①、⑤得,¬甲；由③、⑤得,丙；又由④得,丁。

由选项排除法可知,只有(C)项满足上面的三个结论。

51. (D)

【解析】母题32·争论焦点题

陈先生:非法侵入别人的电脑只是在虚拟世界中捣乱;开偷来的汽车伤人既侵占了有形财产,又造成了人身伤害。因此,后者性质更严重。

林女士:非法侵入电脑同样会造成人身伤害。因此,我不同意你的观点。

林女士通过反驳对方的论据,质疑陈先生"后者性质更严重"的结论,所以二人争论的焦点是二者的犯罪性质是否同样严重。故(D)项正确。

(A)项,干扰项,偷换了概念,题干说的是"人身伤害",(A)项说的是"危及人的生命",不是争论焦点,并且此项也违反论点优先原则。

(B)项,二人观点相同(违反差异原则)。

(C)项,无关选项,二人讨论的是犯罪的严重程度。

(E)项,无关选项,二人均未对此表态(违反双方表态原则)。

52. (B)

【解析】母题39·简单匹配题

根据题干信息"小丽想跟小明紧挨着",排除(A)、(D)、(E)项。

根据题干信息"小红不想跟小丽紧挨着",排除(C)项。

故(B)项正确。

53. (E)

【解析】母题38·数字推理题

由60名学者中,亚裔学者31人,可得:非亚裔学者有60-31=29(人)。

由非亚裔学者中无博士学位的4人,可得:非亚裔学者中有博士学位的有29-4=25(人)。

由博士总数33人,得亚裔博士人数=博士人数-非亚裔学者中有博士学位的人数=33-25=8(人)。故(E)项正确。

54. (C)

【解析】母题16·因果型削弱题(百分比对比型)

题干:在因成绩优异被推荐免试攻读硕士研究生的文科专业学生中,女生占70% —证明→ 该校本科生文科专业的女生比男生优秀。

(C)项与题干形成求异法:

题干:推荐免试攻读硕士研究生的文科专业学生中,女生占70%;

(C)项:所有文科专业学生中,男生占30%以下(即女生占70%以上);

正面场合和全体场合无差异,削弱:该校本科生文科专业的女生比男生优秀。

55. （E）

【解析】母题7·二难推理

题干有以下断定：

① 甲→乙。

② ¬丙→丁。

③ ¬(人参∧天麻)，等价于：¬人参∨¬天麻，等价于：天麻→¬人参。

④ (¬甲∧丙)→人参，等价于：¬人参→甲∨¬丙。

⑤ 天麻。

由⑤、③、④串联得：⑥天麻→¬人参→甲∨¬丙。

根据二难推理的公式，由⑥、①、②得：乙∨丁。

故，该中药配方含有乙药材或丁药材，即（E）项正确。

四、写作

56. 论证有效性分析

【谬误分析】

①上述论证的出发点是《世界是平的》一书。但该书的观点仅仅是美国学者弗里德曼的一家之言，而非被实践证实过的真理，将它作为论据缺乏充分的有效性。

②从"世界是平的"这一观点推出"穷国可以和富国一样在同一平台上接收同样的最新信息"，缺乏充分的论据。由于各国的资金、技术、语言等方面的不同，穷国和富国即使在同一平台上，也未必能接收到同样的信息。

③金砖四国的"经济成就"未必完全归因于"互联网技术的普及"，资源、气候、人才、教育、政策等都会影响经济发展。同样，世界经济格局与政治格局的变化也不仅仅取决于信息技术的发展。

④"互联网技术将会有更大的发展"仅仅是预测，尚未成为事实。要想支持这一预测，需要更充分的论证。

⑤造成中国东西部差距的原因有很多，比如地理位置的差异、教育和人才的差距、科技水平的差距，等等。仅仅由信息技术的发展并不能完全解决这些问题。

⑥中国的国情与世界上其他国家的情况不同，不能进行简单类比。

（说明：以上谬误分析引用和改编自教育部考试中心《管理类专业学位联考综合能力考试大纲》给出的参考答案。）

世界是平的吗?

上文预言"非洲大陆将会变成另一个北美""中国西部的雄起指日可待"。但其论证存在多处漏洞,分析如下:

首先,上文论证的出发点是《世界是平的》一书。但该书的观点仅仅是美国学者弗里德曼的一家之言,而非被实践证实过的真理,将它作为论据缺乏充分的有效性。全球化并不代表全球化"抹去了各国的疆界",更不能推出"世界各国之间的社会发展差距正在日益缩小"。

其次,从"世界是平的"这一观点推出"穷国可以和富国一样在同一平台上接收同样的最新信息",缺乏充分的论据。由于各国的资金、技术、语言等方面的不同,穷国和富国即使在同一平台上,也未必能接收到同样的信息。

再次,即使"穷国可以和富国一样在同一平台上接收同样的最新信息",但由于处理和运用信息的能力不同,那么对经济产生的影响也会不同,不能断言"促进各国的经济发展,从而改善穷国的国际地位"。

最后,金砖四国的"经济成就"可能是其"国际声望的上升"的原因之一,但认为它是唯一原因则有失妥当,政治、文化、教育等领域取得的成就同样会导致国际声望的上升。而这些国家的经济成就的取得,也未必完全归因于"互联网技术的发展",资源、气候、人才、教育、政策等都会影响经济发展。

综上所述,断言落后地区与发达地区的鸿沟将会被信息技术填平,过于武断。

(全文共 534 字)

57. 论说文

【参考立意】

批判学术造假和学者的功利化倾向。

学术造假止于制度建设

一个真正的学者,其崇高使命就是追求真理。哈佛大学校训为"真理",耶鲁大学校训为"真理与光明"。然而,最近几年不断见诸报端的学术造假现象却与这崇高的使命背道而驰。如何建筑防止学术造假的堤坝,答案在于——制度建设。

做学问自古在我国就有崇高的地位,钻研科学原理,洞察社会机理,无不需要坚强的毅力和追求真知的精神。改革开放三十余年,商品经济大潮席卷我大中华,学术风气便伴随着人们观念和社会转型的特殊时期"泥沙俱下"。造假蔚然成风,人们见怪不怪,审丑疲劳。怪现象不去,何谈"科教兴国"!

纵观近几年的学术造假新闻,我们不难得出结论:学术造假究其原因,无外乎"名利"二字。学术之路注定是艰苦孤独且荆棘密布的,一些学者等不及两鬓斑白时再功成名就,于是就有了一张张虚假的认证,一个个捏造的数据。

如何遏制造假现象呢?我认为单纯的道德说教无异于隔靴搔痒,春秋时期的孔老夫子就在感慨"礼崩乐坏",古往今来有感于世风日下的士大夫如过江之鲫。然而,与其空讲"正人心",不如首先从制度建设做起。传统上,学术造假一经曝光,主要由学校自行处理,而学者是大学的命脉,谁有勇气自断经脉呢?消息深锁官闱,监管如脱缰野马,民众监督有心无力,官方解释不了了之,怎能不为造假提供土壤。有了健全的制度,会使得学者的造假成本提高,使他们明白自己没有权力也没有胆量去造假,同时也让他们深知,一旦造假,后果会是毁灭性的。唯有建立完善的制度,才能净化学术环境,促进良性循环。

当然,道德建设也是有其必要之处的,但我们一定要明白的是:制度为主,说教为辅。倘使我们制定的制度是以学者的道德完美为前提的,那无异于给制度建设判了无期徒刑。

哲人有言:"真理的分量,比整个世界都重。"在市场经济与观念转变的双重冲击下,唯有依靠制度建设的堤坝,才能阻止造假的洪流淹没学术大地,从而净化学术环境,还真理于社会、国家。

(全文共779字)

绝密★启用前

2011年全国硕士研究生招生考试
管理类专业学位联考综合能力试题

（科目代码：199）

考试时间：8:30—11:30

考生注意事项

1. 答题前，考生须在试题册指定位置上填写考生姓名和考生编号；在答题卡指定位置上填写报考单位、考生姓名和考生编号，并涂写考生编号信息点。
2. 选择题的答案必须涂写在答题卡相应题号的选项上，非选择题的答案必须书写在答题卡指定位置的边框区域内。超出答题区域书写的答案无效；在草稿纸、试题册上答题无效。
3. 填（书）写部分必须使用黑色字迹签字笔或者钢笔书写，字迹工整、笔迹清楚；涂写部分必须使用2B铅笔填涂。
4. 考试结束，将答题卡和试题册按规定交回。

考生编号														
考生姓名														

一、问题求解：第1~15小题，每小题3分，共45分。下列每题给出的(A)、(B)、(C)、(D)、(E)五个选项中，只有一项是符合试题要求的。请在答题卡上将所选项的字母涂黑。

1. 已知船在静水中的速度为28千米/小时，河水的流速为2千米/小时，则此船在相距78千米的两地间往返一次所需时间是(　　)小时.
   (A)5.9　　(B)5.6　　(C)5.4　　(D)4.4　　(E)4

2. 若实数 a,b,c 满足 $|a-3|+\sqrt{3b+5}+(5c-4)^2=0$，则 $abc=$(　　).
   (A)-4　　(B)$-\dfrac{5}{3}$　　(C)$-\dfrac{4}{3}$　　(D)$\dfrac{4}{5}$　　(E)3

3. 某年级60名学生中，有30人参加合唱团，45人参加运动队，其中参加合唱团而未参加运动队的有8人，则参加运动队而未参加合唱团的有(　　).
   (A)15人　　(B)22人　　(C)23人　　(D)30人　　(E)37人

4. 现有一个半径为 R 的球体，拟用刨床将其加工成正方体，则能加工成的最大正方体的体积是(　　).
   (A)$\dfrac{8}{3}R^3$　　(B)$\dfrac{8\sqrt{3}}{9}R^3$　　(C)$\dfrac{4}{3}R^3$　　(D)$\dfrac{1}{3}R^3$　　(E)$\dfrac{\sqrt{3}}{9}R^3$

5. 2007年，某市的全年研究与试验发展(R&D)经费支出300亿元，比2006年增长20%，该市的GDP为10 000亿元，比2006年增长10%. 2006年，该市的R&D经费支出占当年GDP的(　　).
   (A)1.75%　　(B)2%　　(C)2.5%　　(D)2.75%　　(E)3%

6. 现从5名管理专业、4名经济专业和1名财会专业的学生中，随机派出一个3人小组，则该小组中3个专业各有1名学生的概率为(　　).
   (A)$\dfrac{1}{2}$　　(B)$\dfrac{1}{3}$　　(C)$\dfrac{1}{4}$　　(D)$\dfrac{1}{5}$　　(E)$\dfrac{1}{6}$

7. 一所四年制大学每年的毕业生7月份离校，新生9月份入学.该校2001年招生2 000名，之后每年比上一年多招200名，则该校2007年9月底的在校学生有(　　).
   (A)14 000名　　(B)11 600名　　(C)9 000名　　(D)6 200名　　(E)3 200名

8. 将2个红球与1个白球随机地放入甲、乙、丙三个盒子中，则乙盒中至少有一个红球的概率为(　　).
   (A)$\dfrac{1}{9}$　　(B)$\dfrac{8}{27}$　　(C)$\dfrac{4}{9}$　　(D)$\dfrac{5}{9}$　　(E)$\dfrac{17}{27}$

9. 如图1所示，四边形 $ABCD$ 是边长为1的正方形，弧 $\overset{\frown}{AOB}$，$\overset{\frown}{BOC}$，$\overset{\frown}{COD}$，$\overset{\frown}{DOA}$ 均为半圆，则阴影部分的面积为(　　).
   (A)$\dfrac{1}{2}$　　(B)$\dfrac{\pi}{2}$　　(C)$1-\dfrac{\pi}{4}$
   (D)$\dfrac{\pi}{2}-1$　　(E)$2-\dfrac{\pi}{2}$

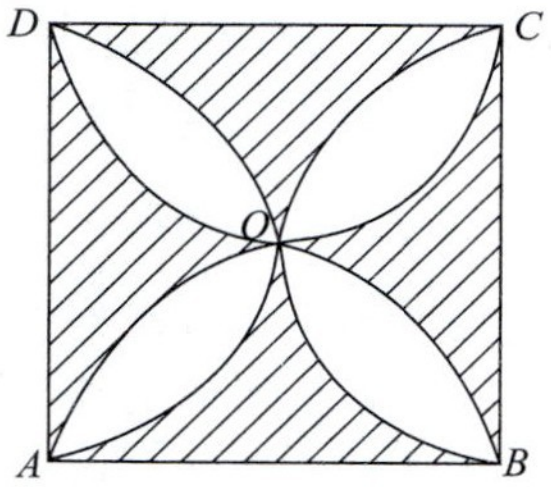

图1

10. 3个3口之家一起观看演出，他们购买了同一排的9张连座票，则每一家的人都坐在一起的不同坐法有(　　)种.

(A) $(3!)^2$　　(B) $(3!)^3$　　(C) $3(3!)^3$　　(D) $(3!)^4$　　(E) $9!$

11. 设 P 是圆 $x^2+y^2=2$ 上的一点,该圆在点 P 的切线平行于直线 $x+y+2=0$,则点 P 的坐标为( ).

　　(A) $(-1,1)$　　(B) $(1,-1)$　　(C) $(0,\sqrt{2})$　　(D) $(\sqrt{2},0)$　　(E) $(1,1)$

12. 设 a,b,c 是小于 12 的三个不同的质数(素数),且 $|a-b|+|b-c|+|c-a|=8$,则 $a+b+c=$ ( ).

　　(A) 10　　(B) 12　　(C) 14　　(D) 15　　(E) 19

13. 在年底的献爱心活动中,某单位共有 100 人参加捐款,经统计,捐款总额是 19 000 元,个人捐款数额有 100 元、500 元和 2 000 元三种,该单位捐款 500 元的人数为( ).

　　(A) 13　　(B) 18　　(C) 25　　(D) 30　　(E) 38

14. 某施工队承担了开凿一条长为 2 400 米隧道的工程,在掘进了 400 米后,由于改进了施工工艺,每天比原计划多掘进 2 米,最后提前 50 天完成了施工任务,原计划施工工期是( ).

　　(A) 200 天　　(B) 240 天　　(C) 250 天　　(D) 300 天　　(E) 350 天

15. 已知 $x^2+y^2=9, xy=4$,则 $\dfrac{x+y}{x^3+y^3+x+y}=$( ).

　　(A) $\dfrac{1}{2}$　　(B) $\dfrac{1}{5}$　　(C) $\dfrac{1}{6}$　　(D) $\dfrac{1}{13}$　　(E) $\dfrac{1}{14}$

二、条件充分性判断:第 16～25 小题,每小题 3 分,共 30 分。 要求判断每题给出的条件(1)和条件(2)能否充分支持题干所陈述的结论。 (A)、(B)、(C)、(D)、(E)五个选项为判断结果,请选择一项符合试题要求的判断,在答题卡上将所选项的字母涂黑。

　　(A) 条件(1)充分,但条件(2)不充分.

　　(B) 条件(2)充分,但条件(1)不充分.

　　(C) 条件(1)和条件(2)单独都不充分,但条件(1)和条件(2)联合起来充分.

　　(D) 条件(1)充分,条件(2)也充分.

　　(E) 条件(1)和条件(2)单独都不充分,条件(1)和条件(2)联合起来也不充分.

16. 实数 a,b,c 成等差数列.

　　(1) e^a, e^b, e^c 成等比数列.

　　(2) $\ln a, \ln b, \ln c$ 成等差数列.

17. 在一次英语考试中,某班的及格率为 80%.

　　(1) 男生及格率为 70%,女生及格率为 90%.

　　(2) 男生的平均分与女生的平均分相等.

18. 如图 2 所示,等腰梯形的上底与腰均为 x,下底为 $x+10$. 则 $x=13$.

　　(1) 该梯形的上底与下底之比为 13:23.

　　(2) 该梯形的面积为 216.

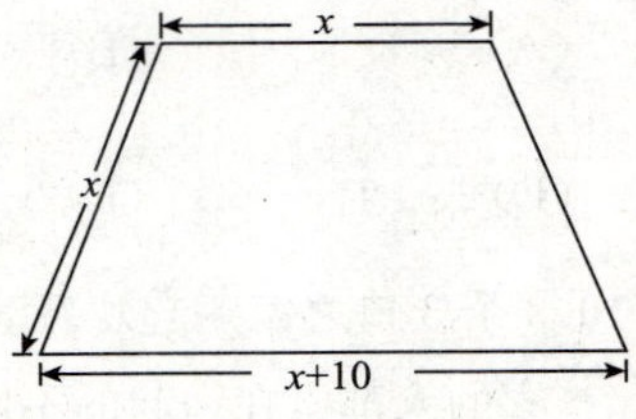

19. 现有 3 名男生和 2 名女生参加面试,则面试的排序方法有 24 种.

　　(1) 第一位面试的是女生.

图 2

(2)第二位面试的是指定的某位男生.

20. 已知△ABC的三条边分别为a,b,c,则△ABC是等腰直角三角形.

(1)$(a-b)(c^2-a^2-b^2)=0$.

(2)$c=\sqrt{2}b$.

21. 直线$ax+by+3=0$被圆$(x-2)^2+(y-1)^2=4$截得的线段长度为$2\sqrt{3}$.

(1)$a=0,b=-1$.

(2)$a=-1,b=0$.

22. 已知实数a,b,c,d满足$a^2+b^2=1,c^2+d^2=1$.则$|ac+bd|<1$.

(1)直线$ax+by=1$与$cx+dy=1$仅有一个交点.

(2)$a\neq c,b\neq d$.

23. 某年级共有8个班,在一次年级考试中,共有21名学生不及格,每班不及格的学生最多有3名,则(一)班至少有1名学生不及格.

(1)(二)班的不及格人数多于(三)班.

(2)(四)班不及格的学生有2名.

24. 现有一批文字材料需要打印,两台新型打印机单独完成此任务分别需要4小时与5小时,两台旧型打印机单独完成此任务分别需要9小时与11小时,则能在2.5小时内完成任务.

(1)安排两台新型打印机同时打印.

(2)安排一台新型打印机与两台旧型打印机同时打印.

25. 已知$\{a_n\}$为等差数列,则该数列的公差为零.

(1)对任何正整数n,都有$a_1+a_2+\cdots+a_n\leq n$.

(2)$a_2\geq a_1$.

三、逻辑推理:第26～55小题,每小题2分,共60分。 下列每题给出的（A）、（B）、（C）、（D）、（E）五个选项中,只有一项是符合试题要求的。 请在答题卡上将所选项的字母涂黑。

26. 巴斯德认为,空气中的微生物浓度与环境状况、气流运动和海拔高度有关。他在山上的不同高度分别打开装着煮过的培养液的瓶子,发现海拔越高,培养液被微生物污染的可能性越小。在山顶上,20个装了培养液的瓶子,只有1个长出了微生物。普歇另用干草浸液做材料重复了巴斯德的实验,却得出不同的结果:即使在海拔很高的地方,所有装了培养液的瓶子都很快长出了微生物。以下哪项如果为真,最能解释普歇和巴斯德实验所得到的不同结果?

(A)只要有氧气的刺激,微生物就会从培养液中自发地生长出来。

(B)培养液在加热消毒、密封、冷却的过程中会被外界细菌污染。

(C)普歇和巴斯德的实验设计都不够严密。

(D)干草浸液中含有一种耐高温的枯草杆菌,培养液一旦冷却,枯草杆菌的孢子就会复活,迅速繁殖。

(E)普歇和巴斯德都认为,虽然他们用的实验材料不同,但是经过煮沸,细菌都能被有效地杀灭。

27. 张教授的所有初中同学都不是博士;通过张教授而认识其哲学研究所同事的都是博士;张教授的一个初中同学通过张教授认识了王研究员。

以下哪项能作为结论从上述断定中推出?

(A)王研究员是张教授的哲学研究所同事。

(B)王研究员不是张教授的哲学研究所同事。

(C)王研究员是博士。

(D)王研究员不是博士。

(E)王研究员不是张教授的初中同学。

28. 一般将缅甸所产的经过风化或经河水搬运至河谷、河床中的翡翠大砾石,称为"老坑玉"。老坑玉的特点是"水头好"、质坚、透明度高,其上品透明如玻璃,故称"玻璃种"或"冰种"。同为老坑玉,其质量相对也有高低之分,有的透明度高一些,有的透明度稍差些,所以价值也有差别。在其他条件都相同的情况下,透明度高的老坑玉比透明度较其低的单位价值高,但是开采的实践告诉人们,没有单位价值最高的老坑玉。

以上陈述如果为真,可以得出以下哪项结论?

(A)没有透明度最高的老坑玉。

(B)透明度高的老坑玉未必"水头好"。

(C)"新坑玉"中也有质量很好的翡翠。

(D)老坑玉的单位价值还决定于其加工的质量。

(E)随着年代的增加,老坑玉的单位价值会越来越高。

29. 某教育专家认为:"男孩危机"是指男孩调皮捣蛋、胆小怕事、学习成绩不如女孩好等现象。近些年,这种现象已经成为儿童教育专家关注的一个重要问题。这位专家在列出一系列统计数据后,提出了"今日男孩为什么从小学、中学到大学全面落后于同年龄段的女孩"的疑问,这无疑加剧了无数男生家长的焦虑。该专家通过分析指出,恰恰是家庭和学校不适当的教育方法导致了"男孩危机"现象。

以下哪项如果为真,最能对该专家的观点提出质疑?

(A)家庭对独生子女的过度呵护,在很大程度上限制了男孩发散思维的拓展和冒险性格的养成。

(B)现在的男孩比以前的男孩在女孩面前更喜欢表现出"绅士"的一面。

(C)男孩在发展潜能方面要优于女孩,大学毕业后他们更容易在事业上有所成就。

(D)在家庭、学校教育中,女性充当了主要角色。

(E)现代社会游戏泛滥,男孩天性比女孩更喜欢游戏,这耗去了他们大量的精力。

30. 抚仙湖虫是泥盆纪澄江动物群中的一种,属于真节肢动物中比较原始的类型,成虫体长10厘米,有31个体节,外骨骼分为头、胸、腹三部分,它的背、腹分节数目不一致。泥盆纪直虾是现代昆虫的祖先,抚仙湖虫化石与直虾类化石类似,这间接表明了抚仙湖虫是昆虫的远祖。研究者还发现,抚仙湖虫的消化道充满泥沙,这表明它是食泥的动物。

以下除哪项外,均能支持上述论证?

(A)昆虫的远祖也有不是食泥的生物。

(B)泥盆纪直虾的外骨骼分为头、胸、腹三部分。
(C)凡是与泥盆纪直虾类似的生物都是昆虫的远祖。
(D)昆虫是由真节肢动物中比较原始的生物进化而来的。
(E)抚仙湖虫消化道中的泥沙不是在化石形成过程中由外界渗透进去的。

31. 2010年某省物价总水平仅上涨2.4%，涨势比较温和，涨幅甚至比2009年回落了0.6个百分点。可是，普通民众觉得物价涨幅较高，一些统计数据也表明，民众的感觉有据可依。2010年某月的统计报告显示，该月禽蛋类商品价格涨幅达12.3%，某些反季节蔬菜涨幅甚至超过20%。

以下哪项如果为真，最能解释上述看似矛盾的现象？

(A)人们对数据的认识存在偏差，不同来源的统计数据会产生不同的结果。
(B)影响居民消费品价格总水平变动的各种因素互相交织。
(C)虽然部分日常消费品涨幅很小，但居民感觉很明显。
(D)在物价指数体系中占相当权重的工业消费品价格持续走低。
(E)不同的家庭，其收入水平、消费偏好、消费结构都有很大的差异。

32. 随着互联网的发展，人们的购物方式有了新的选择。很多年轻人喜欢在网络上选择自己满意的商品，通过快递送上门，购物足不出户，非常便捷。刘教授据此认为，那些实体商场的竞争力会受到互联网的冲击，在不远的将来，会有更多的网络商店取代实体商店。

以下哪项如果为真，最能削弱刘教授的观点？

(A)网络购物虽然有某些便利，但容易导致个人信息被不法分子利用。
(B)有些高档品牌的专卖店，只愿意采取街面实体商店的销售方式。
(C)网络商店与快递公司在货物丢失或损坏的赔偿方面经常互相推诿。
(D)购买黄金珠宝等贵重物品，往往需要现场挑选，且不适宜网络支付。
(E)通常情况下，网络商店只有在其实体商店的支撑下才能生存。

33. 受多元文化和价值观的冲击，甲国居民的离婚率明显上升。最近一项调查表明，甲国的平均婚姻存续时间为8年。张先生为此感慨，现在像钻石婚、金婚、白头偕老这样的美丽故事已经很难得了，人们淳朴的爱情婚姻观一去不复返了。

以下哪项如果为真，最可能表明张先生的理解不确切？

(A)现在有不少闪婚一族，他们经常在很短的时间里结婚又离婚。
(B)婚姻存续时间长并不意味着婚姻的质量高。
(C)过去的婚姻主要由父母包办，现在主要是自由恋爱。
(D)尽管婚姻存续时间短，但年轻人谈恋爱的时间比以前增加很多。
(E)婚姻是爱情的坟墓，美丽感人的故事更多体现在恋爱中。

34. 某集团公司有四个部门，分别生产冰箱、彩电、电脑和手机。根据前三个季度的数据统计，四个部门经理对2010年全年的赢利情况作了如下预测：

冰箱部门经理：今年手机部门会赢利。
彩电部门经理：如果冰箱部门今年赢利，那么彩电部门就不会赢利。
电脑部门经理：如果手机部门今年没赢利，那么电脑部门也没赢利。

手机部门经理:今年冰箱和彩电部门都会赢利。

全年数据统计完成后,发现上述四个预测只有一个符合事实。

关于该公司各部门的全年赢利情况,以下除哪项外,均可能为真?

(A)彩电部门赢利,冰箱部门没赢利。

(B)冰箱部门赢利,电脑部门没赢利。

(C)电脑部门赢利,彩电部门没赢利。

(D)冰箱部门和彩电部门都没赢利。

(E)冰箱部门和电脑部门都赢利。

35. 随着数字技术的发展,音频、视频的播放形式出现了革命性转变。人们很快接受了一些新形式,比如 MP3、CD、DVD 等。但是对于电子图书的接受并没有达到专家所预期的程度,现在仍有很大一部分读者喜欢捧着纸质出版物。纸质书籍在出版业中依然占据重要地位。因此有人说,书籍可能是数字技术需要攻破的最后一个堡垒。

以下哪项最不能对上述现象提供解释?

(A)人们固执地迷恋着阅读纸质书籍时的舒适体验,喜欢纸张的质感。

(B)在显示器上阅读,无论是笨重的阴极射线管显示器还是轻薄的液晶显示器,都会让人无端地心浮气躁。

(C)现在仍有一些怀旧爱好者喜欢收藏经典图书。

(D)电子书显示设备技术不够完善,图像显示速度较慢。

(E)电子书和纸质书籍的柔软沉静相比,显得面目可憎。

36. 在一次围棋比赛中,参赛选手陈华不时地挤捏指关节,发出的声响干扰了对手的思考。在比赛封盘间歇时,裁判警告陈华:如果再次在比赛中挤捏指关节并发出声响,将判其违规。对此,陈华反驳说,他挤捏指关节是习惯性动作,并不是故意的,因此,不应被判违规。

以下哪项如果成立,最能支持陈华对裁判的反驳?

(A)在此次比赛中,对手不时打开、合拢折扇,发出的声响干扰了陈华的思考。

(B)在围棋比赛中,只有选手的故意行为,才能成为判罚的根据。

(C)在此次比赛中,对手本人并没有对陈华的干扰提出抗议。

(D)陈华一向恃才傲物,该裁判对其早有不满。

(E)如果陈华为人诚实、从不说谎,那么他就不应该被判违规。

37. 3D立体技术代表了当前电影技术的尖端水准,由于使电影实现了高度可信的空间感,它可能成为未来电影的主流。3D立体电影中的银幕角色虽然由计算机生成,但是那些包括动作和表情的电脑角色的"表演",都以真实演员的"表演"为基础,就像数码时代的化妆技术一样。这也引起了某些演员的担心:随着计算机技术的发展,未来计算机生成的图像和动画会替代真人表演。

以下哪项如果为真,最能减弱上述演员的担心?

(A)所有电影的导演只能和真人交流,而不是和电脑交流。

(B)任何电影的拍摄都取决于制片人的选择,演员可以跟上时代的发展。

(C)3D立体电影目前的高票房只是人们一时图新鲜的结果,未来尚不可知。

(D)掌握3D立体技术的动画专业人员不喜欢去电影院看3D电影。

(E)电影故事只能用演员的心灵、情感来表现,其表现形式与导演的喜好无关。

38. 公达律师事务所以为刑事案件的被告进行有效辩护而著称,成功率达90%以上。老余是一位以专门为离婚案件的当事人成功辩护而著称的律师。因此,老余不可能是公达律师事务所的成员。

以下哪项最为确切地指出了上述论证的漏洞?

(A)公达律师事务所具有的特征,其成员不一定具有。

(B)没有确切指出老余为离婚案件的当事人辩护的成功率。

(C)没有确切指出老余为刑事案件的当事人辩护的成功率。

(D)没有提供公达律师事务所统计数据的来源。

(E)老余具有的特征,其所在工作单位不一定具有。

39. 科学研究中使用的形式语言和日常生活中使用的自然语言有很大的不同。形式语言看起来像天书,远离大众,只有一些专业人士才能理解和运用。但其实这是一种误解,自然语言和形式语言的关系就像肉眼与显微镜的关系。肉眼的视域广阔,可以从整体上把握事物的信息;显微镜可以帮助人们看到事物的细节和精微之处,尽管用它看到的范围小。所以,形式语言和自然语言都是人们交流和理解信息的重要工具,把它们结合起来使用,具有强大的力量。

以下哪项如果为真,最能支持上述结论?

(A)通过显微镜看到的内容可能成为新的"风景",说明形式语言可以丰富自然语言的表达,我们应重视形式语言。

(B)正如显微镜下显示的信息最终还是要通过肉眼观察一样,形式语言表述的内容最终也要通过自然语言来实现,说明自然语言更基础。

(C)科学理论如果仅用形式语言表达,很难被普通民众理解;同样,如果仅用自然语言表达,有可能变得冗长且很难表达准确。

(D)科学的发展很大程度上改善了普通民众的日常生活,但人们并没有意识到科学表达的基础——形式语言的重要性。

(E)采用哪种语言其实不重要,关键在于是否表达了真正想表达的思想内容。

40. 一艘远洋帆船载着5位中国人和几位外国人由中国开往欧洲。途中,除5位中国人外,全患上了败血症。同乘一艘船,同样是风餐露宿,漂洋过海,为什么中国人和外国人如此不同呢?原来这5位中国人都有喝茶的习惯,而外国人却没有。于是得出结论:喝茶是这5位中国人未得败血症的原因。

以下哪项和题干中得出结论的方法最为相似?

(A)警察锁定了犯罪嫌疑人,但是从目前掌握的事实看,都不足以证明他犯罪。专案组由此得出结论,必有一种未知的因素潜藏在犯罪嫌疑人身后。

(B)在两块土壤情况基本相同的麦地上,对其中一块施氮肥和钾肥,另一块只施钾肥。结果施氮肥和钾肥的那块麦地的产量远高于另一块。可见,施氮肥是麦地产量较高的原因。

(C)孙悟空:"如果打白骨精,师父会念紧箍咒;如果不打,师父就会被妖精吃掉。"孙悟空无奈得出结论:"我还是回花果山算了。"

(D)天文学家观测到天王星的运行轨道有特征 a、b、c,已知特征 a、b 分别是由两颗行星甲、乙的吸引所造成的,于是猜想还有一颗未知行星造成天王星的轨道特征 c。

(E)一定压力下的一定量气体,温度升高,体积增大;温度降低,体积缩小。气体体积与温度之间存在一定的相关性,说明气体温度的改变是其体积改变的原因。

41. 所有重点大学的学生都是聪明的学生,有些聪明的学生喜欢逃学,小杨不喜欢逃学,所以,小杨不是重点大学的学生。

以下除哪项外,均与上述推理的形式类似?

(A)所有经济学家都懂经济学,有些懂经济学的爱投资企业,你不爱投资企业,所以,你不是经济学家。

(B)所有的鹅都吃青菜,有些吃青菜的也吃鱼,兔子不吃鱼,所以,兔子不是鹅。

(C)所有的人都是爱美的,有些爱美的还研究科学,亚里士多德不是普通人,所以,亚里士多德不研究科学。

(D)所有被高校录取的学生都是超过录取分数线的,有些超过录取分数线的是大龄考生,小张不是大龄考生,所以,小张没有被高校录取。

(E)所有想当外交官的都需要学外语,有些学外语的重视人际交往,小王不重视人际交往,所以,小王不想当外交官。

42. 按照联合国开发计划署 2007 年的统计,挪威是世界上居民生活质量最高的国家,欧美和日本等发达国家也名列前茅。如果统计 1990 年以来生活质量改善最快的国家,发达国家则落后了。至少在联合国开发计划署统计的 116 个国家中,17 年来,非洲东南部国家莫桑比克的生活质量提高最快,2007 年其生活质量指数比 1990 年提高了 50%。很多非洲国家取得了和莫桑比克类似的成就。作为世界上最受瞩目的发展中国家,中国的生活质量指数在过去 17 年中也提高了 27%。

以下哪项可以从联合国开发计划署的统计中得出?

(A)2007 年,发展中国家的生活质量指数都低于西方国家。

(B)2007 年,莫桑比克的生活质量指数不高于中国。

(C)2006 年,日本的生活质量指数不高于中国。

(D)2006 年,莫桑比克的生活质量的改善快于非洲其他各国。

(E)2007 年,挪威的生活质量指数高于非洲各国。

43. 某次认知能力测试,刘强得了 118 分,蒋明的得分比王丽高,张华和刘强的得分之和大于蒋明和王丽的得分之和,刘强的得分比周梅高。此次测试 120 分以上为优秀,五人之中有两人没有达到优秀。

根据以上信息,以下哪项是上述五人在此次测试中得分由高到低的排列?

(A)张华、王丽、周梅、蒋明、刘强。

(B)张华、蒋明、王丽、刘强、周梅。

(C)张华、蒋明、刘强、王丽、周梅。

(D)蒋明、张华、王丽、刘强、周梅。

(E)蒋明、王丽、张华、刘强、周梅。

44. 近日,某集团高层领导研究了发展方向问题。

王总经理认为:既要发展纳米技术,也要发展生物医药技术。

赵副总经理认为:只有发展智能技术,才能发展生物医药技术。

李副总经理认为:如果发展纳米技术和生物医药技术,那么也要发展智能技术。

最后经过董事会研究,只有其中一位的意见被采纳。

根据以上陈述,以下哪项符合董事会的研究决定?

(A)发展纳米技术和智能技术,但是不发展生物医药技术。

(B)发展生物医药技术和纳米技术,但是不发展智能技术。

(C)发展智能技术和生物医药技术,但是不发展纳米技术。

(D)发展智能技术,但是不发展纳米技术和生物医药技术。

(E)发展生物医药技术、智能技术和纳米技术。

45. 国外某教授最近指出,长着一张娃娃脸的人意味着他将享有更长的寿命,因为人们的生活状况很容易反映在脸上。从1990年春季开始,该教授领导的研究小组对1 826对70岁以上的双胞胎进行了体能和认知测试,并拍了他们的面部照片。在不知道他们确切年龄的情况下,三名研究助手先对不同年龄组的双胞胎进行年龄评估。结果发现,即使是双胞胎,被猜出的年龄也相差很大。然后,研究小组用若干年时间对这些双胞胎的晚年生活进行了跟踪调查,直至他们去世。调查表明:双胞胎中,外表年龄差异越大,看起来老的那个就越可能先去世。

以下哪项如果为真,最能形成对该教授调查结论的反驳?

(A)如果把调查对象扩大到40岁以上的双胞胎,结果可能有所不同。

(B)三名研究助手比较年轻,从事该项研究的时间不长。

(C)外表年龄是每个人生活环境、生活状况和心态的集中体现,与生命老化关系不大。

(D)生命老化的原因在于细胞分裂导致染色体末端不断损耗。

(E)看起来越老的人,在心理上一般较为成熟,对于生命有更深刻的理解。

46. 由于含糖饮料的卡路里含量高,容易导致肥胖,因此无糖饮料开始流行。经过一段时期的调查,李教授认为:无糖饮料尽管卡路里含量低,但并不意味着它不会导致体重增加。因为无糖饮料可能导致人们对于甜食的高度偏爱,这意味着可能食用更多的含糖类食物。而且无糖饮料几乎没什么营养,喝得过多就限制了其他健康饮品的摄入,比如茶和果汁等。

以下哪项如果为真,最能支持李教授的观点?

(A)茶是中国的传统饮料,长期饮用有益健康。

(B)有些瘦子也爱喝无糖饮料。

(C)有些胖子爱吃甜食。

(D)不少胖子向医生报告他们常喝无糖饮料。

(E)喝无糖饮料的人很少进行健身运动。

47. 只有公司相应部门的所有员工都考评合格了,该部门的员工才能得到年终奖金;财务部有些员工考评合格了;综合部所有员工都得到了年终奖金;行政部的赵强考评合格了。

如果以上陈述为真,则以下哪项可能为真?

Ⅰ. 财务部员工都考评合格了。

Ⅱ. 赵强得到了年终奖金。

Ⅲ. 综合部有些员工没有考评合格。

Ⅳ. 财务部员工没有得到年终奖金。

(A)仅Ⅰ和Ⅱ。　　　　　　(B)仅Ⅱ和Ⅲ。　　　　　　(C)仅Ⅰ、Ⅱ和Ⅳ。

(D)仅Ⅰ、Ⅱ和Ⅲ。　　　　(E)仅Ⅱ、Ⅲ和Ⅳ。

48. 随着文化知识越来越重要,人们花在读书上的时间越来越多,文人学子近视患者的比例也越来越高。即便在城里工人、乡镇农民中,也能看到不少人戴近视眼镜。然而,在中国古代很少发现患有近视的文人学子,更别说普通老百姓了。

以下除哪项外,均可以解释上述现象?

(A)古时候,只有家庭条件好或者有地位的人才读得起书;即便读书,用在读书上的时间也很少,那种头悬梁、锥刺股的读书人更是凤毛麟角。

(B)古时交通工具不发达,出行主要靠步行、骑马,足量的运动对于预防近视有一定的作用。

(C)古人生活节奏慢,不用担心交通安全,所以即使患了近视,其危害也非常小。

(D)古代自然科学不发达,那时学生读的书很少,主要是四书五经,一本《论语》要读好几年。

(E)古人书写用的是毛笔,眼睛和字的距离比较远,写的字也相对大些。

49～50题基于以下题干:

某家长认为,有想象力才能进行创造性劳动,但想象力和知识是天敌。人在获得知识的过程中,想象力会消失。因为知识符合逻辑,而想象力无章可循。换句话说,知识的本质是科学,想象力的特征是荒诞。人的大脑一山不容二虎:学龄前,想象力独占鳌头,脑子被想象力占据;上学后,大多数人的想象力被知识驱逐出境,他们成为知识的附庸,但丧失了想象力,终身只能重复前人的发现。

49. 以下哪项是该家长论证所依赖的假设?

Ⅰ. 科学是不可能荒诞的,荒诞的就不是科学。

Ⅱ. 想象力和逻辑水火不相容。

Ⅲ. 大脑被知识占据后很难重新恢复想象力。

(A)仅Ⅰ。　　(B)仅Ⅱ。　　(C)仅Ⅰ和Ⅱ。　　(D)仅Ⅱ和Ⅲ。　　(E)Ⅰ、Ⅱ和Ⅲ。

50. 以下哪项与该家长的上述观点矛盾?

(A)如果希望孩子能够进行创造性劳动,就不要送他们上学。

(B)如果获得了足够知识,就不能进行创造性劳动。

(C)发现知识的人是有一定想象力的。

(D)有些人没有想象力,但能进行创造性劳动。

(E)想象力被知识驱逐出境是一个逐渐的过程。

51. 某公司总裁曾经说过："当前任总裁批评我时,我不喜欢那感觉,因此,我不会批评我的继任者。"
以下哪项最有可能是该总裁上述言论的假设?
(A)当遇到该总裁的批评时,他的继任者和他的感觉不完全一致。
(B)只有该总裁的继任者喜欢被批评的感觉,他才会批评继任者。
(C)如果该总裁喜欢被批评,那么前任总裁的批评也不例外。
(D)该总裁不喜欢批评他的继任者,但喜欢批评其他人。
(E)该总裁不喜欢被前任总裁批评,但喜欢被其他人批评。

52. 在恐龙灭绝6 500万年后的今天,地球正面临着又一次物种大规模灭绝的危机。截至20世纪末,全球大约有20%的物种灭绝。现在,大熊猫、西伯利亚虎、北美玳瑁、巴西红木等许多珍稀物种面临着灭绝的危险。有三位学者对此作了预测:
学者一:如果大熊猫灭绝,则西伯利亚虎也将灭绝。
学者二:如果北美玳瑁灭绝,则巴西红木不会灭绝。
学者三:或者北美玳瑁灭绝,或者西伯利亚虎不会灭绝。
如果三位学者的预测都为真,则以下哪项一定为假?
(A)大熊猫和北美玳瑁都将灭绝。
(B)巴西红木将灭绝,西伯利亚虎不会灭绝。
(C)大熊猫和巴西红木都将灭绝。
(D)大熊猫将灭绝,巴西红木不会灭绝。
(E)巴西红木将灭绝,大熊猫不会灭绝。

53. 一些城市,由于作息时间比较统一,加上机动车太多,很容易形成交通早高峰和晚高峰,市民们在高峰时间上下班很不容易。为了缓解人们上下班的交通压力,某政府顾问提议采取不同时间段上下班制度,即不同单位可以在不同的时间段上下班。
以下哪项如果为真,最可能使该顾问的提议无法取得预期效果?
(A)有些上班时间段与员工的用餐时间冲突,会影响他们生活的乐趣,从而影响他们的工作积极性。
(B)许多上班时间段与员工的正常作息时间不协调,他们需要较长一段时间来调整适应,这段时间的工作效率难以保证。
(C)许多单位的大部分工作通常需要员工们在一起讨论,集体合作才能完成。
(D)该市的机动车数量持续增加,即使不在早晚高峰期,交通拥堵也时有发生。
(E)有些单位员工的住处与单位很近,步行即可上下班。

54. 统计数字表明,近年来,民用航空飞机的安全性有很大提高。例如,某国2008年每飞行100万次发生恶性事故的次数为0.2次,而1989年为1.4次。从这些年的统计数字看,民用航空恶性事故发生率总体呈下降趋势。由此看出,乘飞机出行越来越安全。
以下哪项不能加强上述结论?
(A)近年来,飞机事故中"死里逃生"的概率比以前提高了。

(B)各大航空公司越来越注意对机组人员的安全培训。

(C)民用航空公司的空中交通控制系统更加完善。

(D)避免"机鸟互撞"的技术与措施日臻完善。

(E)虽然飞机坠毁很可怕,但从统计数字上讲,驾车仍然要危险得多。

55. 有医学研究显示,行为痴呆症患者大脑组织中往往含有过量的铝。同时有化学研究表明,一种硅化合物可以吸收铝。陈医生据此认为,可以用这种硅化合物治疗行为痴呆症。

以下哪项是陈医生最可能依赖的假设?

(A)行为痴呆症患者大脑组织的含铝量通常过高,但具体数量不会变化。

(B)该硅化合物在吸收铝的过程中不会产生副作用。

(C)用来吸收铝的硅化合物的具体数量与行为痴呆症患者的年龄有关。

(D)过量的铝是导致行为痴呆症的原因,患者脑组织中的铝不是痴呆症引起的结果。

(E)行为痴呆症患者脑组织中的铝含量与病情的严重程度有关。

四、写作:第56~57小题,共65分。 其中论证有效性分析30分,论说文35分。 请答在答题纸相应的位置上。

56. 论证有效性分析:分析下述论证中存在的缺陷与漏洞,选择若干要点,写一篇600字左右的文章,对该论证的有效性进行分析和评论。(论证有效性分析的一般要点是:概念特别是核心概念的界定和使用是否准确并前后一致,有无各种明显的逻辑错误,论证的论据是否成立并支持结论,结论成立的条件是否充分等。)

　　如果你要从股市中赚钱,就必须低价买进股票,高价卖出股票,这是人人都明白的基本道理。但是,问题的关键在于如何判断股价的高低。只有正确地判断股价的高低,上述的基本道理才有意义,否则,就毫无实用价值。

　　股价的高低是一个相对的概念,只有通过比较才能显现。一般来说,要正确判断某一股票的价格高低,唯一的途径就是看它的历史表现。但是,有人在判断当前某一股价的高低时,不注重股票的历史表现,而只注重股票今后的走势,这是一种危险的行为。因为股票的历史表现是一种客观事实,客观事实具有无可争辩的确定性;股票的今后走势只是一种主观预测,主观预测具有极大的不确定性,我们怎么可以只凭主观预测而不顾客观事实呢?

　　再说,股价的未来走势充满各种变数,它的涨和跌不是必然的,而是或然的。我们只能借助概率进行预测。假如宏观经济、市场态势和个股表现均好,它的上涨概率就大;假如宏观经济、市场态势和个股表现均不好,它的上涨概率就小;假如宏观经济、市场态势和个股表现不相一致,它的上涨概率就需要酌情而定。

　　由此可见,要从股市中获取利益,第一是要掌握股价涨跌的概率,第二还是要掌握股价涨跌的概率,第三也还是要掌握股价涨跌的概率。掌握了股价涨跌的概率,你就能赚钱;否则,你就会赔钱。

57. 论说文：根据下述材料，写一篇700字左右的论说文，题目自拟。

众所周知，人才是立国、富国、强国之本，如何使人才尽快地脱颖而出，是一个亟待解决的问题。人才的出现有多种途径，其中有"拔尖"，有"冒尖"。"拔尖"是指被提拔而成为尖子，"冒尖"是指通过奋斗、取得成就而得到社会的公认。有人认为我国当今某些领域的管理人才，"拔尖"的多而"冒尖"的少。

答案速查

一、问题求解

1～5 (B)(A)(C)(B)(D)　　　6～10 (E)(B)(D)(E)(D)

11～15 (E)(D)(A)(D)(C)

二、条件充分性判断

16～20 (A)(E)(D)(B)(C)　　　21～25 (B)(A)(D)(D)(C)

三、逻辑推理

26～30 (D)(B)(A)(E)(A)　　　31～35 (D)(E)(A)(B)(C)

36～40 (B)(E)(A)(C)(B)　　　41～45 (C)(E)(B)(B)(C)

46～50 (D)(C)(C)(E)(D)　　　51～55 (B)(C)(D)(E)(D)

四、写作

略

答案详解

一、问题求解

1.（B）

【解析】母题98·行程问题

相对速度问题,往返一次所需时间为 $\frac{78}{30}+\frac{78}{26}=5.6$(小时).

2.（A）

【解析】母题15·非负性问题

根据非负性可知：$a=3, b=-\frac{5}{3}, c=\frac{4}{5}$,所以,$abc=-4$.

3.（C）

【解析】母题30·集合问题

如图3所示：

参加合唱团且参加运动队的为 $30-8=22$(人).

参加运动队而未参加合唱团的为 $45-22=23$(人).

4.（B）

【解析】母题59·空间几何体问题

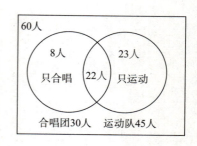

图3

球体的内接正方体的体对角线与球体的直径相等,故有$(2R)^2=3a^2$,即$a=\dfrac{2}{\sqrt{3}}R$,正方体的体积为$a^3=\dfrac{8\sqrt{3}}{9}R^3$.

5.（D）

【解析】母题 93 · 增长率问题

2006 年经费为 $\dfrac{300}{1+20\%}=250$(亿元).

2006 年 GDP 为 $\dfrac{10\,000}{1+10\%}=\dfrac{100\,000}{11}$(亿元).

所以,2006 年,经费占 GDP 的比为 $\dfrac{250}{\frac{100\,000}{11}}\times 100\%=2.75\%$.

6.（E）

【解析】母题 82 · 古典概型

由题意可得 $P=\dfrac{C_5^1 C_4^1}{C_{10}^3}=\dfrac{1}{6}$.

7.（B）

【解析】母题 55 · 数列应用题

将各年度学生入校和离校情况整理成表 1 如下：

表 1

年度	2001 年	2002 年	2003 年	2004 年	2005 年	2006 年	2007 年
入校人数	2 000	2 200	2 400	2 600	2 800	3 000	3 200
毕业人数					2 000	2 200	2 400

2007 年 9 月底在校学生有 $2\,600+2\,800+3\,000+3\,200=11\,600$(名).

8.（D）

【解析】母题 82 · 古典概型

方法一:可分为两类:

第一类:乙盒子中有 1 个红球:先从 2 个红球中选 1 个放入乙盒子,另外 1 个红球在甲、丙两个盒子中任选一个,白球在 3 个盒子中任意选择:$C_2^1 \cdot C_2^1 \cdot 3$;

第二类:乙盒子中有 2 个红球:先将 2 个红球放入乙盒子,白球可以在 3 个盒子中任意选择:C_3^1.

所以,概率为 $\dfrac{C_2^1 \cdot C_2^1 \cdot 3 + C_3^1}{3^3}=\dfrac{5}{9}$.

方法二:剔除法.

乙盒中没有红球,则红球在甲、丙两个盒子中任意选择,白球在 3 个盒子中任意选择:$2^2 \cdot C_3^1$.

所以,乙盒中至少有 1 个红球的概率为 $1-\dfrac{2^2 \cdot C_3^1}{3^3}=\dfrac{5}{9}$.

9.（E）

【解析】母题 58·求面积问题

方法一：

连接 OA、OB 可得一个三角形，可知半圆面积减去三角形面积等于一片叶子的面积，即

$$\frac{1}{2}\pi r^2 - \frac{1}{2}\times 1\times \frac{1}{2} = \frac{1}{8}\pi - \frac{1}{4}.$$

阴影部分面积等于正方形的面积减去 4 片叶子的面积，4 片叶子的面积为 $4\left(\dfrac{1}{8}\pi - \dfrac{1}{4}\right)$.

所以，$S_{阴影部分} = 1 - 4\left(\dfrac{1}{8}\pi - \dfrac{1}{4}\right) = 2 - \dfrac{\pi}{2}$.

方法二：4 个半圆的面积－正方形面积＝4 片叶子的面积，则 4 片叶子的面积 $=4\times\dfrac{1}{2}\pi r^2 - 1 = \dfrac{1}{2}\pi - 1$，所以

$$S_{阴影部分} = 1 - \left(\frac{1}{2}\pi - 1\right) = 2 - \frac{\pi}{2}.$$

10.（D）

【解析】母题 73·看电影问题

将 3 个 3 口之家分别捆绑看作 3 个大元素，则这 3 个大元素的排列方法有 A_3^3 种；3 个 3 口之家分别进行全排列，有 $A_3^3 A_3^3 A_3^3$ 种，故不同的坐法有 $A_3^3 A_3^3 A_3^3 A_3^3 = (3!)^4$ 种.

11.（E）

【解析】母题 63·直线与圆的位置关系

设过点 P 的切线为 $x+y+C=0$，圆心到直线的距离等于半径，则

$$\frac{|C|}{\sqrt{1+1}} = \sqrt{2},$$

解得 $C=2$ 或 $C=-2$.

显然，过 P 点的切线应为 $x+y-2=0$，联立圆和直线的方程，得

$$\begin{cases} x+y-2=0, \\ x^2+y^2=2, \end{cases}$$

解得 $x=1, y=1$.

【快速得分法】数形结合法.

画图像可知 $x+y+2=0$ 与圆相切，另外一个切点必在第一象限，只有（E）项在第一象限.

12.（D）

【解析】母题 4·质数与合数问题

穷举法．不妨设 $a>b>c$，则 $|a-b|+|b-c|+|c-a|=a-b+b-c+a-c=2a-2c=8$，即 $a-c=4$. 又因为 a,b,c 是小于 12 的质数，可知 $a=7, b=5, c=3$.

所以,$a+b+c=15$.

13. (A)

【解析】母题6·整数不定方程问题

穷举法,整理成 $ax+by=c$ 的形式.

设捐款 100、500、2 000 的人数分别为 a,b,c,根据题意,得

$$\begin{cases} a+b+c=100, \\ 100a+500b+2\,000c=19\,000, \end{cases} \Rightarrow c=\frac{90-4b}{19},$$

又因为 a,b,c 均为正整数,代入选项验证(或穷举法)可知 $b=13,c=2$.

14. (D)

【解析】母题97·工程问题(总工程量不为1)

设原计划每天掘进 x 米,计划天数=实际天数+提前天数,得

$$\frac{2\,400-400}{x}=\frac{2\,400-400}{x+2}+50,$$

解得 $x=8$. 则原计划施工工期为 $\frac{2\,400}{8}=300$(天).

15. (C)

【解析】母题29·其他整式、分式的化简求值

由题意,可得

$$\frac{x+y}{x^3+y^3+x+y}=\frac{x+y}{(x+y)(x^2+y^2-xy)+(x+y)}=\frac{1}{x^2+y^2-xy+1}=\frac{1}{6}.$$

二、条件充分性判断

16. (A)

【解析】母题53·数列与函数、方程的综合题

条件(1):e^a,e^b,e^c 成等比,$e^{2b}=e^a e^c$,所以 $2b=a+c$,条件(1)充分.

条件(2):$\ln a,\ln b,\ln c$ 成等差,$2\ln b=\ln a+\ln c$,所以 $b^2=ac$,条件(2)不充分.

17. (E)

【解析】母题91·平均值问题

两个条件单独显然不充分.

由条件(1)可知,若男生和女生的人数相等,则全班的及格率为 80%,由条件(2)不能推出男生和女生的人数相等,所以,条件(1)和条件(2)联合起来也不充分.

18. (D)

【解析】母题58·求面积问题

条件(1):$\frac{x}{x+10}=\frac{13}{23}$,解得 $x=13$,故条件(1)充分.

条件(2):$\frac{x+(x+10)}{2} \cdot \sqrt{x^2-25}=216$,解得 $x=13$,故条件(2)充分.

19. (B)

【解析】 母题 72·排队问题

条件(1)：从两个女生中选一名排第一位面试，余下的4人任意排，故不同的排法有 $C_2^1 A_4^4 = 48$，故条件(1)不充分．

条件(2)：除第二位面试的指定男生外，其他4个人任意排，故不同的排法有 $A_4^4 = 24$，故条件(2)充分．

20. (C)

【解析】 母题 24·三角形的形状判断问题

条件(1)：由 $(a-b)(c^2-a^2-b^2)=0$ 可得 $a=b$ 或 $c^2=a^2+b^2$，$\triangle ABC$ 为等腰三角形或直角三角形，不充分．

条件(2)：显然不充分．

联合条件(1)和条件(2)，则有如下两种情况：

① $a=b, c=\sqrt{2}b$，得 $c^2=a^2+b^2$，则 $\triangle ABC$ 是等腰直角三角形；

② $c^2=a^2+b^2, c=\sqrt{2}b$，可得 $a=b$，则 $\triangle ABC$ 是等腰直角三角形．

所以条件(1)和条件(2)联合起来充分．

21. (B)

【解析】 母题 63·直线与圆的位置关系

直线与圆的交点弦长公式为 $l=2\sqrt{r^2-d^2}$．

条件(1)：将 $a=0, b=-1$ 代入直线方程，得 $-y+3=0, y=3$．

圆心到直线的距离为2，直线与圆相切，所以条件(1)不充分．

条件(2)：将 $a=-1, b=0$ 代入直线方程，得 $-x+3=0, x=3$．

圆心到直线的距离为1，弦长为 $2\sqrt{r^2-d^2}=2\sqrt{3}$，所以条件(2)充分．

22. (A)

【解析】 母题 19·均值不等式

$|ac+bd|^2=(ac+bd)^2=a^2c^2+b^2d^2+2acbd$，　　　　　　　①

$(a^2+b^2)(c^2+d^2)=a^2c^2+b^2d^2+b^2c^2+a^2d^2$．　　　　　②

方法一：由式①和式②得

$$|ac+bd|^2=a^2c^2+b^2d^2+2acbd$$
$$=(a^2+b^2)(c^2+d^2)-b^2c^2-a^2d^2+2abcd$$
$$=1-(bc-ad)^2\leqslant 1,$$

即 $|ac+bd|\leqslant 1$，当 $bc=ad$ 时等号成立．

方法二：由基本不等式可知：$b^2c^2+a^2d^2\geqslant 2abcd$，当 $bc=ad$ 时等号成立．

由式①和式②得

$$(ac+bd)^2\leqslant(a^2+b^2)(c^2+d^2)=1,$$

即 $|ac+bd|\leqslant 1$，当 $bc=ad$ 时等号成立．

条件(1):由条件得 $bc\neq ad$,所以 $|ac+bd|<1$,条件(1)充分.

条件(2):令 $a=b=\frac{\sqrt{2}}{2},c=d=-\frac{\sqrt{2}}{2}$,则 $|ac+bd|=1$,条件(2)不充分.

【快速得分法】由柯西不等式:$(ac+bd)^2\leq(a^2+b^2)(c^2+d^2)=1$,当 $bc=ad$ 时等号成立.
注意:考试大纲不要求掌握柯西不等式.

23.(D)

【解析】母题100·最值问题

条件(1):因为(二)班的不及格人数多于(三)班,又因为每个班最多有3名学生不及格,所以,(三)班的不及格人数小于等于2人,除(一)班外,其他7个班不及格人数最多为20人,所以,(一)班至少有1名学生不及格,条件(1)充分.

条件(2):同理,也充分.

24.(D)

【解析】母题97·工程问题

条件(1):完成时间为 $\dfrac{1}{\frac{1}{4}+\frac{1}{5}}=\dfrac{20}{9}<2.5$(小时),所以条件(1)充分.

条件(2):若安排工作效率较低的新型打印机,则完成时间为 $\dfrac{1}{\frac{1}{5}+\frac{1}{9}+\frac{1}{11}}=\dfrac{5\times 99}{199}<2.5$(小时).

所以,使用工作效率较高的新型打印机,完成的时间会更少,故条件(2)充分.

25.(C)

【解析】母题44·等差数列基本问题

条件(1):若 a_n 为负,一定有 $a_1+a_2+\cdots+a_n\leq n$,但公差不一定为0,条件(1)不充分.

条件(2):当 $a_2>a_1$ 时,公差不为0,条件(2)不充分.

联合条件(1)和条件(2):

由条件(1)得

$$S_n=a_1+a_2+\cdots+a_n=na_1+\frac{n(n-1)}{2}d\leq n,$$

所以 $a_1+\dfrac{n-1}{2}d\leq 1.$

由条件(2) $a_2\geq a_1$,得 $d\geq 0$.

假设 $d>0$,无论 a_1 取值是多少,当 $n\to+\infty$ 时,必有 $a_1+\dfrac{n-1}{2}d>1$.

所以,公差 d 必然为零,条件(1)和条件(2)联合起来充分.

三、逻辑推理

26.(D)

【解析】母题26·解释现象

前提差异:巴斯德的实验中,使用普通培养液;普歇的实验中,采用干草浸液。

结果差异:巴斯德的实验中,海拔越高,培养液被微生物污染的可能性越小;普歇的实验中,即使在海拔很高的地方,所有装了培养液的瓶子都很快长出了微生物。

(D)项指出了前提中的差异为什么可以造成实验结果的不同,可以解释题干。

27. (B)

【解析】母题5·箭头的串联

题干中有以下判断:

①张教授的初中同学→￢博士。

②通过张教授认识其研究所同事的人→博士,等价于:￢博士→￢通过张教授认识其研究所同事。

③张教授的初中同学通过张教授认识了王研究员。

①、②串联可得:张教授的初中同学→￢通过张教授认识其研究所同事。

再结合③可知,王研究员不是张教授在研究所的同事,故(B)项正确。

28. (A)

【解析】母题28·一般推论题

题干中有以下判断:

①透明度高的老坑玉比透明度较其低的单位价值高。

②没有单位价值最高的老坑玉。

(A)项,必然为真,否则,如果有透明度最高的老坑玉,就有了单位价值最高的老坑玉,与题干的结论矛盾(取非法)。

(B)项,与题干信息"老坑玉的特点是'水头好'"矛盾,为假。

(C)项,此项中有题干没有涉及的新内容"新坑玉",无关选项。

(D)项,此项中有题干没有涉及的新内容"加工的质量",无关选项。

(E)项,此项中有题干没有涉及的新内容"年代",无关选项。

29. (E)

【解析】母题16·因果型削弱题(找原因)

题干:家庭和学校不适当的教育方法 —导致→ "男孩危机"现象。

(A)项,支持题干,为家庭的不恰当教育提供了新的论据。

(B)、(C)、(D)项,无关选项,与"男孩危机"现象的产生无关。

(E)项,另有他因,不是家庭和学校的教育方法不当,而是游戏泛滥导致了"男孩危机",削弱专家的观点。

30. (A)

【解析】母题19·论证型支持题(类比论证)

题干:

①抚仙湖虫是真节肢动物中比较原始的类型;抚仙湖虫外骨骼分为头、胸、腹三部分。

②类比论证:抚仙湖虫化石与直虾类化石类似 —证明→ 抚仙湖虫是昆虫的远祖。

③执果索因:抚仙湖虫的消化道充满泥沙 —证明→ 它是食泥的动物。

(A)项,不能支持,因为由"有的不是食泥的生物"无法判断"有的是食泥的生物"的真假。

(B)项,支持论证②,补充论据,说明泥盆纪直虾和抚仙湖虫类似。

(C)项,支持论证②,与②构成三段论:"与泥盆纪直虾类似的生物→昆虫的远祖",所以"抚仙湖虫与泥盆纪直虾类似→抚仙湖虫是昆虫的远祖"。

(D)项,支持论证②,由此项知,昆虫是由真节肢动物中比较原始的生物进化而来的,再由①知,昆虫可能是由抚仙湖虫进化而来的。

(E)项,排除他因,支持论证③。

31.（D）

【解析】母题 27·解释数量关系

题干中的矛盾:2010 年某省物价总水平仅上涨 2.4%,涨势比较温和,涨幅甚至比 2009 年回落了 0.6 个百分点,但是普通民众觉得物价涨幅较高。

(A)项,在解释题中,默认题干中的信息为真。而此项说明数据来源不准确,存在对题干的质疑,因此不能解释题干中的矛盾。

(D)项,指出由于工业消费品在物价指数体系中的权重较大,而这一部分消费品又不是民众感觉的主要来源,这就很好地解释了题干中看似矛盾的现象。

(B)、(C)、(E)项,无关选项,不能解释题干中的矛盾。

32.（E）

【解析】母题 16·因果型削弱题(猜结果)

刘教授:网络购物便捷 —导致→ 会有更多的网络商店取代实体商店。

(A)、(C)、(D)项,都表示网购有弊端,可以削弱。

(B)项,实体商店有优势,可以削弱,但"有些"是弱化词,削弱力度小。

(E)项,网络商店必须依赖实体商店,说明实体商店不可取代,削弱力度最强。

33.（A）

【解析】母题 18·数字陷阱型削弱题

题干:甲国的平均婚姻存续时间为 8 年 —证明→ 现在像钻石婚、金婚、白头偕老等存续时间长的婚姻已经很难得了。

甲国的平均婚姻存续时间短,不代表"存续时间长的婚姻"变少了,可能是"存续时间短的婚姻"变多了。

(A)项,说明平均婚姻存续时间短,是因为闪婚一族的影响,而不是金婚等存续时间长的婚姻变少了,另有他因,表明张先生的理解不确切。

其余各项均为无关选项,题干论证不涉及这些选项中的"婚姻的质量""爱情婚姻观念""谈恋爱时间"和"婚姻与恋爱的关系"。

34.（B）

【解析】母题 8·复言命题的真假话问题

题干有以下判断：

①冰箱部门经理：手机部门赢利。

②彩电部门经理：冰箱部门赢利→￢彩电部门赢利，等价于：￢冰箱部门赢利∨￢彩电部门赢利。

③电脑部门经理：￢手机部门赢利→￢电脑部门赢利。

④手机部门经理：冰箱部门赢利∧彩电部门赢利。

判断②和④是矛盾的，必有一真一假，题干说四个判断只有一个为真，故判断①和③必为假。

由判断①为假，可知：手机部门没有赢利。

由判断③为假，可知：手机部门没有赢利∧电脑部门赢利。

所以，电脑部门没有赢利必然为假，即（B）项必然为假，其余各项均可能为真。

35.（C）

【解析】母题 26·解释现象

需要解释的现象：为什么仍有很大一部分读者喜欢捧着纸质出版物而不是使用电子图书？

题干是两类对象的比较：电子图书和纸质出版物，找到二者的差异之处即可解释。

（A）项，指出纸质图书的优势，可以解释。

（B）项，指出电子图书的劣势，可以解释。

（C）项，一些怀旧爱好者喜欢收藏经典图书并不能解释大部分读者喜欢纸质图书。

（D）项，指出电子图书的劣势，可以解释。

（E）项，指出电子图书的劣势，可以解释。

36.（B）

【解析】母题 19·论证型支持题

陈华认为：他挤捏指关节是习惯性动作，并不是故意的，因此，不应被判违规。

搭桥法：

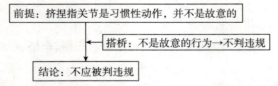

（B）项，必要条件后推前：故意←判罚，等价于：￢故意→￢判罚，即不是故意的行为不应被判罚，建立因果，支持题干。

37.（E）

【解析】母题 15·论证型削弱题

演员的担心：随着计算机技术的发展，未来计算机生成的图像和动画会替代真人表演。

(E)项能削弱演员的担心,因为:如果电影故事只能用演员的心灵、情感来表现,则由于计算机生成的图像和动画并没有心灵、情感等,所以不太可能会替代作为真人的演员来进行表演。

(A)项,可以削弱,但导演只能和"真人"交流,不代表导演只能和"演员"交流,比如,导演可以和电脑动画制作者交流,再由电脑动画制作者完成电影,所以(A)项的削弱力度不如(E)项。

其余各项均不正确。

38. (A)

【解析】母题 30·评论逻辑漏洞

题干:公达律师事务所因刑事案件的高成功率而著称,而老余是专门办理离婚案件的律师 $\xrightarrow{证明}$ 老余不是公达律师事务所的成员。

题干由公达律师事务所擅长刑事案件,从而推断公达律师事务所的律师也都擅长刑事案件,进而推断擅长离婚案件的老余不是该律师事务所的律师,犯了"分解谬误",即集合体具有的性质,集合体中的个体未必具有,故(A)项正确。

39. (C)

【解析】母题 19·论证型支持题

题干:形式语言和自然语言都是人们交流和理解信息的重要工具 $\xrightarrow{导致}$ 要将二者结合起来使用。

(A)、(D)项,强调形式语言的重要性,与题干结论不符。

(B)项,强调自然语言的重要性,与题干结论不符。

(C)项,支持题干,说明既不能单独使用形式语言,也不能单独使用自然语言。

(E)项,采用哪种语言形式不重要,关键在于是否表达了真正想表达的思想内容,与题干结论不符。

40. (B)

【解析】母题 35·论证逻辑型结构相似题

题干采用的是求异法:

5 位中国人喝茶,没有得败血症;
外国人没有喝茶,得了败血症;
——————————————
所以,喝茶是这 5 位中国人未得败血症的原因。

(B)项,与题干一样,也是采用求异法:

施氮肥和钾肥的麦地,产量高;
只施钾肥的麦地,产量低;
——————————————
所以,施氮肥是麦地产量较高的原因。

(A)项是剩余法,(C)项是二难推理,(D)项是剩余法,(E)项是共变法。

41. (C)

【解析】母题 34·形式逻辑型结构相似题

题干:所有重点大学的学生(A)都是聪明的学生(B),有些聪明的学生(B)喜欢逃学(C),小杨(X)

不喜欢逃学(¬C),所以,小杨(X)不是重点大学的学生(¬A)。

即:**所有 A 都是 B,有的 B 是 C,X 不是 C,所以,X 不是 A。**

(A)、(B)、(D)、(E)四个选项均与题干一致。

(C)项,所有 A 都是 B,有的 B 是 C,X 不是 A,所以 X 不是 C。此项里面有一个概念的偷换:"人"和"普通人",与题干不同。

42. (E)

【解析】母题 28·一般推论题

题干信息如下:

①2007 年挪威是世界上居民生活质量最高的国家。

②欧美和日本等发达国家也名列前茅。

③17 年来,非洲东南部国家莫桑比克的生活质量提高最快。

④中国的生活质量指数在过去 17 年中也提高了 27%。

(A)项,欧美和日本等发达国家名列前茅,不代表所有发展中国家的生活质量指数都低于西方国家,不能推出。

(B)项,题干没有涉及莫桑比克和中国关于生活质量指数的比较,无关选项。

(C)项,题干没有涉及日本和中国关于生活质量指数的比较,无关选项。

(D)项,题干信息③中,"17 年来",莫桑比克的生活质量提高最快,不意味着"2006 年",莫桑比克的生活质量指数提高最快,不能推出。

(E)项,由题干信息①可知,2007 年挪威是世界上居民生活质量最高的国家,当然高于非洲各国,必然为真。

43. (B)

【解析】母题 36·排序题

题干有以下信息:

①刘强=118 分。

②蒋明>王丽。

③张华+刘强>蒋明+王丽。

④刘强>周梅。

⑤120 分以上为优秀。

⑥五人之中有两人没有达到优秀。

由①、④、⑥知,第四名为刘强,第五名为周梅,排除(A)、(C)项。

再由③张华+刘强>蒋明+王丽,因为这四人中刘强的得分最低,所以张华的得分最高,排除(D)、(E)项。

故(B)项正确。

44. (B)

【解析】母题 8·复言命题的真假话问题

题干有以下论断(只有一句为真):

王总经理:纳米∧生物医药。

赵副总经理:智能←生物医药,等价于:¬ 生物医药∨智能。

李副总经理:纳米∧生物医药→智能,等价于:¬ 纳米∨¬ 生物医药∨智能。

如果赵副总经理为真,则李副总经理必为真,与题干"只有一位的意见被采纳"矛盾,所以赵副总经理必为假,故发展生物医药技术并且不发展智能技术。

假设发展纳米技术,则王总经理为真,李副总经理为假;

假设不发展纳米技术,则王总经理为假,李副总经理为真。

故王总经理和李副总经理无法判断真假,且纳米技术可能发展,可能不发展。

综上,(B)项正确。

45.（C）

【解析】母题16·因果型削弱题(猜结果)

题干:双胞胎中,外表显老 ——导致——→ 先去世。

(A)项,诉诸无知,"结果可能有所不同",即结论是不是真的尚待证明。

(B)项,诉诸人身,年轻不代表研究结果不准确。

(C)项,因果无关,指出外表年龄与生命老化无关,削弱题干。

(D)、(E)项,无关选项,不涉及外表显老和先去世的关系。

46.（D）

【解析】母题19·论证型支持题

李教授:无糖饮料尽管卡路里含量低,但并不意味着它不会导致体重增加。

(A)项,无关选项,题干说的是"无糖饮料",此项说的是"茶"。

(B)项,举反例,削弱题干。

(C)项,不能支持,因为没有说明"有些胖子爱吃甜食"是不是由无糖饮料导致的。

(D)项,例证法,支持李教授的观点。

(E)项,另有他因,不是因为喝过多无糖饮料限制其他健康饮品的摄入导致肥胖,而是因为他们不运动,削弱题干。

47.（C）

【解析】母题28·一般推论题

题干存在以下论断:

①该部门所有员工都得到年终奖金→该部门所有员工都考评合格。

②财务部有的员工考评合格。

③综合部所有员工都得到了年终奖金。

④行政部的赵强考评合格。

Ⅰ项,可能为真。根据断定②,财务部有的员工考评合格,可能是财务部所有员工考评合格。

Ⅱ项,可能为真。根据断定①和④,赵强是否得到年终奖金是不确定的,故可能为真。

Ⅲ项,不可能为真。根据断定①和③,可知综合部所有员工考评都合格了。

Ⅳ项,可能为真。根据断定①和②,财务部得到年终奖金是不确定的,故可能为真。

48. (C)

【解析】母题26·解释现象

题干中的差异:古代的文人学子很少患有近视,而现代的文人学子近视患者的比例越来越高。

找到造成古代人和现代人差异的原因即可。

(C)项说的是患有近视的危害,而不是患有近视的原因,所以不能解释题干。

其余各项均解释了古代文人学子很少患有近视的原因。

49. (E)

【解析】母题22·论证型假设题与搭桥法

家长:

①有想象力才能进行创造性劳动。

②想象力和知识是天敌。

③知识符合逻辑,而想象力无章可循。

④知识的本质是科学,想象力的特征是荒诞。

⑤人的大脑一山不容二虎。

⑥学龄前,想象力独占鳌头,脑子被想象力占据;上学后,丧失了想象力,成为终身只能重复前人发现的人。

Ⅰ项,是论证④所依赖的假设。因为知识的本质是科学,假设科学是荒诞的,那么知识也是荒诞的,则知识和想象力之间是可以相容的(即不是天敌),与论证②矛盾(取非法)。

Ⅱ项,是论证③、④、⑤所依赖的假设。

Ⅲ项,是论证⑥所依赖的假设。因为如果大脑被知识占据后很容易重新恢复想象力,那么人们学了知识后,就不会终身只能重复前人的发现。

50. (D)

【解析】母题6·假言命题的负命题

题干认为:有想象力才能进行创造性劳动,即创造性劳动→想象力。

矛盾命题为:创造性劳动∧¬想象力,故(D)项正确。

51. (B)

【解析】母题22·论证型假设题与搭桥法

总裁:我不喜欢被批评的感觉——导致→我不会批评我的继任者。

需要补充的假设为:不喜欢→不批评。

(B)项,只有该总裁的继任者喜欢被批评的感觉,他才会批评继任者,符号化:喜欢←批评=不喜欢→不批评,是正确的假设。

52.（C）

【解析】母题7·二难推理

题干存在以下断定：

①大熊猫灭绝→西伯利亚虎灭绝。

②北美玳瑁灭绝→¬巴西红木灭绝。

③北美玳瑁灭绝∨¬西伯利亚虎灭绝。

方法一：串联法。

由③得，④西伯利亚虎灭绝→北美玳瑁灭绝。

①、④、②串联得：大熊猫灭绝→西伯利亚虎灭绝→北美玳瑁灭绝→¬巴西红木灭绝。

所以，大熊猫灭绝与巴西红木灭绝不会同时发生，故(C)项必然为假。

方法二：二难推理。

①等价于：⑤¬西伯利亚虎灭绝→¬大熊猫灭绝。

由③、⑤、②，根据二难推理公式可得：¬大熊猫灭绝∨¬巴西红木灭绝，等价于：¬（大熊猫灭绝∧巴西红木灭绝）。

所以，大熊猫与巴西红木不会都灭绝，故(C)项必然为假。

53.（D）

【解析】母题17·措施目的型削弱题

市政府顾问：采取不同时间段上下班制度（措施）——以求→缓解人们上下班的交通压力（目的）。

(A)项，措施有恶果，但是注意"有些"，这是典型的弱化词，在削弱题中一般不选。

(B)项，措施有恶果，但是这个影响是暂时的，是可以调整的，削弱力度弱。

(C)项，无关选项。

(D)项，措施达不到目的，即使采取了错开上下班时间的措施避开早高峰和晚高峰，交通拥堵仍然会经常发生，削弱题干。

(E)项，不能削弱，"有些"员工步行上下班，不代表交通不拥堵。

54.（E）

【解析】母题19·论证型支持题

注意此题是选不能加强的。

题干：民用航空恶性事故发生率总体呈下降趋势——证明→乘飞机出行越来越安全。

(A)、(B)、(C)、(D)四项均补充新论据，说明乘飞机出行越来越安全，支持题干。

(E)项，无关选项，驾车的安全性与飞机的安全性无关。

55.（D）

【解析】母题23·因果型假设题

题干：行为痴呆症患者大脑组织中往往含有过量的铝——证明→可用可以吸收铝的硅化合物治疗行为痴呆症。

(A)项,无关选项,行为痴呆症患者大脑组织中铝的具体数量会不会变化和题干中的论证无关。

(B)项,不必假设,因为若能治好病,有一些副作用可能也是值得的。

(C)项,无关选项,硅化合物的具体数量是不是和患者的年龄有关与题干的论证没有关系。

(D)项,并非因果倒置,必须假设,因为如果是行为痴呆症引起过量的铝,而不是过量的铝引起行为痴呆症,则用减少铝的方法无法治疗行为痴呆症(取非法)。

(E)项,支持题干中的论证,但不必假设,因为铝的含量只要和"行为痴呆症"有关即可,和"病情的严重程度"有没有关系不影响题干的论证。

四、写作

56. 论证有效性分析

【谬误分析】

①要从股市中赚钱,不一定"必须低价买进股票,高价卖出股票"。券商可以通过为股民服务获利,股民也可以通过股票的分红、配股等方式获益。所以,低买高卖确实是从股市中赚钱的手段之一,但并不是唯一手段。

②股价的"涨跌"与前文中股价的"高低"不是同一概念。涨跌是股价的动态变化,是现在价格与过去价格的差额,而股价的高低是对股价的静态判断。材料有偷换概念的嫌疑。

③"要正确判断某一股票的价格高低,唯一的途径就是看它的历史表现",显然是欠妥当的。股票价格的高低受多种因素影响,例如国家政策、宏观经济情况、国际金融市场变动、行业状况、企业状况,等等。

④主观预测是根据历史表现的客观事实作出的,主观预测也可能和客观事实一致。因此,不能全然否认主观预测的合理性。

⑤材料前文中提到判断某一股票的价格高低的唯一途径是"看它的历史表现",后文中又提到"只能借助概率进行预测",两处自相矛盾。

⑥"宏观经济、市场态势和个股表现"是股票价格的决定因素的部分因素,股票价格还受诸如国家政策、企业生产经营状况等多方面因素的影响。"宏观经济、市场态势和个股表现"均好,股票的上涨概率未必就大。

⑦材料认为"掌握了股价涨跌的概率,你就能赚钱;否则,你就会赔钱",这一判断过于绝对。掌握了股价涨跌的概率有可能赚钱,也有可能赔钱,因为小概率的暴跌所造成的损失,有可能抵消或超过大概率的微涨所带来的收益。

(说明:以上谬误分析引用和改编自教育部考试中心《管理类专业学位联考综合能力考试大纲》给出的参考答案。)

如此炒股未必可行

上文认为掌握了股价涨跌的概率就能赚钱,否则就会赔钱。然而其论证存在多处漏洞,分析如下:

首先,要从股市中赚钱,不一定"必须低价买进股票,高价卖出股票"。券商可以通过为股民服务获利,股民也可以通过股票的分红、配股等方式获益。所以,低买高卖确实是从股市中赚钱的手段之一,但并不是唯一手段。

其次,股价的"涨跌"与前文中"股价的高低"不是同一概念。涨跌是股价的动态变化,是现在价格与过去价格的差额,而股价的高低是对股价的静态判断。材料有偷换概念的嫌疑。

再次,"宏观经济、市场态势和个股表现"是股票价格的决定因素的部分因素,股票价格还受诸如国家政策、企业生产经营状况等多方面因素的影响。"宏观经济、市场态势和个股表现"均好,股票的上涨概率未必就大。

又次,材料前文中提到判断某一股票的价格高低的唯一途径是"看它的历史表现",后文中又提到"只能借助概率进行预测",两处自相矛盾。

最后,材料认为"掌握了股价涨跌的概率,你就能赚钱;否则,你就会赔钱",这一判断过于绝对。掌握了股价涨跌的概率有可能赚钱,也有可能赔钱,因为小概率的暴跌所造成的损失,有可能抵消或超过大概率的微涨所带来的收益。

综上所述,上文中的论证存在多种逻辑错误,其结论有待商榷,掌握股票涨跌的概率未必能赚钱。

(全文共535字)

57. 论说文

【参考立意】

①站在用人角度立意:要"拔尖",更要"冒尖"。
②站在人才角度立意:勇当"冒尖"人才。

人才任用,要"拔尖"更要"冒尖"

吕建刚

领导赏识,提拔成才,是为"拔尖";经历竞争,脱颖而出,是为"冒尖"。人才任用,要"拔尖",更要"冒尖"。

拔尖,更多靠"伯乐"。伯乐慧眼识马,常被传为佳话。但是,正如韩愈曾说:"世有伯乐,然后有千里马；千里马常有，而伯乐不常有。"人才并没有在脸上写着两个大字"人才"，也不像马儿可以看看牙口体格，虽然我们可以看看学历、经验，但学历、经验有时也是靠不住的，所以，靠伯乐的"慧眼"识别人才，难免会看走眼。

而且，如果一个单位、一个企业，只有几个甚至一个"伯乐"说了算，这个伯乐是真伯乐也就罢了，如果不是伯乐却坐在了相马的位置上，恐怕就不是慧眼识人，而是良莠不分、泥沙俱下了。就算这个人是真伯乐，一个人说了算久了，也难免会滋生一些不良气息出来。会不会有人拍马屁？会不会有人送礼？马屁一次没拍响，拍得多了，总会响几声。送礼拒绝几次，送的人多了，难免被拖下水，所以，伯乐相马、领导拔尖，不如科学甄选，让人才冒尖。

冒尖能出真人才。俗话说，"是骡子是马拉出来遛遛"，把马儿放在一个赛场，赛一赛、跑一跑，谁是千里马、谁是驽马，就一目了然了。所以，政府也好、企业也好，要形成人才竞争的机制，给人才一个公平的竞争环境，让能者上，让庸者下，淘尽黄沙，自得真金。

当然，赛马时要注意马的特点，要给不同的马儿设置不同的赛场。擅长冲刺的让它赛短跑，耐力好的让它赛长跑，步态优雅的赛个盛装舞步。"尺有所短，寸有所长"。急性子有急性子的好处，慢性子也有慢性子的妙处，人岗匹配，才能创造价值，人才放错了赛场，怕是不但不能冒尖，反而被当作庸才淘汰了。

所以，人才选用，要拔尖，但更需冒尖，拿捏好这个度，方能鸡鸣狗盗之徒远之，高洁之士满座；方能人皆尽其才，事必尽其智；方能复我民族之兴，创我中华之盛世。

（全文共 740 字）

绝密★启用前

2012 年全国硕士研究生招生考试
管理类专业学位联考综合能力试题

(科目代码:199)

考试时间:8:30—11:30

考生注意事项

1. 答题前,考生须在试题册指定位置上填写考生姓名和考生编号;在答题卡指定位置上填写报考单位、考生姓名和考生编号,并涂写考生编号信息点。

2. 选择题的答案必须涂写在答题卡相应题号的选项上,非选择题的答案必须书写在答题卡指定位置的边框区域内。超出答题区域书写的答案无效;在草稿纸、试题册上答题无效。

3. 填(书)写部分必须使用黑色字迹签字笔或者钢笔书写,字迹工整、笔迹清楚;涂写部分必须使用 2B 铅笔填涂。

4. 考试结束,将答题卡和试题册按规定交回。

考生编号															
考生姓名															

一、问题求解：第1~15小题，每小题3分，共45分。下列每题给出的（A）、（B）、（C）、（D）、（E）五个选项中，只有一项是符合试题要求的。请在答题卡上将所选项的字母涂黑。

1. 某商品的定价为200元，受金融危机的影响，连续两次降价20%后的售价为（　　）.

    (A) 114元　　　　(B) 120元　　　　(C) 128元
    (D) 144元　　　　(E) 160元

2. 如图1所示，△ABC是直角三角形，S_1, S_2, S_3 为正方形，已知 a, b, c 分别是 S_1, S_2, S_3 的边长，则（　　）.

    (A) $a = b + c$　　(B) $a^2 = b^2 + c^2$　　(C) $a^2 = 2b^2 + 2c^2$
    (D) $a^3 = b^3 + c^3$　　(E) $a^3 = 2b^3 + 2c^3$

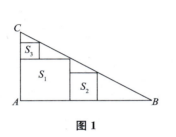

图1　　　　图2

3. 如图2所示，一个储物罐的下半部分是底面直径与高均为20米的圆柱形，上半部分(顶部)是半球形，已知底面与顶部的造价是400元/平方米，侧面的造价是300元/平方米，该储物罐的造价是（　　）($\pi \approx 3.14$).

    (A) 56.52万元　　(B) 62.8万元　　(C) 75.36万元
    (D) 87.92万元　　(E) 100.48万元

4. 在一次商品促销活动中，主持人出示一个9位数，让顾客猜测商品的价格，商品的价格是该9位数中从左到右相邻的3个数字组成的3位数，若主持人出示的是513535319，则顾客一次猜中价格的概率是（　　）.

    (A) $\dfrac{1}{7}$　　(B) $\dfrac{1}{6}$　　(C) $\dfrac{1}{5}$
    (D) $\dfrac{2}{7}$　　(E) $\dfrac{1}{3}$

5. 某商店经营15种商品，每次在橱窗内陈列5种，若每两次陈列的商品不完全相同，则最多可陈列（　　）.

    (A) 3 000次　　(B) 3 003次　　(C) 4 000次
    (D) 4 003次　　(E) 4 300次

6. 甲、乙、丙三个地区的公务员参加一次测评，其人数和考分情况如表1所示：

表1

地区 \ 分数 人数	6	7	8	9
甲	10	10	10	10
乙	15	15	10	20
丙	10	10	15	15

三个地区按平均分由高到低的排名顺序为( ).

(A)乙、丙、甲　　　　　(B)乙、甲、丙　　　　　(C)甲、丙、乙

(D)丙、甲、乙　　　　　(E)丙、乙、甲

7. 经统计,某机场的一个安检口每天中午办理安检手续的乘客人数及相应的概率如表2所示:

表2

乘客人数	0～5	6～10	11～15	16～20	21～25	25以上
概率	0.1	0.2	0.2	0.25	0.2	0.05

该安检口2天中至少有1天中午办理安检手续的乘客人数超过15的概率是( ).

(A)0.2　　　(B)0.25　　　(C)0.4　　　(D)0.5　　　(E)0.75

8. 某人在保险柜中存放了M元现金,第一天取出它的$\frac{2}{3}$,以后每天取出前一天所取的$\frac{1}{3}$,共取了7天,保险柜中剩余的现金为( ).

(A)$\frac{M}{3^7}$元　　　　　(B)$\frac{M}{3^6}$元　　　　　(C)$\frac{2M}{3^6}$元

(D)$\left[1-\left(\frac{2}{3}\right)^7\right]M$元　　　　(E)$\left[1-7\times\left(\frac{2}{3}\right)^7\right]M$元

9. 在直角坐标系中,若平面区域D中所有点的坐标(x,y)均满足:$0\leq x\leq 6$,$0\leq y\leq 6$,$|y-x|\leq 3$,$x^2+y^2\geq 9$,则D的面积是( ).

(A)$\frac{9}{4}(1+4\pi)$　　　(B)$9\left(4-\frac{\pi}{4}\right)$　　　(C)$9\left(3-\frac{\pi}{4}\right)$

(D)$\frac{9}{4}(2+\pi)$　　　(E)$\frac{9}{4}(1+\pi)$

10. 某单位春季植树100棵,前2天安排乙组植树,其余任务由甲、乙两组用3天完成,已知甲组每天比乙组多植树4棵,则甲组每天植树( ).

(A)11棵　　　(B)12棵　　　(C)13棵　　　(D)15棵　　　(E)17棵

11. 在两队进行的羽毛球对抗赛中,每队派出3男、2女共5名运动员进行5局单打比赛.如果女子比赛安排在第二和第四局进行,则每队队员的不同出场顺序有( ).

(A)12种　　　(B)10种　　　(C)8种　　　(D)6种　　　(E)4种

12. 若x^3+x^2+ax+b能被x^2-3x+2整除,则( ).

(A)$a=4,b=4$　　　　　(B)$a=-4,b=-4$　　　　　(C)$a=10,b=-8$

(D)$a=-10, b=8$　　　　　　(E)$a=-2, b=0$

13. 某公司计划运送180台电视机和110台洗衣机下乡,现有两种货车,甲种货车每辆最多可载40台电视机和10台洗衣机,乙种货车每辆最多可载20台电视机和20台洗衣机,已知甲、乙两种货车的租金分别是每辆400元和360元,则最少的运费是(　　).

(A)2 560元　　(B)2 600元　　(C)2 640元　　(D)2 680元　　(E)2 720元

14. 如图3所示,三个边长为1的正方形重叠放置,则覆盖区域(实线所围)的面积为(　　).

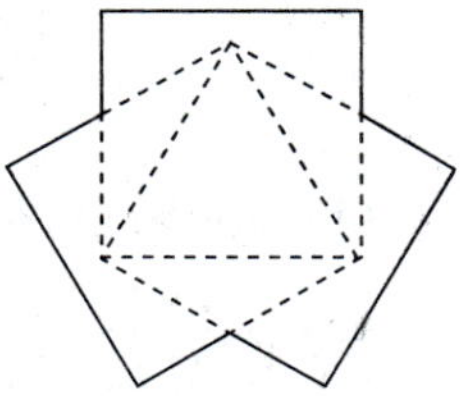

(A)$3-\sqrt{2}$　　(B)$3-\dfrac{3\sqrt{2}}{4}$　　(C)$3-\sqrt{3}$

(D)$3-\dfrac{\sqrt{3}}{2}$　　(E)$3-\dfrac{3\sqrt{3}}{4}$

图3

15. 在一次捐赠活动中,某市将捐赠的物品打包成件,其中帐篷和食品共320件,帐篷比食品多80件,则帐篷的件数是(　　).

(A)180　　(B)200　　(C)220　　(D)240　　(E)260

二、条件充分性判断:第16～25小题,每小题3分,共30分。要求判断每题给出的条件（1）和条件（2）能否充分支持题干所陈述的结论。（A）、（B）、（C）、（D）、（E）五个选项为判断结果,请选择一项符合试题要求的判断,在答题卡上将所选项的字母涂黑。

(A)条件(1)充分,但条件(2)不充分.

(B)条件(2)充分,但条件(1)不充分.

(C)条件(1)和条件(2)单独都不充分,但条件(1)和条件(2)联合起来充分.

(D)条件(1)充分,条件(2)也充分.

(E)条件(1)和条件(2)单独都不充分,条件(1)和条件(2)联合起来也不充分.

16. 一元二次方程$x^2+bx+1=0$有两个不同实根.

(1)$b<-2$.

(2)$b>2$.

17. 已知$\{a_n\}$,$\{b_n\}$分别为等比数列与等差数列,$a_1=b_1=1$,则$b_2\geq a_2$.

(1)$a_2>0$.

(2)$a_{10}=b_{10}$.

18. 直线$y=ax+b$过第二象限.

(1)$a=-1, b=1$.

(2)$a=1, b=-1$.

19. 某产品由两道独立工序加工完成.则该产品是合格品的概率大于0.8.

(1)每道工序的合格率为0.81.

(2)每道工序的合格率为0.9.

20. 已知m,n是正整数,则m是偶数.

(1)$3m+2n$是偶数.

(2)$3m^2+2n^2$ 是偶数.

21. 已知 a,b 是实数,则 $a>b$.

    (1)$a^2>b^2$.

    (2)$a^2>b$.

22. 在某次考试中,3 道题中答对 2 道题即为及格.假设某人答对各题的概率相同,则此人及格的概率是 $\dfrac{20}{27}$.

    (1)答对各题的概率为 $\dfrac{2}{3}$.

    (2)3 道题全部答错的概率为 $\dfrac{1}{27}$.

23. 已知三种水果的平均价格为 10 元/千克,则每种水果的价格均不超过 18 元/千克.

    (1)三种水果中价格最低的为 6 元/千克.

    (2)购买重量分别是 1 千克、1 千克和 2 千克的三种水果共用了 46 元.

24. 某户要建一个长方形的羊栏,则羊栏的面积大于 500 平方米.

    (1)羊栏的周长为 120 米.

    (2)羊栏对角线的长不超过 50 米.

25. 直线 $y=x+b$ 是抛物线 $y=x^2+a$ 的切线.

    (1)$y=x+b$ 与 $y=x^2+a$ 有且仅有一个交点.

    (2)$x^2-x \geq b-a (x \in \mathbf{R})$.

三、逻辑推理:第 26～55 小题,每小题 2 分,共 60 分。下列每题给出的（A）、（B）、（C）、（D）、（E）五个选项中,只有一项是符合试题要求的。 请在答题卡上将所选项的字母涂黑。

26. 1991 年 6 月 15 日,菲律宾吕宋岛上的皮纳图博火山突然大爆发,2 000 万吨二氧化硫气体冲入平流层,形成的霾像毯子一样盖在地球上空,把部分要照射到地球的阳光反射回太空。几年之后,气象学家发现这层霾使得当时地球表面的温度累计下降了 0.5℃。而皮纳图博火山爆发前的一个世纪,因人类活动而造成的温室效应已经使地球表面温度升高了 1℃。某位持"人工气候改造论"的科学家据此认为,可以用火箭弹等方式将二氧化硫充入大气层,阻挡部分阳光,达到给地球表面降温的目的。

    以下哪项如果为真,最能对该科学家提议的有效性构成质疑?

    (A)如果利用火箭弹将二氧化硫充入大气层,会导致航空乘客呼吸不适。

    (B)如果在大气层上空放置反光物,就可以避免地球表面受到强烈阳光的照射。

    (C)可以把大气中的碳提取出来存储到地下,减少大气层中的碳含量。

    (D)不论任何方式,"人工气候改造"都将破坏地球的大气层结构。

    (E)火山喷发形成的降温效应只是暂时的,经过一段时间温度将再次回升。

27. 只有具有一定文学造诣且具有生物学专业背景的人,才能读懂这篇文章。

    如果上述命题为真,则以下哪项不可能为真?

(A)小张没有读懂这篇文章,但他的文学造诣是大家所公认的。

(B)计算机专业的小王没有读懂这篇文章。

(C)从未接触过生物学知识的小李读懂了这篇文章。

(D)小周具有生物学专业背景,但他没有读懂这篇文章。

(E)生物学博士小赵读懂了这篇文章。

28. 经过反复核查,质检员小李向厂长汇报说:"726车间生产的产品都是合格的,所以不合格的产品都不是726车间生产的。"

以下哪项和小李的推理结构最为相似?

(A)所有入场的考生都经过了体温测试,所以没能入场的考生都没有经过体温测试。

(B)所有出厂设备都是合格的,所以检测合格的设备都已出厂。

(C)所有已发表的文章都是认真校对过的,所以认真校对过的文章都已发表。

(D)所有真理都是不怕批评的,所以怕批评的都不是真理。

(E)所有不及格的学生都没有好好复习,所以没好好复习的学生都不及格。

29. 王涛和周波是理科(1)班的同学,他们是无话不说的好朋友。他们发现班里每一个人或者喜欢物理或者喜欢化学。王涛喜欢物理,周波不喜欢化学。

根据以上陈述,以下哪项一定为真?

Ⅰ. 周波喜欢物理。

Ⅱ. 王涛不喜欢化学。

Ⅲ. 理科(1)班不喜欢物理的人喜欢化学。

Ⅳ. 理科(1)班一半人喜欢物理,一半人喜欢化学。

(A)仅Ⅰ。　　(B)仅Ⅲ。　　(C)仅Ⅰ和Ⅱ。　　(D)仅Ⅰ和Ⅲ。　　(E)仅Ⅱ、Ⅲ和Ⅳ。

30. 李明、王兵、马云三位股民对股票A和股票B分别作了如下预测:

李明:只有股票A不上涨,股票B才不上涨。

王兵:股票A和股票B至少有一个不上涨。

马云:股票A上涨当且仅当股票B上涨。

若三人的预测都为真,则以下哪项符合他们的预测?

(A)股票A上涨,股票B不上涨。

(B)股票A不上涨,股票B上涨。

(C)股票A和股票B均上涨。

(D)股票A和股票B均不上涨。

(E)只有股票A上涨,股票B才不上涨。

31. 临江市地处东部沿海,下辖临东、临西、江南、江北四个区。近年来,文化旅游产业成为该市新的经济增长点。2010年,该市一共吸引了全国数十万人次游客前来参观旅游。12月底,关于该市四个区当年吸引游客人次多少的排名,各位旅游局局长作了如下预测:

临东区旅游局局长:如果临西区第三,那么江北区第四。

临西区旅游局局长:只有临西区不是第一,江南区才是第二。

江南区旅游局局长:江南区不是第二。

江北区旅游局局长:江北区第四。

最终的统计表明,只有一位局长的预测符合事实,则临东区当年吸引游客人次的排名是:

(A)第一。　　(B)第二。　　(C)第三。　　(D)第四。　　(E)在江北区之前。

32. 小张是某公司营销部的员工。公司经理对他说:"如果你争取到这个项目,我就奖励你一台笔记本电脑或者给你项目提成。"

以下哪项如果为真,说明该经理没有兑现承诺?

(A)小张没争取到这个项目,该经理没给他项目提成,但送了他一台笔记本电脑。

(B)小张没争取到这个项目,该经理没奖励他笔记本电脑,也没给他项目提成。

(C)小张争取到这个项目,该经理给他项目提成,但并未奖励他笔记本电脑。

(D)小张争取到这个项目,该经理奖励他一台笔记本电脑并且给他三天假期。

(E)小张争取到这个项目,该经理未给他项目提成,但奖励了他一台台式电脑。

33.《文化新报》记者小白周四去某市采访陈教授与王研究员。次日,其同事小李问小白:"昨天你采访到那两位学者了吗?"小白说:"不,没那么顺利。"小李又问:"那么,你一个都没采访到?"小白说:"也不是。"

以下哪项最可能是小白周四采访所发生的情况?

(A)小白采访到了两位学者。

(B)小白采访了李教授,但没有采访王研究员。

(C)小白根本没有去采访两位学者。

(D)两位采访对象都没有接受采访。

(E)小白采访到了一位,但没有采访到另一位。

34. 只有通过身份认证的人才允许上公司内网,如果没有良好的业绩就不可能通过身份认证,张辉有良好的业绩而王维没有良好的业绩。

如果上述断定为真,则以下哪项一定为真?

(A)允许张辉上公司内网。

(B)不允许王维上公司内网。

(C)张辉通过身份认证。

(D)有良好的业绩就允许上公司内网。

(E)没有通过身份认证,就说明没有良好的业绩。

35. 比较文字学学者张教授认为,在不同的民族语言中,字形与字义的关系有不同的表现。他提出,汉字是象形文字,其中大部分是形声字,这些字的字形与字义相互关联;而英语是拼音文字,其字形与字义往往关联不大,需要某种抽象的理解。

以下哪项如果为真,最不符合张教授的观点?

(A)汉语中的"日""月"是象形字,从字形可以看出其所指的对象;而英语中的 sun 与 moon 则感觉不到这种形义结合。

(B)汉语中的"日"与"木"结合,可以组成"東""杲""杳"等不同的字,并可以猜测其语义;而英语中则不存在与此类似的 sun 与 wood 的结合。
(C)英语中也有与汉语类似的象形文字,如,eye 是人的眼睛的象形,两个 e 代表眼睛,y 代表中间的鼻子;bed 是床的象形,b 和 d 代表床的两端。
(D)英语中的 sunlight 与汉语中的"阳光"相对应,而英语的 sun 与 light 和汉语中的"阳"与"光"相对应。
(E)汉语中的"星期三"与英语中的 Wednesday 和德语中的 Mittwoch 意思相同。

36. 乘客使用手机及便携式电脑等电子设备会通过电磁波谱频繁传输信号,机场的无线电话和导航网络等也会使用电磁波谱,但电信委员会已根据不同用途把电磁波谱分成几大块。因此,用手机打电话不会对专供飞机通信系统或全球定位系统使用的波段造成干扰。尽管如此,各大航空公司仍然规定,禁止机上乘客使用手机等电子设备。
以下哪项如果为真,能解释上述现象?
Ⅰ. 乘客在空中使用手机等电子设备可能对地面导航网络造成干扰。
Ⅱ. 乘客在起飞和降落时使用手机等电子设备,可能影响机组人员工作。
Ⅲ. 便携式电脑或者游戏设备可能导致自动驾驶仪出现断路或仪器显示发生故障。
(A)仅Ⅰ。　　　(B)仅Ⅱ。　　　(C)Ⅰ和Ⅱ。　　　(D)仅Ⅱ和Ⅲ。　　　(E)Ⅰ,Ⅱ和Ⅲ。

37. 2010 年上海世博会盛况空前,200 多个国家场馆和企业主题馆让人目不暇接,大学生王刚决定在学校放暑假的第二天前往世博会参观。前一天晚上,他特别上网查看了各位网友对相关热门场馆选择的建议,其中最吸引王刚的有三条:
(1)如果参观沙特馆,就不参观石油馆。
(2)石油馆和中国国家馆择一参观。
(3)中国国家馆和石油馆不都参观。
实际上,第二天王刚的世博会行程非常紧凑,他没有接受上述三条建议中的任何一条。
关于王刚所参观的热门场馆,以下哪项描述正确?
(A)参观沙特馆、石油馆,没有参观中国国家馆。
(B)沙特馆、石油馆、中国国家馆都参观了。
(C)沙特馆、石油馆、中国国家馆都没有参观。
(D)没有参观沙特馆,参观石油馆和中国国家馆。
(E)没有参观石油馆,参观沙特馆和中国国家馆。

38. 经理说:"有了自信不一定赢。"董事长回应说:"但是没有自信一定会输。"
以下哪项与董事长的意思最为接近?
(A)不输即赢,不赢即输。
(B)如果自信,则一定会赢。
(C)只有自信,才可能不输。
(D)除非自信,否则不可能输。
(E)只有赢了,才可能更自信。

39. 在家电产品"三下乡"活动中,某销售公司的产品受到了农村居民的广泛欢迎。该公司总经理在介绍经验时表示:只有用最流行畅销的明星产品面对农村居民,才能获得他们的青睐。
以下哪项如果为真,最能质疑总经理的论述?

(A)某品牌电视由于其较强的防潮能力,尽管不是明星产品,仍然获得了农村居民的青睐。
(B)流行畅销的明星产品由于价格偏高,没有赢得农村居民的青睐。
(C)流行畅销的明星产品只有质量过硬,才能获得农村居民的青睐。
(D)有少数娱乐明星为某些流行畅销的产品做虚假广告。
(E)流行畅销的明星产品最适合城市中的白领使用。

40. 居民苏女士在菜市场看到某摊位出售的鹌鹑蛋色泽新鲜、形态圆润,且价格便宜,于是买了一箱。回家后发现有些鹌鹑蛋打不破,甚至丢到地上也摔不坏,再细闻已经打破的鹌鹑蛋,有一股刺鼻的消毒液味道。她投诉至菜市场管理部门,结果一位工作人员声称:鹌鹑蛋目前还没有国家质量标准,无法判定它有质量问题,所以他坚持这箱鹌鹑蛋没有质量问题。

以下哪项与该工作人员得出结论的方式最为相似?
(A)不能证明宇宙是没有边际的,所以宇宙是有边际的。
(B)"驴友论坛"还没有论坛规范,所以管理人员没有权力删除帖子。
(C)小偷在逃跑途中跳入2米深的河中,事主认为没有责任,因此不予施救。
(D)并非外星人不存在,所以外星人存在。
(E)慈善晚会上的假唱行为不属于商业管理的范围,因此相关部门无法对此进行处罚。

41. 概念 A 和概念 B 之间有交叉关系,当且仅当:
(1)存在对象 x,x 既属于 A 又属于 B;
(2)存在对象 y,y 属于 A 但是不属于 B;
(3)存在对象 z,z 属于 B 但是不属于 A。

根据上述定义,以下哪项中加横线的两个概念之间有交叉关系?
(A)国画按题材分主要有<u>人物画</u>、花鸟画、山水画等,按技法分主要有<u>工笔画</u>和写意画等。
(B)《<u>盗梦空间</u>》除了是<u>最佳影片</u>的有力争夺者外,它在技术类奖项的争夺中也将有所斩获。
(C)洛邑小学30岁的<u>食堂总经理</u>为了改善伙食,在食堂放了几个意见本,征求<u>学生们</u>的意见。
(D)在<u>微波炉清洁剂</u>中加入漂白剂,就会释放出<u>氯气</u>。
(E)<u>高校教师</u>包括<u>教授</u>、副教授、讲师和助教等。

42. 小李将自家护栏边的绿地毁坏,种上了黄瓜。小区物业管理人员发现后,提醒小李:护栏边的绿地是公共绿地,属于小区的所有人。物业为此下发了整改通知书,要求小李限期恢复绿地。小李对此辩称:"我难道不是小区的人吗?护栏边的绿地既然属于小区的所有人,当然也属于我。因此,我有权在自己的土地上种黄瓜。"

以下哪项论证和小李的错误最为相似?
(A)所有人都要对他的错误行为负责,小梁没有对他的这次行为负责,所以小梁的这次行为没有错误。
(B)所有参展的兰花在这次博览会上被订购一空,李阳花大价钱买了一盆花。由此可见,李阳买的必定是兰花。
(C)没有人能够一天读完大仲马的所有作品,没有人能够一天读完《三个火枪手》,因此,《三个火枪手》是大仲马的作品之一。

(D)所有莫尔碧骑士组成的军队在当时的欧洲是不可战胜的,翼雅王是莫尔碧骑士之一,所以翼雅王在当时的欧洲是不可战胜的。

(E)任何一个人都不可能掌握当今世界的所有知识,"地心说"不是当今世界的知识,因此,有些人可以掌握"地心说"。

43. 我国著名的地质学家李四光,在对东北的地质结构进行了长期、深入的调查研究后发现,松辽平原的地质结构与中亚细亚极其相似。他推断,既然中亚细亚蕴藏大量的石油,那么松辽平原很可能也蕴藏着大量的石油。后来,大庆油田的开发证明了李四光的推断是正确的。

以下哪项与李四光的推理方式最为相似?

(A)他山之石,可以攻玉。

(B)邻居买彩票中了大奖,小张受此启发,也去买了体育彩票,结果没有中奖。

(C)某乡镇领导在考察了荷兰等国的花卉市场后认为要大力发展规模经济,回来后组织全乡镇种大葱,结果导致大葱严重滞销。

(D)每到炎热的夏季,许多商店会腾出一大块地方卖羊毛衫、长袖衬衣、冬靴等冬令商品,进行反季节销售,结果都很有市场。小王受此启发,决定在冬季种植西瓜。

(E)乌兹别克地区盛产长绒棉。新疆塔里木河流域和乌兹别克地区在日照情况、霜期长短、气温高低、降雨量等方面均相似,科研人员受此启发,将长绒棉移植到塔里木河流域,果然获得了成功。

44. 如果他勇于承担责任,那么他就一定会直面媒体,而不是选择逃避;如果他没有责任,那么他就一定会聘请律师,捍卫自己的尊严。可是事实上,他不仅没有聘请律师,现在逃得连人影都不见。

根据以上陈述,可以得出以下哪项结论?

(A)即使他没有责任,也不应该选择逃避。

(B)虽然选择了逃避,但是他可能没有责任。

(C)如果他有责任,那么他应该勇于承担责任。

(D)如果他不敢承担责任,那么说明他责任很大。

(E)他不仅有责任,而且他没有勇气承担责任。

45. 有些通信网络的维护涉及个人信息安全,因而,不是所有通信网络的维护都可以外包。

以下哪项可以使上述论证成立?

(A)所有涉及个人信息安全的都不可以外包。

(B)有些涉及个人信息安全的不可以外包。

(C)有些涉及个人信息安全的可以外包。

(D)所有涉及国家信息安全的都不可以外包。

(E)有些通信网络的维护涉及国家信息安全。

46. 葡萄酒中含有白藜芦醇和类黄酮等对心脏有益的抗氧化剂。一项新研究表明白藜芦醇能防止骨质疏松和肌肉萎缩。由此,有关研究人员推断,那些长时间在国际空间站或宇宙飞船上的宇航员或许可以补充一下白藜芦醇。

以下哪项如果为真,最能支持上述研究人员的推断?

(A)研究人员发现由于残疾或者其他因素而很少活动的人会比经常活动的人更容易出现骨质疏松和肌肉萎缩等症状,如果能喝点葡萄酒,则可以获益。

(B)研究人员模拟失重状态,对老鼠进行试验,一个对照组未接受任何特殊处理,另一组则每天服用白藜芦醇。结果对照组的老鼠骨头和肌肉的密度都降低了,而服用白藜芦醇的一组则没有出现这些症状。

(C)研究人员发现由于残疾或者其他因素而很少活动的人,如果每天服用一定量的白藜芦醇,则可以改善骨质疏松和肌肉萎缩等症状。

(D)研究人员发现,葡萄酒能对抗失重所造成的负面影响。

(E)某医学博士认为,白藜芦醇或许不能代替锻炼,但它能减缓人体某些机能的退化。

47. 一般商品只有在多次流通过程中才能不断增值,但艺术品作为一种特殊商品却体现出了与一般商品不同的特性。在拍卖市场上,有些古玩、字画的成交价有很大的随机性,往往会直接受到拍卖现场气氛、竞价激烈程度、买家心理变化等偶然因素的影响,成交价有时会高于底价几十倍乃至数百倍,使得艺术品在一次"流通"中实现大幅度增值。

以下哪项最无助于解释上述现象?

(A)艺术品的不可再造性决定了其交换价格有可能超过其自身价值。

(B)不少买家喜好收藏,抬高了艺术品的交易价格。

(C)有些买家就是为了炒作艺术品,以期获得高额利润。

(D)虽然大量赝品充斥市场,但对艺术品的交易价格没有什么影响。

(E)国外资金进入艺术品拍卖市场,对价格攀升起到了拉动作用。

48. 近期国际金融危机对毕业生的就业影响非常大,某高校就业中心的陈老师希望广大考生能够调整自己的心态和预期。他在一次就业指导会上提到,有些同学对自己的职业定位还不够准确。

如果陈老师的陈述为真,则以下哪项不一定为真?

Ⅰ. 不是所有人对自己的职业定位都准确。

Ⅱ. 不是所有人对自己的职业定位都不够准确。

Ⅲ. 有些人对自己的职业定位准确。

Ⅳ. 所有人对自己的职业定位都不够准确。

(A)仅Ⅱ和Ⅳ。　　(B)仅Ⅲ和Ⅳ。　　(C)仅Ⅱ和Ⅲ。　　(D)仅Ⅰ、Ⅱ和Ⅲ。　　(E)仅Ⅱ、Ⅲ和Ⅳ。

49. 一位房地产信息员通过对某地的调查发现:护城河两岸房屋的租金都比较廉价,廉租房都坐落在凤凰山北麓,东向的房屋都是别墅,非廉租房不可能具有廉价的租金;有些单室套的两限房建在凤凰山南麓,别墅也都建在凤凰山南麓。

根据该房地产信息员的调查,以下哪项不可能存在?

(A)东向的护城河两岸的房屋。　　　　　　　　(B)凤凰山北麓的两限房。

(C)单室套的廉租房。　　　　　　　　　　　　(D)护城河两岸的单室套。

(E)南向的廉租房。

50. 探望病人通常会送上一束鲜花,但某国曾有报道说,医院花瓶养花的水可能含有很多细菌,鲜花会在夜间与病人争夺氧气,还可能影响病房里电子设备的工作。这引起了人们对鲜花的恐慌,该国一些医院甚至禁止病房内摆放鲜花。尽管后来证实鲜花并未导致更多的病人受感染,并且权威部门也澄清,未见任何感染病例与病房里的植物有关,但这并未减轻医院对鲜花的反感。

以下除哪项外,都能减轻医院对鲜花的担心?

(A)鲜花并不比病人身边的餐具、饮料和食物带有更多可能危害病人健康的细菌。

(B)在病房里放置鲜花让病人感到心情愉悦、精神舒畅,有助于病人康复。

(C)给鲜花换水、修剪需要一定的人工,如果花瓶倒了还会导致危险发生。

(D)已有研究证明,鲜花对病房空气的影响微乎其微,可以忽略不计。

(E)探望病人所送的鲜花大都花束小、需水量少、花粉少,不会影响电子设备的工作。

51. 某公司规定,在一个月内,除非每个工作日都出勤,否则任何员工都不可能既获得当月的绩效工资,又获得奖励工资。

以下哪项与上述规定的意思最为接近?

(A)在一个月内,任何员工如果所有工作日不缺勤,必然既获得当月的绩效工资,又获得奖励工资。

(B)在一个月内,任何员工如果所有工作日不缺勤,都有可能既获得当月的绩效工资,又获得奖励工资。

(C)在一个月内,任何员工如果有某个工作日缺勤,仍有可能获得当月的绩效工资,或者获得奖励工资。

(D)在一个月内,任何员工如果有某个工作日缺勤,必然或者得不到当月的绩效工资,或者得不到奖励工资。

(E)在一个月内,任何员工如果所有工作日不缺勤,必然既得不到当月的绩效工资,又得不到奖励工资。

52. 近期流感肆虐,一般流感患者可采用抗病毒药物治疗。虽然并不是所有流感患者均需接受达菲等抗病毒药物的治疗,但不少医生仍强烈建议老人、儿童等易出现严重症状的患者用药。

如果以上陈述为真,则以下哪项不可能为真?

Ⅰ. 有些流感患者需接受达菲等抗病毒药物的治疗。

Ⅱ. 并非有的流感患者不需接受抗病毒药物的治疗。

Ⅲ. 老人、儿童等易出现严重症状的患者不需要用药。

(A)仅Ⅰ。　　(B)仅Ⅱ。　　(C)仅Ⅲ。　　(D)仅Ⅱ和Ⅲ。　　(E)Ⅰ、Ⅱ和Ⅲ。

53~55题基于以下题干:

东宁大学公开招聘3个教师职位,哲学学院、管理学院和经济学院各一个,每个职位都有分别来自南山大学、西京大学、北清大学的候选人,有位"聪明"人士李先生对招聘结果做出了如下预测:

如果哲学学院录用北清大学的候选人,那么管理学院录用西京大学的候选人;

如果管理学院录用南山大学的候选人,那么哲学学院也录用南山大学的候选人;

如果经济学院录用北清大学或者西京大学的候选人,那么管理学院录用北清大学的候选人。

53. 如果哲学学院、管理学院和经济学院最终录用的候选人的大学归属信息依次如下,则哪项符合李先生的预测?

(A)南山大学、南山大学、西京大学。

(B)北清大学、南山大学、南山大学。
(C)北清大学、北清大学、南山大学。
(D)西京大学、北清大学、南山大学。
(E)西京大学、西京大学、西京大学。

54. 若哲学学院最终录用西京大学的候选人，则以下哪项表明李先生的预测错误？
(A)管理学院录用北清大学候选人。
(B)管理学院录用南山大学候选人。
(C)经济学院录用南山大学候选人。
(D)经济学院录用北清大学候选人。
(E)经济学院录用西京大学候选人。

55. 如果三个学院最终录用的候选人来自不同的大学，则以下哪项符合李先生的预测？
(A)哲学学院录用西京大学候选人，经济学院录用北清大学候选人。
(B)哲学学院录用南山大学候选人，管理学院录用北清大学候选人。
(C)哲学学院录用北清大学候选人，经济学院录用西京大学候选人。
(D)哲学学院录用西京大学候选人，管理学院录用南山大学候选人。
(E)哲学学院录用南山大学候选人，管理学院录用西京大学候选人。

四、写作：第56～57小题，共65分。 其中论证有效性分析30分，论说文35分。 请答在答题纸相应的位置上。

56. 论证有效性分析：分析下述论证中存在的缺陷与漏洞，选择若干要点，写一篇600字左右的文章，对该论证的有效性进行分析和评论。（论证有效性分析的一般要点是：概念特别是核心概念的界定和使用是否准确并前后一致，有无各种明显的逻辑错误，论证的论据是否成立并支持结论，结论成立的条件是否充分等。）

地球的气候变化已经成为当代世界的热点，这一问题看似复杂，其实简单，只要我们运用科学原理——如爱因斯坦的相对论——去对待，也许就会找到解决这一问题的方法。

众所周知，爱因斯坦提出的相对论颠覆了人类关于宇宙和自然的常识性观念，不管是狭义相对论还是广义相对论，都揭示了宇宙间事物运动中普遍存在的相对性。既然宇宙万物的运动都是相对的，那么我们观察问题时也应该采用相对的方法，如变换视角等。

假如我们变换视角去看一些问题，也许会得出与一般常识完全不同的观点。例如，我们称为灾害的那些自然现象，包括海啸、台风、暴雨，等等，其实也是大自然本身的一般现象而已，从大自然的视角来看，无所谓灾害不灾害，只是当它损害了人类利益、危及了人类生存的时候，从人类的视角来看，我们才称之为灾害。

再变换一下视角，从一个更广泛的范围来看，我们人类自己也是大自然的一部分。既然我们的祖先是类人猿，而类人猿正像大熊猫、华南虎、藏羚羊、扬子鳄乃至银杏、水杉等一样，是整个自然生态中的有机组成部分，那为什么我们自己就不是了呢？

由此可见，人类的问题就是大自然的问题，即使人类在某一时间部分地改变了气候，也还是整个大自然系统中的一个自然问题,自然问题自然会解决,人类不必过多干预。

57. 论说文:根据下述材料,写一篇700字左右的论说文,题目自拟。

中国现代著名哲学家熊十力先生在《十力语要》(卷一)中说:"吾国学人,总好追逐风气,一时之所尚,则群起而趋其途,如海上逐臭之夫,莫名所以。曾无一刹那,风气或变,而逐臭者复如故,此等逐臭之习,有两大病:一、各人无牢固与永久不改之业,遇事无从深入,徒养成浮动性。二、大家共趋于世所矜尚之一途,到其余千途万途,一切废弃,无人过问。此二大病,都是中国学人死症。"

答案速查

一、问题求解

1~5　　(C)(A)(C)(B)(B)　　　　6~10　　(E)(E)(A)(C)(D)

11~15　(A)(D)(B)(E)(B)

二、条件充分性判断

16~20　(D)(C)(A)(B)(D)　　　　21~25　(E)(D)(D)(C)(A)

三、逻辑推理

26~30　(E)(C)(D)(D)(D)　　　　31~35　(D)(E)(E)(B)(C)

36~40　(E)(B)(C)(A)(A)　　　　41~45　(A)(D)(E)(E)(A)

46~50　(B)(D)(E)(A)(C)　　　　51~55　(D)(B)(D)(B)(B)

四、写作

略

答案详解

一、问题求解

1. (C)

【解析】母题 93·增长率问题

根据题意,有 $200\times(1-0.2)^2=128$(元).

2. (A)

【解析】母题 57·平面几何五大模型

将题中图形的各点标注如图 4 所示:

则有 △DEG 与 △EFH 相似,所以 $\frac{|DG|}{|EH|}=\frac{|GE|}{|HF|}$,

即 $\frac{c}{a-b}=\frac{a-c}{b}\Rightarrow a=b+c$.

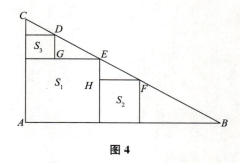

图 4

3. (C)

【解析】母题 59·空间几何体问题

圆柱的侧面积为 $\pi dh=\pi\times 20\times 20=400\pi$;

底面积为 $\pi r^2=\pi\times 10^2=100\pi$;

顶部半球的面积为 $\frac{1}{2} \times 4\pi r^2 = 2\pi \times 10^2 = 200\pi$；

所以，造价为 $300 \times 400\pi + 400 \times (100\pi + 200\pi) = 240\,000\pi \approx 75.36$（万元）.

4.（B）

【解析】母题 82·古典概型

从左到右相邻的 3 位数字组合为：513,135,353,535,353,531,319 共 7 种，但是 353 出现了 2 次，所以不同的价格只有 6 种，顾客一次猜中价格的概率为 $\frac{1}{6}$.

5.（B）

【解析】母题 71·排列组合的基本问题

题意是从 15 种商品中，选 5 种陈列，有多少种组合，故为
$$C_{15}^5 = \frac{15 \times 14 \times 13 \times 12 \times 11}{5 \times 4 \times 3 \times 2 \times 1} = 3\,003(次).$$

6.（E）

【解析】母题 99·图像图表问题＋母题 91·平均值问题

甲地区的平均分：$\frac{6 \times 10 + 7 \times 10 + 8 \times 10 + 9 \times 10}{40} = 7.5$；

乙地区的平均分：$\frac{6 \times 15 + 7 \times 15 + 8 \times 10 + 9 \times 20}{60} \approx 7.58$；

丙地区的平均分：$\frac{6 \times 10 + 7 \times 10 + 8 \times 15 + 9 \times 15}{50} = 7.7$；

显然丙＞乙＞甲．

7.（E）

【解析】母题 99·图像图表问题＋母题 82·古典概型

设每天在安检口办理手续的乘客人数超过 15 人为事件 A.

则根据图表可知 $P(A) = 0.25 + 0.2 + 0.05 = 0.5$. 所以，$P(\bar{A}) = 1 - 0.5 = 0.5$.

两天均没超过 15 人的概率为 $0.5^2 = 0.25$.

所以，2 天中至少有一天中午办理手续的人数超过 15 人的概率为 $1 - 0.25 = 0.75$.

8.（A）

【解析】母题 55·数列应用题

由题意可知

第一天取出 $\frac{2}{3}M$；

第二天取出 $\frac{2}{3}M \cdot \frac{1}{3} = \frac{2}{9}M = 2\left(\frac{1}{3}\right)^2 M$；

第三天取出 $2\left(\dfrac{1}{3}\right)^2 M \cdot \dfrac{1}{3} = 2\left(\dfrac{1}{3}\right)^3 M$；

……

可以看出取出的量是以 $\dfrac{2}{3}M$ 为首项、$\dfrac{1}{3}$ 为公比的等比数列．

七天取出的量为该数列的前七项之和，即 $S_7 = \dfrac{\dfrac{2}{3}M\left[1-\left(\dfrac{1}{3}\right)^7\right]}{1-\dfrac{1}{3}} = M\left[1-\left(\dfrac{1}{3}\right)^7\right]$．

所剩的钱为 $\left(\dfrac{1}{3}\right)^7 M$，即 $\dfrac{M}{3^7}$ 元．

9．（C）

【解析】母题 67·解析几何中的面积问题

如图 5 所示，D 为图中的阴影部分．

故面积为

$$36 - 2 \times \dfrac{1}{2} \times 3 \times 3 - \dfrac{1}{4}\pi \times 3^2 = 27 - \dfrac{9}{4}\pi = 9\left(3 - \dfrac{\pi}{4}\right).$$

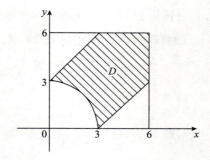

图 5

10．（D）

【解析】母题 90·简单算术问题

设甲组每天植树 x 棵，则乙组每天植树 $x-4$ 棵，由题意，得

$$2(x-4) + 3(2x-4) = 100,$$

解得 $x = 15$．

11．（A）

【解析】母题 72·排队问题

题目问每队队员的不同出场顺序，只需要考虑一队即可，所以有

2 个女队员安排在第二和第四局：A_2^2；

3 个男队员安排在另外三局：A_3^3．

根据乘法原理，不同的出场顺序为 $A_2^2 A_3^3 = 12$．

12．（D）

【解析】母题 25·整式的除法与余式定理

设 $f(x) = x^3 + x^2 + ax + b$．

令 $x^2 - 3x + 2 = 0$，解得 $x = 1, x = 2$．根据余式定理，得

$$\begin{cases} f(1) = 1 + 1 + a + b = 0, \\ f(2) = 8 + 4 + 2a + b = 0, \end{cases}$$

解得 $a = -10, b = 8$．

13.（B）

【解析】母题 101·线性规划问题

设用甲种货车 x 辆,乙种货车 y 辆,总费用为 z,则有

$$\begin{cases} 40x+20y\geqslant 180, \\ 10x+20y\geqslant 110, \\ z=400x+360y, \end{cases} 即 \begin{cases} 2x+y\geqslant 9, \\ x+2y\geqslant 11, \\ z=400x+360y, \end{cases}$$

解方程组 $\begin{cases} 2x+y=9, \\ x+2y=11, \end{cases}$ 得 $x=\dfrac{7}{3}, y=\dfrac{13}{3}$.

取整数有

若 $x=2, y=5$,费用为 $800+360\times 5=2\,600$(元).

若 $x=3, y=4$,费用为 $1\,200+360\times 4=2\,640$(元).

可知用甲车 2 辆,乙车 5 辆时,费用最低,是 2 600 元.

14.（E）

【解析】母题 58·求面积问题

方法一：图形中间的虚线部分为一个等边三角形和 3 个全等的等腰三角形.

等边三角形面积为 $\dfrac{\sqrt{3}}{4}$,等腰三角形的面积为 $\dfrac{\sqrt{3}}{12}$. 等边三角形面积为等腰三角形面积的 3 倍.

所以,覆盖区域的面积为 $3\times\left(1-\dfrac{\sqrt{3}}{4}-2\times\dfrac{\sqrt{3}}{12}\right)+\dfrac{\sqrt{3}}{4}+3\times\dfrac{\sqrt{3}}{12}=3-\dfrac{3\sqrt{3}}{4}$.

方法二：出现标准图形叠放,用集合法.

$A\cup B\cup C=A+B+C-A\cap B-A\cap C-B\cap C+A\cap B\cap C$

$=3$ 个正方形 -4 个等腰三角形 $\times 3+$ 等边三角形

$=3$ 个正方形 -12 个等腰三角形 $+3$ 个等腰三角形

$=3$ 个正方形 -9 个等腰三角形

$=3$ 个正方形 -3 个等边三角形

$=3-3\times\dfrac{\sqrt{3}}{4}$.

15.（B）

【解析】母题 90·简单算术问题

设有帐篷 x 件,则有食品 $x-80$ 件,根据题意,得

$$x-80+x=320,$$

解得 $x=200$.

二、条件充分性判断

16. (D)

【解析】母题35·根的判别式问题

已知 $x^2+bx+1=0$ 有两个不同实根,即

$$\Delta=b^2-4\times 1\times 1>0,$$

解得 $b>2$ 或 $b<-2$.

所以,条件(1)和条件(2)都充分.

17. (C)

【解析】母题53·数列与函数、方程的综合题

条件(1):显然不充分.

条件(2):$a_{10}=b_{10}$,即 $1+9d=q^9 \Rightarrow d=\dfrac{q^9-1}{9}$,则

$$b_2=1+d=1+\left(\dfrac{q^9-1}{9}\right)=\dfrac{q^9+8}{9},$$

当 $q>0$ 时,有

$$b_2=\dfrac{q^9+8}{9}=\dfrac{q^9+1+1+\cdots+1}{9}\geqslant \sqrt[9]{q^9}=q=a_2,$$

即 $b_2\geqslant a_2$,由条件(1)可得 $q>0$,所以条件(1)和条件(2)联合起来充分.

18. (A)

【解析】母题65·图像的判断

条件(1):$y=-x+1$,直线过第一、二、四象限,故条件(1)充分.

条件(2):$y=x-1$,直线过第一、三、四象限,故条件(2)不充分.

19. (B)

【解析】母题87·独立事件的概率

条件(1):该产品是合格品的概率为 $0.81\times 0.81<0.8$,故条件(1)不充分.

条件(2):该产品是合格品的概率为 $0.9\times 0.9=0.81>0.8$,故条件(2)充分.

20. (D)

【解析】母题3·奇数与偶数问题

条件(1):$3m+2n$ 是偶数,$2n$ 也是偶数,则 $3m$ 是偶数,m 必是偶数,条件(1)充分.

条件(2):$3m^2+2n^2$ 是偶数,$2n^2$ 也是偶数,则 $3m^2$ 是偶数,m^2 是偶数,又 m 是正整数,所以 m 必是偶数,条件(2)也充分.

21. (E)

【解析】母题31·不等式的性质

条件(1):$(-2)^2>(-1)^2$,但是$-2<-1$,条件(1)不充分.

条件(2):$(-2)^2>1$,但是$-2<1$,条件(2)不充分.

显然联合起来也不充分.

22. (D)

【解析】母题88·伯努利概型

条件(1):分两种情况:

第一种:全部答对的概率为$\left(\dfrac{2}{3}\right)^3$;第二种:答对两道的概率为$C_3^2\left(\dfrac{2}{3}\right)^2\left(\dfrac{1}{3}\right)$.

则及格的概率为$C_3^2\left(\dfrac{2}{3}\right)^2\left(\dfrac{1}{3}\right)+\left(\dfrac{2}{3}\right)^3=\dfrac{20}{27}$,所以,条件(1)充分.

条件(2):设答对各题的概率均为P,则3道题全部答错的概率为$(1-P)^3=\dfrac{1}{27}$.

所以$P=\dfrac{2}{3}$,与条件(1)等价,所以条件(2)也充分.

23. (D)

【解析】母题91·平均值问题

设三种水果的价格分别为x,y,z,有$x+y+z=30$.

条件(1):设$x=6$,则$y+z=24$,显然y,z的价格均不超过18元/千克,否则与$x=6$为最低价格相矛盾,条件(1)充分.

条件(2):$x+y+2z=46$,联立$x+y+z=30\Rightarrow z=16,x+y=14$,所以每种水果的价格均不超过18元/千克,条件(2)充分.

24. (C)

【解析】母题100·最值问题

设羊栏的长与宽分别为a,b,则$ab>500$.

条件(1):可令长为59米,宽为1米,则面积为59平方米,条件(1)不充分.

条件(2):举反例,令长为4米,宽为3米,对角线长为5米,面积为12平方米,条件(2)也不充分.

联立条件(1)和条件(2):

$$\begin{cases} a+b=60, \\ \sqrt{a^2+b^2}\leq 50, \end{cases}$$

则$3\,600=(a+b)^2=a^2+2ab+b^2\leq 2\,500+2ab$,所以$ab\geq 550$,充分.

25. (A)

【解析】母题33·一元二次函数的基本题型

条件(1):$y=x+b$与$y=x^2+a$有且仅有一个交点,画图像可知(见图6),它是抛物线的切线,充分.

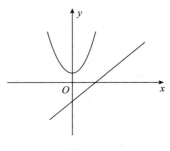

图6

条件(2): $x^2-x\geq b-a(x\in \mathbf{R})\Rightarrow x^2+a\geq x+b$,即抛物线位于直线上方,直线不是抛物线的切线,条件(2)不充分.

三、逻辑推理

26. (E)

【解析】母题17·措施目的型削弱题

题干:用火箭弹等方式将二氧化硫充入大气层,阻挡部分阳光(措施)——以求——→给地球表面降温(目的)。

(A)项,措施有恶果,但是"不适"这样的恶果较小,削弱力度较弱。

(B)、(C)项,都提出了给地球表面降温的新措施,但即使这种新措施是有效的,也无法说明题干中的措施无效。

(D)项,措施有恶果,但是无法知道此种方式对大气层的影响有多大,削弱力度较小。

(E)项,措施达不到目的,直接说明措施无效,削弱力度最大。

27. (C)

【解析】母题6·假言命题的负命题

题干:文学造诣∧生物学专业背景←读懂这篇文章,为真。

负命题:(¬文学造诣∨¬生物学专业背景)∧读懂这篇文章,为假。

故(C)项不可能为真。

28. (D)

【解析】母题34·形式逻辑型结构相似题

题干:726车间生产的产品(A)→合格(B),所以,不合格的产品(¬B)→不是726车间生产的(¬A)。

符号化:A→B,所以,¬B→¬A,是正确的推理。

(A)项,入场的考生(A)→经过了体温测试(B),所以,没入场的考生(¬A)→没经过体温测试(¬B),与题干不同。

(B)项,出厂设备(A)→合格(B),所以,合格(B)→出厂设备(A),与题干不同。

(C)项,已发表(A)→校对过(B),所以,校对过(B)→已发表(A),与题干不同。

(D)项,真理(A)→不怕批评(B),所以,怕批评(¬B)→不是真理(¬A),与题干相同。

(E)项,不及格(A)→没复习(B),所以,没复习(B)→不及格(A),与题干不同。

29. (D)

【解析】母题5·箭头的串联

题干中有以下判断:

①喜欢物理∨喜欢化学,等价于:¬喜欢物理→喜欢化学,等价于:¬喜欢化学→喜欢物理。

②王涛喜欢物理。

③周波不喜欢化学。

由①、③可知:周波喜欢物理,故Ⅰ项必然为真。

由①可知:¬喜欢物理→喜欢化学,故Ⅲ项必然为真。

其余两项由题干无法推出,故可真可假。

综上,(D)项正确。

30. (D)

【解析】母题7·二难推理

题干中有以下信息:

①李明:¬A←¬B,即:¬B→¬A。

②王兵:¬A∨¬B,等价于:B→¬A。

③马云:A↔B,等价于:¬A↔¬B。

根据二难推理的公式,由①、②知:¬A,再由③可知,¬A∧¬B,即股票A和股票B均不上涨。

故(D)项正确。

31. (D)

【解析】母题8·复言命题的真假话问题

题干有以下判断:

①临东区旅游局局长:临西区第三→江北区第四,等价于:¬临西区第三∨江北区第四。

②临西区旅游局局长:江南区第二→¬临西区第一,等价于:¬江南区第二∨¬临西区第一。

③江南区旅游局局长:¬江南区第二。

④江北区旅游局局长:江北区第四。

做假设,找矛盾:

假设③为真,则②也为真,与题干中只有一个断定为真矛盾,故③为假,得⑤江南区第二。

同理,如果④为真,则①也为真,故④为假,得⑥江北区不是第四。

可知要么①为真,要么②为真。

再次做假设:

假设①为真,则②为假:江南区第二并且临西区第一;再由⑥可知,江北区第三,故临东区第四。

假设②为真,则①为假:临西区第三并且江北区不是第四;故江北区第一、江南区第二、临西区第三、临东区第四。

所以,无论①和②哪个为真,都可推出临东区第四。故(D)项正确。

32. (E)

【解析】母题6·假言命题的负命题

公司经理:争取到项目→奖励笔记本电脑∨项目提成。

没有兑现承诺,即:争取到项目∧¬(奖励笔记本电脑∨项目提成),等价于:争取到项目∧¬奖励笔记本电脑∧¬项目提成。

即:小张争取到项目,但既没给项目提成,又没奖励笔记本电脑。

(E)项,奖励的是台式电脑,不是笔记本电脑,即小张争取到这个项目,该经理未给他项目提成,也未奖励他笔记本电脑,故该经理没有兑现承诺。

其余各项均未说明该经理没有兑现承诺。

33. (E)

【解析】母题2·并且、或者、要么及德摩根定律

题干:¬(陈∧王),等价于:¬陈∨¬王,即二人至少有一个没采访到。

并非一个也没采访到,即¬(¬陈∧¬王),等价于:陈∨王,即二人至少采访到了一个。

故可知,小白采访到了一位,没有采访到另外一位。

故(E)项正确。

34. (B)

【解析】母题5·箭头的串联

题干有以下判断:

①允许上内网→通过身份认证,等价于:¬通过身份认证→¬允许上内网。

②¬良好的业绩→¬通过身份认证。

③张辉有良好的业绩。

④王维没有良好的业绩。

由②、①串联得:⑤¬良好的业绩→¬通过身份认证→¬允许上内网;

逆否得:⑥允许上内网→通过身份认证→良好的业绩。

由④、⑤知,王维不允许上内网,故(B)项为正确选项。

"良好的业绩"后面无箭头,故由"张辉有良好的业绩"不能推出任何结论。

35. (C)

【解析】母题28·一般推论题

张教授:①在不同的民族语言中,字形与字义的关系有不同的表现。

②汉字是象形文字,字形与字义相互关联。

③英语是拼音文字,字形与字义往往关联不大。

(A)、(B)项,例证法,支持了张教授的观点。

(C)项,说明英语中也有字形与字义关联很大的词汇,与张教授的观点不符。

(D)项,无关选项,张教授的观点不涉及英语和汉语的对应关系。

(E)项,无关选项,张教授的观点不涉及汉语、英语、德语的对应关系。

36. (E)

【解析】母题26·解释现象

需要解释的现象:用手机打电话不会对专供飞机通信系统或全球定位系统使用的波段造成干

扰,但是,各大航空公司仍然禁止机上乘客使用手机等电子设备。

Ⅰ项、Ⅱ项和Ⅲ项均为另有他因,用手机打电话或者使用电子设备会给飞行造成其他危害,导致航空公司禁止机上乘客使用电子设备,可以解释题干。

37. (B)

【解析】母题2·并且、或者、要么及德摩根定律

题干有以下判断:

①参观沙特馆→￢参观石油馆。

②参观石油馆∨参观中国国家馆。

③￢参观中国国家馆∨￢参观石油馆。

没有接受①,推出:④参观沙特馆∧参观石油馆。

没有接受②,推出:石油馆和中国国家馆都参观,或者石油馆和中国国家馆都没有参观,结合④可知:沙特馆、石油馆、中国国家馆都参观了。

另外,根据没有接受③,也可以推出:中国国家馆和石油馆都参观了。

故(B)项正确。

38. (C)

【解析】母题1·充分必要条件

董事长:￢自信→输=￢输→自信。

(A)项,￢输→赢,￢赢→输,与董事长的意思不同。

(B)项,充分条件前推后,自信→赢,与董事长的意思不同。

(C)项,必要条件后推前,自信←￢输,与董事长的意思相同。

(D)项,"除非""否则"去"除""否",箭头直接向右划,故￢自信→￢输,与董事长的意思不同。

(E)项,必要条件后推前,赢←自信,与董事长的意思不同。

39. (A)

【解析】母题6·假言命题的负命题

总经理:明星产品←获得青睐。

其矛盾命题为:获得青睐∧￢明星产品。

(A)项,￢明星产品∧获得青睐,与总经理的论断相互矛盾,故能质疑总经理的论述。

(B)项,明星产品∧￢获得青睐,不能质疑总经理的论述。

(C)项,无关选项,题干论证不涉及"产品质量"和"获得青睐"之间的关系。

(D)、(E)项,显然均为无关选项。

40. (A)

【解析】母题35·论证逻辑型结构相似题

题干:鹌鹑蛋目前还没有国家质量标准,无法判定它有质量问题,所以这箱鹌鹑蛋没有质量问题。

符号化:<u>不能证明 A,所以¬A,犯了诉诸无知的逻辑错误</u>。

(A)项,不能证明 A,所以¬A,与题干相同,诉诸无知。

(B)项,没有 A,所以不能 B,与题干不同。

(D)项,并非外星人不存在=外星人存在。故此项可表述为"外星人存在,因此,外星人存在",犯了循环论证的逻辑错误。

(C)、(E)项,显然与题干不同。

41.（A）

【解析】母题 14·概念间的关系

(A)项中的两个概念的外延有重合,是<u>交叉关系</u>。

(B)项,《盗梦空间》和最佳影片<u>关系不定</u>,如果《盗梦空间》最终是唯一的最佳影片,二者就是全同关系;如果不是,二者就是全异关系。

(C)、(D)项中的两个概念是<u>全异关系</u>。

(E)项中的两个概念是<u>种属关系</u>,教授包含于高校教师。

42.（D）

【解析】母题 35·论证逻辑型结构相似题

题干:"公共绿地,属于小区的所有人",此处的"所有人"是个集合概念。集合概念的全体具有的性质,组成集合的个体不一定具有。

<u>题干中小李误认为集合体具有的性质,集合体中的每个个体也具有。</u>

(D)项,所有莫尔碧骑士组成的军队(集合概念)是不可战胜的,翼雅王是莫尔碧骑士(类概念)之一,所以翼雅王是不可战胜的。此项误认为集合体具有的性质,集合体中的每个个体也具有。故(D)项所犯的逻辑错误与题干相同。

其余各项均与题干不同。

43.（E）

【解析】母题 35·论证逻辑型结构相似题

李四光采用的是<u>类比论证</u>:松辽平原的地质结构与中亚细亚极其相似,中亚细亚蕴藏大量的石油,所以,松辽平原很可能也蕴藏着大量的石油。

(E)项,塔里木河流域和乌兹别克地区在日照情况、霜期长短等方面均相似,乌兹别克地区盛产长绒棉,所以塔里木河流域可能也适合长绒棉。此项也是类比论证,与题干相同。

(D)项,虽然也是类比论证,但结构与题干的类似程度不如(E)项。

其余各项显然均与题干不同。

44.（E）

【解析】母题 7·二难推理

题干有以下论断:

①勇于承担责任→¬逃避,等价于:逃避→¬勇于承担责任。

②¬责任→聘请律师,等价于:¬聘请律师→责任。

③¬聘请律师∧逃避。

根据二难推理的公式,由③、②、①可知:责任∧¬勇于承担责任,即:他不仅有责任,而且他没有勇气承担责任。故(E)项正确。

45. (A)

【解析】母题11·隐含三段论

题干中的前提:有的通信网络维护→涉及个人信息安全。

题干中的结论等价于:有的通信网络维护→不可以外包。

所以,需要补充条件:涉及个人信息安全→不可以外包,即可得到:有的通信网络维护→涉及个人信息安全→不可以外包。

故(A)项正确。

46. (B)

【解析】母题20·因果型支持题(求异法)

题干:白藜芦醇能防止骨质疏松和肌肉萎缩 $\xrightarrow{证明}$ 宇航员或许可以补充一下白藜芦醇。

(B)项,使用求异法:

不服用白藜芦醇组:骨头和肌肉的密度都降低了;

服用白藜芦醇组:没有出现这些症状;

故:白藜芦醇能防止骨质疏松和肌肉萎缩。

(B)项,类比法,虽然用的是老鼠实验,还是有支持"白藜芦醇防止骨质疏松和肌肉萎缩"的作用的。

(A)、(C)项,研究对象不是"失重环境"中的对象,而是"很少活动"的对象,不相关。

(D)项,扩大了讨论范围,题干是"防止骨质疏松和肌肉萎缩",此项是"负面影响"。

(E)项,诉诸权威。

47. (D)

【解析】母题26·解释现象

题干中的差异:一般商品只有在多次流通过程中才能不断增值,但是,艺术品在一次"流通"中就能实现大幅度增值。

找到造成"一般商品"和"艺术品"价格差异的因素即可解释题干中的差异。

(A)、(B)、(C)、(E)项都提供了艺术品增值的原因,故能解释题干。

(D)项指出赝品对艺术品的交易价格没有影响,当然也就无法解释艺术品价格的上涨。

48. (E)

【解析】母题10·简单命题的负命题

题干:有的同学对自己的职业定位不够准确。

Ⅰ项,不是所有人对自己的职业定位都准确,等价于:有的同学对自己的职业定位不够准确,为真。

Ⅱ项,不是所有人对自己的职业定位都不够准确,等价于:有的同学对自己的职业定位准确,与Ⅲ项相同;再根据口诀"两个有的,必有一真;一假另必真,一真另不定",题干为真,故Ⅱ项、Ⅲ项可真可假。

Ⅳ项,"有的"不能推"所有",可真可假。

故(E)项正确。

49. (A)

【解析】母题5·箭头的串联

题干存在以下断定:

①护城河两岸→租金廉价,等价于:¬租金廉价→¬护城河两岸。

②廉租房→凤凰山北麓,等价于:¬凤凰山北麓→¬廉租房。

③东向→别墅。

④¬廉租房→¬租金廉价。

⑤有的单室套的两限房→凤凰山南麓。

⑥别墅→凤凰山南麓。

由③、⑥、②、④、①串联得:东向→别墅→凤凰山南麓→¬凤凰山北麓→¬廉租房→¬租金廉价→¬护城河两岸。

所以,东向的房子都不在护城河两岸,故(A)项不可能存在。

其余各项均与题干信息不矛盾,故可能存在。

50. (C)

【解析】母题15·论证型削弱题

题干:医院认为鲜花会给病人和医院带来各种负面影响,因此对鲜花产生恐慌和反感。

(A)、(D)、(E)项,削弱论据,表明鲜花不具有某种危害,能减轻医院的担心。

(B)项,表明鲜花具有某种好处,故能减轻医院的担心。

(C)项,支持题干,指出鲜花具有某种危害,加重了医院的担心。

51. (D)

【解析】母题3·箭头＋德摩根定律

题干:¬每个工作日都出勤→¬(获绩效工资∧获奖励工资)。

等价于:¬每个工作日都出勤→¬获绩效工资∨¬获奖励工资。

所以,如果不是每个工作日都出勤,则或者不能获得绩效工资,或者不能获得奖励工资。

故(D)项正确。

52. (B)

【解析】母题10·简单命题的负命题

题干:不是所有流感患者均需接受达菲等抗病毒药物的治疗。

等价于:有的流感患者不需接受达菲等抗病毒药物的治疗。

Ⅰ项,"有的"和"有的不"是下反对关系,一真另不定,故可真可假。

Ⅱ项,等价于:所有流感患者均需接受抗病毒药物的治疗,与题干矛盾,不可能为真。

Ⅲ项,由题干知:不少医生"强烈建议"老人、儿童等易出现严重症状的患者用药,但这种"强烈建议"未必正确,因此,"老人、儿童等易出现严重症状的患者不需要用药"有可能为真。

53. (D)

【解析】母题40·复杂匹配与综合推理(简单匹配题)

使用选项排除法:

根据题干信息"如果哲学学院录用北清大学的候选人,那么管理学院录用西京大学的候选人",可排除(B)、(C)项。

根据题干信息"如果经济学院录用北清大学或者西京大学的候选人,那么管理学院录用北清大学的候选人",可排除(A)、(E)项。

故(D)项正确。

54. (B)

【解析】母题40·复杂匹配与综合推理(假言命题的负命题)

由题干可知,如果管理学院录用南山大学的候选人,那么哲学学院也录用南山大学的候选人;

其负命题为:管理学院录用南山大学的候选人∧¬哲学学院录用南山大学的候选人。

根据题干,每个学院只录用一个候选人,所以哲学学院录用了西京大学的候选人,则没有录用南山大学的候选人,根据负命题可知,管理学院录用南山大学的候选人,说明李先生的预测错误。故(B)项正确。

55. (B)

【解析】母题40·复杂匹配与综合推理(简单匹配题)

使用选项排除法。

题干有以下信息:

①哲学北清→管理西京。

②管理南山→哲学南山。

③经济北清∨经济西京→管理北清。

④三名候选人来自不同的大学。

(A)项,由题干信息③可知经济北清→管理北清,与题干信息④矛盾,排除。

(B)项,符合条件。

(C)项,由题干信息③、①串联得:经济西京→管理北清→┐管理西京→┐哲学北清,故哲学学院不能录用北清大学的候选人,排除。

(D)项,由题干信息②可知管理南山→哲学南山,与题干信息④矛盾,排除。

(E)项,由题干信息③可知,┐管理北清→经济北清∧经济西京,即经济学院只能录用南山大学的候选人,而此项中哲学学院也录用了南山大学的候选人,与题干信息④矛盾,排除。

综上,(B)项正确。

四、写作

56. 论证有效性分析

【谬误分析】

①把爱因斯坦的相对论理解为宇宙事物运动中普遍存在的相对性,是对相对论的误解,不能作为论据。

②由"宇宙万物的运动都是相对的"得出"观察问题时也应该采用相对的方法,如变换视角等",不能成立,类比不当。

③从大自然的视角否认自然灾害,与人类关注的气候问题不是同一个问题,偏离了论题,因此,无法作为文章的论据。

④类人猿是整个大自然的一部分,并不必然推出类人猿进化而来的人类也是大自然的一部分。因为"祖先"具有的性质,后代未必具有。

⑤由人类是大自然的一部分,无法得出"人类的问题就是大自然的问题"的结论。因为部分具有的性质,整体未必具有。

⑥通常所说的"人类"是相对于"自然"的一个概念,我们所指的大自然是相对于人类社会而言的,不能把自然和人类社会混为一谈。

⑦材料认为"人类的问题就是大自然的问题",如果这样,那么人类的干预也是大自然自己的内部问题,这和"人类不必过多干预"自相矛盾。

(说明:以上谬误分析引用和改编自教育部考试中心《管理类专业学位联考综合能力考试大纲》给出的参考答案。)

参考范文

人类不必干预自然问题吗？

上述论证试图用爱因斯坦的相对论去解释地球的气候变化，从而得出"自然问题自然会解决，人类不必过多干预"的结论。看似有理，实则偏颇。

首先，爱因斯坦的相对论，并不是关于"宇宙间事物运动中普遍存在的相对性"的理论，这是对相对论的误解。而且，从物理学领域的理论类比到"观察问题时也应该采用相对的方法"，属于不当类比。

其次，从大自然的视角否认自然灾害，与人类关注的气候问题不是同一个问题，偏离了论题，因此，无法作为文章的论据。即使转换了视角，这些自然危害也是客观存在的，并没有因为视角的转变而解决，这仅仅是回避问题而不是解决问题。

再次，"我们的祖先是类人猿"，类人猿是大自然的一部分，并不必然推出类人猿进化而来的人类也是大自然的一部分。因为"祖先"具有的性质，后代未必具有。

又次，由人类是大自然的一部分，无法得出"人类的问题就是大自然的问题"的结论。因为部分具有的性质，整体未必具有。例如人类的情感、教育、医疗等一系列社会问题，这些问题就很难说是大自然的问题。

最后，材料认为"人类的问题就是大自然的问题"，如果这样，那么人类的干预也是大自然自己的内部问题，这和"人类不必过多干预"自相矛盾。

所以，上述论证存在诸多逻辑问题，难以得出"人类不必过多干预自然问题"的结论。

(全文共539字)

57. 论说文

【参考立意】

①盲目跟风不可取。

②不能一味模仿。

③在借鉴中创新。

④要坚持自己的立场。

⑤要踏实做事。

⑥目标要专一。

不可盲目跟风

熊十力先生对学术界跟风恶习的批判可谓一针见血，在我看来，生活中的方方面面也应该有所专一，不可盲目跟风。

盲目跟风会令人浮躁而无所专。"杂交水稻之父"袁隆平用一生只做了一件事，他没有追随身边人去"下海"经商发财致富，也没有羡慕同事们在官场的得意仕途，每天面朝黄土背朝天，心里想的只有一件事：解决粮食问题。最终培育出震惊世界的杂交水稻。"蚓无爪牙之利，筋骨之强，上食埃土，下饮黄泉，用心一也。"试想，如果袁隆平选择了跟风，那么世上可能只是多了一个商人，而不会有"杂交水稻之父"。所以，不盲目跟风，用心专一，终会成大器。

跟风弊病，尽人皆知，可为何"逐臭之夫"仍不绝如缕？这是因为当个人的选择与"大众主流"不一致时，从众心理会使人们怀疑自己的选择。而笃定自己内心的想法，敢于与众不同，需要"衣带渐宽终不悔，为伊消得人憔悴"的执着和勇气，需要去忍受外界的异样眼光，独守内心的孤独，甚至会付出自己的生命。在"地心说"被普遍接受的背景下，布鲁诺通过多年的计算分析，坚持支持"日心说"，最后被宗教裁判所判为"异端"烧死在罗马鲜花广场，但是他不随波逐流，坚持真理的精神激励着后人。

如何才能避免成为"逐臭之夫"？这就需要我们培养自信，相信自己的判断，不盲从外界，不随波逐流。当前创业环境良好，多少想创业的青年在"公务员热"的背景下，缺乏自信，盲目跟风，前赴后继地考公务员，千人竞一职，却不知公务员是否真的适合自己。"为自己代言"的自信总裁陈欧，独辟蹊径，毅然选择创业，最终成立聚美优品，成为创业精英。

逐臭之习不可要，盲目跟风不可取，我们应该相信自己，敢为人先，敢为不同。

（全文共680字）

绝密★启用前

2013 年全国硕士研究生招生考试
管理类专业学位联考综合能力试题

(科目代码:199)

考试时间:8:30—11:30

考生注意事项

1. 答题前,考生须在试题册指定位置上填写考生姓名和考生编号;在答题卡指定位置上填写报考单位、考生姓名和考生编号,并涂写考生编号信息点。
2. 选择题的答案必须涂写在答题卡相应题号的选项上,非选择题的答案必须书写在答题卡指定位置的边框区域内。超出答题区域书写的答案无效;在草稿纸、试题册上答题无效。
3. 填(书)写部分必须使用黑色字迹签字笔或者钢笔书写,字迹工整、笔迹清楚;涂写部分必须使用 2B 铅笔填涂。
4. 考试结束,将答题卡和试题册按规定交回。

考生编号														
考生姓名														

一、**问题求解**：第1～15小题，每小题3分，共45分。下列每题给出的（A）、（B）、（C）、（D）、（E）五个选项中，只有一项是符合试题要求的。请在答题卡上将所选项的字母涂黑。

1. 某工厂生产一批零件,计划10天完成任务,实际提前2天完成,则每天的产量比计划平均提高了（　　）.
   (A)15%　　　　　　　　(B)20%　　　　　　　　(C)25%
   (D)30%　　　　　　　　(E)35%

2. 甲、乙两人同时从 A 点出发,沿400米跑道同向匀速行走,25分钟后乙比甲少走了一圈,若乙行走一圈需要8分钟,则甲的速度是（　　）(单位:米/分钟).
   (A)62　　　(B)65　　　(C)66　　　(D)67　　　(E)69

3. 甲班共有30名学生,在一次满分为100分的考试中,全班的平均成绩为90分,则成绩低于60分的学生至多有（　　）名.
   (A)8　　　(B)7　　　(C)6　　　(D)5　　　(E)4

4. 某工程由甲公司承包需要60天完成,由甲、乙两公司共同承包需要28天完成,由乙、丙两公司共同承包需要35天完成,则由丙公司承包完成该工程需要的天数为（　　）天.
   (A)85　　　(B)90　　　(C)95　　　(D)100　　　(E)105

5. 已知 $f(x)=\dfrac{1}{(x+1)(x+2)}+\dfrac{1}{(x+2)(x+3)}+\cdots+\dfrac{1}{(x+9)(x+10)}$,则 $f(8)=$（　　）.
   (A)$\dfrac{1}{9}$　　　　　　　　(B)$\dfrac{1}{10}$　　　　　　　　(C)$\dfrac{1}{16}$
   (D)$\dfrac{1}{17}$　　　　　　　　(E)$\dfrac{1}{18}$

6. 甲、乙两商店同时购进了一批某品牌电视机,当甲店售出15台时乙店售出了10台,此时两店的库存比为8:7,库存差为5,甲、乙两店总进货量为（　　）台.
   (A)75　　　　　　　　(B)80　　　　　　　　(C)85
   (D)100　　　　　　　　(E)125

7. 如图1所示,在直角三角形 ABC 中,$AC=4$,$BC=3$,$DE//BC$,已知梯形 $BCED$ 的面积为3,则 DE 的长为（　　）.
   (A)$\sqrt{3}$　　　　　　　　(B)$\sqrt{3}+1$
   (C)$4\sqrt{3}-4$　　　　　　　(D)$\dfrac{3\sqrt{2}}{2}$
   (E)$\sqrt{2}+1$

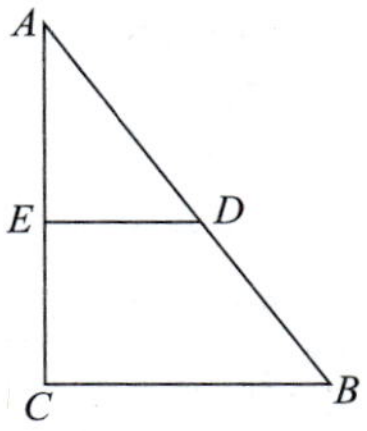

   图1

8. 点 $(0,4)$ 关于直线 $2x+y+1=0$ 的对称点为（　　）.
   (A)(2,0)　　　　　　　　(B)(-3,0)　　　　　　　　(C)(-6,1)
   (D)(4,2)　　　　　　　　(E)(-4,2)

9. 在 $(x^2+3x+1)^5$ 的展开式中,x^2 的系数为（　　）.
   (A)5　　　(B)10　　　(C)45　　　(D)90　　　(E)95

10. 将体积为 4π 立方厘米和 32π 立方厘米的两个实心金属球熔化后铸成一个实心大球,则大球的表面积为( )平方厘米.

(A)32π　　　(B)36π　　　(C)38π　　　(D)40π　　　(E)42π

11. 有一批水果要装箱,一名熟练工单独装箱需要 10 天,每天报酬为 200 元;一名普通工单独装箱需要 15 天,每天报酬为 120 元.由于场地限制,最多可同时安排 12 人装箱,若要求在一天内完成装箱任务,则支付的最少报酬为( ).

(A)1 800 元　　　　　　(B)1 840 元　　　　　　(C)1 920 元

(D)1 960 元　　　　　　(E)2 000 元

12. 已知抛物线 $y = x^2 + bx + c$ 的对称轴为 $x = 1$,且过点 $(-1,1)$,则( ).

(A)$b = -2, c = -2$　　　(B)$b = 2, c = 2$　　　(C)$b = -2, c = 2$

(D)$b = -1, c = -1$　　　(E)$b = 1, c = 1$

13. 已知 $\{a_n\}$ 为等差数列,若 a_2 和 a_{10} 是方程 $x^2 - 10x - 9 = 0$ 的两个根,则 $a_5 + a_7 = $( ).

(A)-10　　　(B)-9　　　(C)9　　　(D)10　　　(E)12

14. 已知 10 件产品中有 4 件一等品,从中任取 2 件,则至少有 1 件一等品的概率为( ).

(A)$\dfrac{1}{3}$　　　(B)$\dfrac{2}{3}$　　　(C)$\dfrac{2}{15}$　　　(D)$\dfrac{8}{15}$　　　(E)$\dfrac{13}{15}$

15. 确定两人从 A 地出发经过 B,C,沿逆时针方向行走一圈回到 A 地的方案如图 2 所示.若从 A 地出发时每人均可选大路或山道,经过 B,C 时,至多有 1 人可以更改道路,则不同的方案有( ).

(A)16 种

(B)24 种

(C)36 种

(D)48 种

(E)64 种

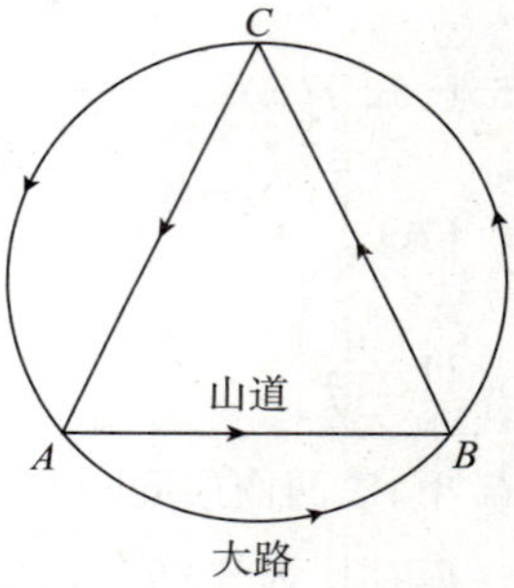

图 2

二、条件充分性判断:第 16～25 小题,每小题 3 分,共 30 分。 要求判断每题给出的条件(1)和条件(2)能否充分支持题干所陈述的结论。

(A)、(B)、(C)、(D)、(E)五个选项为判断结果,请选择一项符合试题要求的判断,在答题卡上将所选项的字母涂黑。

(A)条件(1)充分,但条件(2)不充分.

(B)条件(2)充分,但条件(1)不充分.

(C)条件(1)和条件(2)单独都不充分,但条件(1)和条件(2)联合起来充分.

(D)条件(1)充分,条件(2)也充分.

(E)条件(1)和条件(2)单独都不充分,条件(1)和条件(2)联合起来也不充分.

16. 已知平面区域 $D_1 = \{(x,y) | x^2 + y^2 \leqslant 9\}$,$D_2 = \{(x,y) | (x-x_0)^2 + (y-y_0)^2 \leqslant 9\}$,则 D_1, D_2 覆盖区域的边界长度为 8π.

(1)$x_0^2 + y_0^2 = 9$.

(2)$x_0 + y_0 = 3$.

17. $p = mq + 1$ 为质数.

    (1) m 为正整数,q 为质数.

    (2) m,q 均为质数.

18. △ABC 的边长分别为 a,b,c,则 △ABC 为直角三角形.

    (1) $(c^2 - a^2 - b^2)(a^2 - b^2) = 0$.

    (2) △ABC 的面积为 $\frac{1}{2}ab$.

19. 已知二次函数 $f(x) = ax^2 + bx + c$,则方程 $f(x) = 0$ 有两个不同实根.

    (1) $a + c = 0$.

    (2) $a + b + c = 0$.

20. 档案馆在一个库房中安装了 n 个烟火感应报警器,每个报警器遇到烟火成功报警的概率为 p. 该库房遇烟火发出警报的概率达到 0.999.

    (1) $n = 3, p = 0.9$.

    (2) $n = 2, p = 0.97$.

21. 已知 a,b 是实数,则 $|a| \leq 1, |b| \leq 1$.

    (1) $|a + b| \leq 1$.

    (2) $|a - b| \leq 1$.

22. 设 x,y,z 为非零实数,则 $\frac{2x + 3y - 4z}{x + y - 2z} = 1$.

    (1) $3x - 2y = 0$.

    (2) $2y - z = 0$.

23. 某单位年终共发了 100 万元奖金,奖金金额分别是一等奖 1.5 万元、二等奖 1 万元、三等奖 0.5 万元,则该单位至少有 100 人.

    (1) 得二等奖的人数最多.

    (2) 得三等奖的人数最多.

24. 三个科室的人数分别为 6、3 和 2,因工作需要,每晚需要排 3 人值班,则在两个月中可使每晚的值班人员不完全相同.

    (1) 值班人员不能来自同一科室.

    (2) 值班人员来自三个不同科室.

25. 设 $a_1 = 1, a_2 = k, \cdots, a_{n+1} = |a_n - a_{n-1}|$ $(n \geq 2)$,则 $a_{100} + a_{101} + a_{102} = 2$.

    (1) $k = 2$.

    (2) k 是小于 20 的正整数.

三、逻辑推理:第 26～55 小题,每小题 2 分,共 60 分。下列每题给出的（A）、（B）、（C）、（D）、（E）五个选项中,只有一项是符合试题要求的。请在答题卡上将所选项的字母涂黑。

26. 某公司去年初开始实施一项"办公用品节俭计划",每位员工每月只能免费领用限量的纸笔等各类办公用品。年末统计时发现,公司用于各类办公用品的支出较上年度下降了 30%。在未实施该计划的过去5年间,公司年均消耗办公用品10万元。公司总经理由此得出:该计划去年已经为公司节约了不少经费。

以下哪项如果为真,最能构成对总经理推论的质疑?

(A)另一家与该公司规模及其他基本情况均类似的公司,未实施类似的节俭计划,在过去的5年间办公用品年均消耗也为10万元。

(B)在过去的5年间,该公司大力推广无纸化办公,并且取得很大成效。

(C)"办公用品节俭计划"是控制支出的重要手段,但说该计划为公司"一年内节约不少经费",没有严谨的数据分析。

(D)另一家与该公司规模及其他基本情况均类似的公司,未实施类似的节俭计划,但在过去的5年间办公用品人均消耗额越来越低。

(E)去年,该公司在员工困难补助、交通津贴等方面的开支增加了3万元。

27. 公司经理:我们招聘人才时最看重的是综合素质和能力,而不是分数。人才招聘中,高分低能者并不鲜见,我们显然不希望招到这样的"人才"。从你的成绩单可以看出,你的学业分数很高,因此,我们有点怀疑你的能力和综合素质。

以下哪项和经理得出结论的方式最为类似?

(A)公司管理者并非都是聪明人,陈然不是公司管理者,所以陈然可能是聪明人。

(B)猫都爱吃鱼,没有猫患近视,所以吃鱼可以预防近视。

(C)人的一生中健康开心最重要,名利都是浮云,张立名利双收,所以可能张立并不开心。

(D)有些歌手是演员,所有的演员都很富有,所以有些歌手可能不是很富有。

(E)闪光的物体并非都是金子,考古队挖到了闪闪发光的物体,所以考古队挖到的可能不是金子。

28. 某省大力发展旅游产业,目前已经形成东湖、西岛、南山三个著名景点,每处景点都有二日游、三日游、四日游三种路线。李明、王刚、张波拟赴上述三地进行9日游,每个人都设计了各自的旅游计划。后来发现,每处景点他们三人都选择了不同的路线:李明赴东湖的计划天数与王刚赴西岛的计划天数相同,李明赴南山的计划是三日游,王刚赴南山的计划是四日游。

根据以上陈述,可以得出以下哪项?

(A)李明计划东湖二日游,王刚计划西岛二日游。

(B)王刚计划东湖三日游,张波计划西岛四日游。

(C)张波计划东湖四日游,王刚计划西岛三日游。

(D)张波计划东湖三日游,李明计划西岛四日游。

(E)李明计划东湖二日游,王刚计划西岛三日游。

29. 国际足联一直坚称,世界杯冠军队所获得的"大力神"杯是实心的纯金奖杯。某教授经过精密测量和计算认为,世界杯冠军奖杯——实心的"大力神"杯不可能是纯金制成的,否则球员根本不可能将它举过头顶并随意挥舞。

以下哪项与这位教授的意思最为接近?

(A)若球员能够将"大力神"杯举过头顶并随意挥舞,则它很可能是空心的纯金杯。

(B)只有"大力神"杯是实心的,它才可能是纯金的。

(C)若"大力神"杯是实心的纯金杯,则球员不可能将它举过头顶并随意挥舞。

(D)只有球员能够将"大力神"杯举过头顶并随意挥舞,它才是由纯金制成,并且不是实心的。

(E)若"大力神"杯是由纯金制成,则它肯定是空心的。

30. 根据学习在动机形成和发展中所起的作用,人的动机可分为原始动机和习得动机两种。原始动机是与生俱来的动机,它是以人的本能需要为基础的;习得动机是指后天获得的各种动机,即经过学习产生和发展起来的各种动机。

根据以上陈述,以下哪项最可能属于原始动机?

(A)尊敬老人,孝敬父母。

(B)尊师重教,崇文尚武。

(C)不入虎穴,焉得虎子。

(D)窈窕淑女,君子好逑。

(E)宁可食无肉,不可居无竹。

31～32题基于以下题干:

互联网好比一个复杂多样的虚拟世界,每台联网主机上的信息又构成一个微观虚拟世界。若在某主机上可以访问本主机的信息,则称该主机相通于自身;若主机 x 能通过互联网访问主机 y 的信息,则称 x 相通于 y。已知代号分别为甲、乙、丙、丁的四台互联网主机有如下信息:

(1)甲主机相通于任一不相通于丙的主机。

(2)丁主机不相通于丙。

(3)丙主机相通于任一相通于甲的主机。

31. 若丙主机不相通于自身,则以下哪项一定为真?

(A)甲主机相通于乙,乙主机相通于丙。

(B)若丁主机相通于乙,则乙主机相通于甲。

(C)只有甲主机不相通于丙,丁主机才相通于乙。

(D)丙主机不相通于丁,但相通于乙。

(E)甲主机相通于丁,也相通于丙。

32. 若丙主机不相通于任何主机,则以下哪项一定为假?

(A)丁主机不相通于甲。

(B)若丁主机相通于甲,则乙主机相通于甲。

(C)若丁主机不相通于甲,则乙主机相通于甲。

(D)甲主机相通于乙。

(E)乙主机相通于自身。

33. 某科研机构对市民所反映的一种奇异现象进行研究,该现象无法用已有的科学理论进行解释。助理研究员小王由此断言:该现象是错觉。

以下哪项如果为真,最可能使小王的断言不成立?

(A)所有错觉都不能用已有的科学理论进行解释。

(B)有些错觉可以用已有的科学理论进行解释。

(C)有些错觉不能用已有的科学理论进行解释。
(D)错觉都可以用已有的科学理论进行解释。
(E)已有的科学理论尚不能完全解释错觉是如何形成的。

34. 人们知道鸟类能感觉到地球磁场,并利用它们导航。最近某国科学家发现,鸟类其实是利用右眼"查看"地球磁场的。为检验该理论,当鸟类开始迁徙的时候,该国科学家把若干知更鸟放进一个漏斗形状的庞大的笼子里,并给其中部分知更鸟的一只眼睛戴上一种可屏蔽地球磁场的特殊金属眼罩。笼壁上涂着标记性物质,鸟要通过笼子细口才能飞出去。如果鸟碰到笼壁,就会黏上标记性物质,以此来判断鸟能否找到方向。

以下哪项如果为真,最能支持研究人员的上述发现?

(A)戴眼罩的鸟,不论左眼还是右眼,顺利从笼中飞了出去;没戴眼罩的鸟朝哪个方向飞的都有。
(B)没戴眼罩的鸟和左眼戴眼罩的鸟顺利从笼中飞了出去,右眼戴眼罩的鸟朝哪个方向飞的都有。
(C)没戴眼罩的鸟和右眼戴眼罩的鸟顺利从笼中飞了出去,左眼戴眼罩的鸟朝哪个方向飞的都有。
(D)没戴眼罩的鸟顺利从笼中飞了出去;戴眼罩的鸟,不论左眼还是右眼,朝哪个方向飞的都有。
(E)没戴眼罩的鸟和左眼戴眼罩的鸟朝哪个方向飞的都有,右眼戴眼罩的鸟顺利从笼中飞了出去。

35～36题基于以下题干:

年初,为激励员工努力工作,某公司决定根据每月的工作绩效评选"月度之星"。王某在当年前10个月恰好只在连续的4个月中当选"月度之星",他的另外三个同事郑某、吴某、周某也做到了这一点。关于这四人当选"月度之星"的月份,已知:

(1)王某和郑某仅有三个月同时当选。
(2)郑某和吴某仅有三个月同时当选。
(3)王某和周某不曾在同一个月当选。
(4)仅有2人在7月同时当选。
(5)至少有1人在1月当选。

35. 根据以上信息,有3人同时当选"月度之星"的月份是:
(A)1—3月。 (B)2—4月。 (C)3—5月。
(D)4—6月。 (E)5—7月。

36. 根据以上信息,王某当选"月度之星"的月份是:
(A)1—4月。 (B)3—6月。 (C)4—7月。
(D)5—8月。 (E)7—10月。

37. 若成为白领的可能性无性别差异,按正常男女出生率102∶100计算,当这批人中的白领谈婚论嫁时,女性与男性数量应当大致相等。但实际上,某市妇联近几年举办的历次大型白领相亲活动中,报名的男女比例约为3∶7,有时甚至达到2∶8。这说明,文化越高的女性越难嫁,文化低的反而好嫁;男性则正好相反。

以下除哪项外,都有助于解释上述分析与实际情况的不一致?

(A)与男性白领不同,女性白领要求高,往往只找比自己更优秀的男性。

(B)与本地女性竞争的外地优秀女性多于与本地男性竞争的外地优秀男性。

(C)大学毕业后出国的精英分子中,男性多于女性。

(D)一般来说,男性参加大型相亲会的积极性不如女性。

(E)男性因长相身高、家庭条件等被女性淘汰者多于女性因长相身高、家庭条件等被男性淘汰者。

38. 张霞、李丽、陈露、邓强和王硕一起坐火车去旅游,他们正好坐在同一车厢相对两排的五个座位上,每人各坐一个位置。第一排的座位按顺序分别记作1号和2号,第二排的座位按顺序记为3、4、5号。座位1和座位3直接相对,座位2和座位4直接相对,座位5不和上述任何座位直接相对。李丽坐在4号位置;陈露所坐的位置不与李丽相邻,也不与邓强相邻(相邻是指同一排上紧挨着);张霞不坐在与陈露直接相对的位置上。

根据以上信息,张霞所坐位置有多少种可能的选择?

(A)1种。   (B)2种。   (C)3种。

(D)4种。   (E)5种。

39. 某大学的哲学学院和管理学院今年招聘新教师,招聘结束后受到了女权主义代表的批评,因为他们在12名女性应聘者中录用了6名,但在12名男性应聘者中却录用了7名。该大学对此解释说,今年招聘新教师的两个学院中,女性应聘者的录用率都高于男性的录用率。具体的情况是:哲学学院在8名女性应聘者中录用了3名,而在3名男性应聘者中录用了1名;管理学院在4名女性应聘者中录用了3名,而在9名男性应聘者中录用了6名。

以下哪项最有助于解释女权主义代表和该大学之间的分歧?

(A)各个局部都具有的性质在整体上未必具有。

(B)人们往往从整体角度考虑问题,不管局部如何,最终的整体结果才是最重要的。

(C)有些数学规则不能解释社会现象。

(D)现代社会提倡男女平等,但实际执行中还是有一定难度。

(E)整体并不是局部的简单相加。

40. 教育专家李教授指出:每个人在自己的一生中,都要不断地努力,否则就会像龟兔赛跑的故事一样,一时跑得快并不能保证一直领先。如果你本来基础好又能不断努力,那你肯定能比别人更早取得成功。

如果李教授的陈述为真,则以下哪项一定为假?

(A)不论是谁,只有不断努力,才可能取得成功。

(B)只要不断努力,任何人都可能取得成功。

(C)小王本来基础好并且能不断努力,但也可能比别人更晚取得成功。

(D)人的成功是有衡量标准的。

(E)一时不成功并不意味着一直不成功。

41. 新近一项研究发现,海水颜色能够让飓风改变方向,也就是说,如果海水变色,飓风的移动路径也会变向。这也就意味着科学家可以根据海水的"脸色"判断哪些地区将被飓风袭击,哪些地区会幸免于难。值得关注的是,全球气候变暖可能已经让海水变色。

以下哪项最可能是科学家作出判断所依赖的前提?

(A)海水温度变化会导致海水改变颜色。
(B)海水颜色与飓风移动路径之间存在着某种相对确定的联系。
(C)海水温度升高会导致生成的飓风数量增加。
(D)海水温度变化与海水颜色变化之间的联系尚不明朗。
(E)全球气候变暖是最近几年飓风频发的重要原因之一。

42. 某金库发生了失窃案,公安机关侦查确定,这是一起典型的内盗案,可以断定金库管理员甲、乙、丙、丁中至少有一人是作案者。办案人员对四人进行了询问,四人的回答如下:

甲:"如果乙不是窃贼,我也不是窃贼。"
乙:"我不是窃贼,丙是窃贼。"
丙:"甲或者乙是窃贼。"
丁:"乙或者丙是窃贼。"

后来事实表明,他们四人中只有一人说了真话。
根据以上陈述,以下哪项一定为假?

(A)丙说的是假话。　　　　　(B)丙不是窃贼。　　　　　(C)乙不是窃贼。
(D)丁说的是真话。　　　　　(E)甲说的是真话。

43. 所有参加此次运动会的选手都是身体强壮的运动员,所有身体强壮的运动员都是极少生病的,但有一些身体不适的运动员参加了此次运动会。

以下哪项不能从上述前提中得出?

(A)有些身体不适的选手是极少生病的。
(B)有些极少生病的选手感到身体不适。
(C)极少生病的选手都参加了此次运动会。
(D)参加此次运动会的选手极少生病。
(E)有些身体强壮的运动员感到身体不适。

44. 足球是一项集体运动,若想不断取得胜利,每个强队都必须有一位核心队员,他总能在关键场次带领全队赢得比赛。友南是某国甲级联赛强队西海队队员,据某记者统计,在上赛季参加的所有比赛中,有友南参赛的场次,西海队胜率高达75.5%,另有16.3%的平局,8.2%的场次输球;而在友南缺阵的情况下,西海队的胜率只有58.9%,输球的比率高达23.5%。该记者由此得出结论:友南是上赛季西海队的核心队员。

以下哪项如果为真,最能质疑该记者的结论?

(A)西海队教练表示:"球队是一个整体,不存在有友南的西海队和没有友南的西海队。"
(B)上赛季友南缺席且西海队输球的比赛都是小组赛中西海队已经确定出线后的比赛。

(C)西海队队长表示:"没有友南我们将失去很多东西,但我们会找到解决办法。"

(D)上赛季友南上场且西海队输球的比赛,都是西海队与传统强队对阵的关键场次。

(E)本赛季开始以来,在友南上阵的情况下,西海队胜率暴跌20%。

45. 只要每个司法环节都能坚守程序正义,切实履行监督制约职能,结案率就会大幅度提高。去年某国结案率比上一年提高了70%,所以,该国去年每个司法环节都能坚守程序正义,切实履行监督制约职能。

以下哪项与上述论证方式最为相似?

(A)只有在校期间品学兼优,才可以获得奖学金。李明获得了奖学金,所以他在校期间一定品学兼优。

(B)在校期间品学兼优,就可以获得奖学金。李明获得了奖学金,所以他在校期间一定品学兼优。

(C)在校期间品学兼优,就可以获得奖学金。李明没有获得奖学金,所以他在校期间一定不是品学兼优。

(D)在校期间品学兼优,就可以获得奖学金。李明在校期间不是品学兼优,所以他不可能获得奖学金。

(E)李明在校期间品学兼优,但是他没有获得奖学金。所以,在校期间品学兼优,不一定可以获得奖学金。

46. 在东海大学研究生会举办的一次中国象棋比赛中,来自经济学院、管理学院、哲学学院、数学学院和化学学院的5名研究生(每个学院1名)相遇在一起,有关甲、乙、丙、丁、戊5名研究生之间的比赛信息满足以下条件:

(1) 甲与2名选手比赛过。

(2) 化学学院选手与3名选手比赛过。

(3) 乙不是管理学院的选手,也没有和管理学院的选手对阵过。

(4) 哲学学院选手和丙比赛过。

(5) 管理学院、哲学学院、数学学院的选手都相互交过手。

(6) 丁与1名选手比赛过。

根据以上条件,丙来自哪个学院?

(A)经济学院。 (B)管理学院。 (C)数学学院。
(D)哲学学院。 (E)化学学院。

47. 据统计,去年在某校参加高考的385名文、理科考生中,女生有189人,文科男生有41人,非应届男生有28人,应届理科考生有256人。

由此可见,去年在该校参加高考的考生中:

(A)非应届文科男生多于20人。

(B)应届理科女生少于130人。

(C)非应届文科男生少于20人。

(D)应届理科女生多于130人。

(E)应届理科男生多于129人。

48. 某公司人力资源管理部人士指出:由于本公司招聘职位有限,在本次招聘考试中不可能所有的应聘者都被录用。

基于以下哪项可以得出该人士的上述结论?

(A)在本次招聘考试中必然有应聘者被录用。

(B)在本次招聘考试中可能有应聘者被录用。

(C)在本次招聘考试中可能有应聘者不被录用。

(D)在本次招聘考试中必然有应聘者不被录用。

(E)在本次招聘考试中可能有应聘者被录用,可能有应聘者不被录用。

49. 在某次综合性学术年会上,物理学会作学术报告的人都来自高校。化学学会作学术报告的有些来自高校,但是大部分来自中学,其他作学术报告的人均来自科学院。来自高校的学术报告者都具有副教授以上职称,来自中学的学术报告者都具有中教高级以上职称。李默、张嘉参加了这次综合性学术年会,李默并非来自中学,张嘉并非来自高校。

以上陈述如果为真,可以得出以下哪项结论?

(A)张嘉不是物理学会的。

(B)李默不是化学学会的。

(C)张嘉不具有副教授以上职称。

(D)李默如果作了学术报告,那么他不是化学学会的。

(E)张嘉如果作了学术报告,那么他不是物理学会的。

50. 根据某位国际问题专家的调查统计可知:有的国家希望与某些国家结盟,有三个以上的国家不希望与某些国家结盟;至少有两个国家希望与每个国家建交,有的国家不希望与任一国家结盟。

根据上述统计可以得出以下哪项?

(A)每个国家都有一些国家希望与之建交。

(B)每个国家都有一些国家希望与之结盟。

(C)有些国家之间希望建交,但是不希望结盟。

(D)至少有一个国家,既有国家希望与之结盟,也有国家不希望与之结盟。

(E)至少有一个国家,既有国家希望与之建交,也有国家不希望与之建交。

51. 翠竹的大学同学都在某德资企业工作。溪兰是翠竹的大学同学,涧松是该德资企业的部门经理。该德资企业的员工有些来自淮安。该德资企业的员工都曾到德国研修,他们都会说德语。

以下哪项可以从以上陈述中得出?

(A)涧松来自淮安。

(B)溪兰会说德语。

(C)翠竹与涧松是大学同学。

(D)涧松与溪兰是大学同学。

(E)翠竹的大学同学有些是部门经理。

52. 某组研究人员报告说:与心跳速度每分钟低于58次的人相比,心跳速度每分钟超过78次者心脏病发作或者发生其他心血管问题的概率高出39%,死于这类疾病的风险高出77%,其整体死亡率高出65%。研究人员指出,长期心跳过速导致了心血管疾病。

以下哪项如果为真,最能对该研究人员的观点提出质疑?

(A)各种心血管疾病影响身体的血液循环机能,导致心跳过速。

(B)在老年人中,长期心跳过速的不到39%。

(C)在老年人中,长期心跳过速的超过39%。

(D)野外奔跑的兔子心跳很快,但是很少发现它们患心血管疾病。

(E)相对老年人,年轻人生命力旺盛,心跳较快。

53. 专业人士预测:如果粮食价格保持稳定,那么蔬菜价格也保持稳定;如果食用油价格不稳,那么蔬菜价格也将出现波动。老李由此断定:粮食价格保持稳定,但是肉类食品价格将上涨。

根据上述专业人士的预测,以下哪项如果为真,最能对老李的观点提出质疑?

(A)如果食用油价格稳定,那么肉类食品价格会上涨。

(B)如果食用油价格稳定,那么肉类食品价格不会上涨。

(C)如果肉类食品价格不上涨,那么食用油价格将会上涨。

(D)如果食用油价格出现波动,那么肉类食品价格不会上涨。

(E)只有食用油价格稳定,肉类食品价格才不会上涨。

54~55题基于以下题干:

晨曦公园拟在园内东、南、西、北四个区域种植四种不同的特色树木,每个区域只种植一种。选定的特色树种为:水杉、银杏、乌桕和龙柏。布局的基本要求是:

(1)如果在东区或者南区种植银杏,那么在北区不能种植龙柏或乌桕。

(2)北区或东区要种植水杉或者银杏之一。

54. 根据上述种植要求,如果北区种植龙柏,则以下哪项一定为真?

(A)西区种植水杉。　　(B)南区种植乌桕。　　(C)南区种植水杉。

(D)西区种植乌桕。　　(E)东区种植乌桕。

55. 根据上述种植要求,如果水杉必须种植于西区或南区,则以下哪项一定为真?

(A)南区种植水杉。　　(B)西区种植水杉。　　(C)东区种植银杏。

(D)北区种植银杏。　　(E)南区种植乌桕。

四、写作:第56~57小题,共65分。其中论证有效性分析30分,论说文35分。请答在答题纸相应的位置上。

56. 论证有效性分析:分析下述论证中存在的缺陷与漏洞,选择若干要点,写一篇600字左右的文章,对该论证的有效性进行分析和评论。(论证有效性分析的一般要点是:概念特别是核心概念的界定和使用是否准确并前后一致,有无各种明显的逻辑错误,论证的论据是否成立并支持结论,结论成立的条件是否充分等。)

一个国家的文化在国际上的影响力是该国软实力的重要组成部分。由于软实力是评判一个国家国际地位的要素之一,所以如何增强软实力就成了各国政府高度关注的重大问题。

其实,这一问题不难解决。既然一个国家的文化在国际上的影响力是该国软实力的重要组成部分,那么,要增强软实力,只需搞好本国的文化建设并向世人展示就可以了。

文化有两个特性,一个是普同性,一个是特异性。所谓普同性,是指不同背景的文化具有相似的伦理道德和价值观念,如东方文化和西方文化都肯定善行,否定恶行;所谓特异性,是指不同背景的文化具有不同的思想意识和行为方式,如西方文化崇尚个人价值,东方文化固守集体意识。正因为文化具有普同性,所以一国文化就一定会被他国所接受;正因为文化具有特异性,所以一国文化就一定会被他国所关注。无论是接受还是关注,都体现了该国文化影响力的扩大,也即表明了该国软实力的增强。

文艺作品当然也具有文化的本质属性。一篇小说、一出歌剧、一部电影,等等,虽然一般以故事情节、人物形象、语言特色等艺术要素取胜,但在这些作品中,也往往肯定了一种生活方式,宣扬了一种价值观念。这种生活方式和价值观念不管是普同的还是特异的,都会被他国所接受或关注,都能产生文化影响力。由此可见,只要创作更多的具有本国文化特色的文艺作品,那么文化影响力的扩大就是毫无疑义的,而国家的软实力也必将同步增强。

57. 论说文:根据下述材料,写一篇700字左右的论说文,题目自拟。

20世纪中叶,美国的波音和麦道两家公司几乎垄断了世界民用飞机的市场,欧洲的飞机制造商深感忧虑。虽然欧洲各国之间的竞争也相当激烈,但还是采取了合作的途径,法国、德国、英国和西班牙等决定共同研制大型宽体飞机,于是"空中客车"便应运而生。面对新的市场竞争态势,波音公司和麦道公司于1997年一致决定组成新的波音公司,以抗衡来自欧洲的挑战。

答案速查

一、问题求解

1～5　　(C)(C)(B)(E)(E)　　　　6～10　　(D)(D)(E)(E)(B)

11～15　　(C)(A)(D)(B)(C)

二、条件充分性判断

16～20　　(A)(E)(B)(A)(D)　　　　21～25　　(C)(C)(B)(A)(D)

三、逻辑推理

26～30　　(D)(E)(A)(C)(D)　　　　31～35　　(E)(C)(D)(B)(D)

36～40　　(D)(E)(D)(A)(D)　　　　41～45　　(B)(B)(C)(D)(B)

46～50　　(C)(B)(D)(E)(A)　　　　51～55　　(B)(A)(B)(B)(D)

四、写作

略

答案详解

一、问题求解

1.（C）

【解析】母题93·增长率问题

设原计划每天的产量为 a，实际比计划平均提高了 x，根据题意，得

$$10a = 8a(1+x),$$

解得 $x = 25\%$.

【快速得分法】赋值法.

设零件总量为10件，则原计划每天生产1件，实际用了8天，则平均每天生产1.25件，所以平均产量提高25％.

2.（C）

【解析】母题98·行程问题

设甲的速度为 $v_甲$，乙的速度为 $v_乙$，易知 $v_乙 = \dfrac{400}{8} = 50$（米/分钟）.

已知25分钟后乙比甲少走了一圈，则有

$$25v_甲 - 25v_乙 = 400,$$

解得 $v_甲 = 66$.

3. (B)

【解析】母题100·最值问题

欲使低于60分的人数最多,则不及格的学生分数越接近60分越好,及格的同学分数越接近100分越好. 用极值法,设不及格的同学的分数约等于60分,有 x 人,及格的同学均为100分,有 $30-x$ 人,得
$$(30-x)100+60x=30\times 90,$$
解得 $x=7.5$.

则理想状态下可以有7.5人不及格,取整数,最多有7个人低于60分.

4. (E)

【解析】母题97·工程问题

设甲的工作效率为 x,乙的工作效率为 y,丙的工作效率为 z,则
$$\begin{cases} x=\dfrac{1}{60}, \\ x+y=\dfrac{1}{28}, \\ y+z=\dfrac{1}{35}, \end{cases}$$

解得 $z=\dfrac{1}{105}$,那么 $\dfrac{1}{z}=105$,故丙单独做需要105天.

5. (E)

【解析】母题9·实数的运算技巧问题

$$\begin{aligned} f(x) &= \frac{1}{(x+1)(x+2)} + \frac{1}{(x+2)(x+3)} + \cdots + \frac{1}{(x+9)(x+10)} \\ &= \frac{1}{x+1} - \frac{1}{x+2} + \frac{1}{x+2} - \frac{1}{x+3} + \cdots + \frac{1}{x+9} - \frac{1}{x+10} \\ &= \frac{1}{x+1} - \frac{1}{x+10}. \end{aligned}$$

所以,$f(8) = \dfrac{1}{9} - \dfrac{1}{18} = \dfrac{1}{18}$.

6. (D)

【解析】母题92·比例问题

设甲、乙两店的进货量分别为 x,y 台,由题意,得
$$\begin{cases} \dfrac{x-15}{y-10}=\dfrac{8}{7}, \\ (x-15)-(y-10)=5, \end{cases}$$

解得 $\begin{cases} x=55, \\ y=45. \end{cases}$ 故 $x+y=100$(台).

7.（D）

【解析】母题 57·平面几何五大模型

$S_{\triangle ABC} = \frac{1}{2}|AC| \cdot |BC| = \frac{1}{2} \times 4 \times 3 = 6$，$S_{\triangle ADE} = S_{\triangle ABC} - S_{\text{梯形}BCED} = 6 - 3 = 3$.

根据面积比等于相似比的平方，则 $\frac{|DE|^2}{|BC|^2} = \frac{S_{\triangle ADE}}{S_{\triangle ABC}} = \frac{1}{2}$，解得 $|DE| = \frac{\sqrt{2}}{2}|BC| = \frac{3\sqrt{2}}{2}$.

8.（E）

【解析】母题 68·对称问题

设对称点为 (x_0, y_0)，则有

中点位于直线上：

$$2 \times \frac{x_0 + 0}{2} + \frac{y_0 + 4}{2} + 1 = 0,$$ ①

斜率乘积为 -1：

$$\frac{y_0 - 4}{x_0 - 0} \times (-2) = -1,$$ ②

联立式①和式②，解得 $\begin{cases} x_0 = -4, \\ y_0 = 2. \end{cases}$ 故对称点为 $(-4, 2)$.

9.（E）

【解析】母题 22·待定系数法与多项式的系数

用二项式定理的原理求多项式展开式的系数.

原式为 5 个 $x^2 + 3x + 1$ 相乘，出现 x^2 项的可能分为两类：

第一类：从 5 个式子中选出 1 个 x^2，余下的 4 个式子选常数项 1，即 $C_5^1 x^2$；

第二类：从 5 个式子中选出 2 个 $3x$，余下的 3 个式子选常数项 1，即 $C_5^2 (3x)^2$.

则有 $C_5^1 x^2 + C_5^2 (3x)^2 = 95 x^2$，即 x^2 的系数为 95.

10.（B）

【解析】母题 59·空间几何体问题

设大球的半径为 R，根据题意，得

$$\frac{4}{3}\pi R^3 = 4\pi + 32\pi,$$

解得 $R = 3$，故大球的表面积为 $4\pi R^2 = 4 \times 9\pi = 36\pi$（平方厘米）.

11.（C）

【解析】母题 101·线性规划问题

设需要熟练工和普通工的人数分别为 x, y，支付的报酬为 z，则

$$\begin{cases} \dfrac{x}{10}+\dfrac{y}{15}\geqslant 1, \\ x+y\leqslant 12, \\ z=200x+120y, \end{cases} \quad (\text{其中 } x,y \text{ 均为非负整数})$$

解方程组 $\begin{cases} \dfrac{x}{10}+\dfrac{y}{15}=1, \\ x+y=12, \end{cases}$ 得 $x=6, y=6$.

解恰为整数,故此组解为原不等式组的最优解.

所以,支付的报酬最少为 $z=200x+120y=200\times 6+120\times 6=1\,920$(元).

12. (A)

【解析】母题 33·一元二次函数的基本题型

对称轴为

$$x=-\dfrac{b}{2}=1, \qquad ①$$

抛物线过点 $(-1,1)$,则有

$$1=1-b+c, \qquad ②$$

联立式①和式②,可得 $b=-2, c=-2$.

13. (D)

【解析】母题 36·韦达定理问题

由韦达定理,可知 $a_2+a_{10}=10$.

又已知 $\{a_n\}$ 是等差数列,所以 $a_5+a_7=a_2+a_{10}=10$.

14. (B)

【解析】母题 82·古典概型

任取的 2 件没有一等品的概率为 $\dfrac{C_6^2}{C_{10}^2}=\dfrac{1}{3}$,故至少有一件一等品的概率为 $1-\dfrac{1}{3}=\dfrac{2}{3}$.

15. (C)

【解析】母题 71·排列组合的基本问题

从 A 地出发再回到 A 地可分三步:

第一步:从 A 到 B,甲,乙两人各有 2 种方案,故共有 $2\times 2=4$(种)方案;

第二步:从 B 到 C,有 3 种方案:甲变线乙不变线,乙变线甲不变线,二人都不变线;

第三步:从 C 到 A,同第二步,有 3 种方案;

故,共有 $4\times 3\times 3=36$(种)方案.

二、条件充分性判断

16.（A）

【解析】母题 67·解析几何中的面积问题

条件(1)：由 $x_0^2+y_0^2=9$ 可知，D_2 的圆心在圆 D_1 上，故，无论 D_2 的位置如何变化，都不更改两圆的覆盖区域. 如图 3 所示：

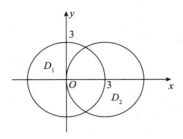

图 3

故 D_1、D_2 覆盖区域的边界长度为 $2\times\dfrac{2}{3}\times 2\pi r=2\times\dfrac{2}{3}\times 2\pi\times 3=8\pi$. 条件(1)充分.

条件(2)：如图 4 所示，D_2 的圆心在直线 $x_0+y_0=3$ 上变动，故两圆所覆盖的区域是变化的.

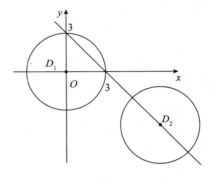

图 4

故条件(2)不充分.

17.（E）

【解析】母题 4·质数与合数问题

条件(1)：当 $m=1,q=3$ 时，$p=1\times 3+1=4$ 不是质数，故条件(1)不充分.

条件(2)：当 $m=3,q=5$ 时，$p=3\times 5+1=16$ 不是质数，故条件(2)不充分.

条件(1)和条件(2)联立等价于条件(2)，故联合起来也不充分.

18.（B）

【解析】母题 24·三角形的形状判断问题

条件(1)：$(c^2-a^2-b^2)(a^2-b^2)=0 \Rightarrow c^2=a^2+b^2$ 或 $a=b$.

故三角形为直角三角形或者等腰三角形，条件(1)不充分.

条件(2):由正弦定理知 $S_{\triangle ABC}=\frac{1}{2}ab \cdot \sin C=\frac{1}{2}ab$,$\sin C=1$,故 $\angle C$ 为 $90°$,即 $\triangle ABC$ 为直角三角形,条件(2)充分.

19. (A)

【解析】母题 35 · 根的判别式问题

由 $f(x)=ax^2+bx+c$ 为二次函数可知,$a\neq 0$.

条件(1):$a+c=0\Rightarrow c=-a$,$\Delta=b^2-4ac=b^2+4a^2>0$,则方程 $f(x)=0$ 有两个不等实根,条件(1)充分.

条件(2):因为 $a+b+c=0\Rightarrow b=-(a+c)$,故
$$\Delta=b^2-4ac=[-(a+c)]^2-4ac=(a-c)^2\geqslant 0,$$
方程 $f(x)=0$ 有两个不等实根或有两个相等实根,条件(2)不充分.

20. (D)

【解析】母题 87 · 独立事件的概率

条件(1):均未报警的概率为 $(1-0.9)^3=0.001$,故报警概率为 $1-0.001=0.999$,条件(1)充分.

条件(2):均未报警的概率为 $(1-0.97)^2=0.0009$,故报警概率为 $1-0.0009=0.9991$,条件(2)充分.

21. (C)

【解析】母题 14 · 绝对值的化简求值与证明

条件(1):举反例,令 $a=-2,b=1$,则 $|a|>1$,故条件(1)不充分.

条件(2):举反例,令 $a=2,b=1$,则 $|a|>1$,故条件(2)不充分.

联立条件(1)和条件(2):

方法一:平方法.

由条件(1):$|a+b|\leqslant 1$,平方得 $a^2+2ab+b^2\leqslant 1$.

由条件(2):$|a-b|\leqslant 1$,平方得 $a^2-2ab+b^2\leqslant 1$.

两式相加得
$$2(a^2+b^2)\leqslant 2,\text{即 } a^2+b^2\leqslant 1,\text{故 }|a|\leqslant 1,|b|\leqslant 1.$$

方法二:三角不等式法.

条件(1)和条件(2)相加得
$$|a+b|+|a-b|\leqslant 2,$$

由三角不等式得
$$|(a+b)+(a-b)|\leqslant|a+b|+|a-b|\leqslant 2\Rightarrow|2a|\leqslant 2\Rightarrow|a|\leqslant 1;$$

又有
$$|(a+b)-(a-b)|\leqslant|a+b|+|a-b|\leqslant 2\Rightarrow|2b|\leqslant 2\Rightarrow|b|\leqslant 1.$$

方法三:去绝对值符号.

由条件(1):$|a+b|\leqslant 1$,得$-1\leqslant a+b\leqslant 1$①.

由条件(2):$|a-b|\leqslant 1$,得$-1\leqslant a-b\leqslant 1$②,等价于$-1\leqslant b-a\leqslant 1$③.

①和②相加得$-2\leqslant 2a\leqslant 2\Rightarrow -1\leqslant a\leqslant 1\Rightarrow |a|\leqslant 1$;

①和③相加得$-2\leqslant 2b\leqslant 2\Rightarrow -1\leqslant b\leqslant 1\Rightarrow |b|\leqslant 1$.

故联立两个条件充分.

22. (C)

【解析】母题26·齐次分式求值

条件(1):$3x-2y=0$,则$3x=2y$. 令 $x=2,y=3$,代入得

$$\frac{2x+3y-4z}{-x+y-2z}=\frac{4+9-4z}{-2+3-2z}=\frac{13-4z}{1-2z},$$

故值与 z 有关,条件(1)不充分.

条件(2):$2y-z=0$,则 $2y=z$. 令 $y=1,z=2$,代入得

$$\frac{2x+3y-4z}{-x+y-2z}=\frac{2x+3-8}{-x+1-4}=\frac{2x-5}{-x-3},$$

故值与 x 有关,条件(2)不充分.

联立条件(1)和条件(2):

$$\begin{cases}3x=2y,\\2y=z,\end{cases}\text{解得}\begin{cases}x=\dfrac{2}{3}y,\\z=2y.\end{cases}$$

代入得 $\dfrac{2x+3y-4z}{-x+y-2z}=\dfrac{2\cdot\frac{2}{3}y+3y-4\cdot 2y}{-\frac{2}{3}y+y-2\cdot 2y}=1$. 故联立起来充分.

【快速得分法】齐次分式求值问题可以用赋值法.

令 $x=2,y=3,z=6$,则

$$\frac{2x+3y-4z}{-x+y-2z}=\frac{2\times 2+3\times 3-4\times 6}{-2+3-2\times 6}=1,$$

故两个条件联合起来充分.

23. (B)

【解析】母题100·最值问题

设一等奖 x 人,二等奖 y 人,三等奖 z 人,则

$$\text{奖金}:1.5x+1y+0.5z=100, \quad ①$$
$$\text{人数}:x+y+z\geqslant 100, \quad ②$$

将式①代入式②,得 $x+y+z\geqslant 1.5x+1y+0.5z$,化简,得 $x\leqslant z$.

故只需证明一等奖人数小于等于三等奖人数即可.

条件(1)：得二等奖的人数最多，则得一等奖的人数可能比得三等奖的多，条件(1)不充分．

条件(2)：得三等奖的人数最多，则得一等奖的人数少于得三等奖的人数，条件(2)充分．

24．(A)

【解析】母题75·不同元素的分配

欲使两个月中每晚的值班人员不完全相同，应该至少有60种不同的组合．

条件(1)：用总的安排情况减掉值班人员来自同一科室的情况，得 $C_{11}^3-C_6^3-C_3^3=144>60$，故可使每晚的值班人员不完全相同，充分．

条件(2)：$C_6^1 C_3^1 C_2^1=36<60$，不能使每晚的值班人员不完全相同，不充分．

25．(D)

【解析】母题54·递推公式问题

直接计算法．

条件(1)：

$$a_1=1,$$
$$a_2=2,$$
$$a_3=|a_2-a_1|=1,$$
$$a_4=|a_3-a_2|=1,$$
$$a_5=|a_4-a_3|=0,$$
$$a_6=|a_5-a_4|=1,$$
$$\vdots$$
$$a_{100}=a_4=1,$$
$$a_{101}=a_5=0,$$
$$a_{102}=a_6=1,$$

则 $a_{100}+a_{101}+a_{102}=2$，故条件(1)充分．

条件(2)：如条件(1)，令 $k=1,k=2,\cdots,k=19$，经讨论均充分，故条件(2)充分．

三、逻辑推理

26．(D)

【解析】母题16·因果型削弱题(找原因)

题干："办公用品节俭计划" $\xrightarrow{\text{导致}}$ 节约经费。

(A)项，不能削弱，因为虽然两家公司在过去的5年间办公用品年均消耗值一样，但是不知道没实行此计划之前的费用趋势如何，可能此公司的办公用品消耗是递增的。

(B)项，削弱力度弱，因为无法判断无纸化办公取得的"很大成效"是不是"节约经费"，例如可以是提高办公效率等成效。

(C)项，削弱力度弱，因为承认了"办公用品节俭计划"可以控制支出，并且(C)项中说没有严谨的数据分析,实际上题干是有数据分析的。

(D)项,**无因有果**,没有实施办公用品节俭计划的公司,人均消耗额也越来越低,故能削弱题干。

(E)项,无关选项,题干仅涉及"节约办公经费",与其他方面的开支无关。

27. (E)

【解析】母题 34·形式逻辑型结构相似题

题干:**高分者并非都是人才,高分者,所以可能不是人才。**

(A)项,管理者并非都是聪明人,不是管理者,所以可能是聪明人,与题干不同。

(E)项,闪光的并非都是金子,闪光,所以可能不是金子,与题干相同。

其余各项显然均与题干不同。

28.(A)

【解析】母题 40·复杂匹配与综合推理

已知每处景点三人的路线均不同,李明赴南山的计划是三日游,王刚赴南山的计划是四日游,则张波赴南山的计划必为二日游。

故李明还有二日游和四日游可选,王刚还有二日游和三日游可选,而李明赴东湖的计划天数与王刚赴西岛的计划天数相同,故均为二日游。

故**李明的行程为:南山三日游、东湖二日游、西岛四日游;**

王刚的行程为:南山四日游、东湖三日游、西岛二日游;

张波的行程为:南山二日游、东湖四日游、西岛三日游。

29.(C)

【解析】母题 1·充分必要条件

题干:"大力神"杯不可能是实心的纯金杯,否则球员不可能将它举过头顶并随意挥舞。

等价于:¬ **不是实心的纯金杯→不可能将它举过头顶并随意挥舞。**

即:若"大力神"杯是实心的纯金杯,则球员不可能将它举过头顶并随意挥舞。

故(C)项正确。

(A)项中若把"很可能"三个字去掉,则也和题干的意思相同。

30.(D)

【解析】母题 13·定义题

原始动机是"与生俱来"的动机,只有(D)项是"与生俱来"的人的本能。故(D)项正确。

31.(E)

【解析】母题 5·箭头的串联

题干有以下信息:

①某主机不相通于丙→甲相通于此主机。

②丁不相通于丙。

③某主机相通于甲→丙相通于此主机。

由①、②知,甲相通于丁。

又由:丙不相通于丙,再由①知,甲相通于丙。

综上,甲相通于丁,也相通于丙,故(E)项正确。

32. (C)

【解析】母题5·箭头的串联

已知丙主机不相通于任何主机,又由③,可知④任何主机都不相通于甲,故乙、丁都不相通于甲。

(C)项,丁不相通于甲→乙相通于甲,等价于:丁相通于甲∨乙相通于甲,与④矛盾。

故若题干为真,则(C)项必为假。

33. (D)

【解析】母题15·论证型削弱题

题干:市民所反映的奇异现象无法用已有的科学理论进行解释,所以该现象是错觉。

(D)项,错觉→可以用已有的科学理论进行解释,逆否命题为:无法用已有的科学理论进行解释→不是错觉,故能削弱题干。

34. (B)

【解析】母题20·因果型支持题(求异法)

题干中的结论:知更鸟利用右眼判断地球磁场和方向。

(B)项使用求异法,将可以使用右眼和不能使用右眼的鸟进行了对比,支持题干:

左眼戴眼罩的和不戴眼罩的知更鸟:顺利从笼中飞出;

右眼戴眼罩的知更鸟:朝哪个方向飞的都有;

故:知更鸟利用右眼判断地球磁场和方向。

35. (D)

【解析】母题40·复杂匹配与综合推理

将(A)、(B)、(C)三项代入,则7月无2人同时当选,与题干条件(4)矛盾,排除。

(E)项代入,则超过2人在7月同时当选,与题干条件(4)矛盾,排除。

故(D)项正确。

36. (D)

【解析】母题40·复杂匹配与综合推理

由题干,假设王某在1—4月当选,则郑某在2—5月当选,吴某在1—4月或3—6月当选,则7月无2人当选;假设郑某在1—4月当选,则王某和吴某在2—5月当选,则7月无2人当选;假设吴某在1—4月当选,则郑某在2—5月当选,王某在1—4月或3—6月当选,则7月无2人当选。

所以只能周某在1—4月当选,根据题干条件(3)王某和周某不曾在同一个月当选,故排除(A)、(B)、(C)项。

假设王某在7—10月当选,则根据题干条件(1)和(2),可得7月必有3人当选,与题干条件(4)矛盾,故排除(E)项。

综上,(D)项正确。

37. (E)

【解析】母题26·解释现象

理论:白领谈婚论嫁时,女性与男性数量应当大致相等。

实际:白领相亲活动中,女性的报名比例多于男性。

结论:文化越高的女性越难嫁,文化低的反而好嫁;男性则正好相反。

题干涉及两类对象:女性白领和男性白领,需要找到二者的差异因素。

(A)项,可以解释,解释了女性白领难嫁的原因。

(B)项,可以解释,解释了相亲活动中女性多于男性的原因。

(C)、(D)项,可以解释,解释了相亲活动中男性更少的原因。

(E)项,不能解释,因为如果男性被淘汰的多,剩男应该更多,那么相亲活动中应该是男性多于女性,加剧了题干中的矛盾。

38. (D)

【解析】母题37·方位题

由题干可知,座位如表1所示:

表1

1	2	
3	4 李丽	5

陈露所坐的位置不与李丽相邻,故陈露可能坐1或2。

陈露与邓强不相邻,故邓强可能坐3或5。

张霞不坐在与陈露直接相对的位置上,若陈露坐1,则张霞可坐5或2;若陈露坐2,则张霞可坐1或3或5。

故张霞所坐位置有4种可能的选择。

39. (A)

【解析】母题27·解释数量关系

女权主义代表认为:该学校的教师应聘者中,女性录取率低于男性录取率,故歧视女性。

校方认为:管理学院和哲学学院的教师应聘者中,女性录取率均高于男性录取率,故没有歧视女性。

校方认为局部具有的性质,整体也具有,故(A)项正确。

40.（C）

【解析】母题6·假言命题的负命题

题干：基础好∧不断努力→更早取得成功。

题目要求选择一定为假的，即找原命题的负命题：

¬（基础好∧不断努力→更早取得成功）＝（基础好∧不断努力∧¬更早取得成功）。

所以，"基础好并且能不断努力，但比别人更晚取得成功"为假，故（C）项正确。

41.（B）

【解析】母题22·论证型假设题与搭桥法

题干：如果海水变色，飓风的移动路径也会变向 —证明→ 可以根据海水的"脸色"判断哪些地区将被飓风袭击，哪些地区会幸免于难。

（B）项，必须假设，搭桥法，即指出海水变色和飓风移动之间因果相关；否则，若海水的颜色与飓风的移动路径之间没有确定关系，则无法根据海水的颜色预测飓风的移动路径（取非法）。

（A）、（C）、（D）、（E）项，无关选项，题干中的结论是"变色"与"移动路径"的关系，不是和"海水温度"的关系；注意题干中末尾一句的"全球变暖"是干扰项，与题干结论无关。

42.（D）

【解析】母题8·复言命题的真假话问题

题干有以下判断：

甲：¬乙→¬甲＝乙∨¬甲。

乙：¬乙∧丙。

丙：甲∨乙。

丁：乙∨丙。

甲要么是窃贼，要么不是窃贼，必有一真，故甲、丙说的话必有一真。

由题干"四个人中只有一人说真话"可知，乙、丁说的话为假。

（D）项，"丁说的是真话"为假。

43.（C）

【解析】母题5·箭头的串联

题干中有以下论断：

①参加运动会→强壮。

②强壮→少生病。

③有的身体不适的→参加运动会。

③、①、②串联得：④有的身体不适的→参加运动会→强壮→少生病。

（A）项，有的身体不适的→少生病，由④可知，为真。

(B)项,由④可知,有的身体不适的→少生病,等价于:有的少生病→身体不适,故(B)项为真。

(C)项,少生病→参加运动会,由④可知,可真可假。

(D)项,参加运动会→少生病,由④可知,为真。

(E)项,由④可知,有的身体不适的→强壮,等价于:有的强壮→身体不适,故(E)项为真。

44.（D）

【解析】母题6·假言命题的负命题

核心队员:关键场次→赢得比赛。

(D)项,关键场次∧没有赢球,与题干矛盾,故若此项为真,则题干的结论为假。

45.（B）

【解析】母题34·形式逻辑型结构相似题

题干:坚守程序正义,履行监督制约职能(A)→结案率大幅提高(B)。去年结案率大幅提高(B),所以,坚守程序正义,履行监督制约职能(A)。

符号化:A→B。B,所以 A,题干是错误推理。

(A)项,A←B。B,所以 A,与题干不同。

(B)项,A→B。B,所以 A,与题干相同。

(C)项,A→B。¬B,所以¬A,与题干不同。

(D)项,A→B。¬A,所以¬B,与题干不同。

(E)项,A∧¬B。所以 A,不一定 B,与题干不同。

46.（C）

【解析】母题40·复杂匹配与综合推理

由条件(2)、(5)、(6)可知,丁不是化学学院的,不是管理学院的,不是哲学学院的,也不是数学学院的,故丁是经济学院的。

再由条件(3)、(5)可知,乙不是管理学院的,也不是哲学学院和数学学院的,故乙是化学学院的。

故丙是哲学学院、管理学院或数学学院的,又由条件(4)可知,丙不是哲学学院的,故(7)丙是管理学院或者数学学院的。

再由条件(2)、(3)可知,乙没有和管理学院的选手交过手,乙自己是化学学院的,故乙与经济学院、哲学学院、数学学院的选手交过手。

再由条件(5)可知,哲学学院、管理学院、数学学院的选手两两之间交过手,哲学学院和数学学院的选手又与乙交过手,故哲学学院和数学学院的选手至少交手三场。

又由条件(1)可知,甲只交手2场,故甲不是哲学学院和数学学院的,故(8)甲是管理学院的选手。

由条件(7)、(8)可知,丙是数学学院的选手。

47. (B)

【解析】 母题 38·数字推理题

由题意,参加高考的总人数为 385 人,女生为 189 人,故男生＝385－189＝196(人)。设应届理科男生为 x 人,应届理科女生为 y 人,应届文科男生为 a 人,非应届文科男生为 b 人,根据题干中的信息,如表 2、表 3 所示:

表 2

男生 196 人	文科 41 人	理科 155 人
应届生 168 人	a	x
非应届生 28 人	b	

表 3

女生 189 人	文科	理科
应届生		y
非应届生		

当 $a=13, b=28$ 时,$x_{max}=168-13=155$,$y_{min}=256-x_{max}=256-155=101$;

当 $a=41, b=0$ 时,$x_{min}=168-41=127$,$y_{max}=256-x_{min}=256-127=129$。

故,应届理科女生最少有 101 人,最多有 129 人,即(B)项正确。

48. (D)

【解析】 母题 10·简单命题的负命题

题干:不 可能 所有的 应聘者都 被录用 。
         ↓   ↓   ↓
等价于: 必然 有的 应聘者 不被录用 。

故(D)项正确。

49. (E)

【解析】 母题 5·箭头的串联

题干存在以下论断:

①物理∧作报告→高校。

②化学∧作报告→高校∨中学。

③¬物理∧¬化学→科学院。

④高校∧作报告→副教授。

⑤中学∧作报告→中教高级。

⑥李默→¬中学。

⑦张嘉→¬高校。

论断①等价于:⑧¬高校→¬物理∨¬作报告。

由⑦、⑧串联得:张嘉→¬高校→¬物理∨¬作报告。

¬物理∨¬作报告,等价于:作报告→¬物理。

即:张嘉如果作了学术报告,那么他就不是物理学会的,故(E)项正确。

50．(A)

【解析】母题9·对当关系

由"至少有两个国家希望与每个国家建交"可知,每个国家都有一些国家希望与之建交,故(A)项正确。

51．(B)

【解析】母题5·箭头的串联

题干中存在以下断定:

①同学→德资。

②溪兰→同学。

③涧松→德资。

④有的德资→淮安。

⑤德资→德国研修∧会德语。

由②、①、⑤串联,可知:溪兰→同学→德资→德国研修∧会德语,故(B)项正确。

"有的"不能放中间,故③、④不能串联成:涧松→有的德资→淮安,故(A)项不能得出。

(C)项和(D)项意思相同,但题干中溪兰和涧松之间没有箭头指向,故不能被推出。

同理,(E)项也不能被推出。

52．(A)

【解析】母题16·因果型削弱题(求异法)

题干:

心跳速度每分钟低于58次的人:得心血管疾病的概率低;

心跳速度每分钟超过78次的人:得心血管疾病的概率高出39％,死亡率高出65％;

故:心跳过速 —导致→ 心血管疾病。

(A)项,心血管疾病导致心跳过速,而不是心跳过速导致心血管疾病,指出题干因果倒置,削弱题干。

(D)项,兔子心跳很快(有因),但是很少发现他们患心血管疾病(无果)。但兔子与人差异过大,存在类比不当,故削弱力度小。

其余各项均为无关选项。

53．(B)

【解析】母题6·假言命题的负命题

专业人士存在以下论断:

①粮稳→菜稳。

②￢油稳→￢菜稳,等价于:菜稳→油稳。

由①、②知:③粮稳→菜稳→油稳。

老李:粮稳∧肉涨。

(B)项,油稳→￢肉涨,再由③知:粮稳→菜稳→油稳→￢肉涨,即,粮稳→￢肉涨,与老李的观点是矛盾命题,故能削弱老李的观点。

54. (B)

【解析】母题40·复杂匹配与综合推理

题干中有以下判断:

①东银杏∨南银杏→￢北龙柏∧￢北乌柏,等价于:北龙柏∨北乌柏→￢东银杏∧￢南银杏。

②北水杉∨北银杏∨东水杉∨东银杏。

③北龙柏。

由①、③得,北龙柏→￢东银杏∧￢南银杏,故必有:北区、东区、南区均不种植银杏,则银杏种植在西区。

由:东水杉∨东银杏,知:￢东银杏→东水杉。

故,南区只能种植乌柏,即(B)项正确。

55. (D)

【解析】母题40·复杂匹配与综合推理

由题干得:④西水杉∨南水杉,再由②知:⑤东银杏∨北银杏。

假设东区种植银杏,则由①知:东银杏→￢北龙柏∧￢北乌柏,因为北区不可能种植水杉,也不可能种植银杏,则北区无树可种,故假设不成立,即东区不可能种植银杏,再由⑤知:北区种植银杏,故(D)项正确。

四、写作

56. 论证有效性分析

【谬误分析】

①材料认为"要增强软实力,只需搞好本国的文化建设并向世人展示就可以了"。但是,仅仅"向世人展示"可能产生影响力,也可能不会产生影响力。

②"一个国家的文化在国际上的影响力"仅仅是"软实力"的重要组成部分,而不是全部。一个国家的软实力还包括教育、科技、卫生等多个方面。所以,仅"搞好本国的文化建设并向世人展示",未必能增强国家的软实力。

③"文化具有普同性",不必然"一国文化就一定会被他国所接受",因为一国文化已经具备了类似的伦理道德和价值观念,为什么还要去接受他国的文化呢?"文化具有特异性",也不必然"一国文化就一定会被他国所关注"。如果两种文化的特性形成对立的话,可能吸引来的不是关注,反而是排斥。

④一国文化被"接受和关注",不见得"体现了该国文化影响力的扩大",更不意味"该国软实力的增强"。因为"接受"和"关注"并不意味着受其影响。而且,影响力有可能是正面的,也有可能是负面的。正面的影响力可以增强国家的软实力,但负面的影响力则会减弱国家的软实力。

⑤文艺作品的影响力不仅取决于作品本身,还取决于受众的价值观念和接受能力。假如受众对作品中的价值观念无法认同或缺乏接受能力,那么文艺作品就很难"产生文化影响力"。

⑥"创作更多的具有本国文化特色的文艺作品"仅仅是提高本国文化影响力的因素之一,不是充分条件;而提高本国文化影响力也仅仅是提高国家软实力的影响因素之一,也不是充分条件。所以,创作更多的文化作品,不必然带来"国家软实力的同步增强"。

(说明:以上谬误分析引用和改编自教育部考试中心《管理类专业学位联考综合能力考试大纲》给出的参考答案。)

如此提高软实力未必可行

　　材料认为只要搞好本国的文化建设,就能提高国家的软实力。其论证存在多处不当,让人难以信服。

　　第一,"一个国家的文化在国际上的影响力"仅仅是"软实力"的重要组成部分,而不是全部。一个国家的软实力还包括教育、科技、卫生等多个方面。所以,仅"搞好本国的文化建设并向世人展示",未必能增强国家的软实力。

　　第二,"文化具有普同性",不必然"一国文化就一定会被他国所接受",因为一国文化已经具备了类似的伦理道德和价值观念,为什么还要去接受他国的文化呢?"文化具有特异性",也不必然"一国文化就一定会被他国所关注"。如果两种文化的特性形成对立的话,可能吸引来的不是关注,反而是排斥。

　　第三,一国文化被"接受和关注",不见得"体现了该国文化影响力的扩大",更不意味"该国软实力的增强"。因为"接受"和"关注"并不意味着受其影响。而且,影响力有可能是正面的,也有可能是负面的。正面的影响力可以增强国家的软实力,但负面的影响力则会减弱国家的软实力。

　　第四,文艺作品要被他国接受和关注,隐含一个假设,即这一作品会被翻译并传播到其他国家。如果这一作品不能被翻译,或者传播媒介有限,那么很难对其他国家产生影响力。另外,文艺作品的影响力还取决于受众的价值观念和接受能力。假如受众对作品中的价值观念无法认同或缺乏接受能力,那么文艺作品就很难"产生文化影响力"。

　　综上所述,仅搞好本国文化建设不一定能提高国家软实力。

(全文共597字)

57. 论说文

【参考立意】

①合作双赢。

②在竞争中合作。

在竞争中合作

俗话说："单丝不成线,独木不成林。"欧洲的飞机制造商在面对波音和麦道几乎垄断了全球市场时,决定多国协作,共同研制新型飞机。面对新的竞争态势,波音和麦道也同样选择合作。这说明在竞争中合作,才能双赢。

不少人认为,竞争就是你死我活,竞争就不能有合作。其实不然,学习竞争中还见互帮互助、取长补短;比赛竞争中还见团结协作、永争第一;商业竞争中还见经验交流、共同进步。

在美国俄亥俄州,每年都会举办南瓜大赛,汤姆成绩非常优秀,连年获奖。得奖后,汤姆毫不吝啬地将种子分给邻居,一个邻居不解地问:"你花那么多时间和精力培育良种,为什么把种子送给我们,难道不怕我们的南瓜超过你的吗?"汤姆回答说:"我把种子送给大家,其实也是在帮助自己。"原来各家瓜地相连,汤姆把自己的优良品种分给邻居,可以防止蜜蜂在传粉过程中将劣质花粉传给自己,同时正是由于他帮助对手进步,对手也能激励他不断进步,取得双赢。由此看来,竞争很重要,竞争中的合作对进步更重要。

没有合作的竞争,是愚蠢的竞争,只是为了眼前的利益,即使成功了也是短暂的。中国是历史悠久的文明古国,唐朝的开放使文化融合,更好地促进了经济繁荣。后来却慢慢衰退,是因为盲目自大,闭关锁国,只注重与他国竞争,以为只凭自己就可以使国家飞速发展,直至被大炮轰开国门才醒悟:"师夷长技以制夷"。看来只注重竞争只会令其衰落,懂得合作才能赢得长久。

合作与竞争相辅相成,大到国与国的战略合作,小到我们个人的发展问题。竞争中要不忘合作。各国之间互惠互利,各种贸易文化合作促进共同发展;在个人成长中,要经常帮助他人,在他人进步的同时,你也会取得更大的进步。

所以,在竞争中合作,才能赢得长久。

(全文共 700 字)

绝密★启用前

2014年全国硕士研究生招生考试
管理类专业学位联考综合能力试题

(科目代码:199)

考试时间:8:30—11:30

考生注意事项

1. 答题前,考生须在试题册指定位置上填写考生姓名和考生编号;在答题卡指定位置上填写报考单位、考生姓名和考生编号,并涂写考生编号信息点。
2. 选择题的答案必须涂写在答题卡相应题号的选项上,非选择题的答案必须书写在答题卡指定位置的边框区域内。超出答题区域书写的答案无效;在草稿纸、试题册上答题无效。
3. 填(书)写部分必须使用黑色字迹签字笔或者钢笔书写,字迹工整、笔迹清楚;涂写部分必须使用2B铅笔填涂。
4. 考试结束,将答题卡和试题册按规定交回。

考生编号	
考生姓名	

一、问题求解：第 1～15 小题，每小题 3 分，共 45 分。下列每题给出的(A)、(B)、(C)、(D)、(E)五个选项中，只有一项是符合试题要求的。请在答题卡上将所选项的字母涂黑。

1. 某部门在一次联欢活动中共设了 26 个奖，奖品均价为 280 元，其中一等奖单价为 400 元，其他奖品均价为 270 元，一等奖的个数为(　　).
   (A)6　　　(B)5　　　(C)4　　　(D)3　　　(E)2

2. 某单位进行办公室装修，若甲、乙两个装修公司合作，需 10 周完成，工时费为 100 万元；甲公司单独做 6 周后由乙公司接着做 18 周完成，工时费为 96 万元. 甲公司每周的工时费为(　　).
   (A)7.5 万元　　(B)7 万元　　(C)6.5 万元　　(D)6 万元　　(E)5.5 万元

3. 如图 1 所示，已知 $AE=3AB$，$BF=2BC$. 若 $\triangle ABC$ 的面积是 2，则 $\triangle AEF$ 的面积为(　　).

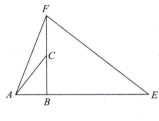

图 1

   (A)14　　　(B)12　　　(C)10　　　(D)8　　　(E)6

4. 某公司投资一个项目，已知上半年完成了预算的 $\frac{1}{3}$，下半年完成了剩余部分的 $\frac{2}{3}$，此时还有 8 千万元投资未完成，则该项目的预算为(　　).
   (A)3 亿元　　(B)3.6 亿元　　(C)3.9 亿元　　(D)4.5 亿元　　(E)5.1 亿元

5. 如图 2 所示，圆 A 和圆 B 的半径均为 1，则阴影部分的面积为(　　).

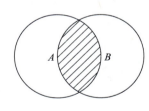

图 2

   (A)$\frac{2}{3}\pi$　(B)$\frac{\sqrt{3}}{2}$　(C)$\frac{\pi}{3}-\frac{\sqrt{3}}{4}$　(D)$\frac{2\pi}{3}-\frac{\sqrt{3}}{4}$　(E)$\frac{2\pi}{3}-\frac{\sqrt{3}}{2}$

6. 某容器中装满了浓度为 90% 的酒精，倒出 1 升后用水将容器注满，搅拌均匀后又倒出 1 升，再用水将容器注满，已知此时的酒精浓度为 40%，则该容器的容积是(　　).
   (A)2.5 升　　(B)3 升　　(C)3.5 升　　(D)4 升　　(E)4.5 升

7. 已知 $\{a_n\}$ 为等差数列，且 $a_2-a_5+a_8=9$，则 $a_1+a_2+\cdots+a_9=$(　　).
   (A)27　　　(B)45　　　(C)54　　　(D)81　　　(E)162

8. 甲、乙两人上午 8:00 分别自 A，B 出发相向而行，9:00 第一次相遇，之后速度均提高了 1.5 公里/小时,甲到 B、乙到 A 后都立刻沿原路返回.若两人在 10:30 第二次相遇,则 A,B 两地的距离为( ).

(A)5.6 公里　　(B)7 公里　　(C)8 公里　　(D)9 公里　　(E)9.5 公里

9.掷一枚均匀的硬币若干次,当正面向上次数大于反面向上次数时停止,则在 4 次之内停止的概率为( ).

(A)$\frac{1}{8}$　　(B)$\frac{3}{8}$　　(C)$\frac{5}{8}$　　(D)$\frac{3}{16}$　　(E)$\frac{5}{16}$

10.若几个质数(素数)的乘积为 770,则它们的和为( ).

(A)85　　(B)84　　(C)28　　(D)26　　(E)25

11.已知直线 l 是圆 $x^2+y^2=5$ 在点 $(1,2)$ 处的切线,则 l 在 y 轴上的截距为( ).

(A)$\frac{2}{5}$　　(B)$\frac{2}{3}$　　(C)$\frac{3}{2}$　　(D)$\frac{5}{2}$　　(E)5

12.如图 3 所示,正方体 $ABCD-A'B'C'D'$ 的棱长为 2,F 是棱 $C'D'$ 的中点,则 AF 的长为( ).

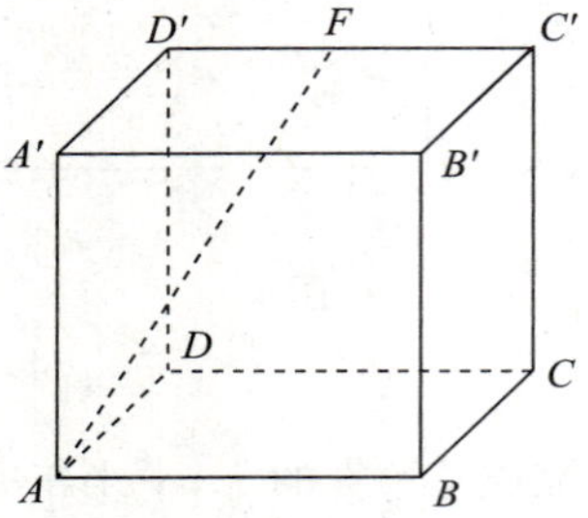

图 3

(A)3　　(B)5　　(C)$\sqrt{5}$　　(D)$2\sqrt{2}$　　(E)$2\sqrt{3}$

13.在某项活动中,将 3 男 3 女 6 名志愿者随机地分成甲、乙、丙三组,每组 2 人,则每组志愿者都是异性的概率为( ).

(A)$\frac{1}{90}$　　(B)$\frac{1}{15}$　　(C)$\frac{1}{10}$　　(D)$\frac{1}{5}$　　(E)$\frac{2}{5}$

14.某工厂在半径为 5 厘米的球形工艺品上镀一层装饰金属,厚度为 0.01 厘米,已知装饰金属的原材料是棱长为 20 厘米的正方体锭子,则加工 10 000 个该工艺品需要的锭子数最少为( )个(不考虑加工损耗,$\pi \approx 3.14$).

(A)2　　(B)3　　(C)4　　(D)5　　(E)20

15.某单位决定对 4 个部门的经理进行轮岗,要求每位经理必须轮换到 4 个部门中的其他部门任职,则不同的方案有( ).

(A)3 种　　(B)6 种　　(C)8 种　　(D)9 种　　(E)10 种

二、条件充分性判断:第 16～25 小题,每小题 3 分,共 30 分。 要求判断每题给出的条件(1)和条件(2)能否充分支持题干所陈述的结论。 (A)、(B)、(C)、(D)、(E)五个选项为判断结果,请选择一项符合试题要求的判断,在答题卡上将所选项的字母涂黑。

(A)条件(1)充分,但条件(2)不充分.

(B)条件(2)充分,但条件(1)不充分.

(C)条件(1)和条件(2)单独都不充分,但条件(1)和条件(2)联合起来充分.

(D)条件(1)充分,条件(2)也充分.

(E)条件(1)和条件(2)单独都不充分,条件(1)和条件(2)联合起来也不充分.

16. 已知曲线 $l: y = a + bx - 6x^2 + x^3$,则 $(a+b-5)(a-b-5) = 0$.

(1)曲线 l 过点 $(1,0)$.

(2)曲线 l 过点 $(-1,0)$.

17. 不等式 $|x^2 + 2x + a| \leq 1$ 的解集为空集.

(1) $a < 0$.

(2) $a > 2$.

18. 甲、乙、丙三人的年龄相同.

(1)甲、乙、丙的年龄成等差数列.

(2)甲、乙、丙的年龄成等比数列.

19. 设 x 是非零实数,则 $\dfrac{1}{x^3} + x^3 = 18$.

(1) $\dfrac{1}{x} + x = 3$.

(2) $\dfrac{1}{x^2} + x^2 = 7$.

20. 如图 4 所示,O 是半圆的圆心,C 是半圆上的一点,$OD \perp AC$,则能确定 OD 的长.

(1)已知 BC 的长.

(2)已知 AO 的长.

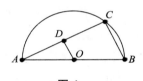

图 4

21. 方程 $x^2 + 2(a+b)x + c^2 = 0$ 有实根.

(1) a, b, c 是一个三角形的三边长.

(2)实数 a, c, b 成等差数列.

22. 已知二次函数 $f(x) = ax^2 + bx + c$,则能确定 a, b, c 的值.

(1)曲线 $y = f(x)$ 经过点 $(0,0)$ 和点 $(1,1)$.

(2)曲线 $y = f(x)$ 与直线 $y = a + b$ 相切.

23. 已知袋中装有红、黑、白三种颜色的球若干个,则红球最多.

(1)随机取出的一球是白球的概率为 $\dfrac{2}{5}$.

(2)随机取出的两球中至少有一个黑球的概率小于 $\dfrac{1}{5}$.

24. 已知 $M = \{a, b, c, d, e\}$ 是一个整数集合.则能确定集合 M.

(1) a, b, c, d, e 的平均值为 10.

(2) a, b, c, d, e 的方差为 2.

25. 已知 x,y 为实数．则 $x^2+y^2 \geqslant 1$．

    (1) $4y-3x \geqslant 5$．
    (2) $(x-1)^2+(y-1)^2 \geqslant 5$．

三、逻辑推理：第 26～55 小题，每小题 2 分，共 60 分。 下列每题给出的(A)、(B)、(C)、(D)、(E)五个选项中，只有一项是符合试题要求的。 请在答题卡上将所选项的字母涂黑。

26. 随着光纤网络带来的网速大幅度提高，高速下载电影、在线看大片等都不再是困扰我们的问题。即使在社会生产力发展水平较低的国家，人们也可以通过网络随时随地获得最快的信息、最贴心的服务和最佳体验。有专家据此认为：光纤网络将大幅度提高人们的生活质量。

    以下哪项如果为真，最能质疑该专家的观点？

    (A)网络上所获得的贴心服务和美妙体验有时是虚幻的。

    (B)即使没有光纤网络，同样可以创造高品质的生活。

    (C)随着高速网络的普及，相关上网费用也随之增加。

    (D)人们生活质量的提高仅决定于社会生产力的发展水平。

    (E)快捷的网络服务可能使人们将大量时间消耗在娱乐上。

27. 李栋善于辩论，也喜欢诡辩。有一次他论证道："郑强知道数字 87654321，陈梅家的电话号码正好是 87654321，所以郑强知道陈梅家的电话号码。"

    以下哪项与李栋论证中所犯的错误最为类似？

    (A)中国人是勤劳勇敢的，李岚是中国人，所以李岚是勤劳勇敢的。

    (B)金砖是由原子组成的，原子不是肉眼可见的，所以金砖不是肉眼可见的。

    (C)黄兵相信晨星在早晨出现，而晨星其实就是暮星，所以黄兵相信暮星在早晨出现。

    (D)张冉知道如果 1:0 的比分保持到终场，他们的队伍就会出线，现在张冉听到了比赛结束的哨声，所以张冉知道他们的队伍出线了。

    (E)所有蚂蚁都是动物，所以所有大蚂蚁都是大动物。

28. 陈先生在鼓励他孩子时说道："不要害怕暂时的困难和挫折，不经历风雨怎么见彩虹？"他孩子不服气地说："您说的不对。我经历了那么多风雨，怎么就没见到彩虹呢？"

    陈先生孩子的回答最适宜用来反驳以下哪项？

    (A)如果想见到彩虹，就必须经历风雨。

    (B)只要经历了风雨，就可以见到彩虹。

    (C)只有经历风雨，才能见到彩虹。

    (D)即使经历了风雨，也可能见不到彩虹。

    (E)即使见到了彩虹，也不是因为经历了风雨。

29. 在某次考试中，有 3 个关于北京旅游景点的问题，要求考生每题选择某个景点的名称作为唯一答案。其中 6 位考生关于上述 3 个问题的答案依次如下：

    第一位考生：天坛、天坛、天安门；

    第二位考生：天安门、天安门、天坛；

第三位考生:故宫、故宫、天坛;

第四位考生:天坛、天安门、故宫;

第五位考生:天安门、故宫、天安门;

第六位考生:故宫、天安门、故宫;

考试结果表明每位考生都至少答对其中 1 道题。

根据以上陈述,可知这 3 个问题的答案依次是:

(A)天坛、故宫、天坛。   (B)故宫、天安门、天安门。

(C)天安门、故宫、天坛。   (D)天坛、天坛、故宫。

(E)故宫、故宫、天坛。

30. 人们普遍认为适量的体育运动能够有效降低中风的发生率,但科学家还注意到有些化学物质也有降低中风风险的效用。番茄红素是一种让番茄、辣椒、西瓜和番木瓜等蔬果呈现红色的化学物质。研究人员选取一千余名年龄在 46~55 岁之间的人,进行了长达 12 年的跟踪调查,发现其中番茄红素水平最高的四分之一的人中有 11 人中风,番茄红素水平最低的四分之一的人中有 25 人中风。他们由此得出结论:番茄红素能降低中风的发生率。

以下哪项如果为真,最能对上述研究结论提出质疑?

(A)番茄红素水平较低的中风者中有三分之一的人病情较轻。

(B)吸烟、高血压和糖尿病等会诱发中风。

(C)如果调查 56~65 岁之间的人,情况也许不同。

(D)番茄红素水平高的人中约有四分之一喜爱进行适量的体育运动。

(E)被跟踪的另一半人中有 50 人中风。

31. 最新研究发现,恐龙腿骨化石都有一定的弯曲度,这意味着恐龙其实并没有人们想象的那么重。以前根据其腿骨为圆柱形的假定计算动物体重时,会使得计算结果比实际体重高出 1.42 倍。科学家由此认为,过去那种计算方式高估了恐龙腿部所能承受的最大身体重量。

以下哪项如果为真,最能支持上述科学家的观点?

(A)恐龙腿骨所能承受的重量比之前人们所认为的要大。

(B)恐龙身体越重,其腿部骨骼也越粗壮。

(C)圆柱形腿骨能承受的重量比弯曲的腿骨大。

(D)恐龙腿部的肌肉对于支撑其体重作用不大。

(E)与陆地上的恐龙相比,翼龙的腿骨更接近圆柱形。

32. 已知某班共有 25 位同学,女生中身高最高者与最低者相差 10 厘米,男生中身高最高者与最低者相差 15 厘米。小明认为,根据已知信息,只要再知道男生、女生最高者的具体身高,或者再知道男生、女生的平均身高,均可确定全班同学中身高最高者与最低者之间的差距。

以下哪项如果为真,最能构成对小明观点的反驳?

(A)根据已知信息,如果不能确定全班同学中身高最高者与最低者之间的差距,则也不能确定男生、女生身高最高者的具体身高。

(B)根据已知信息,即使确定了全班同学中身高最高者与最低者之间的差距,也不能确定男生、女生的平均身高。

(C)根据已知信息,如果不能确定全班同学中身高最高者与最低者之间的差距,则既不能确定男生、女生身高最高者的具体身高,也不能确定男生、女生的平均身高。

(D)根据已知信息,尽管再知道男生、女生的平均身高,也不能确定全班同学中身高最高者与最低者之间的差距。

(E)根据已知信息,仅仅再知道男生、女生最高者的具体身高,就能确定全班同学中身高最高者与最低者之间的差距。

33. 近10年来,某电脑公司的个人笔记本电脑的销量持续增长,但其增长率低于该公司所有产品总销量的增长率。

以下哪项关于该公司的陈述与上述信息相冲突?

(A)近10年来,该公司个人笔记本电脑的销量每年略有增长。

(B)个人笔记本电脑的销量占该公司产品总销量的比例近10年来由68%上升到72%。

(C)近10年来,该公司产品总销量增长率与个人笔记本电脑的销量增长率每年同时增长。

(D)近10年来,该公司个人笔记本电脑的销量占该公司产品总销量的比例逐年下降。

(E)个人笔记本电脑的销量占该公司产品总销量的比例近10年来由64%下降到49%。

34. 学者张某说:"问题本身并不神秘,因与果不仅是哲学家的事。每个凡夫俗子一生之中都将面临许多问题,但分析问题的方法与技巧却很少有人掌握,无怪乎华尔街的分析大师们趾高气扬、身价百倍。"

以下哪项如果为真,最能反驳张某的观点?

(A)有些凡夫俗子可能不需要掌握分析问题的方法与技巧。

(B)有些凡夫俗子一生之中将要面临的问题并不多。

(C)凡夫俗子之中很少有人掌握分析问题的方法与技巧。

(D)掌握分析问题的方法与技巧对多数人来说很重要。

(E)华尔街的分析大师们大都掌握分析问题的方法与技巧。

35. 实验发现,孕妇适当补充维生素D可降低新生儿感染呼吸道合胞病毒的风险。科研人员检测了156名新生儿脐带血中维生素D的含量,其中54%的新生儿被诊断为维生素D缺乏,这当中有12%的孩子在出生后一年内感染了呼吸道合胞病毒,这一比例远高于维生素D正常的孩子。

以下哪项如果为真,最能对科研人员的上述发现提供支持?

(A)上述实验中,54%的新生儿维生素D缺乏是由于他们的母亲在妊娠期间没有补充足够的维生素D造成的。

(B)孕妇适当补充维生素D可降低新生儿感染流感病毒的风险,特别是在妊娠后期补充维生素D,预防效果会更好。

(C)上述实验中,46%补充维生素D的孕妇所生的新生儿也有一些在出生一年内感染呼吸道合胞病毒。

(D)科研人员实验时所选的新生儿在其他方面跟一般新生儿的相似性没有得到明确验证。

(E)维生素D具有多种防病健体功能,其中包括提高免疫系统功能、促进新生儿呼吸系统发育、预防新生儿呼吸道病毒感染等。

36. 英国有家小酒馆采取客人吃饭付费"随便给"的做法,即让顾客享用葡萄酒、蟹柳及三文鱼等美食后,自己决定付账金额。大多数顾客均以公平或慷慨的态度结账,实际金额比那些酒水、菜肴本来的价格高出20%。该酒馆老板另有4家酒馆,而这4家酒馆每周的利润与付账"随便给"的酒馆相比少5%。这位老板因此认为,"随便给"的营销策略很成功。
    以下哪项如果为真,最能解释老板营销策略的成功?
    (A)部分顾客希望自己看上去有教养,愿意掏足够甚至更多的钱。
    (B)如果客人支付低于成本价格,就会受到提醒而补足差价。
    (C)另外4家酒馆的位置不如这家"随便给"酒馆。
    (D)客人常常不知道酒水、菜肴的实际价格,不知道该付多少钱。
    (E)对于过分吝啬的顾客,酒馆老板常常也无可奈何。

37～38题基于以下题干:
    某公司年度审计期间,审计人员发现一张发票,上面有赵义、钱仁礼、孙智、李信4个签名,签名者的身份各不相同,是经办人、复核、出纳或审批领导之中的一个,且每个签名都是本人所签。询问四位相关人员,得到以下答案:
    赵义:"审批领导的签名不是钱仁礼。"
    钱仁礼:"复核的签名不是李信。"
    孙智:"出纳的签名不是赵义。"
    李信:"复核的签名不是钱仁礼。"
    已知上述每个回答中,如果提到的人是经办人,则该回答为假;如果提到的人不是经办人,则为真。

37. 根据以上信息,可以得出经办人是:
    (A)赵义。 (B)钱仁礼。 (C)孙智。 (D)李信。 (E)无法确定。

38. 根据以上信息,该公司的复核与出纳分别是:
    (A)李信、赵义。   (B)孙智、赵义。   (C)钱仁礼、李信。
    (D)赵义、钱仁礼。   (E)孙智、李信。

39. 长期以来,人们认为地球是已知唯一能支持生命存在的星球,不过这一情况开始出现改观。科学家近期指出,在其他恒星周围,可能还存在着更加宜居的行星,他们尝试用崭新的方法开展地外生命搜索,即搜寻放射性元素钍和铀。行星内部含有这些元素越多,其内部温度就会越高,这在一定程度上有助于行星的板块运动,而板块运动有助于维系行星表面的水体,因此,板块运动可被视为行星存在宜居环境的标志之一。
    以下哪项最可能是科学家的假设?
    (A)行星如能维系水体,就可能存在生命。
    (B)行星板块运动都是由放射性元素钍和铀驱动的。
    (C)行星内部温度越高,越有助于它的板块运动。
    (D)没有水的行星也可能存在生命。

(E)虽然尚未证实,但地外生命一定存在。

40. 为了加强学习型机关建设,某机关党委开展了菜单式学习活动,拟开设课程有"行政学""管理学""科学前沿""逻辑"和"国际政治"5门课程,要求其下属的4个支部各选择其中两门课程进行学习。已知:第一支部没有选择"管理学""逻辑",第二支部没有选择"行政学""国际政治",只有第三支部选择了"科学前沿"。任意两个支部所选课程均不完全相同。

根据上述信息,关于第四支部的选课情况可以得出以下哪项?

(A)如果没有选择"行政学",那么选择了"管理学"。

(B)如果没有选择"管理学",那么选择了"国际政治"。

(C)如果没有选择"行政学",那么选择了"逻辑"。

(D)如果没有选择"管理学",那么选择了"逻辑"。

(E)如果没有选择"国际政治",那么选择了"逻辑"。

41. 有气象专家指出,全球变暖已经成为人类发展最严重的问题之一,南北极地区的冰川由于全球变暖而加速融化,已导致海平面上升;如果这一趋势不变,今后势必淹没很多地区。但近几年来,北半球许多地区的民众在冬季感到相当寒冷,一些地区甚至出现了超强降雪和超低气温,人们觉得对近期气候的确切描述似乎更应该是"全球变冷"。

以下哪项如果为真,最能解释上述现象?

(A)除了南极洲,南半球近几年冬季的平均温度接近常年。

(B)近几年来,全球夏季的平均气温比常年偏高。

(C)近几年来,由于两极附近海水温度升高导致原来洋流中断或者减弱,而北半球经历严寒冬季的地区正是原来暖流影响的主要区域。

(D)近几年来,由于赤道附近海水温度升高导致了原来洋流增强,而北半球经历严寒冬季的地区不是原来寒流影响的主要区域。

(E)北半球主要是大陆性气候,冬季和夏季的温差通常比较大,近年来冬季极地寒流南侵比较频繁。

42. 这两个《通知》或者属于规章或者属于规范性文件,任何人均无权依据这两个《通知》将本来属于当事人选择公证的事项规定为强制公证的事项。

根据以上信息,可以得出以下哪项?

(A)规章或者规范性文件既不是法律,也不是行政法规。

(B)规章或规范性文件或者不是法律,或者不是行政法规。

(C)这两个《通知》如果一个属于规章,那么另一个属于规范性文件。

(D)这两个《通知》如果都不属于规范性文件,那么就属于规章。

(E)将本来属于当事人选择公证的事项规定为强制公证的事项属于违法行为。

43. 若一个管理者是某领域优秀的专家学者,则他一定会管理好公司的基本事务;一位品行端正的管理者可以得到下属的尊重;但是对所有领域都一知半解的人一定不会得到下属的尊重。浩瀚公司董事会只会解除那些没有管理好公司基本事务者的职务。

根据以上信息,可以得出以下哪项?

(A)浩瀚公司董事会不可能解除品行端正的管理者的职务。

(B)浩瀚公司董事会解除了某些管理者的职务。

(C)浩瀚公司董事会不可能解除受下属尊重的管理者的职务。

(D)作为某领域优秀专家学者的管理者,不可能被浩瀚公司董事会解除职务。

(E)对所有领域都一知半解的管理者,一定会被浩瀚公司董事会解除职务。

44. 某国大选在即,国际政治专家陈研究员预测:选举结果或者是甲党控制政府,或者是乙党控制政府。如果甲党赢得对政府的控制权,该国将出现经济问题;如果乙党赢得对政府的控制权,该国将陷入军事危机。

根据陈研究员的上述预测,可以得出以下哪项?

(A)该国可能不会出现经济问题,也不会陷入军事危机。

(B)如果该国出现经济问题,那么甲党赢得了对政府的控制权。

(C)该国将出现经济问题,或者将陷入军事危机。

(D)如果该国陷入了军事危机,那么乙党赢得了对政府的控制权。

(E)如果该国出现了经济问题并且陷入了军事危机,那么甲党与乙党均赢得了对政府的控制权。

45. 某大学顾老师在回答有关招生问题时强调:"我们学校招收一部分免费师范生,也招收一部分一般师范生。一般师范生不同于免费师范生。没有免费师范生毕业时可以留在大城市工作,而一般师范生毕业时都可以选择留在大城市工作,任何非免费师范生毕业时都需要自谋职业,没有免费师范生毕业时需要自谋职业。"

根据顾老师的陈述,可以得出以下哪项?

(A)该校需要自谋职业的大学生都可以选择留在大城市工作。

(B)不是一般师范生的该校大学生都是免费师范生。

(C)该校需要自谋职业的大学生都是一般师范生。

(D)该校所有一般师范生都需要自谋职业。

(E)该校可以选择留在大城市工作的唯一一类毕业生是一般师范生。

46. 某单位有负责网络、文秘以及后勤的三名办公人员:文珊、孔瑞和姚薇,为了培养年轻干部,领导决定她们三人在这三个岗位之间实行轮岗,并将她们原来的工作间110室、111室和112室也进行了轮换。结果,原本负责后勤的文珊接替了孔瑞的文秘工作,由110室调到了111室。

根据以上信息,可以得出以下哪项?

(A)姚薇接替孔瑞的工作。 (B)孔瑞接替文珊的工作。

(C)孔瑞被调到了110室。 (D)孔瑞被调到了112室。

(E)姚薇被调到了112室。

47. 某小区业主委员会的4名成员晨桦、建国、向明和嘉媛坐在一张方桌前(每边各坐一人)讨论小区大门旁的绿化方案。4人的职业各不相同,分别是高校教师、软件工程师、园艺师或邮递员之中的一种。已知:晨桦是软件工程师,他坐在建国的左手边;向明坐在高校教师的右手边;坐在建国对面的嘉媛不是邮递员。

根据以上信息,可以得出以下哪项?

(A)嘉媛是高校教师,向明是园艺师。　　　　(B)向明是邮递员,嘉媛是园艺师。
(C)建国是邮递员,嘉媛是园艺师。　　　　　(D)建国是高校教师,向明是园艺师。
(E)嘉媛是园艺师,向明是高校教师。

48. 兰教授认为,不善于思考的人不可能成为一名优秀的管理者,没有一个谦逊的智者学习占星术,占星家均学习占星术,但是有些占星家却是优秀的管理者。

　　以下哪项如果为真,最能反驳兰教授的上述观点?

(A)有些占星家不是优秀的管理者。　　　　(B)有些善于思考的人不是谦逊的智者。
(C)所有谦逊的智者都是善于思考的人。　　(D)谦逊的智者都不是善于思考的人。
(E)善于思考的人都是谦逊的智者。

49. 不仅人上了年纪会难以集中注意力,就连蜘蛛也有类似的情况。年轻蜘蛛结的网整齐均匀,角度完美;年老蜘蛛结的网可能出现缺口,形状怪异。蜘蛛越老,结的网就越没有章法。科学家由此认为,随着时间的流逝,这种动物的大脑也会像人脑一样退化。

　　以下哪项如果为真,最能质疑科学家的上述论证?

(A)优美的蛛网更容易受到异性蜘蛛的青睐。
(B)年老蜘蛛的大脑较之年轻蜘蛛,其脑容量明显偏小。
(C)运动器官的老化会导致年老蜘蛛结网能力下降。
(D)蜘蛛结网只是一种本能的行为,并不受大脑控制。
(E)形状怪异的蛛网较之整齐均匀的蛛网,其功能没有大的差别。

50. 某研究中心通过实验对健康男性和女性听觉的空间定位能力进行了研究。起初,每次只发出一种声音,要求被试者说出声源的准确位置,男性和女性都非常轻松地完成了任务;后来多种声音同时发出,要求被试者只关注一种声音并对声源进行定位,与男性相比女性完成这项任务要困难得多,有时她们甚至认为声音是从声源相反方向传来的。研究人员由此得出:在嘈杂环境中准确找出声音来源的能力,男性要胜过女性。

　　以下哪项如果为真,最能支持研究者的结论?

(A)在实验使用的嘈杂环境中,有些声音是女性熟悉的声音。
(B)在实验使用的嘈杂环境中,有些声音是男性不熟悉的声音。
(C)在安静的环境中,女性注意力更易集中。
(D)在嘈杂的环境中,男性注意力更易集中。
(E)在安静的环境中,人的注意力容易分散;在嘈杂的环境中,人的注意力容易集中。

51. 孙先生的所有朋友都声称,他们知道某人每天抽烟至少两盒,而且持续了40年,但身体一直不错,不过可以确信的是,孙先生并不知道有这样的人,在他的朋友中也有像孙先生这样不知情的。

　　根据以上信息,最可能得出以下哪项?

(A)抽烟的多少和身体健康与否无直接关系。
(B)朋友之间的交流可能会夸张,但没有人想故意说谎。
(C)孙先生的每位朋友知道的烟民一定不是同一个人。
(D)孙先生的朋友中有人没有说真话。

(E)孙先生的大多数朋友没有说真话。

52. 现有甲、乙两所学校,根据上年度的经费实际投入统计,若仅仅比较在校本科生的学生人均经费投入,甲校等于乙校的86%;但若比较所有学生(本科生加上研究生)的人均经费投入,甲校是乙校的118%。各校研究生的人均经费投入均高于本科生。

根据以上信息,最可能得出以下哪项?

(A)上年度,甲校学生总数多于乙校。

(B)上年度,甲校研究生人数少于乙校。

(C)上年度,甲校研究生占该校学生的比例高于乙校。

(D)上年度,甲校研究生人均经费投入高于乙校。

(E)上年度,甲校研究生占该校学生的比例高于乙校,或者甲校研究生人均经费投入高于乙校。

53~55题基于以下题干:

孔智、孟睿、荀慧、庄聪、墨灵、韩敏等6人组成一个代表队参加某次棋类大赛,其中两人参加围棋比赛,两人参加中国象棋比赛,还有两人参加国际象棋比赛。有关他们具体参加比赛项目的情况还需满足以下条件:

(1)每位选手只能参加一个比赛项目。

(2)孔智参加围棋比赛,当且仅当,庄聪和孟睿都参加中国象棋比赛。

(3)如果韩敏不参加国际象棋比赛,那么墨灵参加中国象棋比赛。

(4)如果荀慧参加中国象棋比赛,那么庄聪不参加中国象棋比赛。

(5)荀慧和墨灵至少有一人不参加中国象棋比赛。

53. 如果荀慧参加中国象棋比赛,那么可以得出以下哪项?

(A)庄聪和墨灵都参加围棋比赛。 (B)孟睿参加围棋比赛。

(C)孟睿参加国际象棋比赛。 (D)墨灵参加国际象棋比赛。

(E)韩敏参加国际象棋比赛。

54. 如果庄聪和孔智参加相同的比赛项目,且孟睿参加中国象棋比赛,那么可以得出以下哪项?

(A)墨灵参加国际象棋比赛。 (B)庄聪参加中国象棋比赛。

(C)孔智参加围棋比赛。 (D)荀慧参加围棋比赛。

(E)韩敏参加中国象棋比赛。

55. 根据题干信息,以下哪项可能为真?

(A)庄聪和韩敏参加中国象棋比赛。 (B)韩敏和荀慧参加中国象棋比赛。

(C)孔智和孟睿参加围棋比赛。 (D)墨灵和孟睿参加围棋比赛。

(E)韩敏和孔智参加围棋比赛。

四、写作:第56~57小题,共65分。其中论证有效性分析30分,论说文35分。请答在答题纸相应的位置上。

56. 论证有效性分析:分析下述论证中存在的缺陷与漏洞,选择若干要点,写一篇600字左右的文章,对该论证的有效性进行分析和评论。(论证有效性分析的一般要点是:概念特别是核心概念的界定和使用是否准确并前后一致,有无各种明显的逻辑错误,论证的论据是否成立并支持结论,结论成立的条件是否充分等。)

现代企业管理制度的设计所要遵循的重要原则是权力的制衡与监督。只要有了制衡与监督,企业的成功就有了保证。

所谓制衡,指对企业的管理权进行分解,然后使被分解的权力相互制约以达到平衡,它可以使任何人不能滥用权力;至于监督,指对企业管理进行严密观察,使企业运营处于可控范围之内。既然任何人都不能滥用权力,而且所有环节都在可控范围之内,那么企业的运营就不可能产生失误。

同时,以制衡与监督为原则所设计的企业管理制度还有一个固有特点,即能保证其实施的有效性,因为环环相扣的监督机制能确保企业内部各级管理者无法敷衍塞责。万一有人敷衍塞责,也会受到这一机制的制约而得到纠正。

再者,由于制衡原则的核心是权力的平衡,而企业管理的权力又是企业运营的动力与起点,因此,权力的平衡就可以使整个企业运营保持平衡。

另外,从本质上来说,权力平衡就是权力平等,因此,这一制度本身蕴含着平等观念。平等观念一旦成为企业的管理理念,必将促进企业内部的和谐与稳定。

由此可见,如果权力的制衡与监督这一管理原则付诸实践,就可以使企业的运营避免失误,确保其管理制度的有效性、日常运营的平衡以及内部的和谐与稳定,这样的企业一定能够成功。

57.论说文:根据下述材料,写一篇700字左右的论说文,题目自拟。

生物学家发现,雌孔雀往往选择尾巴大而艳丽的雄孔雀作为配偶,因为雄孔雀尾巴越大越艳丽,表明它越有生命活力,其后代的健康越能得到保证。但是,这种选择也产生了问题:孔雀尾巴越大越艳丽,就越容易被天敌发现和猎获,其生存反而会受到威胁。

答案速查

一、问题求解

1~5　（E）(B)(B)(B)(E)　　　6~10　（B)(D)(D)(C)(E)
11~15　(D)(A)(E)(C)(D)

二、条件充分性判断

16~20　(A)(B)(C)(A)(A)　　　21~25　(D)(C)(C)(C)(A)

三、逻辑推理

26~30　(D)(C)(B)(B)(E)　　　31~35　(C)(D)(B)(B)(E)
36~40　(B)(C)(D)(A)(D)　　　41~45　(C)(D)(D)(C)(D)
46~50　(D)(B)(E)(D)(D)　　　51~55　(D)(E)(E)(D)(D)

四、写作

略

答案详解

一、问题求解

1.（E）

【解析】母题91·平均值问题

设一等奖的个数为 x 个，则其他奖品个数为 $26-x$ 个，根据题意，得
$$280\times 26 = 400x + 270\times(26-x),$$
解得 $x=2$.

【快速得分法】十字交叉法.

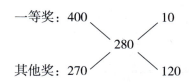

所以，$\dfrac{\text{一等奖个数}}{\text{其他奖个数}}=\dfrac{10}{120}=\dfrac{2}{24}.$

2.（B）

【解析】母题97·工程问题

设甲公司每周的工时费为 x 万元，乙公司每周的工时费为 y 万元，则
$$\begin{cases}10(x+y)=100,\\ 6x+18y=96,\end{cases}$$

解得 $x=7, y=3$.

3.（B）

【解析】母题 57·平面几何五大模型

方法一：特殊直线法. 假定 BF 垂直于 AE，则有 $\dfrac{S_{\triangle AEF}}{S_{\triangle ABC}}=\dfrac{\frac{1}{2}\cdot AE\cdot BF}{\frac{1}{2}AB\cdot BC}=\dfrac{AE\cdot BF}{AB\cdot BC}=\dfrac{3}{1}\times\dfrac{2}{1}=\dfrac{6}{1}$，

故 $\triangle AEF$ 的面积是 $\triangle ABC$ 的面积的 6 倍，故 $S_{\triangle AEF}=6S_{\triangle ABC}=12$.

方法二：由 $AE=3AB$，故 $\triangle AEF$ 的底为 $\triangle ABC$ 的底的 3 倍. 由 $BF=2BC$，故 $\triangle AEF$ 的高为 $\triangle ABC$ 的高的 2 倍. 故 $\triangle AEF$ 的面积是 $\triangle ABC$ 的面积的 6 倍，即 $S_{\triangle AEF}=6S_{\triangle ABC}=6\times 2=12$.

4.（B）

【解析】母题 90·简单算术问题

设项目的预算为 x，下半年完成量为 $\left(1-\dfrac{1}{3}\right)\times\dfrac{2}{3}=\dfrac{4}{9}$，根据题意，得

$$x\left(1-\dfrac{1}{3}-\dfrac{4}{9}\right)=0.8,$$

解得 $x=3.6$.

5.（E）

【解析】母题 58·求面积问题

由题意，连接两圆交点和圆心以后是等边三角形. 设两圆的交点为 C、D 两点，连接 AC, AD, BC, BD, AB，如图 5 所示，则

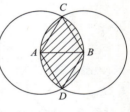

图 5

阴影面积＝两个等边三角形 ABC 和 ABD 的面积＋四个小弓形的面积

$=2\times S_{\triangle ABC}+4\times(S_{\text{扇形}ABC}-S_{\triangle ABC})$

$=4\times S_{\text{扇形}ABC}-2\times S_{\triangle ABC}$

$=4\times\dfrac{1}{6}\times\pi\times 1^2-2\times\dfrac{1}{2}\times 1\times\dfrac{\sqrt{3}}{2}$

$=\dfrac{2\pi}{3}-\dfrac{\sqrt{3}}{2}$.

6.（B）

【解析】母题 96·溶液问题

本题可以看作是递减率问题，设每次倒出的 1 升占整个容器容积的比例为 x，根据题意，得
$$90\%(1-x)^2=40\%,$$

解得 $x=\dfrac{1}{3}$，所以容器的容积为 3 升.

7.（D）

【解析】母题 44·等差数列基本问题

$a_2-a_5+a_8=a_2+a_8-a_5=2a_5-a_5=a_5=9$.

所以 $a_1+a_2+\cdots+a_9=9a_5=81$.

8.（D）

【解析】母题 98·行程问题

设甲的原始速度为 x，乙的原始速度为 y，A,B 两地的距离为 S；第一次相遇时，两人一共走了 1 个 S，从第一次相遇到第二次相遇时，两人一共走了 2 个 S。根据题意，得

$$\begin{cases}(x+y)\times 1=S,\\ [(x+1.5)+(y+1.5)]\times 1.5=2S,\end{cases}$$

解得 $x+y=9$，即 $S=9$.

9.（C）

【解析】母题 89·闯关和比赛问题

根据题意，停止的可能有如下几种（如表 1 所示）：

表 1

第 1 次	第 2 次	第 3 次	第 4 次
正	不用掷了	不用掷了	不用掷了
反	正	正	不用掷了

故，在 4 次之内停止的概率为 $P=\dfrac{1}{2}+\left(\dfrac{1}{2}\right)^3=\dfrac{5}{8}$.

10.（E）

【解析】母题 4·质数与合数问题

分解质因数：$770=2\times 5\times 7\times 11$，所以 $2+5+7+11=25$.

11.（D）

【解析】母题 63·直线与圆的位置关系

方法一：设 l 的方程为 $y=k(x-1)+2$，即 $kx-y-k+2=0$.
圆心到直线的距离等于半径，得

$$\dfrac{|-k+2|}{\sqrt{k^2+(-1)^2}}=\sqrt{5},$$

解得 $k=-\dfrac{1}{2}$. 故纵截距为 $-k+2=\dfrac{5}{2}$.

方法二：过圆上一点的切线公式：过圆 $(x-a)^2+(y-b)^2=r^2$ 上一点 (x_0,y_0) 的切线方程为 $(x-a)(x_0-a)+(y-b)(y_0-b)=r^2$.

故本题中的切线方程为 $x+2y=5$，即 $y=-\dfrac{1}{2}x+\dfrac{5}{2}$，故纵截距为 $\dfrac{5}{2}$.

【快速得分法】画图像可知纵截距一定大于 $\sqrt{5}$，只有（D）、（E）两项，观察图像可知（E）项不可能，选（D）.

12.（A）

【解析】母题 59·空间几何体问题

在 $\triangle AD'F$ 中使用勾股定理求 AF,可得
$$|AF|=\sqrt{|D'A|^2+|D'F|^2}=\sqrt{8+1}=3.$$

13.（E）

【解析】母题82·古典概型

根据题意,每组志愿者都是异性的概率为 $P=\dfrac{C_3^1 C_3^1 C_2^1 C_2^1 C_1^1 C_1^1}{C_6^2 C_4^2 C_2^2}=\dfrac{2}{5}$.

14.（C）

【解析】母题59·空间几何体问题

方法一：需要的锭子的数量为
$$\dfrac{\left(\dfrac{4}{3}\pi\times 5.01^3-\dfrac{4}{3}\pi\times 5^3\right)\times 10\,000}{20^3}\approx 3.93.$$

方法二：$\dfrac{4\pi\times 5^2\times 0.01\times 10\,000}{20^3}\approx 3.93.$

故最少需要4个锭子.

15.（D）

【解析】母题79·不能对号入座问题

设4位部门经理分别为1、2、3、4. 他们分别在一、二、三、四这4个部门中任职.

让经理1先选位置,可以在二、三、四中挑一个：C_3^1.

假设他挑了部门二,则让经理2再选位置,他可以选择一、三或四：C_3^1.

无论经理2选了第几个部门,余下的2个人都只有1种选择.

故不同的方案有 $C_3^1\times C_3^1\times 1=9$（种）选择.

【快速得分法】此题为不对号入座问题,直接记忆结论,4球不对号,选9种.

二、条件充分性判断

16.（A）

【解析】母题66·过定点与曲线系

条件(1)：将点(1,0)代入曲线方程,得
$$y=a+b\times 1-6\times 1^2+1^3=a+b-5=0,$$
故条件(1)充分.

条件(2)：将点(-1,0)代入曲线方程,得
$$y=a+b\times(-1)-6\times(-1)^2+(-1)^3=a-b-7=0,$$
故条件(2)不充分.

17.（B）

【解析】母题38·一元二次不等式的恒成立问题

$|x^2+2x+a|\leq 1$ 的解集为空集,等价于 $|x^2+2x+a|>1$ 恒成立,即 $x^2+2x+a>1$ 或 $x^2+2x+a<-1$ 恒成立.

$y=x^2+2x+a$ 的图像开口向上,不可能恒小于 -1,所以,只能恒大于 1,即 $x^2+2x+(a-1)>0$ 恒成立,需要满足 $\Delta=4-4(a-1)<0$,解得 $a>2$.

故条件(1)不充分,条件(2)充分.

18. （C）

【解析】母题 52·等差数列与等比数列综合题

既是等差数列又是等比数列的数列是非零的常数列,显然选(C).

19. （A）

【解析】母题 27·已知 $x+\dfrac{1}{x}=a$ 或者 $x^2+ax+1=0$,求代数式的值

分解因式可得

$$\dfrac{1}{x^3}+x^3=\left(\dfrac{1}{x}+x\right)\left(\dfrac{1}{x^2}+x^2-1\right),$$

条件(1): $\dfrac{1}{x}+x=3$, $\dfrac{1}{x^2}+x^2=\left(\dfrac{1}{x}+x\right)^2-2=7$.

所以 $\dfrac{1}{x^3}+x^3=\left(\dfrac{1}{x}+x\right)\left(\dfrac{1}{x^2}+x^2-1\right)=3\times 6=18$,条件(1)充分.

条件(2): $\dfrac{1}{x^2}+x^2=\left(\dfrac{1}{x}+x\right)^2-2=7$,得 $\left(\dfrac{1}{x}+x\right)^2=9$.

所以 $\dfrac{1}{x}+x=\pm 3$,则

$$\dfrac{1}{x^3}+x^3=\left(\dfrac{1}{x}+x\right)\left(\dfrac{1}{x^2}+x^2-1\right)=\pm 3\times 6=\pm 18,$$

条件(2)不充分.

20. （A）

【解析】母题 57·平面几何五大模型

条件(1):由题意可知 $OD//BC$,所以,$\triangle AOD\sim\triangle ABC$,$O$ 为 AB 的中点,所以 $|OD|=\dfrac{1}{2}|BC|$,显然条件(1)充分.

条件(2):因为 $|OD|=|OA|\sin\angle DAO$,但是 C 点为动点,$\angle DAO$ 大小不定,故 OD 长度不定.

21. （D）

【解析】母题 53·数列与函数、方程的综合题

由题意可得

$$\Delta=4(a+b)^2-4c^2\geq 0,\text{即}(a+b)^2\geq c^2.$$

条件(1):三角形两边之和大于第三边,$a+b>c$,显然 $(a+b)^2>c^2$,条件(1)充分.

条件(2): $2c=a+b$,故 $(a+b)^2=4c^2$,显然 $(a+b)^2=4c^2\geq c^2$,条件(2)充分.

22. (C)

【解析】母题 33·一元二次函数的基本题型

条件(1)：两个点代入函数，可得 $\begin{cases} c=0, \\ a+b+c=1, \end{cases}$ 无法确定 a,b 的值，不充分.

条件(2)：由此条件可知，二次函数顶点的纵坐标为 $\dfrac{4ac-b^2}{4a}=a+b$，显然不充分.

联立两个条件，可得 $a=-1,b=2,c=0$，即两个条件联合起来充分.

23. (C)

【解析】母题 86·袋中取球模型

条件(1)：无法确定黑、红两色球的概率，不充分.

条件(2)：无法确定白、红两色球的概率，不充分.

联立两个条件：

由条件(1)：随机取出的一球是白球的概率为 $\dfrac{2}{5}$，可知白球占总球数的 $\dfrac{2}{5}$.

由条件(2)：随机取出的两球中至少有一个黑球的概率大于随机取出一球是黑球的概率，所以，

随机取出一球是黑球的概率小于 $\dfrac{1}{5}$，即黑球占总球数的比例小于 $\dfrac{1}{5}$.

所以，红球占总球数的比例大于 $\dfrac{2}{5}$，红球最多，故联合起来充分.

24. (C)

【解析】母题 18·平均值与方差

条件(1)：$a+b+c+d+e=50$①，显然不充分.

条件(2)：显然不充分.

联立两个条件：

$$\dfrac{(a-10)^2+(b-10)^2+(c-10)^2+(d-10)^2+(e-10)^2}{5}=2,$$

整理得

$$(a-10)^2+(b-10)^2+(c-10)^2+(d-10)^2+(e-10)^2=10,$$

10 必须是 5 个完全平方数的和，穷举可知只有一种可能，即 $10=0+1+1+4+4$.

令 $a=8,b=9,c=10,d=11,e=12$，且满足 $a+b+c+d+e=50$，即可以确定集合 M，所以联合起来充分.

【快速得分法】定理：任意连续 5 个整数的方差为 2.

故由条件(2)可知，a,b,c,d,e 为任意 5 个连续整数，结合条件(1)可知，a,b,c,d,e 为 8,9,10,11,12，故能确定集合 M.

25. (A)

【解析】母题 69·解析几何中的最值问题

由题

$$x^2+y^2=(x-0)^2+(y-0)^2=d^2\geqslant 1,$$

故只需要证明原点到条件(1)和条件(2)所代表的曲线上任意一点的距离 d 满足 $d_{\min}\geqslant 1$.

条件(1):等价于 $-3x+4y-5\geqslant 0$,是直线 $-3x+4y-5=0$ 上方的部分.

距离 d 的最小值为原点到直线的距离,即

$$d_{\min}=\frac{|-3\times 0+4\times 0-5|}{\sqrt{(-3)^2+4^2}}=1,$$

故条件(1)充分.

条件(2):不等式方程为圆 $(x-1)^2+(y-1)^2=5$ 圆上及其圆外区域.

原点在圆内,故原点到圆上任意一点距离的最小值等于半径减去原点到圆心的距离,故

$$d_{\min}=\sqrt{5}-\sqrt{(1-0)^2+(1-0)^2}=\sqrt{5}-\sqrt{2}\approx 0.82<1,$$

故条件(2)不充分.

三、逻辑推理

26. (D)

【解析】母题 16·因果型削弱题(猜结果)

题干:人们通过网络随时随地获得最快的信息、最贴心的服务和最佳体验 —导致→ 光纤网络将大幅度提高人们的生活质量。

(A)项,不能削弱,"有时虚幻"无法削弱整体体验。

(B)项,无关选项,没有光纤网络,同样可以创造高品质的生活,不代表光纤网络不能提高人们的生活质量。

(C)项,无关选项,上网费用是否增加与光纤网络提高人们的生活质量无关。

(D)项,可以削弱,人们生活质量的提高仅决定于社会生产力的发展水平,而与光纤网络无关,则光纤网络不能大幅度提高人们的生活质量,结果推断不当。

(E)项,不能削弱,可能有恶果不等于事实如此。

27. (C)

【解析】母题 35·论证逻辑型结构相似题

题干:"数字 87654321"与"电话号码正好是 87654321"不是同一概念,因此,题干犯了偷换概念的逻辑错误。

推理形式为:A 知道 B_1,C 是 B_2,所以,A 知道 C。

(A)项,第一个中国人是集合概念,第二个中国人是类概念,也犯了偷换概念的逻辑错误,但是,在其推理形式上,不如(C)项更相似。

(B)项,A 由 B 组成,B 具有性质 C,所以,A 具有性质 C,与题干不同。

(C)项,晨星是指"早晨的金星",暮星是指"傍晚的金星",存在偷换概念,而且在推理形式上为:A 相信 B_1,B_2 是 C(等价于 C 是 B_2),所以,A 相信 C。故本项与题干最为相似。

(D)项,显然与题干不同。

(E)项,蚂蚁是动物的一种,这里没涉及动物的大小,大蚂蚁只是蚂蚁中大的一种,而不是动物中大的一种,与题干不同。

28.（B）

【解析】母题 6·假言命题的负命题

陈先生：¬经历风雨→¬见到彩虹，"经历风雨"是"见到彩虹"的必要条件。

陈先生的孩子：（经历风雨∧¬见到彩虹）=¬（经历风雨→见到彩虹）。

所以陈先生的孩子反驳的是：只要经历了风雨，就可以见到彩虹。他误把必要条件当成了充分条件。

故(B)项正确。

29.（B）

【解析】母题 39·简单匹配题

使用选项排除法：

(A)项，第六位考生一道题都没答对，排除。

(B)项，推不出矛盾。

(C)项，第一位、第四位、第六位考生一道题都没答对，排除。

(D)项，第二位、第三位、第五位考生一道题都没答对，排除。

(E)项，第一位、第四位考生一道题都没答对，排除。

30.（E）

【解析】母题 16·因果型削弱题（求异法）

题干使用求异法：

<u>番茄红素水平最高的四分之一的人：11 人中风；</u>
<u>番茄红素水平最低的四分之一的人：25 人中风；</u>
所以，番茄红素能降低中风的发生率。

(A)项，无关选项，题干只讨论发生中风与否，没有讨论中风的严重性。

(B)项，无关选项，题干讨论的是"番茄红素水平"与中风的关系，此项不涉及此论证。

(C)项，诉诸无知。

(D)项，另有他因，但是因为不知道番茄红素水平低的人体育运动量的多少，如果少于四分之一，则质疑题干；如果也有四分之一甚至多于四分之一，则不能质疑题干。所以此项削弱力度弱。

(E)项，此项与题干构成共变法实验：

番茄红素水平最高的四分之一的人：11 人中风；

番茄红素水平居中的二分之一的人：50 人中风；

番茄红素水平最低的四分之一的人：25 人中风。

如果番茄红素水平确实影响中风的发生率，那么，应该是番茄红素水平高的，中风率最低；番茄红素水平居中的，中风率居中；番茄红素水平最低的，中风率最高。但由此项却发现，番茄红素水平居中和最低的人，发病率一样，说明番茄红素水平并不是影响中风发生率的关键因素，削弱题干。

31.（C）

【解析】母题 19·论证型支持题

题干中的论据：

①恐龙腿骨化石都有一定的弯曲度,这意味着恐龙没有人们想象的那么重。
②以前根据腿骨为圆柱形的假定计算动物体重时,会使得计算结果比实际体重高出1.42倍。
题干中的结论:过去那种计算方式高估了恐龙腿部所能承受的最大身体重量。
题干比较的是"圆柱形腿骨"和"弯曲的腿骨"对计算结果产生的影响,(C)项指出,圆柱形腿骨能承受的重量比弯曲的腿骨大,即以前的计算方式比现在的计算方式计算出来的体重大,可以支持。

【快速解题】根据关键词定位法,题干比较的是"圆柱形腿骨"和"弯曲的腿骨"对计算结果产生的影响,只有(C)项涉及这两个概念的比较,迅速选(C)。

32. (D)

【解析】母题18·数字陷阱型削弱题
题干涉及以下四组数据:
①女生中身高最高者与最低者相差10厘米。
②男生中身高最高者与最低者相差15厘米。
③男生、女生最高者的具体身高。
④男生、女生的平均身高。
小明认为由①、②、③或者①、②、④均可确定"全班同学中身高最高者与最低者之间的差距"。
但实际上,由①、②、④无法确定"全班同学中身高最高者与最低者之间的差距"。故(D)项正确。

33. (B)

【解析】母题38·数字推理题
题干:近10年来,某电脑公司的个人笔记本电脑的销量持续增长,但其增长率低于该公司所有产品总销量的增长率。
(A)项,"略有增长"与题干中"持续增长"并不矛盾,可能为真。
(B)项,个人笔记本电脑销量占比 $= \dfrac{\text{个人笔记本销量}}{\text{总销量}}$,分数值变大,说明分子的增长比例大于分母的增长比例,与题干矛盾。
(C)项,"同时增长"只是时间上的同步,有可能个人笔记本电脑的销量增长率低于所有产品总销量的增长率,可能为真。
(D)、(E)项,个人笔记本电脑销量占比 $= \dfrac{\text{个人笔记本销量}}{\text{总销量}}$,分数值变小,可能是分子的增长率小于分母的增长率,故可能为真。

34. (B)

【解析】母题10·简单命题的负命题
张某:
①每个凡夫俗子一生之中都将面临许多问题。
②分析问题的方法与技巧却很少有人掌握。
③华尔街的分析大师们趾高气扬、身价百倍。
(B)项,"有些凡夫俗子一生之中将要面临的问题并不多"与①矛盾,故若(B)项为真,则张某的话

必为假。

35. (E)

【解析】母题 20·因果型支持题(求异法)

题干使用求异法：

维生素 D 缺乏的孩子：有 12% 在出生后一年内感染了呼吸道合胞病毒；

维生素 D 正常的孩子：没有这么高的比例；

所以，孕妇适当补充维生素 D 可降低新生儿感染呼吸道合胞病毒的风险。

(A)项，指出新生儿"维生素 D 缺乏"是由于"母亲缺乏维生素 D"造成的，支持孕妇适当补充维生素 D 可使新生儿补充足够的维生素 D，但不支持维生素 D 可降低新生儿感染呼吸道合胞病毒的风险。因此，支持力度小。

(B)项，无关选项，"流感病毒"与题干无关。

(C)项，不能支持，"有一些"不能支持或削弱整体比例的大小。

(D)项，诉诸无知，无法确定是否有"其他方面"原因使新生儿感染呼吸道合胞病毒。

(E)项，支持题干，直接说明了维生素 D 具有预防新生儿呼吸道病毒感染的作用，支持力度大。

36. (B)

【解析】母题 26·解释现象

需要解释的现象：为什么"随便给"的营销策略很成功？

(A)项，可以解释，说明"随便给"可能收到更多钱，但是"部分顾客"，解释力度不够。

(B)项，可以解释，说明"随便给"策略只可能赚钱，不可能赔钱，解释力度大于(A)项。

(C)项，另有他因，指出盈利的原因并非来自"随便给"的营销策略，削弱了题干而不是解释题干。

(D)项，既然"客人不知道该付多少钱"，那么客人就存在给的过少的可能，因此，不能解释"随便给"营销策略的成功。

(E)项，说明"随便给"的营销策略在遇到"过分吝啬的顾客"时会失效，削弱了题干而不是解释题干。

37. (C)

【解析】母题 40·复杂匹配与综合推理

假设经办人是赵义，则孙智"出纳的签名不是赵义"为真，与题干"如果提到的人是经办人，则该回答为假"矛盾，故经办人不是赵义。

假设经办人是钱仁礼，则赵义"审批领导的签名不是钱仁礼"与李信"复核的签名不是钱仁礼"均为真，与题干"如果提到的人是经办人，则该回答为假"矛盾，故经办人不是钱仁礼。

假设经办人是李信，则钱仁礼"复核的签名不是李信"为真，与题干"如果提到的人是经办人，则该回答为假"矛盾，故经办人不是李信。

所以，经办人必为孙智。

38. (D)

【解析】母题 40·复杂匹配与综合推理

由上题分析可知，经办人为孙智，四人说的话都没有提到孙智，根据题干"如果提到的人不是经办人，则为真"可知，四人说的话均为真。

所以,钱仁礼不是审批领导、不是复核、不是经办人,则钱仁礼必为出纳。

复核不是李信、不是钱仁礼、不是孙智,则复核必为赵义。

39.(A)

【解析】母题22·论证型假设题与搭桥法

题干:

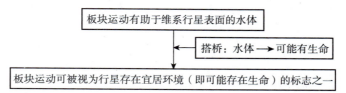

显然,前提是"水体",结论是"存在宜居环境(即可能有生命)",搭桥建立二者的因果联系即可,故(A)项必须假设。

40.(D)

【解析】母题40·复杂匹配与综合推理

一共有五门课程:行政学、管理学、科学前沿、逻辑、国际政治。

由题干可知:

①第一支部:没有选择"管理学""逻辑"。

②第二支部:没有选择"行政学""国际政治"。

③只有第三支部选择了"科学前沿"。

④任意两个支部所选课程均不完全相同。

由①知,第一支部:行政学∨国际政治∨科学前沿;

又由③知,第一支部:行政学∧国际政治。

同理,第二支部:管理学∧逻辑。

由④知,第四支部没有选科学前沿,所以第四支部为:行政学∨管理学∨逻辑∨国际政治;

第四支部不能与第一支部相同,所以只能在行政学和国际政治中选一门,即⑤行政学∀国际政治;第四支部也不能与第二支部相同,所以只能在管理学和逻辑中选一门,即⑥管理学∀逻辑。

据⑥可得:(D)项,如果没有选择管理学,那么选择逻辑,为真。

41.(C)

【解析】母题26·解释现象

题干中的矛盾是:全球变暖,极地冰川融化,但是,北半球许多地区的民众在冬季感到相当寒冷,一些地区甚至出现了超级降雪和超低气温。

(A)项,不能解释,题干说的是"北半球",此项说的是"南半球"。

(B)项,不能解释,题干说的是"冬季",此项说的是"夏季"。

(C)项,说明全球变暖中断了原来影响这些出现寒冷天气地区的暖流,可以解释。

(D)项,不能解释,"北半球经历严寒冬季的地区不是原来寒流影响的主要区域",那么这些地区不应受洋流增强的影响。

(E)项,只能解释北半球为什么感觉寒冷,没有说明和"全球变暖"的关系,解释力度不如(C)项。

42. (D)

【解析】母题4·"∨"与"→"的互换

题干:规章∨规范性文件＝¬规范性文件→规章。

故两个《通知》如果不属于规范性文件,则属于规章,即(D)项为真。

注意:(A)、(B)项中出现的"行政法规"和(E)项中出现的"违法行为",题干均没有提到,属于主观臆断,排除。

43. (D)

【解析】母题5·箭头的串联

题干有以下判断:

①有的领域优秀的专家学者→管理好基本事务。

②品行端正的管理者→可以得到下属尊重。

③对所有领域都一知半解的人→¬得到下属尊重。

④被解除→¬管理好基本事务＝管理好基本事务→¬被解除。

①、④串联得:⑤有的领域优秀的专家学者→管理好基本事务→¬被解除。

即:有的领域优秀的专家学者,不会被解除职务,故(D)项必为真。

注意(A)项不能推出,因为:

③逆否得:得到下属尊重→¬对所有领域都一知半解的人。

与②串联得:品行端正的管理者→可以得到下属尊重→¬对所有领域都一知半解的人。

"¬对所有领域都一知半解的人"并非①中的"有的领域优秀的专家学者",故不能与①、④进行串联。

44. (C)

【解析】母题7·二难推理

题干中有以下判断:

①甲党控制∨乙党控制。

②甲党控制→经济问题。

③乙党控制→军事危机。

根据二难推理公式,则必有:经济问题∨军事危机。故(C)项正确。

45. (D)

【解析】母题28·一般推论题

题干有以下信息:

①学校招收一部分免费师范生,也招收一部分一般师范生。

②没有免费师范生毕业时可以留在大城市工作,即:免费师范生→¬留在大城市工作。

③一般师范生毕业时都可以选择留在大城市工作,即:一般师范生→可以选择留在大城市工作。

④任何非免费师范生毕业时都需要自谋职业,即:¬免费师范生→自谋职业。

⑤没有免费师范生毕业时需要自谋职业,即:免费师范生→¬自谋职业。

(A)项,自谋职业→可以选择留在大城市工作;由⑤知,自谋职业→¬免费师范生,(A)项如果为真,必须有前提:¬免费师范生→可以选择留在大城市工作,但题干中无此前提,故(A)项可真可假。

(B)项,¬一般师范生→免费师范生,可真可假,有可能是非师范类学生。

(C)项,由题干知:自谋职业→¬免费师范生,故只能得到自谋职业的不是免费师范生,但不是免费师范生有可能是其他学生,如非师范学生,不一定是一般师范生,故(C)项可真可假。

(D)项,一般师范生不是免费师范生,由④知,必须自谋职业,为真。

(E)项,由③知,可真可假。

46.（D）

【解析】母题40·复杂匹配与综合推理

由题干"负责后勤的文珊接替了孔瑞的文秘工作",可知:①孔瑞接替了姚薇的工作,姚薇接替了文珊的工作。

再由题干"文珊由110室调到了111室",可知:②文珊原来在110室,孔瑞原来在111室,姚薇原来在112室。

由①、②知,孔瑞调到了112室,姚薇调到了110室。

47.（B）

【解析】母题37·方位题

根据题干,可知四人可坐的方位如图6所示:

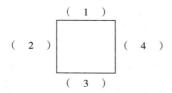

图6

由题干"晨桦坐在建国的左手边",假设晨桦坐在(1)处,则建国坐在(2)处;再由"坐在建国对面的嘉媛不是邮递员",可知嘉媛坐在(4)处,故向明只能坐在(3)处,如图7所示:

图7

由"向明坐在高校教师的右手边",可知建国是高校教师;又知,晨桦是软件工程师,所以二人均不是邮递员,又知嘉媛不是邮递员,故向明邮递员、嘉媛是园艺师。

48.（E）

【解析】母题5·箭头的串联

兰教授:

①¬善于思考→¬优秀的管理者,等价于:优秀的管理者→善于思考。

②没有一个谦逊的智者学习占星术,即谦逊的智者都不学习占星术,即:谦逊的智者→¬占星术。

③占星家→占星术。

④有的占星家→优秀的管理者。

由④、①串联得:有的占星家→优秀的管理者→善于思考,故有:有的占星家→善于思考,等价于:⑤有的善于思考→占星家("有的"互换)。

由⑤、③、②串联得:有的善于思考→占星家→占星术→┐谦逊的智者,必有:⑥有的善于思考的人不是谦逊的智者。

(E)项与⑥矛盾,若(E)项为真,则兰教授的话必为假,故(E)项最能反驳兰教授的观点。

49. (D)

【解析】母题16·因果型削弱题(共变法)

题干:蜘蛛越老,结的网就越没有章法(结果)——证明→随着时间的流逝,这种动物的大脑也会像人脑一样退化(原因)。

前提说的是"结网",结论说的是"大脑",只要说明"结网"和"大脑"不相关,就能削弱题干。

(A)、(E)项,无关选项。

(B)项,"脑容量偏小"与"大脑退化"的关系没有明确指出,故不能削弱。

(C)项,另有他因,可以削弱,但力度不如(D)项。

(D)项,说明"结网"与"大脑"不相关,即因果无关,是必然的削弱。

50. (D)

【解析】母题20·因果型支持题(求异法)

题干使用求异法:

安静环境中:男性和女性都说出了声源的准确位置;

嘈杂环境中:男性可以准确说出声源位置,女性很难准确说出声源位置;

所以,在嘈杂环境中准确找出声音来源的能力,男性要胜过女性。

(A)项,"有些"声音是女性熟悉的声音,"有些"是弱化词,微弱支持题干。

(B)项,"有些"声音是男性不熟悉的声音,"有些"是弱化词,微弱支持题干。

注意:(A)、(B)两项一正一反,但是对于题干来说起到的作用是相同的,要选的话应该都选,因此可迅速排除。

(C)项,无关选项,定位关键词"嘈杂环境",迅速排除此项。

(D)项,提供新论据,支持题干,具体说明了造成男、女在嘈杂环境中准确说出声音来源的能力不同的原因。

(E)项,无关选项,题干对比的是男女差异,此项说的是两种环境中的差异。

51. (D)

【解析】母题10·简单命题的负命题

题干中"孙先生的所有朋友都声称,他们知道某人每天抽烟至少两盒"与"在他的朋友中也有不知情的",这两个判断矛盾,说明他的朋友中有人说谎,故(D)项正确。

52. (E)

【解析】母题38·数字推理题

方法一:数学方法。

人均经费 $=\dfrac{\text{人均本科生经费}\times\text{本科生人数}+\text{人均研究生经费}\times\text{研究生人数}}{\text{总人数}}$

$=\dfrac{\text{人均本科生经费}\times\text{本科生比例}\times\text{总人数}+\text{人均研究生经费}\times\text{研究生比例}\times\text{总人数}}{\text{总人数}}$

$=$人均本科生经费$\times$本科生比例$+$人均研究生经费$\times$研究生比例。

可见,人均研究生经费和研究生比例都可以影响人均经费,故(E)项为真。

方法二:极端假设法。

假设一种极端情况:甲校本科生 1 人,平均经费 10 元;研究生 100 人,平均经费 100 元。乙校本科生 100 人,平均经费 15 元;研究生 1 人,平均经费 90 元。

虽然这个假设的比例与题干并不一致,但趋势是一致的。通过这样的定性,我们可以知道,人均经费比较的趋势,与两种学生占总数的比例是完全可能有关的,与人均经费也是完全可能有关的,但与二者都不是必然相关。

53.(E)

【解析】母题 40·复杂匹配与综合推理

题干有以下信息:

①两人参加围棋比赛,两人参加中国象棋比赛,两人参加国际象棋比赛。

②孔参加围棋比赛 ⟷ 庄参加中国象棋比赛 ∧ 孟参加中国象棋比赛。

③韩不参加国际象棋比赛 → 墨参加中国象棋比赛,等价于:墨不参加中国象棋比赛 → 韩参加国际象棋比赛。

④荀参加中国象棋比赛 → 庄不参加中国象棋比赛。

⑤荀不参加中国象棋比赛 ∨ 墨不参加中国象棋比赛。

本题中:荀参加中国象棋比赛,由⑤知,荀参加中国象棋比赛 → 墨不参加中国象棋比赛。又由③知,韩参加国际象棋比赛,故(E)项正确。

54.(D)

【解析】母题 40·复杂匹配与综合推理

由本题知:⑥庄聪和孔智参加相同的比赛项目。

⑦孟睿参加中国象棋比赛。

由⑥知,庄和孟不可能同时参加中国象棋比赛,再由②知,孔不参加围棋比赛;所以,庄也不参加围棋比赛。

再由⑦"孟参加中国象棋比赛"可知,庄聪和孔智参加国际象棋比赛。

所以,韩不参加国际象棋比赛,由③知,墨参加中国象棋比赛。

所以,孟、墨参加中国象棋比赛;庄、孔参加国际象棋比赛;韩、荀参加围棋比赛。

故(D)项正确。

55.(D)

【解析】母题 40·复杂匹配与综合推理

使用选项排除法:

若(A)项为真,则韩敏不参加国际象棋比赛,由③知,墨参加中国象棋比赛,则出现三个人同时参加中国象棋比赛,排除。

若(B)项为真,则韩、荀、墨三人参加中国象棋比赛,排除[理由同(A)项]。

若(C)项为真,则与②矛盾,排除。

若(E)项为真,由②知,庄参加中国象棋比赛∧孟参加中国象棋比赛;又由③知,墨参加中国象棋比赛,则出现三个人同时参加中国象棋比赛,排除。

故(D)项正确。

四、写作

56. 论证有效性分析

【谬误分析】

①"任何人都不能滥用权力"和"所有环节都在可控范围之内"只是制衡与监督的目标,不代表一定可以实现。即使这一目标达成,也无法得出"企业的运营就不可能产生失误"的结论。因为企业的运营是否失误还取决于管理团队的管理水平等其他条件。

②即使有了监督机制,也不能确保管理者无法敷衍塞责。而且,这也与后文所说的"万一有人敷衍塞责"自相矛盾。

③"环环相扣的监督机制能确保企业内部各级管理者无法敷衍塞责",这一判断过于绝对,不能成为论据,因而无法证明以制衡与监督为原则所设计的企业管理制度能保证其实施的有效性。

④权力的平衡未必能使整个企业运营平衡。因为,企业运营的平衡,除了管理权力的平衡外,还取决于其他条件。

⑤材料认为"权力平衡就是权力平等",但二者显然不是相同的概念。"权力平衡"是指权力的动态制约关系,而"权力平等"则是指权力的平均分配。不能因为权力平衡这一制度中蕴含着平等的观念,就认为二者是等同的。

⑥平等观念未必能促进企业内部的和谐与稳定。如果这种平等的观念是指"权力平等",希望权力在不同的人之间平均分配,那恐怕不仅不能促进企业的和谐与稳定,反而使得管理者无法顺利地管理其下属而导致企业混乱。

⑦企业运营不失误、管理制度有效、日常运营平衡以及内部和谐稳定,这些还不足以保证企业一定成功,因为,企业的成功不仅取决于企业的内部因素,还取决于市场环境、国家政策等外部因素。

(说明:以上谬误分析引用和改编自教育部考试中心《管理类专业学位联考综合能力考试大纲》给出的参考答案。)

权力的制衡与监督真的有效吗?

材料认为,建立了以权力的制衡与监督为核心的现代企业制度,就可以保证企业成功。然而"权力的制衡与监督"真的灵验吗?

第一,"任何人都不能滥用权力"和"所有环节都在可控范围之内"只是制衡与监督的目标,不代表一定可以实现。即使这一目标达成,也无法得出"企业的运营就不可能产生失误"的结论。因为企业的运营是否失误还取决于管理团队的管理水平等其他条件。

第二,即使有了监督机制,也不能确保管理者无法敷衍塞责。而且,这也与后文所说的"万一有人敷衍塞责"自相矛盾。

第三,"环环相扣的监督机制,能确保企业内部各级管理者无法敷衍塞责",这一判断过于绝对,不能成为论据,因而无法证明以制衡与监督为原则所设计的企业管理制度能保证其实施的有效性。

第四,材料认为"权力平衡就是权力平等",但二者显然不是相同的概念。"权力平衡"是指权力的动态制约关系,而"权力平等"则是指权力的平均分配。不能因为权力平衡这一制度中蕴含着平等的观念,就认为二者是等同的。

第五,企业运营不失误、管理制度有效、日常运营平衡以及内部和谐稳定,这些还不足以保证企业一定成功,因为,企业的成功不仅取决于企业的内部因素,还取决于市场环境、国家政策等外部因素。

综上所述,权力的制衡与监督仅仅是企业运营的一个方面,是企业成功的必要条件而非充分条件,难以仅仅通过这一手段就使得企业成功。

(全文共573字)

57. 论说文

【参考立意】

①做人要谦虚低调。
②任何成功都有代价。
③要不惜代价,追求成功。
④选择(决策)及其风险。
⑤福祸相依。

冒点风险又何妨

吕建刚

收起尾巴,远离竞争自求平安,还是为了自己钟爱的异性,冒点风险勇于追求?孔雀的选择是后者,你呢?人生苦短,要活出精彩,冒点风险又何妨?

这个世界上的一切成功都不是轻而易举的,都是要冒点风险的。搞发明创造需要冒点风险,因为你要突破传统,改变惯例,想前人之未想,做前人之未做。摸着石头过河,难免会滑一下、摔一跤;办个企业需要冒点风险,因为你面对的是变化的市场、残酷的竞争,你要应对消费者不断变化又不断提高的需求,你要做好研发、革新产品、改善服务,这些都要成本和代价,一不小心,企业就会亏损,甚至破产;甚至找份工作都需要冒点风险,因为你也不知道哪份工作最适合你,你需要一个什么样的职业生涯,在不适合的岗位上做得久了,就耽误了发展的机遇,浪费了大好的年华。

在面对自己的梦想时,就更需要主动冒点风险。刘邦造反时、李世民兵变时、赵匡胤陈桥称帝时,就是主动去冒了风险,还是冒了杀头的风险,最终才成为一代帝王。马云放下教鞭,投身商海,拥抱风险,才成就了今日阿里巴巴的互联网帝国。风险,是前进路上不可避免的荆棘,要想成功,就必须披荆斩棘!

生活中,很多人也明白这个道理,但总是拒绝冒险。"险峰任人占,我自保平安"就是他们的人生哲学。但是,拒绝冒险,就能避免风险吗?不能。因为,活在这个世上本身就是一种冒险。吃饭可能被噎,走路可能被撞,呼吸到一点花粉都可能过敏。但你能停止吃饭吗?你能拒绝出行吗?你能拒绝呼吸吗?不能,这是必要的风险。个人拒绝风险,无异于拒绝生命;企业拒绝风险,无异于拒绝生存;社会拒绝风险,无异于拒绝进步。

海伦·凯勒说:"人生要不是大胆地冒险,便是一无所获。"孔雀凭本能尚能实践这个道理,更何况智慧如你?

(全文共705字)

绝密★启用前

2015年全国硕士研究生招生考试
管理类专业学位联考综合能力试题

(科目代码:199)
考试时间:8:30—11:30

考生注意事项

1. 答题前,考生须在试题册指定位置上填写考生姓名和考生编号;在答题卡指定位置上填写报考单位、考生姓名和考生编号,并涂写考生编号信息点。
2. 选择题的答案必须涂写在答题卡相应题号的选项上,非选择题的答案必须书写在答题卡指定位置的边框区域内。超出答题区域书写的答案无效;在草稿纸、试题册上答题无效。
3. 填(书)写部分必须使用黑色字迹签字笔或者钢笔书写,字迹工整、笔迹清楚;涂写部分必须使用2B铅笔填涂。
4. 考试结束,将答题卡和试题册按规定交回。

考生编号													
考生姓名													

一、问题求解：第1~15小题，每小题3分，共45分。下列每题给出的(A)、(B)、(C)、(D)、(E)五个选项中，只有一项是符合试题要求的。请在答题卡上将所选项的字母涂黑。

1. 若实数 a,b,c 满足 $a:b:c=1:2:5$，且 $a+b+c=24$，则 $a^2+b^2+c^2=$（　　）．
   (A) 30　　　(B) 90　　　(C) 120　　　(D) 240　　　(E) 270

2. 某公司共有甲、乙两个部门，如果从甲部门调10人到乙部门，那么乙部门人数是甲部门的2倍，如果把乙部门员工的 $\frac{1}{5}$ 调到甲部门，那么两个部门的人数相等，该公司的总人数为（　　）．
   (A) 150　　　(B) 180　　　(C) 200　　　(D) 240　　　(E) 250

3. 设 m,n 是小于20的质数，满足条件 $|m-n|=2$ 的 $\{m,n\}$ 共有（　　）．
   (A) 2 组　　　(B) 3 组　　　(C) 4 组　　　(D) 5 组　　　(E) 6 组

4. 如图1所示，BC 是半圆的直径，且 $BC=4$，$\angle ABC=30°$，则图中阴影部分的面积为（　　）．

   图1

   (A) $\frac{4\pi}{3}-\sqrt{3}$　　(B) $\frac{4\pi}{3}-2\sqrt{3}$　　(C) $\frac{2\pi}{3}+\sqrt{3}$　　(D) $\frac{2\pi}{3}+2\sqrt{3}$　　(E) $2\pi-2\sqrt{3}$

5. 有一根圆柱形铁管，管壁厚度为0.1米，内径为1.8米，长度为2米，若将该铁管熔化后浇铸成长方体，则该长方体的体积为（　　）（单位：立方米，$\pi\approx 3.14$）．
   (A) 0.38　　　(B) 0.59　　　(C) 1.19　　　(D) 5.09　　　(E) 6.28

6. 某人驾车从 A 地赶往 B 地，前一半路程比计划多用时45分钟，平均速度只有计划的80%，若后一半路程的平均速度为120千米/小时，此人还能按原定时间到达 B 地，则 A,B 两地的距离为（　　）千米．
   (A) 450　　　(B) 480　　　(C) 520　　　(D) 540　　　(E) 600

7. 在某次考试中，甲、乙、丙三个班的平均成绩分别为80，81和81.5，三个班的学生得分之和为6 952，则三个班共有学生（　　）人．
   (A) 85　　　(B) 86　　　(C) 87　　　(D) 88　　　(E) 89

8. 如图2所示，梯形 $ABCD$ 的上底与下底分别为5，7，E 为 AC 和 BD 的交点，MN 过点 E 且平行于 AD，则 $MN=$（　　）．

   图2

   (A) $\frac{26}{5}$　　(B) $\frac{11}{2}$　　(C) $\frac{35}{6}$　　(D) $\frac{36}{7}$　　(E) $\frac{40}{7}$

9. 一项工作,甲、乙合作需要 2 天,人工费 2 900 元;乙、丙合作需要 4 天,人工费 2 600 元;甲、丙合作 2 天完成了全部工作量的 $\frac{5}{6}$,人工费 2 400 元.甲单独做该工作需要的时间和人工费分别为( ).

(A)3 天,3 000 元 　　　　(B)3 天,2 850 元 　　　　(C)3 天,2 700 元

(D)4 天,3 000 元 　　　　(E)4 天,2 900 元

10. 已知 x_1, x_2 是 $x^2 + ax - 1 = 0$ 的两个实根,则 $x_1^2 + x_2^2 = ($ 　　).

(A)$a^2 + 2$ 　　　　(B)$a^2 + 1$ 　　　　(C)$a^2 - 1$

(D)$a^2 - 2$ 　　　　(E)$a + 2$

11. 某新兴产业在 2005 年年末至 2009 年年末产值的年平均增长率为 q,在 2009 年年末至 2013 年年末产值的年平均增长率比前四年下降了 40%,2013 年的产值约为 2005 年产值的 14.46($\approx 1.95^4$)倍,则 q 约为( ).

(A)30% 　　　　(B)35% 　　　　(C)40%

(D)45% 　　　　(E)50%

12. 若直线 $y = ax$ 与圆 $(x-a)^2 + y^2 = 1$ 相切,则 $a^2 = ($ 　　).

(A)$\frac{1+\sqrt{3}}{2}$ 　　　　(B)$1 + \frac{\sqrt{3}}{2}$ 　　　　(C)$\frac{\sqrt{5}}{2}$

(D)$1 + \frac{\sqrt{5}}{3}$ 　　　　(E)$\frac{1+\sqrt{5}}{2}$

13. 设点 $A(0,2)$ 和 $B(1,0)$,在线段 AB 上取一点 $M(x,y)$($0 < x < 1$),则以 x, y 为两边长的矩形面积的最大值为( ).

(A)$\frac{5}{8}$ 　　　　(B)$\frac{1}{2}$ 　　　　(C)$\frac{3}{8}$

(D)$\frac{1}{4}$ 　　　　(E)$\frac{1}{8}$

14. 某次网球比赛的四强对阵为甲对乙、丙对丁,两场比赛的胜者将争夺冠军,选手之间相互获胜的概率如表 1 所示:

表1

	甲	乙	丙	丁
甲获胜概率		0.3	0.3	0.8
乙获胜概率	0.7		0.6	0.3
丙获胜概率	0.7	0.4		0.5
丁获胜概率	0.2	0.7	0.5	

则甲获得冠军的概率为( ).

(A)0.165 　　(B)0.245 　　(C)0.275 　　(D)0.315 　　(E)0.330

15. 平面上有5条平行直线与另一组 n 条平行直线垂直,若两组平行直线共构成280个矩形,则 $n=$ ( ).

(A)5　　　(B)6　　　(C)7　　　(D)8　　　(E)9

二、条件充分性判断:第 16~25 小题,每小题 3 分,共 30 分。 要求判断每题给出的条件(1)和条件(2)能否充分支持题干所陈述的结论。(A)、(B)、(C)、(D)、(E)五个选项为判断结果,请选择一项符合试题要求的判断,在答题卡上将所选项的字母涂黑。

(A)条件(1)充分,但条件(2)不充分.

(B)条件(2)充分,但条件(1)不充分.

(C)条件(1)和条件(2)单独都不充分,但条件(1)和条件(2)联合起来充分.

(D)条件(1)充分,条件(2)也充分.

(E)条件(1)和条件(2)单独都不充分,条件(1)和条件(2)联合起来也不充分.

16. 信封中装有10张奖券,只有1张有奖.从信封中同时抽取2张,中奖概率为 P;从信封中每次抽取1张奖券后放回,如此重复抽取 n 次,中奖概率为 Q,则 $P<Q$.

(1)$n=2$.

(2)$n=3$.

17. 已知 p,q 为非零实数,则能确定 $\dfrac{p}{q(p-1)}$ 的值.

(1)$p+q=1$.

(2)$\dfrac{1}{p}+\dfrac{1}{q}=1$.

18. 已知 a,b 为实数,则 $a\geq 2$ 或 $b\geq 2$.

(1)$a+b\geq 4$.

(2)$ab\geq 4$.

19. 圆盘 $x^2+y^2\leq 2(x+y)$ 被直线 L 分成面积相等的两部分.

(1)$L:x+y=2$.

(2)$L:2x-y=1$.

20. 已知 $\{a_n\}$ 是公差大于零的等差数列,S_n 是 $\{a_n\}$ 的前 n 项和,则 $S_n\geq S_{10}$,$n=1,2,\cdots$

(1)$a_{10}=0$.

(2)$a_{11}a_{10}<0$.

21. 几个朋友外出游玩,购买了一些瓶装水,则能确定购买的瓶装水数量.

(1)若每人分3瓶,则剩余30瓶.

(2)若每人分10瓶,则只有1人不够.

22. 已知 $M=(a_1+a_2+\cdots+a_{n-1})(a_2+a_3+\cdots+a_n)$,$N=(a_1+a_2+\cdots+a_n)(a_2+a_3+\cdots+a_{n-1})$,则 $M>N$.

(1)$a_1>0$.

(2)$a_1a_n>0$.

23. 设 $\{a_n\}$ 是等差数列,则能确定数列 $\{a_n\}$.

    (1) $a_1+a_6=0$.

    (2) $a_1 a_6=-1$.

24. 已知 x_1,x_2,x_3 都是实数,$\overline{x}$ 为 x_1,x_2,x_3 的平均数,则 $|x_k-\overline{x}|\leqslant 1, k=1,2,3$.

    (1) $|x_k|\leqslant 1, k=1,2,3$.

    (2) $x_1=0$.

25. 底面半径为 r,高为 h 的圆柱体表面积记为 S_1,半径为 R 的球体表面积记为 S_2,则 $S_1\leqslant S_2$.

    (1) $R\geqslant \dfrac{r+h}{2}$.

    (2) $R\leqslant \dfrac{2h+r}{3}$.

三、逻辑推理：第 26～55 小题,每小题 2 分,共 60 分。 下列每题给出的(A)、(B)、(C)、(D)、(E)五个选项中,只有一项是符合试题要求的。 请在答题卡上将所选项的字母涂黑。

26. 晴朗的夜晚我们可以看到满天星斗,其中有些是自身发光的恒星,有些是自身不发光但可以反射附近恒星光的行星。恒星尽管遥远,但是有些可以被现有的光学望远镜"看到"。和恒星不同,由于行星本身不发光,而且体积远小于恒星,所以,太阳系外的行星大多无法用现有的光学望远镜"看到"。

    以下哪项如果为真,最能解释上述现象？

    (A) 现有的光学望远镜只能"看到"自身发光或者反射光的天体。

    (B) 有些恒星没有被现有的光学望远镜"看到"。

    (C) 如果行星的体积够大,现有的光学望远镜就能够"看到"。

    (D) 太阳系外的行星因距离遥远,很少能将恒星光反射到地球上。

    (E) 太阳系内的行星大多可以用现有的光学望远镜"看到"。

27. 长期以来,手机产生的电磁辐射是否威胁人体健康一直是极具争议的话题。一项长达 10 年的研究显示,每天使用移动电话通话 30 分钟以上的人患神经胶质癌的风险比从未使用者要高出 40％。由此某专家建议,在获得进一步证据之前,人们应该采取更加安全的措施,如尽量使用固定电话通话或使用短信进行沟通。

    以下哪项如果为真,最能表明该专家的建议不切实际？

    (A) 大多数手机产生的电磁辐射强度符合国家规定的安全标准。

    (B) 现在人类生活空间中的电磁辐射强度已经超过手机通话产生的电磁辐射强度。

    (C) 经过较长一段时间,人的身体能够逐渐适应强电磁辐射的环境。

    (D) 在上述实验期间,有些人每天使用移动电话通话超过 40 分钟,但他们很健康。

    (E) 即使以手机短信进行沟通,发送和接收信息的瞬间也会产生较强的电磁辐射。

28. 甲、乙、丙、丁、戊和己 6 人围坐在一张正六边形的小桌前,每边各坐一人。已知：

    (1) 甲与乙正面相对。

    (2) 丙与丁不相邻,也不正面相对。

如果己与乙不相邻,则以下哪项一定为真?

(A)如果甲与戊相邻,则丁与己正面相对。

(B)甲与丁相邻。

(C)戊与己相邻。

(D)如果丙与戊不相邻,则丙与己相邻。

(E)己与乙正面相对。

29. 人类经历了上百万年的自然进化,产生了直觉、多层次抽象等独特智能。尽管现代计算机已经具备了一定的学习能力,但这种能力还需要人类的指导,完全的自我学习能力还有待进一步发展。因此,计算机要达到甚至超过人类的智能水平是不可能的。

以下哪项最可能是上述论证的预设?

(A)计算机很难真正懂得人类的语言,更不可能理解人类的感情。

(B)理解人类复杂的社会关系需要自我学习能力。

(C)计算机如果具备完全的自我学习能力,就能形成直觉、多层次抽象等智能。

(D)计算机可以形成自然进化能力。

(E)直觉、多层次抽象等这些人类的独特智能无法通过学习获得。

30. 为进一步加强对不遵守交通信号等违法行为的执法管理,规范执法程序,确保执法公正,某市交警支队要求:凡属交通信号指示不一致、有证据证明救助危难等情形,一律不得录入道路交通违法信息系统;对已录入信息系统的交通违法记录,必须完善异议受理、核查、处理等工作规范,最大限度地减少执法争议。

根据上述交警支队的要求,可以得出以下哪项?

(A)有些因救助危难而违法的情形,如果仅有当事人说辞但缺乏当时现场的录音录像证明,就应录入道路交通违法信息系统。

(B)对已录入系统的交通违法记录,只有倾听群众异议,加强群众监督,才能最大限度地减少执法争议。

(C)如果汽车使用了行车记录仪,就可以提供现场实时证据,大大减少被录入道路交通违法信息系统的可能性。

(D)因信号灯相位设置和配时不合理等造成交通信号不一致而引发的交通违法情形,可以不录入道路交通违法信息系统。

(E)只要对已录入系统的交通违法记录进行异议受理、核查和处理,就能最大限度地减少执法争议。

31~32题基于以下题干:

某次讨论会共有18名参会者。已知:

(1)至少有5名青年教师是女性。

(2)至少有6名女教师已过中年。

(3)至少有7名女青年是教师。

31. 根据上述信息,关于参会人员可以得出以下哪项?

(A)有些青年教师不是女性。 (B)有些女青年不是教师。

(C)青年教师至少有 11 名。 (D)女青年至多有 11 名。

(E)女教师至少有 13 名。

32. 如果上述三句话两真一假,那么关于参会人员可以得出以下哪项?

(A)青年教师至少有 5 名。 (B)男教师至多有 10 名。

(C)女青年都是教师。 (D)女青年至少有 7 名。

(E)青年教师都是女性。

33. 当企业处于蓬勃上升时期,往往紧张而忙碌,没有时间和精力去设计和修建"琼楼玉宇";当企业所有的重要工作都已经完成,其时间和精力就开始集中在修建办公大楼上。所以,如果一个企业的办公大楼设计得越完美,装饰得越豪华,则该企业离解体的时间就越近;当某个企业的大楼设计和建造趋向完美之际,它的存在就逐渐失去意义。这就是所谓的"办公大楼法则"。

以下哪项如果为真,最能质疑上述观点?

(A)某企业的办公大楼修建得美轮美奂,入住后该企业的事业蒸蒸日上。

(B)一个企业如果将时间和精力都耗费在修建办公大楼上,则对其他重要工作就投入不足了。

(C)建造豪华的办公大楼,往往会加大企业的运营成本,损害其实际利益。

(D)企业办公大楼越破旧,该企业就越有活力和生机。

(E)建造豪华的办公大楼并不需要企业投入太多的时间和精力。

34. 张云、李华、王涛都收到了明年二月初赴北京开会的通知。他们可以选择乘坐飞机、高铁与大巴等交通工具进京。他们对这次进京方式有如下考虑:

(1)张云不喜欢坐飞机,如果有李华同行,他就选择乘坐大巴。

(2)李华不计较方式,如果高铁比飞机便宜,他就选择乘坐高铁。

(3)王涛不在乎价格,除非预报二月初北京有雨雪天气,否则他就选择乘坐飞机。

(4)李华和王涛家住得较近,如果航班时间合适,他们将一同乘飞机出行。

如果上述 3 人的考虑都得到满足,则可以得出以下哪项?

(A)如果李华没有选择乘坐高铁或飞机,则他肯定和张云一起乘坐大巴进京。

(B)如果张云和王涛乘坐高铁进京,则二月初北京有雨雪天气。

(C)如果三人都乘坐飞机进京,则飞机票价比高铁便宜。

(D)如果王涛和李华乘坐飞机进京,则二月初北京没有雨雪天气。

(E)如果三人都乘坐大巴进京,则预报二月初北京有雨雪天气。

35. 某市推出一项月度社会公益活动,市民报名踊跃。由于活动规模有限,主办方决定通过摇号抽签的方式选择参与者。第一个月中签率为 1∶20;随后连创新低,到下半年的 10 月份已达 1∶70。大多数市民屡摇不中,但从今年 7 月至 10 月,"李祥"这个名字连续 4 个月中签。不少市民据此认为,有人在抽签过程中作弊,并对主办方提出质疑。

以下哪项如果为真,最能消除上述市民的质疑?

(A)摇号抽签全过程是在有关部门监督下进行的。

(B)在报名的市民中,名叫"李祥"的近300人。

(C)已经中签的申请者中,叫"张磊"的有7人。

(D)曾有一段时间,家长给孩子取名不回避重名。

(E)在摇号系统中,每一位申请人都被随机赋予一个不重复的编码。

36. 美国扁桃仁于20世纪70年代出口到我国,当时被误译成"美国大杏仁"。这种误译导致大多数消费者根本不知道扁桃仁、杏仁是两种完全不同的产品。对此,尽管我国林果专家一再努力澄清,但学界的声音很难传达到相关企业和普通大众中。因此,必须制定林果的统一行业标准,这样才能还相关产品以本来面目。

以下哪项最可能是上述论证的假设?

(A)美国扁桃仁和中国大杏仁的外形很相似。

(B)进口商品名称的误译会扰乱我国企业正常的对外贸易活动。

(C)"美国大杏仁"在中国市场上销量超过中国杏仁。

(D)我国相关企业和普通大众并不认可我国林果专家的意见。

(E)长期以来,我国没有关于林果的统一行业标准。

37. 10月6日晚上,张强要么去电影院看了电影,要么拜访了他的朋友秦玲。如果那天晚上张强开车回家,他就没去电影院看电影。只有张强事先与秦玲约定,张强才能去拜访她。事实上,张强不可能事先与秦玲约定。

根据以上陈述,可以得出以下哪项?

(A)那天晚上张强与秦玲一起去电影院看电影。

(B)那天晚上张强拜访了他的朋友秦玲。

(C)那天晚上张强没有开车回家。

(D)那天晚上张强没有去电影院看电影。

(E)那天晚上张强开车去电影院看电影。

38~39题基于以下题干:

天南大学准备选派两名研究生、三名本科生到山村小学支教。经过个人报名和民主评议,最终人选将在研究生赵婷、唐玲、殷倩3人和本科生周艳、李环、文琴、徐昂、朱敏5人中产生。按规定,同一学院或者同一社团至多选派一人。已知:

(1)唐玲和朱敏均来自数学学院。

(2)周艳和徐昂均来自文学院。

(3)李环和朱敏均来自辩论协会。

38. 根据上述条件,以下必定入选的是:

(A)唐玲。 (B)赵婷。 (C)周艳。 (D)殷倩。 (E)文琴。

39. 如果唐玲入选,那么以下必定入选的是:

(A)李环。 (B)徐昂。 (C)周艳。 (D)赵婷。 (E)殷倩。

40. 有些阔叶树是常绿植物,因此,所有阔叶树都不生长在寒带地区。

以下哪项如果为真,最能反驳上述结论?

(A)常绿植物不都是阔叶树。　　　　　　(B)寒带的某些地区不生长阔叶树。

(C)有些阔叶树不生长在寒带地区。　　　(D)常绿植物都不生长在寒带地区。

(E)常绿植物都生长在寒带地区。

41~42题基于以下题干：

某大学运动会即将召开，经管学院拟组建一支12人的代表队参赛，参赛队员将从该院4个年级的学生中选拔。学校规定：每个年级都须在长跑、短跑、跳高、跳远、铅球5个项目中选择1~2项参加比赛，其余项目可任意选择；一个年级如果选择长跑，就不能选择短跑或跳高；一个年级如果选择跳远，就不能选择长跑或铅球；每名队员只参加1项比赛。已知该院：

(1)每个年级均有队员被选拔进入代表队。

(2)每个年级被选拔进入代表队的人数各不相同。

(3)有两个年级的队员人数相乘等于另一个年级的队员人数。

41. 根据以上信息，一个年级最多可选拔多少人？

　　(A)8人。　　(B)7人。　　(C)6人。　　(D)5人。　　(E)4人。

42. 如果某年级队员人数不是最少的，且选择了长跑，那么对于该年级来说，以下哪项是不可能的？

　　(A)选择短跑或铅球。　　　(B)选择短跑或跳远。　　　(C)选择铅球或跳高。

　　(D)选择长跑或跳高。　　　(E)选择铅球或跳远。

43. 为防御电脑受到病毒侵袭，研究人员开发了防御病毒和查杀病毒的程序。前者启动后能使程序运行免受病毒侵袭，后者启动后能迅速查杀电脑中可能存在的病毒。某台电脑上现装有甲、乙、丙三种程序，已知：

(1)甲程序能查杀目前已知的所有病毒。

(2)若乙程序不能防御已知的一号病毒，则丙程序也不能查杀该病毒。

(3)只有丙程序能防御已知的一号病毒，电脑才能查杀目前已知的所有病毒。

(4)只有启动甲程序，才能启动丙程序。

根据上述信息，可以得出以下哪项？

(A)如果启动了丙程序，就能防御并查杀一号病毒。

(B)如果启动了乙程序，那么不必启动丙程序也能查杀一号病毒。

(C)只有启动乙程序，才能防御并查杀一号病毒。

(D)只有启动丙程序，才能防御并查杀一号病毒。

(E)如果启动了甲程序，那么不必启动乙程序也能查杀所有病毒。

44. 研究人员将角膜感觉神经断裂的兔子分为两组：实验组和对照组。他们给实验组兔子注射一种从土壤霉菌中提取的化合物。3周后检查发现，实验组兔子的角膜感觉神经已经复合；而对照组兔子未注射这种化合物，其角膜感觉神经没有复合。研究人员由此得出结论：该化合物可以使兔子断裂的角膜感觉神经复合。

以下哪项与上述研究人员得出结论的方式最为类似？

(A)科学家在北极冰川地区的黄雪中发现了细菌，而该地区的寒冷气候与木卫二的冰冷环境有着惊人的相似。所以，木卫二可能存在生命。

(B)绿色植物在光照充足的环境下能茁壮成长,而在光照不足的环境下只能缓慢生长。所以,光照有助于绿色植物的生长。

(C)一个整数或者是偶数,或者是奇数。0不是奇数,所以,0是偶数。

(D)昆虫都有三对足,蜘蛛并非三对足。所以,蜘蛛不是昆虫。

(E)年逾花甲的老王戴上老花眼镜可以读书看报,不戴则视力模糊。所以,年龄大的人都要戴老花眼镜。

45. 张教授指出,明清时期科举考试分为四级,即院试、乡试、会试、殿试。院试在县府举行,考中者称为"生员";乡试每三年在各省省城举行一次,生员才有资格参加,考中者称为"举人",举人第一名称为"解元";会试于乡试后第二年在京城礼部举行,举人才有资格参加,考中者称为"贡士",贡士第一名称为"会元";殿试在会试当年举行,由皇帝主持,贡士才有资格参加,录取分为三甲,一甲三名,二甲、三甲各若干名,统称为"进士",一甲第一名称为"状元"。

根据张教授的陈述,以下哪项是不可能的?

(A)未中解元者,不曾中会元。　　　　　(B)中举者,不曾中进士。
(C)中状元者曾为生员和举人。　　　　　(D)中会元者,不曾中举。
(E)可有连中三元者(解元、会元、状元)。

46. 有人认为,任何一个机构都包括不同的职位等级或层级,每个人都隶属于其中的一个层级。如果某人在原来的级别岗位上干得出色,就会被提拔。而被提拔者得到重用后却碌碌无为,这会造成机构效率低下,人浮于事。

以下哪项如果为真,最能质疑上述观点?

(A)不同岗位的工作方法是不同的,对新岗位要有一个适应过程。
(B)部门经理王先生业绩出众,被提拔为公司总经理后工作依然出色。
(C)个人晋升常常在一定程度上影响所在机构的发展。
(D)李明的体育运动成绩并不理想,但他进入管理层后却干得得心应手。
(E)王副教授教学和科研能力都很强,而晋升为正教授后却表现平平。

47. 如果把一杯酒倒进一桶污水中,你得到的是一桶污水;如果把一杯污水倒进一桶酒中,你得到的仍然是一桶污水。在任何组织中,都可能存在几个难缠人物,他们存在的目的似乎就是把事情搞砸。如果一个组织不加强内部管理,一个正直能干的人进入某低效的部门就会被吞没,而一个无德无才者很快就能将一个高效的部门变成一盘散沙。

根据以上信息,可以得出以下哪项?

(A)如果组织中存在几个难缠人物,很快就会把组织变成一盘散沙。
(B)如果不将一杯污水倒进一桶酒中,你就不会得到一桶污水。
(C)如果一个正直能干的人在低效部门没有被吞没,则该部门加强了内部管理。
(D)如果一个正直能干的人进入组织,就会使组织变得更为高效。
(E)如果一个无德无才的人把组织变成一盘散沙,则该组织没有加强内部管理。

48. 自闭症会影响社会交往、语言交流和兴趣爱好等方面的行为。研究人员发现,实验鼠体内神经连接蛋白的蛋白质如果合成过多,就会导致自闭症。由此他们认为,自闭症与神经连接蛋白的蛋白质合成量具有重要关联。

以下哪项如果为真,最能支持上述观点?

(A)生活在群体之中的实验鼠较之独处的实验鼠患自闭症的比例要小。

(B)雄性实验鼠患自闭症的比例是雌性实验鼠的5倍。

(C)抑制神经连接蛋白的蛋白质合成可缓解实验鼠的自闭症状。

(D)如果将实验鼠控制蛋白合成的关键基因去除,其体内的神经连接蛋白就会增加。

(E)神经连接蛋白正常的老年实验鼠患自闭症的比例很低。

49. 张教授指出,生物燃料是指利用生物资源生产的燃料乙醇或生物柴油,它们可以替代由石油制取的汽油和柴油,是可再生能源开发利用的重要方向。受世界石油资源短缺、环保和全球气候变化的影响,20世纪70年代以来,许多国家日益重视生物燃料的发展,并取得显著成效。所以,应该大力开发和利用生物燃料。

以下哪项最可能是张教授论证的预设?

(A)发展生物燃料可有效降低人类对石油等化石燃料的消耗。

(B)发展生物燃料会减少粮食供应,而当今世界有数以百万计的人食不果腹。

(C)生物柴油和燃料乙醇是现代社会能源供给体系的适当补充。

(D)生物燃料在生产与运输的过程中需要消耗大量的水、电和石油等。

(E)目前我国生物燃料的开发和利用已经取得很大的成绩。

50. 有关数据显示,2011年全球新增870万结核病患者,同时有140万患者死亡。因为结核病对抗生素有耐药性,所以对结核病的治疗一直都进展缓慢。如果不能在近几年消除结核病,那么还会有数百万人死于结核病。如果要控制这种流行病,就要有安全、廉价的疫苗。目前有12种新疫苗正在测试之中。

根据以上信息,可以得出以下哪项?

(A) 2011年结核病患者死亡率已达16.1%。

(B)有了安全、廉价的疫苗,我们就能控制结核病。

(C)如果解决了抗生素的耐药性问题,结核病治疗将会获得突破性进展。

(D)只有在近几年消除结核病,才能避免数百万人死于这种疾病。

(E)新疫苗一旦应用于临床,将有效控制结核病的传播。

51. 一个人如果没有崇高的信仰,就不可能守住道德的底线;而一个人只有不断地加强理论学习,才能始终保持崇高的信仰。

根据以上信息,可以得出以下哪项?

(A)一个人没能守住道德的底线,是因为他首先丧失了崇高的信仰。

(B)一个人只要有崇高的信仰,就能守住道德的底线。

(C)一个人只有不断加强理论学习,才能守住道德的底线。

(D)一个人如果不能守住道德的底线,就不可能保持崇高的信仰。

(E)一个人只要不断加强理论学习,就能守住道德的底线。

52. 研究人员安排了一次实验,将100名受试者分为两组:喝一小杯红酒的实验组和不喝酒的对照组。随后,让两组受试者计算某段视频中篮球队员相互传球的次数。结果发现,对照组的受试者都计算准确,而实验组中只有18%的人计算准确。经测试,实验组受试者的血液中酒精浓度只有酒驾法定值的一半。由此专家指出,这项研究结果或许应该让立法者重新界定酒驾法定值。

以下哪项如果为真,最能支持上述专家的观点?

(A)酒驾法定值设置过低,可能会把许多未饮酒者界定为酒驾。

(B)即使血液中酒精浓度只有酒驾法定值的一半,也会影响视力和反应速度。

(C)饮酒过量不仅损害身体健康,而且影响驾车安全。

(D)只要血液中酒精浓度不超过酒驾法定值,就可以驾车上路。

(E)即使酒驾法定值设置较高,也不会将少量饮酒的驾车者排除在酒驾范围之外。

53. 某研究人员在2004年对一些12~16岁的学生进行了智商测试,测试得分为77~135分,4年之后再次测试,这些学生的智商得分为87~143分。仪器扫描显示,那些得分提高的学生,其脑部比此前呈现更多的灰质(灰质是一种神经组织,是中枢神经的重要组成部分)。这一测试表明,个体的智商变化确实存在,那些早期在学校表现并不突出的学生未来仍有可能成为佼佼者。

以下除哪项外,都能支持上述实验结论?

(A)随着年龄的增长,青少年脑部区域的灰质通常也会增加。

(B)有些天才少年长大后智力并不出众。

(C)学生的非言语智力表现与他们大脑结构的变化明显相关。

(D)部分学生早期在学校表现不突出与其智商有关。

(E)言语智商的提高伴随着大脑左半球运动皮层灰质的增多。

54~55题基于以下题干:

某高校有数学、物理、化学、管理、文秘、法学等6个专业毕业生需要就业,现有风云、怡和、宏宇三家公司前来学校招聘。已知,每家公司只招聘该校上述2至3个专业的若干毕业生,且需要满足以下条件:

(1)招聘化学专业的公司也招聘数学专业。

(2)怡和公司招聘的专业,风云公司也招聘。

(3)只有一家公司招聘文秘专业,且该公司没有招聘物理专业。

(4)如果怡和公司招聘管理专业,那么也招聘文秘专业。

(5)如果宏宇公司没有招聘文秘专业,那么怡和公司招聘文秘专业。

54. 如果只有一家公司招聘物理专业,那么可以得出以下哪项?

(A)宏宇公司招聘数学专业。　　　　(B)怡和公司招聘管理专业。

(C)怡和公司招聘物理专业。　　　　(D)风云公司招聘化学专业。

(E)风云公司招聘物理专业。

55. 如果三家公司都招聘3个专业的若干毕业生，那么可以得出以下哪项？
   (A) 风云公司招聘数学专业。　　　　　　　(B) 怡和公司招聘物理专业。
   (C) 宏宇公司招聘化学专业。　　　　　　　(D) 风云公司招聘化学专业。
   (E) 怡和公司招聘法学专业。

四、写作：第56～57小题，共65分。 其中论证有效性分析30分，论说文35分。 请答在答题纸相应的位置上。

56. 论证有效性分析：分析下述论证中存在的缺陷与漏洞，选择若干要点，写一篇600字左右的文章，对该论证的有效性进行分析和评论。(论证有效性分析的一般要点是：概念特别是核心概念的界定和使用是否准确并前后一致，有无各种明显的逻辑错误，论证的论据是否成立并支持结论，结论成立的条件是否充分等。)

　　有一段时期，我国部分行业出现了生产过剩现象。一些经济学家对此忧心忡忡，建议政府采取措施加以应对，以免造成资源浪费，影响国民经济正常运行。这种建议看似有理，其实未必正确。

　　首先，我国部分行业出现的生产过剩并不是真正的生产过剩。道理很简单，在市场经济条件下，生产过剩实际上只是一种假象。只要生产企业开拓市场、刺激需求，就能扩大销售，生产过剩马上就可以化解。退一步说，即使出现了真正的生产过剩，市场本身也会进行自动调节。

　　其次，经济运行是一个动态变化的过程，产品的供求不可能达到绝对的平衡状态，因而生产过剩是市场经济的常见现象。既然如此，那么生产过剩也就是经济运行的客观规律。因此，如果让政府采取措施进行干预，那就违背了经济运行的客观规律。

　　再次，生产过剩总比生产不足好。如果政府的干预使生产过剩变成了生产不足，问题就会更大。因为生产过剩未必会造成浪费，反而可以因此增加物资储备以应对不时之需。如果生产不足，就势必造成供不应求的现象，让人们重新去过缺衣少食的日子，那就会影响社会的和谐与稳定。

　　总之，我们应该合理定位政府在经济运行中的作用。政府要有所为，有所不为。政府应该管好民生问题。至于生产过剩或生产不足，应该让市场自动调节，政府不必干预。

57. 论说文：根据下述材料，写一篇700字左右的论说文，题目自拟。

　　孟子曾引用阳虎的话："为富，不仁矣；为仁，不富矣。"(《孟子·滕文公上》)这段话表明了古人对当时社会上"为富""为仁"现象的一种态度，以及对两者之间关系的一种思考。

答案速查

一、问题求解
1～5　　(E)(D)(C)(A)(C)　　　　6～10　　(D)(B)(C)(A)(A)
11～15　(E)(E)(B)(A)(D)

二、条件充分性判断
16～20　(B)(B)(A)(D)(D)　　　　21～25　(C)(B)(E)(C)(C)

三、逻辑推理
26～30　(D)(B)(D)(E)(D)　　　　31～35　(E)(A)(A)(E)(B)
36～40　(E)(C)(E)(A)(E)　　　　41～45　(C)(B)(A)(B)(D)
46～50　(B)(C)(C)(A)(D)　　　　51～55　(C)(B)(D)(E)(A)

四、写作
略

答案详解

一、问题求解

1.（E）

【解析】母题12·其他比例问题

方法一：见比设 k 法．

设 $a=k, b=2k, c=5k$，则 $k+2k+5k=8k=24$，得 $k=3$．

故 $a=3, b=6, c=15, a^2+b^2+c^2=3^2+6^2+15^2=270$．

方法二：$a:b:c=1:2:5$，故 $a=24\times\dfrac{1}{8}=3, b=24\times\dfrac{2}{8}=6, c=24\times\dfrac{5}{8}=15$，则

$$a^2+b^2+c^2=3^2+6^2+15^2=270.$$

2.（D）

【解析】母题90·简单算术问题

设甲部门的人数为 x，乙部门的人数为 y，根据题意，得

$$\begin{cases}2(x-10)=y+10,\\ x+\dfrac{1}{5}y=\dfrac{4}{5}y,\end{cases}$$

解得 $x=90, y=150$．故该公司的总人数为 240 人．

3. (C)

【解析】母题 4 · 质数与合数问题

穷举法,小于 20 的质数为 2,3,5,7,11,13,17,19.

满足题意要求的 $\{m,n\}$ 的取值为 $\{3,5\},\{5,7\},\{11,13\},\{17,19\}$,共 4 组.

4. (A)

【解析】母题 58 · 求面积问题

设 BC 的中点为 O,连接 AO,如图 3 所示:

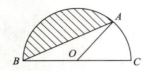

图 3

$\angle ABC=30°$,显然有 $\angle AOB=120°$,故阴影部分的面积为

$$S=S_{\text{扇形}}-S_{\triangle AOB}=\frac{1}{3}\times\pi\times 2^2-\frac{1}{2}\times 2\sqrt{3}\times 1=\frac{4\pi}{3}-\sqrt{3}.$$

5. (C)

【解析】母题 59 · 空间几何体问题

长方体的体积等于铁管的体积,且外圆半径 $R=1$,内圆半径 $r=0.9$.

所以 $V=(\pi R^2-\pi r^2)h=\pi(1-0.9^2)\times 2=3.14\times 0.19\times 2=1.1932\approx 1.19$.

6. (D)

【解析】母题 98 · 行程问题

设 A,B 的距离为 S,原计划的速度为 v,根据题意,得

$$\frac{S}{2\times 0.8v}-\frac{S}{2v}=\frac{3}{4}\Rightarrow\frac{S}{v}=6,$$

于是,实际后一半路程用时为 $t=\frac{1}{2}\times 6-\frac{3}{4}=\frac{9}{4}$(小时).

因此,A,B 两地的距离为 $S=2\times 120\times\frac{9}{4}=540$(千米).

7. (B)

【解析】母题 91 · 平均值问题

设甲、乙、丙三个班的人数分别为 x,y,z,根据题意,得

$$80x+81y+81.5z=6\,952,$$ ①

整理,得 $80(x+y+z)+y+1.5z=6\,952$,故有

$$80(x+y+z)<6\,952,\text{解得 }x+y+z<\frac{6\,952}{80}=86.9.$$

再令式①等于 $81.5(x+y+z)-1.5x-0.5y=6\ 952$,故有

$$81.5(x+y+z) > 6\ 952,解得\ x+y+z > \frac{6\ 952}{81.5} \approx 85.3.$$

因为 x,y,z 的取值均为正整数,故 $x+y+z=86$.

【快速得分法】极值法.

假设三个班的平均成绩均为 81.5 分,则总人数为 $\frac{6\ 952}{81.5} \approx 85.3$.

假设三个班的平均成绩均为 80 分,则总人数为 $\frac{6\ 952}{80} = 86.9$.

故总人数一定在 85.3 和 86.9 之间,即为 86 人.

8.（C）

【解析】母题 57·平面几何五大模型

因为 AD 平行于 BC,所以 $\triangle AED$ 和 $\triangle CEB$ 相似. 所以 $\frac{|ED|}{|BE|}=\frac{|AD|}{|BC|}=\frac{5}{7}$.

而 $\triangle BEM$ 和 $\triangle BDA$ 相似,所以 $\frac{|ME|}{|AD|}=\frac{|BE|}{|BD|}=\frac{7}{12}$,因此,$|ME|=\frac{7}{12} \times |AD|=\frac{35}{12}$.

同理,可得 $|EN|=\frac{7}{12} \times |AD|=\frac{35}{12}$.

所以 $|MN|=|ME|+|EN|=\frac{35}{6}$.

9.（A）

【解析】母题 97·工程问题

设甲、乙、丙三人单独完成工作的时间分别为 x 天、y 天、z 天,根据题意,得

$$\begin{cases} \frac{1}{x}+\frac{1}{y}=\frac{1}{2}, \\ \frac{1}{y}+\frac{1}{z}=\frac{1}{4}, \\ \frac{1}{z}+\frac{1}{x}=\frac{5}{12}, \end{cases} \Rightarrow 2\frac{1}{x}=\frac{1}{2}+\frac{5}{12}-\frac{1}{4},$$

解得 $x=3$.

设甲、乙、丙三人每天的工时费为 a,b,c,根据题意,得

$$\begin{cases} 2(a+b)=2\ 900, \\ 4(b+c)=2\ 600, \Rightarrow 2a=1\ 450+1\ 200-650, \\ 2(c+a)=2\ 400, \end{cases}$$

解得 $a=1\ 000$.

因此,甲单独完成需要 3 天,工时费为 $3 \times 1\ 000=3\ 000$(元).

10. (A)

【解析】母题 36·韦达定理问题

由韦达定理得 $x_1+x_2=-a, x_1x_2=-1$.

所以 $x_1^2+x_2^2=(x_1+x_2)^2-2x_1x_2=a^2+2$.

11. (E)

【解析】母题 93·增长率问题

设 2005 年的产值为 a,根据题意,可知 2013 年的产值为 $a(1+q)^4(1+0.6q)^4$.

于是 $a(1+q)^4(1+0.6q)^4=14.46a=1.95^4a$,所以 $(1+q)(1+0.6q)=1.95$.

整理得 $6q^2+16q-9.5=0$,解得 $q=0.5$ 或 $q=-\dfrac{9.5}{3}$(舍去).

12. (E)

【解析】母题 63·直线与圆的位置关系

圆的圆心为 $(a,0)$,半径为 $r=1$.

因为直线与圆相切,所以 $\dfrac{|a^2|}{\sqrt{a^2+1}}=1 \Rightarrow (a^2)^2-a^2-1=0$,解得 $a^2=\dfrac{1+\sqrt{5}}{2}$ 或 $a^2=\dfrac{1-\sqrt{5}}{2}$(舍去).

13. (B)

【解析】母题 19·均值不等式

直线 AB 的方程为 $\dfrac{y-0}{2-0}=\dfrac{x-1}{0-1}$,即 $x+\dfrac{y}{2}=1$.

以 x,y 为两边长的矩形面积为 $S=xy$.

根据均值不等式有 $1=x+\dfrac{y}{2}\geq 2\sqrt{x\cdot\dfrac{y}{2}}\Rightarrow xy\leq\dfrac{1}{2}$.

所以,矩形面积 S 的最大值为 $\dfrac{1}{2}$.

14. (A)

【解析】母题 99·图像图表问题＋母题 87·独立事件的概率

甲要获得冠军必须战胜乙,并且战胜丙和丁的胜者;

甲在半决赛中获胜的概率为 0.3;

甲在决赛中获胜的概率为 $0.5\times 0.3+0.5\times 0.8$;

因此,甲获得冠军的概率为 $0.3\times(0.5\times 0.3+0.5\times 0.8)=0.165$.

15. (D)

【解析】母题 71·排列组合的基本问题

从两组平行直线中各任选两条即可构成一个矩形,于是 $C_5^2\times C_n^2=280$.

即 $n(n-1)=56$,解得 $n=8$.

二、条件充分性判断

16.（B）

【解析】母题 82·古典概型

同时抽 2 张，中奖的概率 $P = \dfrac{C_1^1 C_9^1}{C_{10}^2} = \dfrac{1}{5}$；

若放回再重复抽取，则每次成功的概率均为 $p = \dfrac{1}{10}$.

方法一：

条件(1)：$Q = p + (1-p) \times p = \dfrac{1}{10} + \dfrac{9}{10} \times \dfrac{1}{10} = \dfrac{19}{100}$，$Q < P$，故条件(1)不充分.

条件(2)：$Q = p + (1-p) \times p + (1-p)^2 \times p = \dfrac{1}{10} + \dfrac{9}{10} \times \dfrac{1}{10} + \left(\dfrac{9}{10}\right)^2 \times \dfrac{1}{10} = \dfrac{271}{1\,000}$，$Q > P$，故条件(2)充分.

方法二：

条件(1)：$Q = 1 - 0.9^2 = 0.19 < P$，故条件(1)不充分.

条件(2)：$Q = 1 - 0.9^3 = 0.271 > P$，故条件(2)充分.

17.（B）

【解析】母题 29·其他整式、分式的化简求值

条件(1)：特殊值法.

令 $p = q = \dfrac{1}{2}$，则 $\dfrac{p}{q(p-1)} = -2$；

令 $p = \dfrac{1}{3}$，$q = \dfrac{2}{3}$，则 $\dfrac{p}{q(p-1)} = -\dfrac{3}{4} \neq -2$，故条件(1)不充分.

条件(2)：$\dfrac{1}{p} + \dfrac{1}{q} = \dfrac{p+q}{pq} = 1$，所以 $p + q = pq$.

故 $\dfrac{p}{q(p-1)} = \dfrac{p}{pq - q} = \dfrac{p}{p + q - q} = 1$，因此条件(2)充分.

18.（A）

【解析】母题 31·不等式的性质

条件(1)：反证法.

假设 $a < 2$ 且 $b < 2$，则 $a + b < 4$，与 $a + b \geqslant 4$ 矛盾，故有 $a \geqslant 2$ 或 $b \geqslant 2$，所以条件(1)充分.

条件(2)：特殊值法.

取 $a = b = -3$，显然 $ab \geqslant 4$，但题干的结论显然不成立，故条件(2)不充分.

19.（D）

【解析】母题 63·直线与圆的位置关系

直线将圆分成相等的两部分,说明直线必须过圆的圆心(1,1).

条件(1):显然圆心在直线 $x+y=2$ 上,故条件(1)充分.

条件(2):显然圆心在直线 $2x-y=1$ 上,故条件(2)充分.

20. (D)

【解析】母题46·等差数列前 n 项和的最值

条件(1): $a_{10}=0$,且公差 $d>0$,说明该等差数列前9项均为负数,第10项为0;

故 $S_9=S_{10}$ 均为 S_n 的最小值,$S_n \geqslant S_{10}$ 成立,条件(1)充分.

条件(2): $a_{11}a_{10}<0$ 且 $d>0$,故有 $a_{11}>0$,$a_{10}<0$,说明该等差数列前10项为负数,第11项为正数;

故 S_{10} 是 S_n 的最小值,$S_n \geqslant S_{10}$ 成立,条件(2)充分.

21. (C)

【解析】母题6·整数不定方程问题

显然两个条件单独都不能确定购买的瓶装水的数量,联立之.

设人数为 x,购买瓶装水的数量为 y,则有

$$\begin{cases} y=3x+30, \\ 10(x-1)<y<10x, \end{cases}$$

整理,得 $10(x-1)<3x+30<10x$,即 $\dfrac{30}{7}<x<\dfrac{40}{7}$.

由于 x 为整数,故有 $x=5$,$y=45$.

因此,条件(1)和条件(2)联合起来充分.

22. (B)

【解析】母题9·实数的运算技巧问题

遇到公共部分,用换元法.

令 $S=a_2+a_3+\cdots+a_{n-1}$,则 $M=(a_1+S)(S+a_n)$,$N=(a_1+S+a_n)S$,故

$$M-N=(a_1+S)(S+a_n)-(a_1+S+a_n)S=a_1 a_n.$$

显然,条件(1)不充分,条件(2)充分.

23. (E)

【解析】母题44·等差数列基本问题

显然,条件(1)和条件(2)单独都不能确定数列 $\{a_n\}$,联立之.

由 $\begin{cases} a_1+a_6=0, \\ a_1 a_6=-1, \end{cases}$ 解得 $\begin{cases} a_1=1, \\ a_6=-1 \end{cases}$ 或 $\begin{cases} a_1=-1, \\ a_6=1. \end{cases}$

若 $\begin{cases} a_1=1, \\ a_6=-1, \end{cases}$ 则 $d=\dfrac{a_6-a_1}{6-1}=-\dfrac{2}{5}$,$a_n=-\dfrac{2n}{5}+\dfrac{7}{5}$;

若 $\begin{cases} a_1 = -1, \\ a_6 = 1, \end{cases}$ 则 $d = \dfrac{a_6 - a_1}{6-1} = \dfrac{2}{5}$, $a_n = \dfrac{2n}{5} - \dfrac{7}{5}$.

故条件(1)和条件(2)单独都不充分,联合起来也不充分.

24. (C)

【解析】母题 14·绝对值的化简求值与证明

条件(1):特殊值法,令 $x_1 = -1, x_2 = -1, x_3 = 1$,则
$$\bar{x} = \dfrac{x_1 + x_2 + x_3}{3} = -\dfrac{1}{3},$$

故 $|x_3 - \bar{x}| = \dfrac{4}{3}$,不满足题干的结论,条件(1)不充分.

条件(2):特殊值法,令 $x_1 = 0, x_2 = 3, x_3 = -3$,则 $\bar{x} = \dfrac{x_1 + x_2 + x_3}{3} = 0$.

故 $|x_3 - \bar{x}| = 3$,不满足题干的结论,条件(2)不充分.

联立两个条件:
$$|x_1 - \bar{x}| = \left| x_1 - \dfrac{x_1 + x_2 + x_3}{3} \right|$$
$$= \left| \dfrac{2}{3} x_1 - \dfrac{1}{3} x_2 - \dfrac{1}{3} x_3 \right|$$
$$= \left| \dfrac{1}{3} x_2 + \dfrac{1}{3} x_3 \right|$$
$$\leqslant \dfrac{1}{3} |x_2| + \dfrac{1}{3} |x_3|$$
$$\leqslant \dfrac{2}{3}.$$

$$|x_2 - \bar{x}| = \left| x_2 - \dfrac{x_1 + x_2 + x_3}{3} \right|$$
$$= \left| -\dfrac{1}{3} x_1 + \dfrac{2}{3} x_2 - \dfrac{1}{3} x_3 \right|$$
$$= \left| \dfrac{2}{3} x_2 - \dfrac{1}{3} x_3 \right|$$
$$\leqslant \dfrac{2}{3} |x_2| + \dfrac{1}{3} |x_3|$$
$$\leqslant 1.$$

$$|x_3 - \bar{x}| = \left| x_3 - \dfrac{x_1 + x_2 + x_3}{3} \right|$$
$$= \left| -\dfrac{1}{3} x_1 - \dfrac{1}{3} x_2 + \dfrac{2}{3} x_3 \right|$$
$$= \left| -\dfrac{1}{3} x_2 + \dfrac{2}{3} x_3 \right|$$

$$\leqslant \frac{1}{3}|x_2|+\frac{2}{3}|x_3|$$

$$\leqslant 1.$$

故两个条件联合起来充分.

25.（C）

【解析】母题 59·空间几何体问题

圆柱的表面积为 $S_1=2\pi r^2+2\pi rh$,球体表面积为 $S_2=4\pi R^2$,则有

$$S_2-S_1=4\pi R^2-(2\pi r^2+2\pi rh)=2\pi(2R^2-r^2-rh)\geqslant 0,$$

即 $R^2\geqslant\dfrac{r^2+rh}{2}$.

条件(1):两边平方,得

$$R^2\geqslant\left(\frac{r+h}{2}\right)^2=\frac{r^2+2rh+h^2}{4}=\frac{r^2+rh}{2}+\frac{h^2-r^2}{4},$$

故当 $h\geqslant r$ 时,$R^2\geqslant\dfrac{r^2+rh}{2}$,$S_2\geqslant S_1$;当 $h\leqslant r$ 时,不能确定 S_1 和 S_2 的关系,条件(1)不充分.

条件(2):显然不充分.

联立两个条件,$\dfrac{r+h}{2}\leqslant R\leqslant\dfrac{2h+r}{3}$,解得 $h\geqslant r$,由条件(1)可得,$S_2\geqslant S_1$.故两个条件联合起来充分.

三、逻辑推理

26.（D）

【解析】母题 26·解释现象

待解释的现象:为什么太阳系外的行星大多无法用现有的光学望远镜"看到"。

(A)项,不能解释,因为由题干可知,行星可以反射附近恒星的光,若光学望远镜可以"看到"反射光的天体,那么行星也应该被观测到。

(B)项,无关选项,不能解释。

(C)项,不能解释。

(D)项,可以解释,说明太阳系外的行星无法被"看到"的原因是距离太远。

(E)项,无关选项,题干的论证对象是"太阳系外的行星",此项是"太阳系内的行星"。

27.（B）

【解析】母题 17·措施目的型削弱题

题干:人们应该采取更加安全的措施,如尽量使用固定电话通话或使用短信进行沟通——以求避免手机产生的电磁辐射威胁人体健康。

(A)项,诉诸权威,辐射强度符合国家标准不代表其辐射不会威胁人体健康。

(B)项,说明不使用移动电话通话并不能避免电磁辐射,措施达不到目的,削弱题干。

(C)项,无关选项。

(D)项,"有些人"的情况,无法质疑整体情况,削弱力度弱。

(E)项,干扰项,"发送和接收信息的瞬间"会产生较强的电磁辐射,如果和使用移动电话相比减少了电磁辐射,那么也可以有效降低电磁辐射对人体健康的威胁,故不能削弱题干。

28. (D)

【解析】母题37·方位题

题干中有以下信息:

(1)甲与乙正面相对。

(2)丙与丁不相邻,也不正面相对。

(3)己与乙不相邻。

由题干信息(1)可得图4:

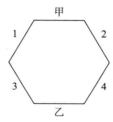

图 4

由题干信息(2)可知,丙和丁的座次只可能是:1和2,3和4,4和3,2和1。

由题干信息(3)可知,己只能在1或2。故丙和丁只能为:3和4,4和3,如图5和图6所示:

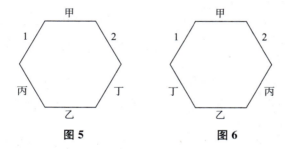

图 5　　　　图 6

由以上分析可排除(B)、(C)、(E)三项。

(A)项,若甲与戊相邻,则己与丁可能正面相对,也可能不正面相对,排除。

(D)项,若丙与戊不相邻,则戊只能在丙的对面,则己与丙相邻,正确。

29. (E)

【解析】母题22·论证型假设题与搭桥法

题干:尽管现代计算机已经具备了一定的学习能力,但直觉、多层次抽象等独特智能还需要人类的指导 —证明→ 计算机要达到甚至超过人类的智能水平是不可能的。

(C)项,题干说明计算机"不具备完全的自我学习能力",无法达到人类的智能水平,但并未断言计算机"具备完全的自我学习能力"后是否能形成直觉、多层次抽象等智能,故此项不必假设。

(E)项,必须假设,否则,如果计算机通过学习可以获得"直觉、多层次抽象等独特智能",那么计算机就可能达到甚至超过人类的智能水平。

其余各项均为无关选项。

30. (D)

【解析】母题1·充分必要条件

将题干信息形式化:

①交通信号指示不一致→不得录入。

②有证据证明救助危难→不得录入。

③已录入信息→完善异议受理、核查、处理等工作规范,最大限度地减少执法争议。

题干信息②等价于:录入→¬ 有证据证明救助危难,故由"无证据证明救助危难等情形"无法推出任何结论,故(A)项可真可假。

由题干信息③可知,题干没有涉及"完善异议受理、核查、处理等工作规范"与"最大限度地减少执法争议"之间的关系,当然也就无法确定二者之间是充分条件还是必要条件,故(B)、(E)项可真可假。

(C)项,题干没有提及,可真可假。

(D)项,由题干信息①知,此项为真。

31. (E)

【解析】母题38·数字推理题

由条件(2)知,至少有6名中年女教师;由条件(3)知,至少有7名青年女教师。所以女教师至少有13名。故(E)项正确。

32. (A)

【解析】母题12·简单命题的真假话问题

已知三句话为两真一假,故(1)、(3)至少有一句是真话。无论哪一句为真,青年女教师的人数都至少有5名,故青年教师至少有5名,即(A)项为真。

33. (A)

【解析】母题6·假言命题的负命题

题干:企业的办公大楼设计得越完美,装饰得越豪华→企业离解体的时间就越近。

(A)项,举反例(负命题),削弱题干的结论。

(B)、(C)、(D)项,支持题干。

(E)项,削弱题干的论据,不如(A)项削弱结论的力度大。

34. (E)

【解析】母题1·充分必要条件

题干中有以下判断:

(1)张云:李华同行→大巴。

(2)李华:高铁比飞机便宜→高铁。

(3)王涛:¬预报雨雪→飞机。

(4)李华和王涛:航班合适→飞机。

由(3)知,王涛:¬飞机→预报雨雪。

(A)项,李华没有选择乘坐高铁或飞机,则由题干"他们可以选择乘坐飞机、高铁与大巴等交通工具进京"可知,李华不一定会乘坐大巴,而且未必与张云一起乘坐大巴进京,可真可假。

(B)项,若王涛没坐飞机,则"预报"二月初北京有雨雪天气,但此项说"有雨雪天气",可真可假。

(C)项,李华乘坐飞机进京,即没乘坐高铁,由(2)知:¬高铁→¬高铁比飞机便宜。故飞机比高铁便宜或者价格一样,可真可假。

(D)项,可知王涛乘坐飞机,由(3)知,可真可假。

(E)项,可知王涛没乘坐飞机,则"预报"二月初北京有雨雪天气,由(3)知,为真。

35. (B)

【解析】母题15·论证型削弱题

题干:"李祥"这个名字连续4个月中签 ——证明→ 有人在抽签过程中作弊。

(A)项,诉诸权威。

(B)项,说明中签的"李祥"未必是同一个人,削弱题干。

(C)、(D)项,无关选项。

(E)项,虽然此项指出每位申请人拥有不同的编码,而题干并没有说明连续4个月中签的"李祥"是否拥有相同的编码,故不能削弱题干。

36. (E)

【解析】母题24·措施目的型假设题

题干:扁桃仁和大杏仁被误译(原因) ——导致→ 制定林果的统一行业标准(措施) ——以求→ 还相关产品以本来面目(目的)。

(B)项,措施有恶果,无须假设。

(E)项,措施有必要,必须假设,否则,如果我国已经有了林果的统一行业标准,那么就不需要制定这一标准了。

其余各项显然不必假设。

37. (C)

【解析】母题5·箭头的串联

题干中有以下判断:

①看电影∨拜访秦玲,可得:¬拜访秦玲→看电影。

②开车回家→¬看电影,等价于:看电影→¬开车回家。

③拜访秦玲→约定,等价于:¬约定→¬拜访秦玲。

④¬约定。

由④、③、①、②串联得:¬约定→¬拜访秦玲→看电影→¬开车回家。

故,那天晚上张强没有开车回家,即(C)项正确。

38.（E）

【解析】母题 40·复杂匹配与综合推理

由题干知,同一学院或者同一社团至多选派一人,故有:

(1)¬唐玲∨¬朱敏。

(2)¬周艳∨¬徐昂。

(3)¬李环∨¬朱敏。

由(2)知,周艳和徐昂至少有一人不入选;由(3)知,李环和朱敏至少有一人不入选。

又知 5 个本科生中有 3 人入选,故得:

(4)周艳和徐昂有一人入选、一人不入选。

(5)李环和朱敏有一人入选、一人不入选。

综上,文琴必入选。

39.（A）

【解析】母题 40·复杂匹配与综合推理

结合上题分析,由(1)知:唐玲→¬朱敏。

由(5)知:¬朱敏→李环。

故(A)项正确。

40.（E）

【解析】母题 11·隐含三段论

题干中的结论:所有阔叶树都不生长在寒带地区。

只需要证明:有的阔叶树生长在寒带地区,即可反驳题干中的结论。

题干中的前提:有的阔叶树→常绿植物;补充(E)项:常绿植物→寒带地区。

故有:有的阔叶树→常绿植物→寒带地区,故(E)项正确。

41.（C）

【解析】母题 40·复杂匹配与综合推理

(A)项,若一个年级最多有 8 人,则另外三个年级一共有 4 人,只能分别为 1 人、1 人、2 人,与条件(2)矛盾,不成立。

(B)项,若一个年级最多有 7 人,则另外三个年级一共有 5 人,只能分别为 1 人、1 人、3 人或者 1 人、2 人、2 人,与条件(2)矛盾,不成立。

(C)项,若一个年级最多有 6 人,则另外三个年级一共有 6 人,可以分别为 1 人、2 人、3 人,满足条件(1)、(2)、(3),成立。

因为 6 人成立,所以(D)、(E)两项不必验证。

42.（B）

【解析】母题40·复杂匹配与综合推理（德摩根定律）

由题干知：

长跑→¬（短跑∨跳高）＝长跑→¬短跑∧¬跳高。

跳远→¬（长跑∨铅球）＝长跑∨铅球→¬跳远。

故：该年级队员没有选择短跑、跳高和跳远，所以（B）项，选择短跑或跳远，必然为假。

43.（A）

【解析】母题5·箭头的串联

题干中有以下判断：

①甲能查杀已知的所有病毒。

②¬乙防御已知的一号病毒→¬丙查杀已知的一号病毒。

③查杀已知的所有病毒→丙防御已知的一号病毒。

④启动丙→启动甲。

由④、①知：启动丙→启动甲→能查杀已知的所有病毒，故可以查杀已知的一号病毒。

又由③知，丙可以防御已知的一号病毒，故（A）项为真。

（E）项是干扰项，甲可以查杀"已知的"所有病毒，不代表能查杀"所有病毒"。

其余各项均不必然为真。

44.（B）

【解析】母题35·论证逻辑型结构相似题

题干用的是求异法，（B）项也是求异法。

（A）项，类比。

（C）项，选言证法。

（D）项，演绎推理。

（E）项，例证法。

45.（D）

【解析】母题6·假言命题的负命题

题干：

①中生员者,才能中举人；中举人者,才能中贡士；中贡士者,才能中进士。

②举人第一名称为"解元"；贡士第一名称为"会元"；进士第一名称为"状元"。

形式化为：进士（状元）→贡士（会元）→举人（解元）→生员。

（D）项，会元→¬举人，不可能为真。

其余各项均有可能为真。

46.（B）

【解析】母题6·假言命题的负命题

题干：出色→被提拔→碌碌无为。

(B)项,举反例,提拔∧¬碌碌无为,削弱题干。

其余各项均不能削弱题干。

47. (C)

【解析】母题3·箭头＋德摩根定律

将题干信息形式化:

①一杯酒倒进一桶污水中→你得到一桶污水。

②一杯污水倒进一桶酒中→你得到一桶污水。

③¬加强内部管理→正直能干的人进入某低效的部门就会被吞没∧无德无才者很快就能将一个高效的部门变成一盘散沙。

题干信息③等价于:正直能干的人进入某低效的部门不会被吞没∨无德无才者没有将一个高效的部门变成一盘散沙→加强内部管理。

(C)项,¬正直能干的人进入某低效的部门就会被吞没→加强内部管理,正确。

其余各项均不正确。

48. (C)

【解析】母题19·论证型支持题

题干:实验鼠体内神经连接蛋白的蛋白质如果合成过多,就会导致自闭症 —证明→ 自闭症与神经连接蛋白的蛋白质合成量具有重要关联。

(A)、(B)、(E)项,另有他因,指出自闭症可能与"独处""性别""年龄"有关,削弱题干。

(C)项,无因无果,支持题干。

(D)项,无关选项。

49. (A)

【解析】母题24·措施目的型假设题

题干:大力开发和利用生物燃料(措施) —以求→ 替代由石油制取的汽油和柴油(目的)。

(A)项,措施可达目的,必须假设。

(B)、(D)项,指出措施有恶果,削弱题干。

(C)项,无关选项。

(E)项,无关选项,此项只说明生物燃料的开发和利用已经取得很大的成绩,没有说明是否达到"替代由石油制取的汽油和柴油"的目的。

50. (D)

【解析】母题1·充分必要条件

题干有以下信息:

①结核病对抗生素有耐药性 —导致→ 对结核病的治疗一直都进展缓慢。

②不能在近几年消除结核病→会有数百万人死于结核病。

③控制这种流行病→有安全、廉价的疫苗。

题干信息②等价于：¬会有数百万人死于结核病→在近几年消除结核病，故(D)项正确。

其余各项均不正确。

51．(C)

【解析】母题 5·箭头的串联

将题干信息形式化：

①¬信仰→¬道德底线＝道德底线→信仰。

②信仰→理论学习。

①、②串联得：道德底线→信仰→理论学习＝¬理论学习→¬信仰→¬道德底线。

(C)项，道德底线→理论学习，正确。

其余各项均不正确。

52．(B)

【解析】母题 20·因果型支持题(求异法)

题干：实验发现，虽然实验组受试者的血液中酒精浓度只有酒驾法定值的一半，但他们在实验中只有 18% 的人对传球次数的计算准确 ——证明→应该让立法者重新界定酒驾法定值。

(B)项，补充论据，说明受试者的情况足以影响驾驶，支持重新界定酒驾法定值的结论。

(A)、(D)、(E)项，均说明不需要重新界定酒驾法定值，削弱专家的观点。

(C)项，无关选项，此项说明饮酒过量会带来危害，与题干中重新界定酒驾法定值无关。

53．(D)

【解析】母题 19·论证型支持题

论据：智商测试中得分提高的学生，其脑部比此前呈现更多的灰质。

论点：①个体的智商变化确实存在；

②那些早期在学校表现并不突出的学生未来仍有可能成为佼佼者。

此题的阅卷答案为(D)项，本书尊重阅卷答案。

但是，从逻辑上分析，选(D)是有问题的。(D)项被认为是无关选项，理由是此项只与"智商"有关，而与结论①"智商变化"无关。这是对结论②的视而不见。题干通过对智商变化的论证，说明"那些早期在学校表现并不突出的学生未来仍有可能成为佼佼者"。这就隐含一个假设——这些学生早期表现不突出是因为智商问题，否则，如果早期表现与智商无关，结论②就不成立了，所以，(D)项补充了结论②的隐含假设。因此，(D)项是支持题干的。

(A)项，如果不做深入分析的话，"青少年脑部区域的灰质通常也会增加"是符合题干信息"个体的智商变化确实存在"的，因此支持题干。这应该也是命题人的想法。

但如果深入分析，题干说的是"得分提高的学生"脑部呈现更多的灰质，而此项说明灰质增加是年龄增长的"通常"结果而不仅仅是"得分提高的学生"的结果，也就是说，智商没提高的学生，灰质也增加了，即"无因有果"。我们构造一个类似的论证：4 年后智商测试中提分高的学生，其腿部比以前显著变长。你能说是腿长引起了智商提高吗？只能说是随着年龄的增长，青少年的腿部通常都会变长。

(B)项,例证法,说明智商存在变化,支持题干。

(C)项,支持题干,直接说明大脑结构和智力相关。

(E)项,支持题干,直接说明灰质与智商相关。

综上所述,本题老吕认为命题失误,各位同学也可以有自己的观点,欢迎讨论。

54. (E)

【解析】母题40·复杂匹配与综合推理

题干有以下信息:

(1)化学→数学。

(2)怡和→风云。

(3)只有一家公司招聘文秘专业,且该公司没有招聘物理专业。

(4)怡和管理→怡和文秘。

(5)¬宏宇文秘→怡和文秘。

由题干信息(2)知,若怡和公司招聘物理专业,则风云公司也招聘物理专业,与"只有一家公司招聘物理专业"矛盾,故怡和公司没有招聘物理专业。

由题干信息(3)知,只有一家公司招聘文秘专业,又由题干信息(2)知,怡和公司招聘的专业,风云公司也招聘,故(6)怡和公司没有招聘文秘专业。

由题干信息(5)得:(7)¬怡和文秘→宏宇文秘,由题干信息(3)知,宏宇公司没有招聘物理专业。

综上,招聘物理专业的必然为风云公司。

55. (A)

【解析】母题40·复杂匹配与综合推理

由上题的分析知,怡和公司没有招聘文秘专业。

由题干信息(4)知,¬怡和文秘→¬怡和管理。故怡和公司没有招聘管理专业。

由题干信息(1)知:化学→数学=¬数学→¬化学,故如果怡和公司没有招聘数学专业,则怡和公司也没有招聘化学专业,此时,6个专业中,怡和公司有4个专业没有招聘,与"三家公司都招聘3个专业"矛盾,故怡和公司招聘数学专业。

又由题干信息(2)知,怡和公司招聘数学专业,则风云公司也招聘数学专业。

四、写作

56. 论证有效性分析

【谬误分析】

①材料既说生产过剩"不是真正的生产过剩",又说"出现了真正的生产过剩";既说"生产过剩实际上是一种假象",又说"生产过剩是市场经济的常见现象",存在自相矛盾。

②"只要生产企业开拓市场、刺激需求,就能扩大销售,生产过剩马上就可以化解",过于绝对化。生产企业开拓市场、刺激需求并不是扩大销售的充分条件,因为销售还取决于市场饱和度、社会购买力、社会消费心理等其他因素。

③市场对于生产过剩的自动调节,可能是无序的,也可能是低效率的,因此,无法因为市场会自

动调节就断定政府不必干预生产过剩。

④产品的供求关系是动态的,"不能达到绝对的平衡",无法说明生产过剩是市场经济的常见现象。因为供求关系的不平衡,产生的结果也可能是供不应求。

⑤生产过剩是市场经济的"常见现象",也不代表生产过剩也就是经济运行的"客观规律"。"常见现象"与"客观规律"是不同的两个概念。常见现象是事物的外在表现,客观规律是事物的本质属性,二者不能混淆。

⑥既然生产过剩不等同于"客观规律",那就不能推出政府对生产过剩的干预就是违背客观规律。

⑦生产过剩是指某些商品的生产超过了社会总需求,即其产品已经超过了正常的消费需求和物资储备。因此,不能说生产过剩会"增加物资储备以应对不时之需"。

⑧"政府应该管好民生问题。至于生产过剩或生产不足,应该让市场自动调节,政府不必干预。"市场调节和政府干预并不矛盾。而且,生产过剩或生产不足也会影响民生,也是民生问题。

(说明:以上谬误分析引用和改编自教育部考试中心《管理类专业学位联考综合能力考试大纲》给出的参考答案。)

 参考范文

政府不必干预生产过剩吗?

上述材料认为政府不必干预生产过剩,然而,其论证过程存在多处不当,分析如下:

首先,材料既说生产过剩"不是真正的生产过剩",又说"出现了真正的生产过剩";既说"生产过剩实际上是一种假象",又说"生产过剩是市场经济的常见现象",存在自相矛盾。

其次,"只要生产企业开拓市场、刺激需求,就能扩大销售,生产过剩马上就可以化解",过于绝对化。生产企业开拓市场、刺激需求并不是扩大销售的充分条件,因为销售还取决于市场饱和度、社会购买力、社会消费心理等其他因素。

再次,生产过剩是市场经济的"常见现象",也不代表生产过剩也就是经济运行的"客观规律"。"常见现象"与"客观规律"是不同的两个概念。常见现象是事物的外在表现,客观规律是事物的本质属性,二者不能混淆。

而且,生产过剩是指某些商品的生产超过了社会总需求,即其产品已经超过了正常的消费需求和物资储备。因此,不能说生产过剩会"增加物资储备以应对不时之需"。

最后,材料认为"政府应该管好民生问题。至于生产过剩或生产不足,应该让市场自动调节,政府不必干预。"实际上,市场调节和政府干预并不矛盾。而且,生产过剩或生产不足也会影响民生,也是民生问题。

综上所述,材料的论证存在多处逻辑漏洞,政府不必干预生产过剩的结论令人难以信服。

(全文共538字)

57. 论说文

【参考立意】

① "为富"是"为仁"的基础。

②"为富"应当"为仁"。

③在"仁"的前提下追求"富"是应当提倡的。

参考范文

以仁求富，善莫大焉

吕建刚

孟子曾说："为富，不仁矣；为仁，不富矣。"孟子虽贵为"亚圣"，但窃以为此言差矣。在我看来，以仁求富，善莫大焉。

首先，每个人都有权利、有自由去追求自己的合法利益。多一点理性，做一些权衡，更好地为自己考虑，也无可厚非。很多人看到别人的利益，就鄙夷之，甚至仇恨之，但转过身来自己面对利益时，却是一副唯利是图的丑恶嘴脸，实在可笑。面对财富，与其是一副欲言又止、欲拒还迎、遮遮掩掩的样子，还不如大大方方去追求自己的合法利益。

其次，财富本身其实就是社会发展的推动力。企业家为了追求财富生产产品、提供服务，职工为了追求财富钻研技术、勤奋工作，这不正好推动了生产力的发展吗？而生产力的发展，才是提高大家生活水平的真正保障。对财富的追求，使得社会发展了，技术进步了，大家的生活也随之变好了，这不正是"仁"的最好体现吗？所以，"富"非但与"仁"不是对立的，反而是"仁"的物质保障。红顶商人胡雪岩曾经说过"要想做好事，手中先有钱"，恐怕说的也是这个道理。

所以，我们反对的不是"富"本身，而是见利忘义、为富不仁。

俗话说"君子喻于义，小人喻于利"，这里的"小人"，就是唯利是图、见利忘义的人。其实，利益不是不变的真理，仁义也不是古板的说教。如果一个人心中只剩下一个"利"字，一味见钱眼开，对高尚嗤之以鼻，恐怕会在追求财富的道路上误入歧途。"毒奶粉""地沟油""瘦肉精"、苏丹红、加洗衣粉的油条、加漂白剂的面粉，无一不是见利忘义的产物，但这些人和企业的最后结果怎样？要么被消费者唾弃，要么被法律严惩，坠入深渊。

王安石曾说："聚天下之人，不可以无财；理天下之财，不可以无义。"所以，为富者，切记为仁；为仁者，不忘求富。只有这样，才能推动社会和谐有序地发展！

（全文共722字）

绝密★启用前

2016 年全国硕士研究生招生考试
管理类专业学位联考综合能力试题

(科目代码:199)

考试时间:8:30—11:30

考生注意事项

1. 答题前,考生须在试题册指定位置上填写考生姓名和考生编号;在答题卡指定位置上填写报考单位、考生姓名和考生编号,并涂写考生编号信息点。
2. 选择题的答案必须涂写在答题卡相应题号的选项上,非选择题的答案必须书写在答题卡指定位置的边框区域内。超出答题区域书写的答案无效;在草稿纸、试题册上答题无效。
3. 填(书)写部分必须使用黑色字迹签字笔或者钢笔书写,字迹工整、笔迹清楚;涂写部分必须使用 2B 铅笔填涂。
4. 考试结束,将答题卡和试题册按规定交回。

考生编号														
考生姓名														

一、问题求解：第1～15小题，每小题3分，共45分。下列每题给出的(A)、(B)、(C)、(D)、(E)五个选项中，只有一项是符合试题要求的。请在答题卡上将所选项的字母涂黑。

1. 某家庭在一年支出中，子女教育支出与生活资料支出的比为3∶8，文化娱乐支出与子女教育支出的比为1∶2. 已知文化娱乐支出占家庭总支出的10.5%，则生活资料支出占家庭总支出的（　　）.

   (A)40%　　　　(B)42%　　　　(C)48%　　　　(D)56%　　　　(E)64%

2. 有一批同规格的正方形瓷砖，用它们铺满某个正方形区域时剩余180块，将此正方形区域的边长增加一块瓷砖的长度时，还需要增加21块瓷砖才能铺满. 该批瓷砖共有（　　）.

   (A)9 981 块　　(B)10 000 块　　(C)10 180 块　　(D)10 201 块　　(E)10 222 块

3. 上午9时一辆货车从甲地出发前往乙地，同时一辆客车从乙地出发前往甲地，中午12时两车相遇. 已知货车和客车的速度分别是90千米/小时、100千米/小时. 则当客车到达甲地时，货车距乙地的距离为（　　）.

   (A)30 千米　　(B)43 千米　　(C)45 千米　　(D)50 千米　　(E)57 千米

4. 在分别标记了数字1、2、3、4、5、6 的6张卡片中随机取3张，其上数字之和等于10的概率是（　　）.

   (A)0.05　　　　(B)0.1　　　　(C)0.15　　　　(D)0.2　　　　(E)0.25

5. 某商场将每台进价为2 000元的冰箱以2 400元销售时，每天销售8台. 调研表明，这种冰箱的售价每降低50元，每天就能多销售4台. 若要每天销售利润最大，则该冰箱的定价应为（　　）元.

   (A)2 200　　　(B)2 250　　　(C)2 300　　　(D)2 350　　　(E)2 400

6. 某委员会由三个不同的专业队伍组成，三个专业队伍的人数分别为2、3、4，从中选派2位不同专业的委员外出调研，则不同的选派方式有（　　）.

   (A)36 种　　　(B)26 种　　　(C)12 种　　　(D)8 种　　　(E)6 种

7. 从1到100的整数中任取一个数，则该数能被5或7整除的概率为（　　）.

   (A)0.02　　　　(B)0.14　　　　(C)0.2　　　　(D)0.32　　　　(E)0.34

8. 如图1所示，在四边形ABCD中，AB∥CD，AB与CD的边长分别为4和8，若△ABE的面积为4，则四边形ABCD的面积为（　　）.

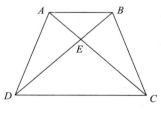

图1

   (A)24　　　　(B)30　　　　(C)32　　　　(D)36　　　　(E)40

9. 现有长方形木板340张，正方形木板160张（如图2所示），这些木板恰好可以装配成若干竖式和横式的无盖箱子（如图3所示）. 装配成的竖式和横式箱子的个数分别为（　　）.

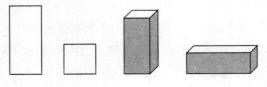

图 2　　　　　　　　　图 3

(A)25,80　　(B)60,50　　(C)20,70　　(D)60,40　　(E)40,60

10. 圆 $x^2+y^2-6x+4y=0$ 上到原点距离最远的点是(　　).

(A)$(-3,2)$　　(B)$(3,-2)$　　(C)$(6,4)$　　(D)$(-6,4)$　　(E)$(6,-4)$

11. 如图 4 所示,点 A,B,O 的坐标分别为 $(4,0),(0,3),(0,0)$,若 (x,y) 是 $\triangle AOB$ 中的点,则 $2x+3y$ 的最大值为(　　).

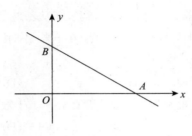

图 4

(A)6　　(B)7　　(C)8　　(D)9　　(E)12

12. 设抛物线 $y=x^2+2ax+b$ 与 x 轴相交于 A,B 两点,点 C 坐标为 $(0,2)$,若 $\triangle ABC$ 的面积等于 6,则(　　).

(A)$a^2-b=9$　　　　(B)$a^2+b=9$　　　　(C)$a^2-b=36$

(D)$a^2+b=36$　　　　(E)$a^2-4b=9$

13. 某公司以分期付款方式购买一套定价 1 100 万元的设备,首期付款 100 万元,之后每月付款 50 万元,并支付上期余额的利息,月利率 1‰,该公司为此设备支付了(　　).

(A)1 195 万元　　(B)1 200 万元　　(C)1 205 万元　　(D)1 215 万元　　(E)1 300 万元

14. 某学生要在 4 门不同课程中选修 2 门课程,这 4 门课程中的 2 门各开设一个班,另外 2 门各开设两个班,该学生不同的选课方式共有(　　).

(A)6 种　　(B)8 种　　(C)10 种　　(D)13 种　　(E)15 种

15. 如图 5 所示,在半径为 10 厘米的球体上开一个底面半径是 6 厘米的圆柱形洞,则洞的内壁面积为(　　)平方厘米.

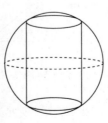

图 5

(A)48π　　　　(B)288π　　　　(C)96π　　　　(D)576π　　　　(E)192π

二、条件充分性判断：第 16～25 小题，每小题 3 分，共 30 分。 要求判断每题给出的条件（1）和条件（2）能否充分支持题干所陈述的结论。（A）、（B）、（C）、（D）、（E）五个选项为判断结果，请选择一项符合试题要求的判断，在答题卡上将所选项的字母涂黑。

(A)条件(1)充分,但条件(2)不充分.

(B)条件(2)充分,但条件(1)不充分.

(C)条件(1)和条件(2)单独都不充分,但条件(1)和条件(2)联合起来充分.

(D)条件(1)充分,条件(2)也充分.

(E)条件(1)和条件(2)单独都不充分,条件(1)和条件(2)联合起来也不充分.

16. 已知某公司男员工的平均年龄和女员工的平均年龄,则能确定该公司员工的平均年龄.

    (1)已知该公司的员工人数.

    (2)已知该公司男、女员工的人数之比.

17. 如图 6 所示,正方形 ABCD 由四个相同的长方形和一个小正方形拼成,则能确定小正方形的面积.

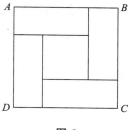

图 6

    (1)已知正方形 ABCD 的面积.

    (2)已知长方形的长与宽之比.

18. 利用长度为 a 和 b 的两种管材能连接成长度为 37 的管道(单位:米).

    (1)$a=3, b=5$.

    (2)$a=4, b=6$.

19. 设 x, y 是实数,则 $x \leqslant 6, y \leqslant 4$.

    (1)$x \leqslant y+2$.

    (2)$2y \leqslant x+2$.

20. 将 2 升甲酒精和 1 升乙酒精混合得到丙酒精,则能确定甲、乙两种酒精的浓度.

    (1)1 升甲酒精和 5 升乙酒精混合后的浓度是丙酒精浓度的 $\frac{1}{2}$ 倍.

    (2)1 升甲酒精和 2 升乙酒精混合后的浓度是丙酒精浓度的 $\frac{2}{3}$ 倍.

21. 设有两组数据 $S_1: 3,4,5,6,7$ 和 $S_2: 4,5,6,7,a$,则能确定 a 的值.

    (1)S_1 与 S_2 的均值相等.

(2)S_1 与 S_2 的方差相等.

22. 已知 M 是一个平面有限点集,则平面上存在到 M 中各点距离相等的点.

    (1)M 中只有三个点.

    (2)M 中的任意三点都不共线.

23. 设 x,y 是实数,则可以确定 x^3+y^3 的最小值.

    (1)$xy=1$.

    (2)$x+y=2$.

24. 已知数列 $a_1,a_2,a_3,\cdots,a_{10}$,则 $a_1-a_2+a_3-a_4+\cdots+a_9-a_{10}\geqslant 0$.

    (1)$a_n\geqslant a_{n+1}$,$n=1,2,3,\cdots,9$.

    (2)$a_n^2\geqslant a_{n+1}^2$,$n=1,2,3,\cdots,9$.

25. 已知 $f(x)=x^2+ax+b$,则 $0\leqslant f(1)\leqslant 1$.

    (1)$f(x)$ 在区间 $[0,1]$ 中有两个零点.

    (2)$f(x)$ 在区间 $[1,2]$ 中有两个零点.

三、逻辑推理:第 26~55 小题,每小题 2 分,共 60 分。下列每题给出的(A)、(B)、(C)、(D)、(E)五个选项中,只有一项是符合试题要求的。请在答题卡上将所选项的字母涂黑。

26. 企业要建设科技创新中心,就要推进与高校、科研院所的合作,这样才能激发自主创新的活力。一个企业只有搭建服务科技创新发展战略的平台、科技创新与经济发展对接的平台以及聚集创新人才的平台,才能催生重大科技成果。

    根据上述信息,可以得出以下哪项?

    (A)如果企业搭建科技创新与经济发展对接的平台,就能激发其自主创新的活力。

    (B)如果企业搭建了服务科技创新发展战略的平台,就能催生重大科技成果。

    (C)能否推进与高校、科研院所的合作决定企业是否具有自主创新的活力。

    (D)如果企业没有搭建聚集创新人才的平台,就无法催生重大科技成果。

    (E)如果企业推进与高校、科研院所的合作,就能激发其自主创新的活力。

27. 生态文明建设事关社会发展方式和人民福祉。只有实行最严格的制度、最严密的法治,才能为生态文明建设提供可靠保障;如果要实行最严格的制度、最严密的法治,就要建立责任追究制度,对那些不顾生态环境盲目决策并造成严重后果者,追究其相应的责任。

    根据上述信息,可以得出以下哪项?

    (A)如果对那些不顾生态环境盲目决策并造成严重后果者追究相应责任,就能为生态文明建设提供可靠保障。

    (B)实行最严格的制度和最严密的法治是生态文明建设的重要目标。

    (C)如果不建立责任追究制度,就不能为生态文明建设提供可靠保障。

    (D)只有筑牢生态环境的制度防护墙,才能造福于民。

    (E)如果要建立责任追究制度,就要实行最严格和最严密的法治。

28. 注重对孩子的自然教育,让孩子亲身感受大自然的神奇与美妙,可促进孩子释放天性,激发自身潜能;而缺乏这方面教育的孩子容易变得孤独,道德、情感与认知能力的发展都会受到一定的影响。

    以下哪项与以上陈述方式最为类似?

    (A)脱离环境保护搞经济发展是"竭泽而渔",离开经济发展抓环境保护是"缘木求鱼"。

    (B)只说一种语言的人,首次被诊断出患阿尔茨海默症的平均年龄约为71岁;说双语的人,首次被诊断出患阿尔茨海默症的平均年龄约为76岁;说三种语言的人,首次被诊断出患阿尔茨海默症的平均年龄约为78岁。

    (C)老百姓过去"盼温饱",现在"盼环保";过去"求生存",现在"求生态"。

    (D)注重调查研究,可以让我们掌握第一手资料;闭门造车,只能让我们脱离实际。

    (E)如果孩子完全依赖电子设备来进行学习和生活,将会对环境越来越漠视。

29. 古人以干支纪年。甲乙丙丁戊己庚辛壬癸为十干,也称天干。子丑寅卯辰巳午未申酉戌亥为十二支,也称地支。顺次以天干配地支,如甲子、乙丑、丙寅、……、癸酉、甲戌、乙亥、丙子等,六十年重复一次,俗称六十花甲子。根据干支纪年,公元2014年为甲午年,公元2015年为乙未年。

    根据以上陈述,可以得出以下哪项?

    (A)现代人已不用干支纪年。

    (B)21世纪会有甲丑年。

    (C)干支纪年有利于农事。

    (D)根据干支纪年,公元2024年为甲寅年。

    (E)根据干支纪年,公元2087年为丁未年。

30. 赵明与王洪都是某高校辩论协会成员,在为今年华语辩论赛招募新队员的问题上,两人发生了争执。

    赵明:我们一定要选拔喜爱辩论的人。因为一个人只有喜爱辩论,才能投入精力和时间研究辩论并参加辩论赛。

    王洪:我们招募的不是辩论爱好者,而是能打硬仗的辩手,无论是谁,只要能在辩论赛中发挥应有的作用,他就是我们理想的人选。

    以下哪项最可能是两人争论的焦点?

    (A)招募的标准是从现实出发还是从理想出发。

    (B)招募的目的是研究辩论规律还是培养实战能力。

    (C)招募的目的是为了培养新人还是赢得比赛。

    (D)招募的标准是对辩论的爱好还是辩论的能力。

    (E)招募的目的是为了集体荣誉还是满足个人爱好。

31. 在某届洲际杯足球大赛中,第一阶段某小组单循环赛共有4支队伍参加,每支队伍需要在这一阶段比赛三场。甲国足球队在该小组的前两轮比赛中一平一负。在第三轮比赛之前,甲国足球队教练在新闻发布会上表示:"只有我们在下一场比赛中取得胜利并且本组的另外一场比赛打成平局,我们才有可能从这个小组出线。"

如果甲国足球队教练的陈述为真,则以下哪项是不可能的?

(A)第三轮比赛该小组两场比赛都分出了胜负,甲国足球队从小组出线。

(B)甲国足球队第三场比赛取得了胜利,但他们未能从小组出线。

(C)第三轮比赛甲国足球队取得了胜利,该小组另一场比赛打成平局,甲国足球队未能从小组出线。

(D)第三轮比赛该小组另外一场比赛打成平局,甲国足球队从小组出线。

(E)第三轮比赛该小组两场比赛都打成了平局,甲国足球队未能从小组出线。

32. 考古学家发现,那件仰韶文化晚期的土坯砖边缘整齐,并且没有切割的痕迹,由此他们推测,这件土坯砖应当是使用木质模具压制成型的,而其他5件由土坯砖经过烧制而成的烧结砖,经检测其当时的烧制温度为850℃~900℃。由此考古学家进一步推测,当时的砖是先使用模具将黏土做成土坯,然后再经过高温烧制而成的。

以下哪项如果为真,最能支持上述考古学家的推测?

(A)仰韶文化晚期的年代约为公元前3500年—公元前3000年。

(B)仰韶文化晚期,人们已经掌握了高温冶炼技术。

(C)出土的5件烧结砖距今已有5 000年,确实属于仰韶文化晚期的物品。

(D)没有采用模具而成型的土坯砖,其边缘或者不整齐,或者有切割痕迹。

(E)早在西周时期,中原地区的人就可以烧制铺地砖和空心砖。

33. 研究人员发现,人类存在3种核苷酸基因类型:AA型、AG型以及GG型。一个人有36%的概率是AA型,有48%的概率是AG型,有16%的概率是GG型。在1 200名参与实验的老年人中,拥有AA型和AG型基因类型的人都在上午11时之前去世,而拥有GG型基因类型的人几乎都在下午6时左右去世。研究人员据此认为:GG型基因类型的人会比其他人平均晚死7个小时。

以下哪项如果为真,最能质疑上述研究人员的观点?

(A)拥有GG型基因类型的实验对象容易患上心血管疾病。

(B)当死亡临近的时候,人体会还原到一种更加自然的生理节律感应阶段。

(C)有些人是因为疾病或者意外事故等其他因素而死亡的。

(D)对人死亡时间的比较,比一天中的哪一时刻更重要的是哪一年、哪一天。

(E)平均寿命的计算依据应是实验对象的生命存续长度,而不是实验对象的死亡时间。

34. 某市消费者权益保护条例明确规定,消费者对其所购买商品可以"7天内无理由退货",但这项规定出台后并未得到顺利执行,众多消费者在7天内"无理由"退货时,常常遭遇商家的阻挠,他们以商品已做特价处理、商品已经开封或使用等为理由拒绝退货。

以下哪项如果为真,最能质疑商家阻挠退货的理由?

(A)开封验货后,如果商品规格、质量等问题来自消费者本人,他们应为此承担责任。

(B)那些做特价处理的商品,本来质量就没有保证。

(C)如果不开封验货,就不能知道商品是否存在质量问题。

(D)政府总偏向消费者,这对于商家来说是不公平的。

(E)商品一旦开封或使用了,即使不存在问题,消费者也可以选择退货。

35. 某县县委关于下周一几位领导的工作安排如下：
    (1)如果李副书记在县城值班,那么他就要参加宣传工作例会。
    (2)如果张副书记在县城值班,那么他就要做信访接待工作。
    (3)如果王书记下乡调研,那么张副书记或李副书记就需在县城值班。
    (4)只有参加宣传工作例会或做信访接待工作,王书记才不下乡调研。
    (5)宣传工作例会只需分管宣传的副书记参加,信访接待工作也只需一名副书记参加。
    根据上述工作安排,可以得出以下哪项？
    (A)张副书记做信访接待工作。
    (B)王书记下乡调研。
    (C)李副书记参加宣传工作例会。
    (D)李副书记做信访接待工作。
    (E)张副书记参加宣传工作例会。

36. 近年来,越来越多的机器人被用于在战场上执行侦察、运输、拆弹等任务,甚至将来冲锋陷阵的都不再是人,而是形形色色的机器人。人类战争正在经历自核武器诞生以来最深刻的革命。有专家据此分析指出,机器人战争技术的出现可以使人类远离危险,更安全、更有效率地实现战争目标。
    以下哪项如果为真,最能质疑上述专家的观点？
    (A)现代人类掌控机器人,但未来机器人可能会掌控人类。
    (B)因不同国家之间军事科技实力的差距,机器人战争技术只会让部分国家远离危险。
    (C)机器人战争技术有助于摆脱以往大规模杀戮的血腥模式,从而让现代战争变得更为人道。
    (D)掌握机器人战争技术的国家为数不多,将来战争的发生更为频繁也更为血腥。
    (E)全球化时代的机器人战争技术要消耗更多资源,破坏生态环境。

37. 郝大爷过马路时不幸摔倒昏迷,所幸有小伙子及时将他送往医院救治。郝大爷病情稳定后,有4位陌生的小伙子陈安、李康、张幸、汪福来医院看望他。郝大爷问他们究竟是谁送他来医院的,他们的回答如下：
    陈安：我们4人都没有送您来医院。
    李康：我们4人中有人送您来医院。
    张幸：李康和汪福至少有一人没有送您来医院。
    汪福：送您来医院的人不是我。
    后来证实上述4人中有两人说真话,有两人说假话。
    根据上述信息,可以得出以下哪项？
    (A)说真话的是李康和张幸。　　　　　　　　(B)说真话的是陈安和张幸。
    (C)说真话的是李康和汪福。　　　　　　　　(D)说真话的是张幸和汪福。
    (E)说真话的是陈安和汪福。

38. 开车上路,一个人不仅需要有良好的守法意识,也需要有特别的"理性计算"：在拥堵的车流中,只要有"加塞"的,你开的车就一定要让着它；你开着车在路上正常直行,有车不打方向灯在你近旁突然横过来要撞上你,原来它想要变道,这时你也得让着它。

以下除哪项外,均能质疑上述"理性计算"的观点?

(A)有理的让着没理的,只会助长歪风邪气,有悖于社会的法律和道德。

(B)"理性计算"其实就是胆小怕事,总觉得凡事能躲则躲,但有的事很难躲过。

(C)一味退让也会给行车带来极大的危险,不但可能伤及自己,而且也可能伤及无辜。

(D)即使碰上也不可怕,碰上之后如果立即报警,警方一般会有公正的裁决。

(E)如果不让,就会碰上;碰上之后,即使自己有理,也会有许多麻烦。

39. 有专家指出,我国城市规划缺少必要的气象论证,城市的高楼建得高耸而密集,阻碍了城市的通风循环。有关资料显示,近几年国内许多城市的平均风速已下降10%。风速下降,意味着大气扩散能力减弱,导致大气污染物滞留时间延长,易形成雾霾天气和热岛效应。为此,有专家提出建立"城市风道"的设想,即在城市里制造几条通畅的通风走廊,让风在城市中更加自由地进出,促进城市空气的更新循环。

以下哪项如果为真,最能支持上述建立"城市风道"的设想?

(A)城市风道形成的"穿街风",对建筑物的安全影响不大。

(B)风从八方来,"城市风道"的设想过于主观和随意。

(C)有风道但没有风,就会让城市风道成为无用的摆设。

(D)有些城市已拥有建立"城市风道"的天然基础。

(E)城市风道不仅有利于"驱霾",还有利于散热。

40. 2014年,为迎接APEC会议的召开,北京、天津、河北等地实施"APEC治理模式",采取了有史以来最严格的减排措施。果然,令人心醉的"APEC蓝"出现了。然而,随着会议的结束,"APEC蓝"也渐渐消失了。对此,有些人士表示困惑,既然政府能在短期内实施"APEC治理模式"取得良好效果,为什么不将这一模式长期坚持下去呢?

以下除哪项外,均能解释人们的困惑?

(A)最严格的减排措施在落实过程中已产生很多难以解决的实际困难。

(B)如果近期将"APEC治理模式"常态化,将会严重影响地方经济和社会发展。

(C)任何环境治理都需要付出代价,关键在于付出的代价是否超出收益。

(D)短期严格的减排措施只能是权宜之计,大气污染治理仍需从长计议。

(E)如果APEC会议期间北京雾霾频发,就会影响我们国家的形象。

41. 根据现有的物理学定律,任何物质的运动速度都不能超过光速,但是最近一次天文观测结果向这条定律发起了挑战。距离地球遥远的IC310星系拥有一个活跃的黑洞,掉入黑洞的物质产生了伽马射线冲击波。有些天文学家发现,这束伽马射线的速度超过了光速,因为它只用了4.8分钟就穿越了黑洞边界,而光需要25分钟才能走完这段距离。由此,这些天文学家提出,光速不变定律需要修改了。

以下哪项如果为真,最能质疑上述天文学家所做的结论?

(A)或者光速不变定律已经过时,或者天文学家的观测有误。

(B)如果天文学家的观测没有问题,光速不变定律就需要修改。

(C)要么天文学家的观测有误,要么有人篡改了天文观测数据。
(D)天文观测数据可能存在偏差,毕竟 IC310 星系离地球很远。
(E)光速不变定律已历经过去多次实践检验,没有出现反例。

42. 某公司办公室茶水间提供自助式收费饮料。职员拿完饮料后,自己把钱放到特设的收款箱中。研究者为了判断职员在无人监督时,其自律水平会受哪些因素的影响,特地在收款箱上方贴了一张装饰图片,每周一换。装饰图片有时是一些花朵,有时是一双眼睛。一个有趣的现象出现了:贴着"眼睛"的那一周,收款箱里的钱远远超过贴其他图片的情形。

以下哪项如果为真,最能解释上述实验现象?

(A)该公司职员看到"眼睛"图片时,就能联想到背后可能有人看着他们。
(B)在该公司工作的职员,其自律能力超过社会中的其他人。
(C)该公司职员看着"花朵"图片时,心情容易变得愉快。
(D)眼睛是心灵的窗口,该公司职员看到"眼睛"图片时会有一种莫名的感动。
(E)在无人监督的情况下,大部分人缺乏自律能力。

43～44题基于以下题干:

某皇家园林依中轴线布局,从前到后依次排列着七个庭院。这七个庭院分别以汉字"日""月""金""木""水""火""土"来命名。已知:

(1)"日"字庭院不是最前面的那个庭院。
(2)"火"字庭院和"土"字庭院相邻。
(3)"金""月"两庭院间隔的庭院数与"木""水"两庭院间隔的庭院数相同。

43. 根据上述信息,下列哪个庭院可能是"日"字庭院?

(A)第一个庭院。　　　　　　　　　　(B)第二个庭院。
(C)第四个庭院。　　　　　　　　　　(D)第五个庭院。
(E)第六个庭院。

44. 如果第二个庭院是"土"字庭院,可以得出以下哪项?

(A)第七个庭院是"水"字庭院。　　　　(B)第五个庭院是"木"字庭院。
(C)第四个庭院是"金"字庭院。　　　　(D)第三个庭院是"月"字庭院。
(E)第一个庭院是"火"字庭院。

45. 在一项关于"社会关系如何影响人的死亡率"的课题研究中,研究人员惊奇地发现:不论种族、收入、体育锻炼等因素,一个乐于助人、和他人相处融洽的人,其平均寿命长于一般人,在男性中尤其如此;相反,心怀恶意、损人利己、和他人相处不融洽的人 70 岁之前的死亡率比正常人高出 1.5～2 倍。

以下哪项如果为真,最能解释上述发现?

(A)身心健康的人容易和他人相处融洽,而心理有问题的人与他人很难相处。
(B)男性通常比同年龄段的女性对他人有更强的"敌视情绪",多数国家男性的平均寿命也因此低于女性。
(C)与人为善带来轻松愉悦的情绪,有益身体健康;损人利己则带来紧张的情绪,有损身体健康。

(D)心存善念、思想豁达的人大多精神愉悦、身体健康。

(E)那些自我优越感比较强的人通常"敌视情绪"也比较强,他们长时间处于紧张状态。

46. 超市中销售的苹果常常留有一定的油脂痕迹,表面显得油光滑亮。牛师傅认为,这是残留在苹果上的农药所致,水果在收摘之前都喷洒了农药,因此,消费者在超市购买水果后,一定要清洗干净方能食用。

以下哪项最可能是牛师傅的看法所依赖的假设?

(A)除了苹果,其他许多水果运至超市时也留有一定的油脂痕迹。

(B)超市里销售的水果并未得到彻底清洗。

(C)只有那些在水果上能留下油脂痕迹的农药才可能被清洗掉。

(D)许多消费者并不在意超市销售的水果是否清洗过。

(E)在水果收摘之前喷洒的农药大多数会在水果上留下油脂痕迹。

47. 许多人不仅不理解别人,而且也不理解自己,尽管他们可能曾经试图理解别人,但这样的努力注定会失败,因为不理解自己的人是不可能理解别人的。可见,那些缺乏自我理解的人是不会理解别人的。

以下哪项最能说明上述论证的缺陷?

(A)使用了"自我理解"的概念,但并未给出定义。

(B)没有考虑"有些人不愿意理解自己"这样的可能性。

(C)没有正确把握理解别人和理解自己之间的关系。

(D)结论仅仅是对其论证前提的简单重复。

(E)间接指责人们不能换位思考,不能相互理解。

48. 在编号1、2、3、4的4个盒子中装有绿茶、红茶、花茶和白茶四种茶。每个盒子中只装一种茶,每种茶只装在一个盒子中。已知:

(1)装绿茶和红茶的盒子在1、2、3号范围之内。

(2)装红茶和花茶的盒子在2、3、4号范围之内。

(3)装白茶的盒子在1、3号范围之内。

根据上述信息,可以得出以下哪项?

(A)绿茶装在3号盒子中。　　　　(B)花茶装在4号盒子中。

(C)白茶装在3号盒子中。　　　　(D)红茶装在2号盒子中。

(E)绿茶装在1号盒子中。

49. 在某项目招标过程中,赵嘉、钱宜、孙斌、李汀、周武、吴纪6人作为各自公司代表参与投标,有且只有一人中标。关于究竟谁是中标者,招标小组中有3位成员各自谈了自己的看法:

(1)中标者不是赵嘉就是钱宜。

(2)中标者不是孙斌。

(3)周武和吴纪都没有中标。

经过深入调查,发现上述3人中只有一人的看法是正确的。

根据以上信息,以下哪项中的3人都可以确定没有中标?

(A)赵嘉、孙斌、李汀。　　　　　　　　　(B)赵嘉、钱宜、李汀。
(C)孙斌、周武、吴纪。　　　　　　　　　(D)赵嘉、周武、吴纪。
(E)钱宜、孙斌、周武。

50. 如今,电子学习机已全面进入儿童的生活。电子学习机将文字与图像、声音结合起来,既生动形象,又富有趣味性,使儿童独立阅读成为可能。但是,一些儿童教育专家却对此发出警告,电子学习机可能不利于儿童成长。他们认为,父母应该抽时间陪孩子一起阅读纸质图书。陪孩子一起阅读纸质图书,并不是简单地让孩子读书识字,而是在交流中促进其心灵的成长。

以下哪项如果为真,最能支持上述专家的观点?

(A)电子学习机最大的问题是让父母从孩子的阅读行为中走开,减少了父母与孩子的日常交流。
(B)接触电子产品越早,就越容易上瘾,长期使用电子学习机会形成"电子瘾"。
(C)在使用电子学习机时,孩子往往更多关注其使用功能而非学习内容。
(D)纸质图书有利于保护儿童视力,有利于父母引导儿童形成良好的阅读习惯。
(E)现代生活中年轻父母工作压力较大,很少有时间能与孩子一起阅读。

51. 田先生认为,绝大部分笔记本电脑运行速度慢的原因不是CPU性能太差,也不是内存容量太小,而是硬盘速度太慢,给老旧的笔记本电脑换装固态硬盘可以大幅提升使用者的游戏体验。

以下哪项如果为真,最能质疑田先生的观点?

(A)一些笔记本电脑使用者的使用习惯不好,使得许多运行程序占据大量内存,导致电脑运行速度缓慢。
(B)销售固态硬盘的利润远高于销售传统的笔记本电脑硬盘。
(C)固态硬盘很贵,给老旧笔记本换装硬盘费用不低。
(D)使用者的游戏体验很大程度上取决于笔记本电脑的显卡,而老旧笔记本电脑显卡较差。
(E)少部分老旧笔记本电脑的CPU性能很差,内存也小。

52~53题基于以下题干:

钟医生:"通常,医学研究的重要成果在杂志上发表之前需要经过匿名评审,这需要耗费不少时间。如果研究者能放弃这段等待时间而事先公开其成果,我们的公共卫生水平就可以伴随着医学发现更快获得提高。因为新医学信息的及时公布将允许人们利用这些信息提高他们的健康水平。"

52. 以下哪项最可能是钟医生论证所依赖的假设?

(A)即使医学论文还没有在杂志上发表,人们还是会使用已公开的相关新信息。
(B)因为工作繁忙,许多医学研究者不愿成为论文评审者。
(C)首次发表于匿名评审杂志上的新医学信息一般无法引起公众的注意。
(D)许多医学杂志的论文评审者本身并不是医学研究专家。
(E)部分医学研究者愿意放弃在杂志上发表,而选择事先公开其成果。

53. 以下哪项如果为真,最能削弱钟医生的论证?

(A)大部分医学杂志不愿意放弃匿名评审制度。
(B)社会公共卫生水平的提高还取决于其他因素,并不完全依赖于医学新发现。
(C)匿名评审常常能阻止那些含有错误结论的文章发表。

(D)有些媒体常常会提前报道那些匿名评审杂志准备发表的医学研究成果。

(E)人们常常根据新发表的医学信息来调整他们的生活方式。

54~55题基于以下题干：

江海大学的校园美食节开幕了，某女生宿舍有5人积极报名参加此次活动，她们的姓名分别为金粲、木心、水仙、火珊、土润。举办方要求，每位报名者只做一道菜品参加评比，但需自备食材。限于条件，该宿舍所备食材仅有5种：金针菇、木耳、水蜜桃、火腿和土豆，要求每种食材只能有2人选用，每人又只能选用2种食材，并且每人所选食材名称的第一个字与自己的姓氏均不相同。已知：

(1)如果金粲选水蜜桃，则水仙不选金针菇。

(2)如果木心选金针菇或土豆，则她也须选木耳。

(3)如果火珊选水蜜桃，则她也须选木耳和土豆。

(4)如果木心选火腿，则火珊不选金针菇。

54. 根据上述信息，可以得出以下哪项？

(A)木心选用水蜜桃、土豆。　　　　　　　(B)水仙选用金针菇、火腿。

(C)土润选用金针菇、水蜜桃。　　　　　　(D)火珊选用木耳、水蜜桃。

(E)金粲选用木耳、土豆。

55. 如果水仙选用土豆，则可以得出以下哪项？

(A)木心选用金针菇、水蜜桃。　　　　　　(B)金粲选用木耳、火腿。

(C)火珊选用金针菇、土豆。　　　　　　　(D)水仙选用木耳、土豆。

(E)土润选用水蜜桃、火腿。

四、写作：第56~57小题，共65分。　其中论证有效性分析30分，论说文35分。　请答在答题纸相应的位置上。

56. 论证有效性分析：分析下述论证中存在的缺陷与漏洞，选择若干要点，写一篇600字左右的文章，对该论证的有效性进行分析和评论。（论证有效性分析的一般要点是：概念特别是核心概念的界定和使用是否准确并前后一致，有无各种明显的逻辑错误，论证的论据是否成立并支持结论，结论成立的条件是否充分等。）

现在人们常在谈论大学毕业生就业难的问题，其实大学生的就业并不难。

据国家统计局数据，2012年我国劳动年龄人口比2011年减少了345万，这说明我国劳动力的供应从过剩变成了短缺。据报道，近年长三角等地区频频出现"用工荒"现象，2015年第二季度我国岗位空缺与求职人数的比率约为1.06，表明劳动力市场需求大于供给。因此，我国的大学毕业生其实是供不应求的。

还有，一个人受教育程度越高，他的整体素质也就越高，适应能力就越强，当然也就越容易就业。大学生显然比其他社会群体更容易就业，再说大学生就业难就没有道理了。

实际上，一部分大学生就业难，是因为其所学专业与市场需求不相适应，或对就业岗位的要求过高。因此，只要根据市场需求调整高校专业设置，对大学生进行就业教育以改变他们的就业观念，鼓励大学生自主创业，那么大学生就业难问题将不复存在。

总之,大学生的就业并不是什么问题,我们大可不必为此顾虑重重。

57. 论说文:根据下述材料,写一篇700字左右的论说文,题目自拟。

亚里士多德说:"城邦的本质在于多样性,而不在于一致性。……无论是家庭还是城邦,它们的内部都有着一定的一致性。不然的话,它们是不可能组建起来的。但这种一致性是有一定限度的。……同一种声音无法实现和谐,同一个音阶也无法组成旋律。城邦也是如此,它是一个多面体。人们只能通过教育使存在着各种差异的公民统一起来组成一个共同体。"

答案速查

一、问题求解

1～5　　(D)(C)(E)(C)(B)　　　　6～10　　(B)(D)(D)(E)(E)

11～15　(D)(A)(C)(D)(E)

二、条件充分性判断

16～20　(B)(C)(A)(C)(E)　　　　21～25　(A)(C)(B)(A)(D)

三、逻辑推理

26～30　(D)(C)(D)(E)(D)　　　　31～35　(A)(D)(D)(E)(B)

36～40　(D)(A)(E)(E)(E)　　　　41～45　(C)(A)(D)(E)(C)

46～50　(B)(D)(B)(B)(A)　　　　51～55　(D)(A)(C)(C)(B)

四、写作

略

答案详解

一、问题求解

1. (D)

【解析】母题92·比例问题

两两之比问题,取中间量的最小公倍数,如表1所示:

表1

	文化娱乐支出	子女教育支出	生活资料支出
比例1		3	8
比例2	1	2	
取最小公倍数	3	6	16

设子女教育支出为 $6x$,则生活资料支出为 $16x$,文化娱乐支出为 $3x$.

则有 $3x=10.5\%$,故生活资料支出占家庭总支出的比例为 $16x=56\%$.

2. (C)

【解析】母题90·简单算术问题

设原本每边需要 x 块砖,一共有 y 块砖,根据题意,可得

$$\begin{cases} y = x^2 + 180, \\ y + 21 = (x+1)^2, \end{cases}$$

两个式子相减,可得 $x = 100$,故 $y = 100^2 + 180 = 10\ 180$.

3.（E）

【解析】母题 98・行程问题

相遇时,货车行驶了 $90 \times 3 = 270$(千米),客车行驶了 $100 \times 3 = 300$(千米).

故客车到达甲地还需要的时间为 $270 \div 100 = 2.7$(小时). 此时货车又行驶了 $90 \times 2.7 = 243$(千米).

所以货车距离乙地的距离为 $300 - 243 = 57$(千米).

4.（C）

【解析】母题 82・古典概型（数字问题之和问题）

$10 = 1+3+6 = 1+4+5 = 2+3+5$,故 3 张卡片上数字之和等于 10 的取法仅有三种可能.

故概率 $P = \dfrac{3}{C_6^3} = \dfrac{3}{20} = 0.15$.

5.（B）

【解析】母题 100・最值问题

设降价 $50x$ 元,利润为 y,则

$$y = (2\ 400 - 2\ 000 - 50x)(8 + 4x),$$

即 $y = -200x^2 + 1\ 200x + 3\ 200$.

故当 $x = 3$ 时,y 有最大值,则该冰箱的定价为 $2\ 400 - 3 \times 50 = 2\ 250$(元).

6.（B）

【解析】母题 75・不同元素的分配

用总的选派方式数减去来自相同专业的方式数,即

$$N = C_9^2 - C_2^2 - C_3^2 - C_4^2 = 36 - 1 - 3 - 6 = 26(\text{种}).$$

7.（D）

【解析】母题 1・整除问题＋母题 82・古典概型

① 能被 5 整除的数有 $100 \div 5 = 20$(个).

② 能被 7 整除的数有 $98 \div 7 = 14$(个).

③ 既能被 7 整除,也能被 5 整除的数有 35、70,2 个.

故概率 $P = \dfrac{20 + 14 - 2}{100} = 0.32$.

8.（D）

【解析】母题 57・平面几何五大模型

显然,$\triangle ABE$ 与 $\triangle CDE$ 相似,且相似比为 $1:2$,故 $S_{\triangle CDE} = 16$.

且 $|AE|:|EC|=1:2$,故 $S_{\triangle ADE}=S_{\triangle BEC}=8$(等高性质).

故总面积为 $16+8+8+4=36$.

9. (E)

【解析】母题 59·空间几何体问题

设竖式的箱子为 x 个,横式的为 y 个,则有
$$\begin{cases} 4x+3y=340, \\ x+2y=160, \end{cases} \text{解得} \begin{cases} x=40, \\ y=60. \end{cases}$$

故竖式和横式箱子的个数分别为 40 个,60 个.

10. (E)

【解析】母题 69·解析几何中的最值问题

将方程化为标准型为 $(x-3)^2+(y+2)^2=13$,可见圆心 C 的坐标为 $(3,-2)$,连接原点 O 和圆心 C 并延长,交圆于 A 点 (x,y),如图 7 所示:

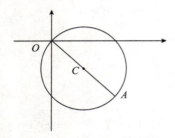

图 7

易知圆上到原点距离最远的点即为 A 点,由中点坐标公式可得 $\dfrac{x+0}{2}=3,\dfrac{y+0}{2}=-2$,解得 $x=6$, $y=-4$.

11. (D)

【解析】母题 69·解析几何中的最值问题

令 $t=2x+3y$,则 $y=-\dfrac{2}{3}x+\dfrac{1}{3}t$.

当此直线的截距最大时,t 最大.

直线过 B 点时,截距最大,此时 $t=9$.

12. (A)

【解析】母题 36·韦达定理问题

令 $A(x_1,0),B(x_2,0)$,显然有 $|x_1-x_2|=\dfrac{6\times 2}{2}=6$,即
$$x_1^2-2x_1x_2+x_2^2=(x_1+x_2)^2-4x_1x_2=4a^2-4b=36,$$
即 $a^2-b=9$.

13. （C）

【解析】母题 93·增长率问题

显然共需要付款 20 次.不妨将 1 000 万分作 20 组,第 1 组在第 1 个月偿还,故只用付 1 次利息. 第 2 组在第 2 个月偿还,需要付 2 次利息,以此类推.

可知总额为 $1\,100+50\times 1\%+50\times 1\%\times 2+\cdots+50\times 1\%\times 20=1\,205$(万元).

需注意的是,这里每个月结算利息,故不存在复利的问题.

14. （D）

【解析】母题 71·排列组合的基本问题

任选 2 门课程的方式数减去选的同一门课程的两个班的方式数,即 $N=C_6^2-C_2^2-C_2^2=13$(种).

15. （E）

【解析】母题 59·空间几何体问题

设圆柱的高为 $2h$,则有 $h^2+6^2=10^2$,则 $h=8$.

故内壁面积 $S=6\pi\times 2\times 8\times 2=192\pi$(平方厘米).

二、条件充分性判断

16. （B）

【解析】母题 91·平均值问题

根据加权平均值的定义,可知

平均年龄＝男员工平均年龄×男员工的比例＋女员工平均年龄×女员工的比例.

故条件(1)不充分,条件(2)充分.

17. （C）

【解析】母题 58·求面积问题

条件(1):设长方形长、宽分别为 a,b.则

$$S_{\text{正方形}ABCD}=(a+b)^2=4ab+(a-b)^2,$$

显然不能确定 a,b 的值.故条件(1)不充分.

条件(2):显然单独不能确定 a,b 的值,即条件(2)不充分.

联合条件(1)和条件(2),可知 a,b 的值,则 $(a-b)^2$ 可以确定,故联合起来充分.

18. （A）

【解析】母题 6·整数不定方程问题

穷举法,整理成 $ax+by=c$ 的形式.

设长度为 a 的管道 x 根,长度为 b 的管道 y 根.

条件(1):$37=3x+5y$,显然存在整数解 $\begin{cases}x=9\\y=2\end{cases}$,故条件(1)充分.

条件(2):$37=4x+6y$,显然等号右边为偶数,左边为奇数,无整数解,故条件(2)不充分.

19. (C)

【解析】母题31·不等式的性质

显然两个条件单独均不充分,故考虑联合.

由条件(1)得 $2x \leqslant 2y+4$.

条件(2)不等式两边各加4,得 $2y+4 \leqslant x+2+4 = x+6$.

故有 $2x \leqslant 2y+4 \leqslant x+6$,得 $x \leqslant 6$.

两条件中的不等式相加,易得 $y \leqslant 4$. 故联合起来充分.

20. (E)

【解析】母题96·溶液问题

设甲、乙、丙酒精浓度分别为 x, y, z. 故有 $\dfrac{2x+y}{2+1} = z$,即 $2x+y = 3z$ ①.

条件(1): $\dfrac{x+5y}{1+5} = \dfrac{1}{2}z$,即 $x+5y = 3z$ ②,显然不充分.

条件(2): $\dfrac{x+2y}{1+2} = \dfrac{2}{3}z$,即 $x+2y = 2z$ ③,显然不充分.

联合两个条件,由于 $3 \times ③ - ② = ①$,方程组实际上只有2个方程,无法解出3个未知数,故联合起来也不充分.

21. (A)

【解析】母题18·平均值与方差

条件(1):根据均值公式显然可以得出 $a=3$,故条件(1)充分.

条件(2):根据公式 $S_1^2 = \dfrac{1}{5} \times (3^2+4^2+5^2+6^2+7^2 - 5 \times 5^2) = 2$,得

$$S_2^2 = \dfrac{1}{5}\left[a^2+4^2+5^2+6^2+7^2 - 5 \times \left(\dfrac{4+5+6+7+a}{5}\right)^2\right],$$

显然有 $S_2^2 = 2$,故化简得 $a^2 - 11a + 24 = 0$,解得 $a=3$ 或 $a=8$. 故条件(2)不充分.

注:根据方差意义可以直接判断条件(2)有两根.

22. (C)

【解析】母题65·图像的判断

条件(1):M 中只有三个点,可以三点共线,故条件(1)不充分.

条件(2):举反例,M 中有5个点,构成一个凹五边形,此时,平面中不存在到五个点的距离都相等的点,故条件(2)不充分.

联立条件(1)和条件(2):M 中的三个点恰好构成一个三角形,则三角形的外接圆圆心就是所要求的点,即联合起来充分.

23. (B)

【解析】母题19·均值不等式

条件(1):令 $y = \dfrac{1}{x}$,显然原式 $= x^3 + \dfrac{1}{x^3}$,当 x 趋近于负无穷时,原式显然趋近于负无穷,没有最小

值,故条件(1)不充分.

条件(2):$x^3+y^3=(x+y)(x^2-xy+y^2)=(x+y)[(x+y)^2-3xy]$.

将 $x+y=2$ 代入,得 $x^3+y^3=2(4-3xy)=8-6xy$.

若 x,y 只有一个为正,则 $x^3+y^3=2(4-3xy)=8-6xy$ 的最小值为 8.

若 x,y 都为正,由均值不等式,得 $xy\leq\left(\dfrac{x+y}{2}\right)^2=1$,故当 xy 取到最大值 1 时,原式有最小值 2,

故条件(2)充分.

24. (A)

【解析】母题 54·递推公式问题

直接计算法.

条件(1):可知 $a_1-a_2\geq0$,以此类推,可知条件(1)充分.

条件(2):若数列每项均为负数,可知 $a_1-a_2\leq0$,以此类推,故条件(2)不充分.

25. (D)

【解析】母题 37·根的分布问题

方法一:

条件(1):由 $f(x)$ 在区间 $[0,1]$ 中有两个零点可知,$x^2+ax+b=0$ 在区间 $[0,1]$ 中有两个实根,
故有

$$\begin{cases} f(0)=b\geq0, & ① \\ f(1)=1+a+b\geq0, & ② \\ 0<-\dfrac{a}{2}<1, & ③ \\ \Delta=a^2-4b>0, & ④ \end{cases}$$

由③知 $-2<a<0,0<a^2<4$.

由④知 $b<\dfrac{a^2}{4}$,故 a^2 的最小值 0 要大于等于 $4b$,故 $b\leq0$.

因此 $f(1)=1+a+b\leq1+0+0=1$.

再由②知 $0\leq f(1)\leq1$,条件(1)充分.

同理可知,条件(2)也充分.

方法二:

设 $f(x)=x^2+ax+b=(x-m)(x-n)$,则 $f(1)=(1-m)(1-n)$.

条件(1):$0\leq m\leq1,0\leq n\leq1$,故有 $0\leq1-m\leq1,0\leq1-n\leq1$.

故 $0\leq(1-m)(1-n)\leq1$,条件(1)充分.

条件(2):$1\leq m\leq2,1\leq n\leq2$,故有 $-1\leq1-m\leq0,-1\leq1-n\leq0$.

故 $0\leq(1-m)(1-n)\leq1$,条件(2)充分.

三、逻辑推理

26. (D)

【解析】母题 3·箭头＋德摩根定律

题干：

①激发自主创新的活力→建设科技创新中心→推进与高校、科研院所的合作。

②催生重大科技成果→战略平台∧对接平台∧创新人才平台，等价于：¬战略平台∨¬对接平台∨¬创新人才平台→¬催生重大科技成果。

(D)项，¬创新人才平台→¬催生重大科技成果，正确。

其余各项均不正确。

27. (C)

【解析】母题 5·箭头的串联

题干：①保障→实行；②实行→追责。

①、②串联得：③保障→实行→追责＝¬追责→¬实行→¬保障。

(C)项，¬追责→¬保障，正确。

其余各项均不正确。

28. (D)

【解析】母题 35·论证逻辑型结构相似题

题干使用求异法：

注重对孩子的自然教育，能激发其自身的潜能；不注重对孩子的自然教育，其发展会受到一定的影响。

(D)项，注重调查研究，可以掌握第一手资料；闭门造车（即不注重调查研究），会让我们脱离实际。与题干相同。

其余各项显然均与题干不相同。

29. (E)

【解析】母题 38·数字推理题

(A)项，题干没有提及，无关选项。

(B)项，根据干支纪年法，天干有 10 个、地支有 12 个，因此，天干每过一个循环，会与地支错两位，即会出现甲子、甲寅、甲辰、甲午等年份，但不会出现甲丑年，(B)项错误。

(C)项，题干没有提及，无关选项。

(D)项，从 2014 年往后数十年可知，2024 年为甲辰年，(D)项错误。

(E)项，60 年一个轮回，2027 年为丁未年，故 2087 年也是丁未年，该选项正确。

30. (D)

【解析】母题 32·争论焦点题

赵明:我们一定要选拔喜爱辩论的人(爱好)。

王洪:我们需要招募的是能打硬仗的辩手(能力)。

赵明和王洪争论的焦点是应该招募什么样的新辩手,招募喜爱辩论的还是辩论能力强的,故(D)项正确。(A)、(B)、(C)、(E)项所涉及的双方都未明确表态。

31.（A）

【解析】母题6·假言命题的负命题

题干:出线→下一场比赛胜利∧另一场比赛平局。

不可能为真,即找矛盾命题:出线∧¬（下一场比赛胜利∧另一场比赛平局）。

(A)项,出线∧¬另一场比赛平局。与题干矛盾,是正确选项。

根据足球教练的陈述,其他选项都可能为真。

32.（D）

【解析】母题20·因果型支持题(求异法)

推测①:土坯砖边缘整齐并且没有切割痕迹——证明→这件土坯砖由木质模具压制成型。

推测②:由土坯砖经过烧制而成的烧结砖烧制温度为850℃～900℃＋推测①——证明→当时的砖是先使用模具将黏土做成土坯,然后再经过高温烧制而成的。

(A)项,与题干的两个推测无关,是无关选项。

(B)项,"烧制"并不等于"冶炼",无关选项。

(C)项,题干论证并不涉及烧结砖的年代,无关选项。

(D)项,没有采用模具而成型的土坯砖→边缘不整齐∨有切割痕迹,等价于:边缘整齐∧没有切割痕迹→采用模具而成型的土坯砖,支持推测①。

(E)项,无关选项。

33.（D）

【解析】母题16·因果型削弱题(求异法)

题干使用求异法:拥有 AA 型和 AG 型基因类型的人都在上午11时之前去世,拥有 GG 型基因类型的人几乎都在下午6时左右去世——证明→GG 型基因类型的人会比其他人平均晚死7个小时。

(A)、(B)项,无关选项。

(C)项,无关选项,无法确定此项中的"有些人"是哪种基因的人。

(D)项,可以削弱。比如2017年1月1日18点死亡的人,要比2017年1月2日8点死亡的人的死亡时间更早,而不是更晚。

(E)项,此项为干扰项,因为题干的结论是 GG 型基因类型的人会比其他人平均"晚死"7个小时,即只比较了死亡时间,而没有比较寿命。而此项讨论的是"平均寿命",为无关选项。

34. (E)

【解析】母题 15·论证型削弱题

商家:商品已做特价处理、商品已经开封或使用 —证明→ 不应退货。

(A)项,支持商家。

(B)项,支持商家。

(C)项,因质量问题退货是有理由的退货,而本题的论证是无理由退货,无法削弱。

(D)项,无关选项,题干并未提及公平问题。

(E)项,指出即使开封或使用了也可以选择退货,削弱论证关系,力度最强。

35. (B)

【解析】母题 5·箭头的串联

将题干信息形式化:

①李副书记值班→李副书记参加例会。

②张副书记值班→张副书记接待。

③王书记下乡→李副书记或张副书记值班。

④¬王书记下乡→王书记参加例会或王书记接待。

⑤例会只需分管宣传的副书记参加,接待也只需副书记参加。

由题干信息⑤可得,王书记没有参加宣传工作例会,也没有做信访接待工作。再由题干信息④逆否可得,王书记下乡调研。

因此,(B)项正确。

36. (D)

【解析】母题 17·措施目的型削弱题

题干:机器人战争技术 —以求→ 使人类远离危险,更安全、更有效率地实现战争目标。

(A)项,无关选项。

(B)项,措施可达目的,支持题干。

(C)项,指出机器人战争技术的优点,支持题干。

(D)项,措施达不到目的,削弱题干。

(E)项,措施有恶果,削弱力度较弱。

37. (A)

【解析】母题 12·简单命题的真假话问题

题干有如下信息:

陈安:4人都没有送您来医院。

李康:4人中有人送您来医院。

张幸：¬ 李康∨¬ 汪福。

汪福：¬ 汪福。

陈安和李康的话互为矛盾关系,必有一真一假。汪福的话如果为真,则张幸的话也为真,与题干"4人中有两人说真话,有两人说假话"矛盾,因此汪福的话为假,张幸的话为真。

由汪福的话为假可得:送郝大爷来医院的是汪福。再根据"某个→有的"可知,李康的话为真。

因此,说真话的是张幸和李康。

38.（E）

【解析】母题15·论证型削弱题

开车需要"理性计算":开车在路上遇到"加塞",你开的车就一定要让着它;开车在路上遇到有车不打方向灯在你近旁突然横过来要撞上你,你开的车也得让着它。

（A）、（B）、（C）项,指出"理性计算"的缺点,质疑题干。

（D）项,指出不"理性计算"也没事,质疑题干。

（E）项,指出"理性计算"可以省去许多麻烦,支持题干。

39.（E）

【解析】母题21·措施目的型支持题

题干：城市雾霾天气、热岛效应 —导致→ 建立"城市风道" —以求→ 促进空气循环,驱霾散热。

（A）项,措施无恶果,支持题干但力度较小。

（B）、（C）项,措施达不到目的,削弱题干。

（D）项,措施可行,支持题干,但"有的"是弱化词,支持力度小。

（E）项,措施可达目的,支持力度最大。

40.（E）

【解析】母题26·解释现象

题干中待解释的差异:政府能在短期内实施"APEC治理模式"取得良好效果,却不能将这一模式长期坚持下去。

（A）、（B）、（C）、（D）项,均指出"APEC治理模式"不能长期坚持下去的原因,可以解释。

（E）项,指出如果APEC会议期间北京雾霾频发,就会影响我们国家的形象,那么,如果坚持这种模式,不就更有利于国家形象吗？因此,此项不能解释为什么不坚持这一模式。

41.（C）

【解析】母题15·论证型削弱题

题干:伽马射线只用了4.8分钟就穿越了黑洞边界,而光需要25分钟才能走完这段距离 —证明→ 伽马射线的速度超过了光速,光速不变定律需要修改了。

（A）项,光速不变定律已经过时∨天文学家的观测有误,那么"光速不变定律已经过时"还是有可能为真,不能质疑。

(B)项,无法确定天文学家的观测是否有问题,因此,也不知道光速不变定律是否需要修改,无法削弱。

(C)项,说明天文学家的观测数据有问题,而不是光速不变定律需要修改,可以削弱。

(D)项,"可能"存在偏差,可能削弱,力度较弱。

(E)项,光速不变定律在以前的实践检验中没有出现过反例,不代表它没有问题,无法削弱。

42. (A)

【解析】母题26·解释现象

待解释的现象:无人监督时,贴着"眼睛"图片的那一周,收款箱里的钱远远超过贴其他图片的情形。

(A)项,指出差异原因,当图片为"眼睛"时,职员会认为有人监督,因此,更可能会自愿去放钱,可以解释。

(B)、(E)项,并未指出不同图片之间的差异,无法解释。

(C)项,并未说明心情愉快与自愿放钱的关系,无法解释。

(D)项,并未说明感动与自愿放钱的关系,无法解释。

43. (D)

【解析】母题37·方位题

题目问"哪个庭院可能是'日'字庭院",采用排除法。

(A)项,与条件(1)矛盾,排除。

(B)项,若"日"在第二个庭院,当条件(2)"火"和"土"相邻满足,则条件(3)不能满足,排除。

(C)项,若"日"在第四个庭院,当条件(2)"火"和"土"相邻满足,则条件(3)不能满足,排除。

(D)项,若"日"在第五个庭院,当"火""土"处在第六个、第七个庭院,则有多种可能满足条件(3),正确。

(E)项,若"日"在第六个庭院,当条件(2)"火"和"土"相邻满足,则条件(3)不能满足,排除。

44. (E)

【解析】母题37·方位题

已知第二个庭院是"土"字庭院,所以"火"只能在第一个或第三个庭院,假设"火"在第三个庭院,则第一只能是"日",与条件(1)矛盾。所以"火"只能在第一个庭院。

45. (C)

【解析】母题26·解释现象

题干:乐于助人的人平均寿命长于一般人,心怀恶意的人70岁之前的死亡率比正常人高1.5~2倍。

(A)项,并未涉及平均寿命,无法解释。

(B)项,引入了新比较,可能是性别原因导致平均寿命差异,无法解释。

(C)项,指出与人为善带来轻松愉悦的情绪,有益身体健康;损人利己则带来紧张的情绪,有损身体健康,可以解释题干。

(D)项,只涉及心存善念的人大多身体健康,并未说明心怀恶意的人是否大多身体健康,缺少比较,无法解释。

(E)项,没有说明敌视情绪和身体健康的关系,无法解释。

46.(B)

【解析】母题 24·措施目的型假设题

牛师傅:超市中销售的苹果有油脂痕迹,这是残留在苹果上的农药所致——导致——食用前一定要清洗干净——以求——去除农药残留。

(A)项,扩大了论证范围,过度假设。

(B)项,补充一个原因,说明措施有必要,是必须假设,如果超市里销售的水果已经彻底被清洗,就不会有农药残留,则消费者买到也不必清洗。

(C)项,不必假设,此项指出只有那些在水果上能留下油脂痕迹的农药才可能被清洗掉,而题干中的目的是去除水果表面的农药残留,不仅仅是指在水果上留下油脂痕迹的农药。

(D)项,不必假设,题干的论证只涉及清洗水果,而不涉及消费者对此是否"在意"。

(E)项,不必假设,因为不管农药是否在水果表面留下油脂痕迹,都应该清洗。

47.(D)

【解析】母题 30·评论逻辑漏洞

前提:¬理解自己→¬理解别人。

结论:¬理解自己→¬理解别人。

所以,(D)项正确,题干犯了循环论证的逻辑错误。

48.(B)

【解析】母题 40·复杂匹配与综合推理

根据条件(1)可知,绿茶、红茶不在 4 号盒子中。

根据条件(3)可知,白茶不在 4 号盒子中。

故 4 号盒子中装的一定是花茶。

49.(B)

【解析】母题 8·复言命题的真假话问题

将题干信息符号化:

①赵嘉∨钱宜。

②¬孙斌。

③¬周武∧¬吴纪。

如果题干信息①为真,则题干信息②、③也为真,与题干"3人中只有一人的看法是正确的"矛盾,故题干信息①为假,即¬赵嘉∧¬钱宜。

如果李汀中标,则题干信息②、③也为真,因此李汀没有中标,即赵嘉、钱宜、李汀都没有中标。

50.（A）

【解析】母题19·论证型支持题

专家:陪孩子一起阅读纸质图书可以在交流中促进其心灵的成长 —证明→ 电子学习机可能不利于儿童成长,父母应该抽时间陪孩子一起阅读纸质图书。

(A)项,电子学习机让父母从孩子的阅读行为中走开,减少了父母与孩子的日常交流。所以,陪孩子一起阅读纸质图书可以在交流中促进其心灵的成长,可以支持专家的观点。

(B)、(C)项,指出使用电子学习机的缺陷,没有谈到父母陪读与纸质图书两点,无法支持。

(D)项,指出纸质图书有好处,但没有说明父母陪读的重要以及电子图书的缺陷,无法支持。

(E)项,专家说父母应该抽时间陪孩子一起阅读纸质图书,该项说的是父母有没有时间,无关选项。

51.（D）

【解析】母题17·措施目的型削弱题

题干:绝大部分笔记本电脑运行速度慢的原因是硬盘速度太慢 —导致→ 给老旧的笔记本电脑换装固态硬盘 —以求→ 大幅提升使用者的游戏体验。

(A)项,另有他因,但说的是"有些"电脑,削弱力度弱。

(B)项,无关选项。

(C)项,费用高低与采取此措施是否能达到目的无关,不能削弱。

(D)项,使用者的游戏体验在很大程度上取决于笔记本电脑的显卡,所以换装固态硬盘不能大幅提升使用者的游戏体验。措施达不到目的,可以削弱,力度最大。

(E)项,无关选项。

52.（A）

【解析】母题24·措施目的型假设题

题干:放弃匿名评审而事先公开其成果 —导致→ 人们能及时利用这些信息提高他们的健康水平 —以求→ 我们的公共卫生水平可以伴随着医学发现更快获得提高。

(A)项,人们会利用放弃匿名评审的论文,搭桥法,措施可达目的。

(B)、(C)、(D)项,无关选项。

(E)项,医学研究者是否愿意放弃与放弃能否达到目的无关。

53.（C）

【解析】母题17·措施目的型削弱题

题干:放弃匿名评审而事先公开其成果 —导致→ 人们能及时利用这些信息提高他们的健康水平 —以求→ 我们的公共卫生水平可以伴随着医学发现更快获得提高。

(A)项,是否愿意放弃与放弃能否达到目的无关,不能削弱。

(B)项,此项中"并不完全依赖于医学新发现",说明医学新发现是社会公共卫生水平提高的因素之一,只是不是唯一因素,还是肯定了医学新发现对提高社会公共卫生水平的作用,因此,不能削弱题干。

(C)项,措施有恶果,放弃匿名评审会让人们更多地使用错误结论,可能会降低人们的健康水平,削弱钟医生的论证。

(D)项,无关选项。

(E)项,措施可达目的,支持钟医生的论证。

54.（C）

【解析】母题40·复杂匹配与综合推理

将题干信息形式化:

(1)金粲选水蜜桃→¬水仙选金针菇。

(2)木心:金针菇∨土豆→木耳。

(3)火珊:水蜜桃→木耳∧土豆。

(4)木心选火腿→¬火珊选金针菇。

由题意可知,木心不能选木耳,由题干信息(2)可得,¬木耳→¬金针菇∧¬土豆。又由"每人只能选用2种食材"可知,木心:火腿∧水蜜桃。

由题干信息(4)可知,木心选火腿→¬火珊选金针菇。

又由"每人只能选用2种食材",并结合题干信息(3)可得,火珊:¬水蜜桃。

得表2:

表 2

	金粲	木心	水仙	火珊	土润
金针菇	×	×		×	
木耳		×			
水蜜桃		√	×	×	
火腿		√		×	
土豆		×			×

已知要求每种食材只能有2人选用,每人又只能选用2种食材,故可得:木心:火腿∧水蜜桃;火珊:木耳∧土豆;水仙选金针菇∧土润选金针菇。

由题干信息(1),金粲选水蜜桃→¬水仙选金针菇＝水仙选金针菇→金粲不选水蜜桃,得表3:

表3

	金粲	木心	水仙	火珊	土润
金针菇	×	×	√	×	√
木耳		×		√	
水蜜桃	×		√	×	√
火腿		√		×	
土豆		×		√	×

故:土润选用金针菇和水蜜桃。

55.（B）

【解析】母题40·复杂匹配与综合推理

结合上题分析可知,水仙:土豆→¬木耳∧¬火腿。所以,金粲:木耳∧火腿,得表4:

表4

	金粲	木心	水仙	火珊	土润
金针菇			√		√
木耳	√		√		
水蜜桃		√			√
火腿	√	√			
土豆			√	√	

四、写作

56. 论证有效性分析

【谬误分析】

①由"2012年我国劳动年龄人口比2011年减少了345万",无法说明"我国劳动力的供应从过剩变成了短缺"。因为,劳动力市场不仅仅由供给决定,还取决于需求情况。虽然劳动力相比之前变少了,但可能仍然是供过于求的。

②劳动力也不是仅仅由大学生构成,即使"劳动力"变成了短缺,也不代表"大学生"是供不应求的。

③长三角地区出现的"用工荒",未必是缺少大学生,也可能是缺少技术工人等其他人才。这种"用工荒"也可能仅为地域性现象,不具有全国普遍代表性。2015年第二季度的情况,可能仅是一年中的阶段性现象,难以说明2015年的整体情况,而且这个"岗位空缺"缺的也未必是针对大学生的岗位。

④受教育程度高,未必整体素质就高、适应能力就强。因为受教育程度仅仅是影响其整体素

质、适应能力的一种因素。

⑤其他社会群体中也有比大学生容易就业的群体，所以不能推断大学生比其他社会群体更容易就业。

⑥即使大学生比某些社会群体容易就业，也不能得出大学生就业不难的结论。

⑦"实际上，一部分大学生就业难""大学生的就业难问题将不复存在"，表明当今存在大学生就业难问题，这与大学生就业不难的论点自相矛盾。

⑧专业设置不佳和就业观念问题仅仅是导致大学生就业难的原因之一，仅仅解决这两个问题未必能解决大学生就业难的问题。

（说明：以上谬误分析引用和改编自教育部考试中心《管理类专业学位联考综合能力考试大纲》给出的参考答案。）

参考范文

大学生就业不难吗？

材料认为"大学生的就业不是什么问题，我们大可不必为此顾虑重重"，然而其论证存在多处问题，分析如下：

首先，由"2012年我国劳动年龄人口比2011年减少了345万"，无法说明"我国劳动力的供应从过剩变成了短缺"。因为，劳动力市场不仅仅由供给决定，还取决于需求情况。虽然劳动力相比之前变少了，但可能仍然是供过于求的。

其次，劳动力也不是仅仅由大学生构成，即使"劳动力"变成了短缺，也不代表"大学生"是供不应求的。

再次，长三角地区出现的"用工荒"，未必是缺少大学生，也可能是缺少技术工人等其他人才。这种"用工荒"也可能仅为地域性现象，不具有全国普遍代表性。2015年第二季度的情况，可能仅是一年中的阶段性现象，难以说明2015年的整体情况，而且这个"岗位空缺"缺的也未必是针对大学生的岗位。

又次，受教育程度仅仅是影响其整体素质、适应能力的一种因素，未必受教育程度高的人整体素质就高、适应能力就强。同样，整体素质和适应能力也仅仅是影响就业的部分因素，如果用人单位没有需求，你的能力再高也无济于事。

最后，"实际上，一部分大学生就业难""大学生的就业难问题将不复存在"，表明当今存在大学生就业难问题，这与大学生就业不难的论点自相矛盾。

综上所述，材料得出的"大学生的就业不是什么问题，我们大可不必为此顾虑重重"这一结论有待商榷。

（全文共551字）

57. 论说文

【参考立意】

①多样性与一致性。

②个性与共性。

③求同存异。

④个性与规则。

参考范文

有种和谐叫包容

吕建刚

亚里士多德的话,让我想到个性及对个性的包容。个性的力量固然强大,但个性需要包容才能存活。

你有你的个性,我有我的脾气;你有你的爱好,我有我的乐趣。可能你之所爱,正是我之所厌,怎么办?这就需要包容的力量。中国有句谚语,"包容记心间,烦恼不沾边。"讲的就是,在为人处世时要多一分理解、多一分包容,这样就会减少些许烦恼、带来一些快乐。包容同学和同事的缺点,会给我们带来融洽的人际关系;包容不同文化的差异,则会使世界更加丰富多彩。

然而,常常事与愿违,有的人总是缺乏包容之心,亚里士多德的话成为他们的挡箭牌,当他自己要个性时,他说亚里士多德提倡个性;抹杀别人个性之时,又说亚里士多德要求一致性,他们横竖都有理。他们总希望别人包容自己的个性,却难以忍受他人之个性。这多半是自私自利之心作祟。他们凡事只想着自己,以自己的利益为出发点,一旦不顺心,便会尖酸刻薄地抱怨,甚至报复。

其实,这些人也不是不明白包容的道理,只是不愿意牺牲自己的利益。但是,高明的人总是追求和谐,为此而包容差异,在丰富多彩中达成和谐。一个乐队,想要演奏出和谐美妙的音乐,需要使用十几种乃至几十种不同的乐器,各奏其乐,各发其声。反之,如果乐队中都使用同一种乐器,其单调乏味是可想而知的。所以,尊重他人的个性,才能得到他人的尊重,才能一起创造更加美好的生活。

当然,我们说尊重个性,并不是说纵容个性。由着自己性子来的人,恰恰误解了亚里士多德。亚里士多德说,"无论是家庭还是城邦,它们的内部都有着一定的一致性",这恰恰说明,个性是需要制约的,自由也是有边界的。每个人都由着自己的性子来,不遵守规则,不尊重别人,自己也必将承受灾难带来的后果。

中国有句老话叫"君子和而不同",这就是包容的道理。

(全文共725字)

绝密★启用前

2017年全国硕士研究生招生考试
管理类专业学位联考综合能力试题

(科目代码:199)
考试时间:8:30—11:30

考生注意事项

1. 答题前,考生须在试题册指定位置上填写考生姓名和考生编号;在答题卡指定位置上填写报考单位、考生姓名和考生编号,并涂写考生编号信息点。
2. 选择题的答案必须涂写在答题卡相应题号的选项上,非选择题的答案必须书写在答题卡指定位置的边框区域内。超出答题区域书写的答案无效;在草稿纸、试题册上答题无效。
3. 填(书)写部分必须使用黑色字迹签字笔或者钢笔书写,字迹工整、笔迹清楚;涂写部分必须使用2B铅笔填涂。
4. 考试结束,将答题卡和试题册按规定交回。

考生编号														
考生姓名														

一、问题求解：第 1～15 小题，每小题 3 分，共 45 分。下列每题给出的(A)、(B)、(C)、(D)、(E) 五个选项中，只有一项是符合试题要求的，请在答题卡上将所选项的字母涂黑。

1. 甲从 1,2,3 中抽取一个数，记为 a；乙从 1,2,3,4 中抽取一个数，记为 b. 规定当 $a>b$ 或者 $a+1<b$ 时甲获胜，则甲获胜的概率为( ).

   (A) $\frac{1}{6}$ (B) $\frac{1}{4}$ (C) $\frac{1}{3}$ (D) $\frac{5}{12}$ (E) $\frac{1}{2}$

2. 已知 $\triangle ABC$ 和 $\triangle A'B'C'$ 满足 $AB:A'B'=AC:A'C'=2:3$，$\angle A+\angle A'=\pi$，则 $\triangle ABC$ 和 $\triangle A'B'C'$ 的面积之比为( ).

   (A) $\sqrt{2}:\sqrt{3}$ (B) $\sqrt{3}:\sqrt{5}$ (C) $2:3$ (D) $2:5$ (E) $4:9$

3. 将 6 人分成 3 组，每组 2 人，则不同的分组方式共有( )种.

   (A) 12   (B) 15   (C) 30   (D) 45   (E) 90

4. 甲、乙、丙三人每轮各投篮 10 次，投了三轮. 投中数如表 1 所示：

   表1

	第一轮	第二轮	第三轮
甲	2	5	8
乙	5	2	5
丙	8	4	9

   设 $\sigma_1,\sigma_2,\sigma_3$ 分别为甲、乙、丙投中数的方差，则( ).

   (A) $\sigma_1>\sigma_2>\sigma_3$ (B) $\sigma_1>\sigma_3>\sigma_2$ (C) $\sigma_2>\sigma_1>\sigma_3$

   (D) $\sigma_2>\sigma_3>\sigma_1$ (E) $\sigma_3>\sigma_2>\sigma_1$

5. 将长、宽、高分别是 12, 9 和 6 的长方体切割成正方体，且切割后无剩余，则能切割成相同正方体的最少个数为( ).

   (A) 3   (B) 6   (C) 24   (D) 96   (E) 648

6. 某品牌电冰箱连续两次降价 10% 后的售价是降价前的( ).

   (A) 80%   (B) 81%   (C) 82%   (D) 83%   (E) 85%

7. 甲、乙、丙三种货车的载重量成等差数列. 2 辆甲种车和 1 辆乙种车的载重量为 95 吨，1 辆甲种车和 3 辆丙种车的载重量为 150 吨，则甲、乙、丙分别各一辆车一次最多运送货物为( )吨.

   (A) 125   (B) 120   (C) 115   (D) 110   (E) 105

8. 张老师到一所中学进行招生咨询，上午接受了 45 名同学的咨询，其中的 9 名同学下午又咨询了张老师，占张老师下午咨询学生的 10%. 一天中向张老师咨询的学生人数为( )人.

   (A) 81   (B) 90   (C) 115   (D) 126   (E) 135

9. 某种机器人可搜索到的区域是半径为 1 米的圆. 若该机器人沿直线行走 10 米，则其搜索过的区域的面积为( )(单位：平方米).

   (A) $10+\frac{\pi}{2}$ (B) $10+\pi$ (C) $20+\frac{\pi}{2}$ (D) $20+\pi$ (E) 10π

10. 不等式 $|x-1|+x\leq 2$ 的解集为( ).

(A)$(-\infty,1]$ (B)$\left(-\infty,\dfrac{3}{2}\right]$ (C)$\left[1,\dfrac{3}{2}\right]$ (D)$[1,+\infty)$ (E)$\left[\dfrac{3}{2},+\infty\right)$

11. 在1到100之间,能被9整除的整数的平均值是( ).

(A)27 (B)36 (C)45 (D)54 (E)63

12. 某试卷由15道选择题组成,每道题有4个选项,只有一项是符合试题要求的.甲有6道题能确定正确选项,有5道题能排除2个错误选项,有4道题能排除1个错误选项.若从每题排除后剩余的选项中选1个作为答案,则甲得满分的概率为( ).

(A)$\dfrac{1}{2^4}\times\dfrac{1}{3^5}$ (B)$\dfrac{1}{2^5}\times\dfrac{1}{3^4}$ (C)$\dfrac{1}{2^5}+\dfrac{1}{3^4}$

(D)$\dfrac{1}{2^4}\times\left(\dfrac{3}{4}\right)^5$ (E)$\dfrac{1}{2^4}+\left(\dfrac{3}{4}\right)^5$

13. 某公司用1万元购买了价格分别为1 750元和950元的甲、乙两种办公设备,则购买的甲、乙办公设备的件数分别为( ).

(A)3,5 (B)5,3 (C)4,4 (D)2,6 (E)6,2

14. 如图1所示,在扇形AOB中,$\angle AOB=\dfrac{\pi}{4}$,$OA=1$,$AC\perp OB$,则阴影部分的面积为( ).

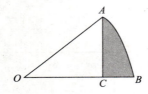

图1

(A)$\dfrac{\pi}{8}-\dfrac{1}{4}$ (B)$\dfrac{\pi}{8}-\dfrac{1}{8}$ (C)$\dfrac{\pi}{4}-\dfrac{1}{2}$ (D)$\dfrac{\pi}{4}-\dfrac{1}{4}$ (E)$\dfrac{\pi}{4}-\dfrac{1}{8}$

15. 老师问班上50名同学周末复习的情况,结果有20人复习过数学、30人复习过语文、6人复习过英语,且同时复习了数学和语文的有10人、语文和英语的有2人、英语和数学的有3人.若同时复习过这三门课的人数为0,则没复习过这三门课程的学生人数为( )人.

(A)7 (B)8 (C)9 (D)10 (E)11

二、**条件充分性判断**:第16~25小题,每小题3分,共30分。 要求判断每题给出的条件(1)和条件(2)能否充分支持题干所陈述的结论。 (A)、(B)、(C)、(D)、(E)五个选项为判断结果,请选择一项符合试题要求的判断,在答题卡上将所选项的字母涂黑。

(A)条件(1)充分,但条件(2)不充分.

(B)条件(2)充分,但条件(1)不充分.

(C)条件(1)和条件(2)单独都不充分,但条件(1)和条件(2)联合起来充分.

(D)条件(1)充分,条件(2)也充分.

(E)条件(1)和条件(2)单独都不充分,条件(1)和条件(2)联合起来也不充分.

16. 某人需要处理若干份文件,第一小时处理了全部文件的 $\frac{1}{5}$,第二小时处理了剩余文件的 $\frac{1}{4}$,则此人需要处理的文件数为 25 份.

   (1)前两个小时处理了 10 份文件.
   (2)第二小时处理了 5 份文件.

17. 能确定某企业产值的月平均增长率.

   (1)已知一月份的产值.
   (2)已知全年的总产值.

18. 圆 $x^2+y^2-ax-by+c=0$ 与 x 轴相切,则能确定 c 的值.

   (1)已知 a 的值.
   (2)已知 b 的值.

19. 某人从 A 地出发,先乘时速为 220 千米的动车,后转乘时速为 100 千米的汽车到达 B 地,则 A,B 两地的距离为 960 千米.

   (1)乘动车时间与乘汽车的时间相等.
   (2)乘动车时间与乘汽车的时间之和为 6 小时.

20. 直线 $y=ax+b$ 与抛物线 $y=x^2$ 有两个交点.

   (1)$a^2>4b$.
   (2)$b>0$.

21. 如图 2 所示,一个铁球沉入水池中,则能确定铁球的体积.

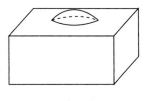

图 2

   (1)已知铁球露出水面的高度.
   (2)已知水深及铁球与水面交线的周长.

22. 已知 a,b,c 为三个实数,则 $\min\{|a-b|,|b-c|,|a-c|\}\leqslant 5$.

   (1)$|a|\leqslant 5,|b|\leqslant 5,|c|\leqslant 5$.
   (2)$a+b+c=15$.

23. 某机构向 12 位教师征题,共征集到 5 种题型的试题 52 道,则能确定供题教师的人数.

   (1)每位供题教师提供的试题数相同.
   (2)每位供题教师提供的题型不超过 2 种.

24. 某人参加资格考试,有 A 类和 B 类选择,A 类的合格标准是抽 3 道题至少会做 2 道,B 类的合格标准是抽 2 道题需都会做,则此人参加 A 类考试合格的机会大.

   (1)此人 A 类题中有 60% 会做.
   (2)此人 B 类题中有 80% 会做.

25. 设 a,b 是两个不相等的实数,则函数 $f(x)=x^2+2ax+b$ 的最小值小于零.

   (1) $1,a,b$ 成等差数列.

   (2) $1,a,b$ 成等比数列.

三、逻辑推理：第26～55小题,每小题2分,共60分。 下列每题给出的(A)、(B)、(C)、(D)、(E)五个选项中,只有一项是符合试题要求的。 请在答题卡上将所选项的字母涂黑。

26. 倪教授认为,我国工程技术领域可以考虑与国外先进技术合作,但任何涉及核心技术的项目决不能受制于人;我国的许多网络安全建设项目涉及信息核心技术,如果全盘引进国外先进技术而不努力自主创新,我国的网络安全将受到严重威胁。

    根据倪教授的陈述,可以得出以下哪项?

    (A) 我国有些网络安全建设项目不能受制于人。

    (B) 我国许多网络安全建设项目不能与国外先进技术合作。

    (C) 我国工程技术领域的所有项目都不能受制于人。

    (D) 只要不是全盘引进国外先进技术,我国的网络安全就不会受到严重威胁。

    (E) 如果能做到自主创新,我国的网络安全就不会受到严重威胁。

27. 任何结果都不可能凭空出现,它们的背后都是有原因的;任何背有原因的事物均可以被人认识,而可以被人认识的事物都必然不是毫无规律的。

    根据以上陈述,以下哪项一定为假?

    (A) 人有可能认识所有事物。

    (B) 有些结果的出现可能毫无规律。

    (C) 那些可以被人认识的事物必然有规律。

    (D) 任何结果出现的背后都是有原因的。

    (E) 任何结果都可以被人认识。

28. 近年来,我国海外代购业务量快速增长,代购者们通常从海外购买产品,通过各种渠道避开关税,再卖给内地顾客从中牟利,却让政府损失了税收收入。某专家由此指出,政府应该严厉打击海外代购行为。

    以下哪项如果为真,最能支持上述专家的观点?

    (A) 近期,有位前空乘服务员因在网上开设海外代购店而被我国地方法院判定犯有走私罪。

    (B) 国内一些企业生产的同类产品与海外代购产品相比,无论质量还是价格都缺乏竞争优势。

    (C) 海外代购提升了人们的生活水平,满足了国内部分民众对于高品质生活的向往。

    (D) 去年,我国奢侈品海外代购规模几乎是全球奢侈品国内门店销售额的一半,这些交易大多避开了关税。

    (E) 国内民众的消费需求提高是伴随我国经济发展而产生的正常现象,应以此为契机促进国内同类消费品产业的升级。

29. 某剧组招募群众演员,为配合剧情,需要招4类角色:外国游客1～2名,购物者2～3名,商贩2名,路人若干。仅有甲、乙、丙、丁、戊、己6人可供选择,且每个人在同一场景中只能出演一个角

色。已知:
(1)只有甲、乙才能出演外国游客。
(2)上述4类角色在每个场景中至少有3类同时出现。
(3)每一场景中,若乙或丁出演商贩,则甲和丙出演购物者。
(4)购物者和路人的数量之和在每个场景中不超过2。
根据以上信息,可以得出以下哪项?
(A)在同一场景中,若戊和己出演路人,则甲只可能出演外国游客。
(B)在同一场景中,若乙出演外国游客,则甲只可能出演商贩。
(C)至少有2人需要在不同的场景中出演不同的角色。
(D)甲、乙、丙、丁不会在同一场景中同时出现。
(E)在同一场景中,若丁和戊出演购物者,则乙只可能出演外国游客。

30. 离家300米的学校不能上,却被安排到2公里外的学校就读,某市一位适龄儿童在上小学时就遭遇了所在区教育局这样的安排,而这一安排是区教育局根据儿童户籍所在施教区做出的。根据该市教育局规定的"就近入学"原则,儿童家长将区教育局告上法庭,要求撤销原来安排,让其孩子就近入学,法院对此作出一审判决,驳回原告请求。
下列哪项最可能是法院判决的合理依据?
(A)"就近入学"不是"最近入学",不能将入学儿童户籍地和学校的直线距离作为划分施教区的唯一依据。
(B)按照特定的地理要素划分,施教区中的每所小学不一定就处于该施教区的中心位置。
(C)儿童入学究竟应上哪一所学校,不是让适龄儿童或其家长自主选择,而是要听从政府主管部门的行政安排。
(D)"就近入学"仅仅是一个需要遵循的总体原则,儿童具体入学安排还要根据特定的情况加以变通。
(E)该区教育局划分施教区的行政行为符合法律规定,而原告孩子按户籍所在施教区的确需要去离家2公里外的学校就读。

31. 张立是一位单身白领,工作5年积累了一笔存款,由于该笔存款金额尚不足以购房,他考虑将其暂时分散投资到股票、黄金、基金、国债和外汇5个方面。该笔存款的投资需要满足如下条件:
(1)如果黄金投资比例高于1/2,则剩余部分投入国债和股票。
(2)如果股票投资比例低于1/3,则剩余部分不能投入外汇或国债。
(3)如果外汇投资比例低于1/4,则剩余部分投入基金或黄金。
(4)国债投资比例不能低于1/6。
根据上述信息,可以得出以下哪项?
(A)国债投资比例高于1/2。
(B)外汇投资比例不低于1/3。
(C)股票投资比例不低于1/4。
(D)黄金投资比例不低于1/5。

(E)基金投资比例低于1/6。

32. 通识教育重在帮助学生掌握尽可能全面的基础知识,即帮助学生了解各个学科领域的基本常识,而人文教育则重在培育学生了解世界的意义,并对自己及他人行为的价值和意义作出合理的判断,形成"智识"。因此有专家指出,相比较而言,人文教育对个人未来生活的影响会更大一些。

以下哪项如果为真,最能支持上述专家的断言?

(A)当今我国有些大学开设的通识教育课程要远远多于人文教育课程。
(B)"知识"是事实判断,"智识"是价值判断,两者不能相互替代。
(C)没有知识就会失去应对未来生活挑战的勇气,而错误的价值观可能会误导人的生活。
(D)关于价值和意义的判断事关个人的幸福和尊严,值得探究和思考。
(E)没有知识,人依然可以活下去;但如果没有价值和意义的追求,人只能成为没有灵魂的躯壳。

33～34题基于以下题干:

丰收公司邢经理需要在下个月赴湖北、湖南、安徽、江西、江苏、浙江、福建7省进行市场需求调研,各省均调研一次。他的行程需满足如下条件:
(1)第一个或最后一个调研江西省。
(2)调研安徽省的时间早于浙江省,在这两省的调研之间调研除了福建省的另外两省。
(3)调研福建省的时间安排在调研浙江省之前或刚好调研完浙江省之后。
(4)第三个调研江苏省。

33. 如果邢经理首先赴安徽省调研,则关于他的行程,可以确定以下哪项?
(A)第二个调研湖北省。 (B)第二个调研湖南省。
(C)第五个调研福建省。 (D)第五个调研湖北省。
(E)第五个调研浙江省。

34. 如果安徽省是邢经理第二个调研的省份,则关于他的行程,可以确定以下哪项?
(A)第一个调研江西省。 (B)第四个调研湖北省。
(C)第五个调研浙江省。 (D)第五个调研湖南省。
(E)第六个调研福建省。

35. 王研究员:我国政府提出的"大众创业、万众创新"激励着每一位创业者。对于创业者来说,最重要的是需要一种坚持精神。不管在创业中遇到什么困难,都要坚持下去。

李教授:对于创业者来说,最重要的是要敢于尝试新技术。因为有些新技术一些大公司不敢轻易尝试,这就为创业者带来了成功的契机。

根据以上信息,以下哪项最准确地指出了王研究员与李教授观点的分歧所在?

(A)最重要的是敢于迎接各种创业难题的挑战,还是敢于尝试那些大公司不敢轻易尝试的新技术。
(B)最重要的是坚持创业,有毅力有恒心把事业一直做下去,还是坚持创新,做出更多的科学发现和技术发明。
(C)最重要的是坚持把创业这件事做好,成为创业大众的一员,还是努力发明新技术,成为创新万众的一员。

(D)最重要的是需要一种坚持精神,不畏艰难,还是要敢于尝试新技术,把握事业成功的契机。

(E)最重要的是坚持创业,敢于成立小公司,还是尝试新技术,敢于挑战大公司。

36. 进入冬季以来,内含大量有毒颗粒物的雾霾频繁袭击我国部分地区。有关调查显示,持续接触高浓度污染物会直接导致10%至15%的人患有眼睛慢性炎症或干眼症。有专家由此认为,如果不采取紧急措施改善空气质量,这些疾病的发病率和相关的并发症将会增加。

以下哪项如果为真,最能支持上述专家的观点?

(A)有毒颗粒物会刺激并损害人的眼睛,长期接触会影响泪腺细胞。

(B)空气质量的改善不是短期内能够做到的,许多人不得不在污染环境中工作。

(C)眼睛慢性炎症或干眼症等病例通常集中出现于花粉季。

(D)上述被调查的眼疾患者中有65%是年龄在20~40岁之间的男性。

(E)在重污染环境中采取戴护目镜、定期洗眼等措施有助于预防干眼症等眼疾。

37. 很多成年人对于儿时熟悉的《唐诗三百首》中的许多名诗,常常仅记得几句名句,而不知诗作者或者诗名。甲校中文系硕士生只有三个年级,每个年级人数相等。统计发现,一年级学生都能把该书中的名句与诗名及其作者对应起来;二年级2/3的学生能把该书中的名句与作者对应起来;三年级1/3的学生不能把该书中的名句与诗名对应起来。

根据上述信息,关于该校中文系硕士生,可以得出以下哪项?

(A)1/3以上的硕士生不能将该书中的名句与诗名或作者对应起来。

(B)大部分硕士生能将该书中的名句与诗名及其作者对应起来。

(C)1/3以上的一、二年级学生不能把该书中的名句与作者对应起来。

(D)2/3以上的一、二年级学生不能把该书中的名句与诗名对应起来。

(E)2/3以上的一、三年级学生能把该书中的名句与诗名对应起来。

38. 婴儿通过触碰物体、四处玩耍和观察成人的行为等方式来学习,但机器人通常只能按照编定的程序进行学习。于是,有些科学家试图研制学习方式更接近于婴儿的机器人。他们认为,既然婴儿是地球上最有效率的学习者,为什么不设计出能像婴儿那样不费力气就能学习的机器人呢?

以下哪项最可能是上述科学家观点的假设?

(A)婴儿的学习能力是天生的,他们的大脑与其他动物幼崽不同。

(B)通过触碰、玩耍和观察等方式来学习是地球上最有效率的学习方式。

(C)即使是最好的机器人,它们的学习能力也无法超过最差的婴儿学习者。

(D)如果机器人能像婴儿那样学习,它们的智能就有可能超过人类。

(E)成年人和现有的机器人都不能像婴儿那样毫不费力地学习。

39. 针对癌症患者,医生常采用化疗的手段将药物直接注入人体杀伤癌细胞,但这也可能将正常细胞和免疫细胞一同杀灭,产生较强的副作用。近来,有科学家发现,黄金纳米粒子很容易被人体癌细胞吸收,如果将其包上一层化疗药物,就可作为"运输工具",将化疗药物准确地投放到癌细胞中。他们由此断言,微小的黄金纳米粒子能提升癌症化疗的效果,并降低化疗的副作用。

以下哪项如果为真,最能支持上述科学家所做出的论断?

(A)黄金纳米粒子用于癌症化疗的疗效有待大量临床检验。

(B)在体外用红外线加热已进入癌细胞的黄金纳米粒子,可以从内部杀灭癌细胞。

(C)因为黄金所具有的特殊化学性质,黄金纳米粒子不会与人体细胞发生反应。

(D)现代医学手段已能实现黄金纳米粒子的精准投送,让其所携带的化疗药物只作用于癌细胞,并不伤及其他细胞。

(E)利用常规计算机断层扫描,医生容易判定黄金纳米粒子是否已投放到癌细胞中。

40. 甲:己所不欲,勿施于人。

　　乙:我反对。己所欲,则施于人。

以下哪项与上述对话方式最为相似?

(A)甲:人非草木,孰能无情?

　　乙:我反对。草木无情,但人有情。

(B)甲:人不犯我,我不犯人。

　　乙:我反对。人若犯我,我就犯人。

(C)甲:人无远虑,必有近忧。

　　乙:我反对。人有远虑,亦有近忧。

(D)甲:不在其位,不谋其政。

　　乙:我反对。在其位,则行其政。

(E)甲:不入虎穴,焉得虎子。

　　乙:我反对。如得虎子,必入虎穴。

41. 颜子、曾寅、孟申、荀辰申请一个中国传统文化建设项目。根据规定,该项目的主持人只能有一名,且在上述4位申请者中产生;包括主持人在内,项目组成员不能超过2位。另外,各位申请者在申请答辩时作出如下陈述:

(1)颜子:如果我成为主持人,将邀请曾寅或荀辰作为项目组成员。

(2)曾寅:如果我成为主持人,将邀请颜子或孟申作为项目组成员。

(3)荀辰:只有颜子成为项目组成员,我才能成为主持人。

(4)孟申:只有荀辰或颜子成为项目组成员,我才能成为主持人。

假设4人的陈述都为真,关于项目组成员的组合,以下哪项是不可能的?

(A)孟申、曾寅。　　　　(B)荀辰、孟申。　　　　(C)曾寅、荀辰。

(D)颜子、孟申。　　　　(E)颜子、荀辰。

42. 研究者调查了一组大学毕业即从事有规律的工作正好满8年的白领,发现他们的体重比刚毕业时平均增加了8公斤。研究者由此得出结论,有规律的工作会增加人们的体重。

关于上述结论的正确性,需要询问的关键问题是以下哪项?

(A)和该组调查对象其他情况相仿且经常进行体育锻炼的人,在同样的8年中体重有怎样的变化?

(B)该组调查对象的体重在8年后是否会继续增加?

(C)为什么调查关注的时间段是调查对象在毕业工作后8年,而不是7年或者9年?

(D)该组调查对象中男性和女性的体重增加是否有较大差异?

(E)和该组调查对象其他情况相仿但没有从事有规律工作的人,在同样的8年中体重有怎样的变化?

43. 赵默是一位优秀的企业家。因为如果一个人既拥有在国内外知名学府和研究机构工作的经历,又有担任项目负责人的管理经验,那么他就能成为一位优秀的企业家。

以下哪项与上述论证最为相似?

(A)人力资源是企业的核心资源。因为如果不开展各类文化活动,就不能提升员工岗位技能,也不能增强团队的凝聚力和战斗力。

(B)袁清是一位好作家。因为好作家都具有较强的观察能力、想象能力及表达能力。

(C)青年是企业发展的未来。因此,企业只有激发青年的青春力量,才能促其早日成才。

(D)李然是信息技术领域的杰出人才。因为如果一个人不具有前瞻性目光、国际化视野和创新思维,就不能成为信息技术领域的杰出人才。

(E)风云企业具有凝聚力。因为如果一个企业能引导和帮助员工树立目标、提升能力,就能使企业具有凝聚力。

44. 爱书成痴注定会藏书。大多数藏书家也会读一些自己收藏的书;但有些藏书家却因喜爱书的价值和精致装帧而购书收藏,至于阅读则放到了自己以后闲暇的时间,而一旦他们这样想,这些新购的书就很可能不被阅读了。但是,这些受到"冷遇"的书只要被友人借去一本,藏书家就会失魂落魄,整日心神不安。

根据上述信息,可以得出以下哪项?

(A)有些藏书家将自己的藏书当作友人。

(B)有些藏书家喜欢闲暇时读自己的藏书。

(C)有些藏书家会读遍自己收藏的书。

(D)有些藏书家不会立即读自己新购的书。

(E)有些藏书家从不读自己收藏的书。

45. 人们通常认为,幸福能够增进健康、有利于长寿,而不幸福则是健康状况不佳的直接原因,但最近有研究人员对3 000多人的生活状况调查后发现,幸福或者不幸福并不意味着死亡的风险会相应地变得更低或者更高。他们由此指出,疾病可能会导致不幸福,但不幸福本身并不会对健康状况造成损害。

以下哪项如果为真,最能质疑上述研究人员的论证?

(A)幸福是个体的一种心理体验,要求被调查对象准确断定其幸福程度有一定的难度。

(B)有些高寿老人的人生经历较为坎坷,他们有时过得并不幸福。

(C)有些患有重大疾病的人乐观向上,积极与疾病抗争,他们的幸福感比较高。

(D)人的死亡风险低并不意味着健康状况好,死亡风险高也不意味着健康状况差。

(E)少数个体死亡风险的高低难以进行准确评估。

46. 甲：只有加强知识产权保护,才能推动科技创新。

乙：我不同意。过分强化知识产权保护,肯定不能推动科技创新。

以下哪项与上述反驳方式最为类似？

(A)妻子：孩子只有刻苦学习,才能取得好成绩。

　　丈夫：也不尽然。学习光知道刻苦而不能思考,也不一定会取得好成绩。

(B)母亲：只有从小事做起,将来才有可能做成大事。

　　孩子：老妈你错了。如果我们每天只是做小事,将来肯定做不成大事。

(C)老板：只有给公司带来回报,公司才能给他带来回报。

　　员工：不对呀。我上个月帮公司谈成一笔大业务,可是只得到1‰的奖励。

(D)老师：只有读书,才能改变命运。

　　学生：我觉得不是这样。不读书,命运会有更大的改变。

(E)顾客：这件商品只有价格再便宜一些,才会有人来买。

　　商人：不可能。这件商品如果价格再便宜一些,我就要去喝西北风了。

47. 某著名风景区有"妙笔生花""猴子观海""仙人晒靴""美人梳妆""阳关三叠""禅心向天"6个景点。为方便游人,景区提示如下：

(1)只有先游"猴子观海",才能游"妙笔生花"。

(2)只有先游"阳关三叠",才能游"仙人晒靴"。

(3)如果游"美人梳妆"就要先游"妙笔生花"。

(4)"禅心向天"应该第四个游览,之后才可以游览"仙人晒靴"。

张先生按照上述提示,顺利游览了上述6个景点。

根据上述信息,关于张先生的游览顺序,以下哪项不可能为真？

(A)第一个游览"猴子观海"。

(B)第二个游览"阳关三叠"。

(C)第三个游览"美人梳妆"。

(D)第五个游览"妙笔生花"。

(E)第六个游览"仙人晒靴"。

48. "自我陶醉人格",是以过分重视自己为主要特点的人格障碍。它有多种具体特征：过高估计自己的重要性,夸大自己的成就;对批评反应强烈,希望他人注意自己和羡慕自己;经常沉溺于幻想中,把自己看成是特殊的人;人际关系不稳定,嫉妒他人,损人利己。

以下各项自我陈述中,除了哪项均能体现上述"自我陶醉人格"的特征？

(A)我是这个团队的灵魂,一旦我离开了这团队,他们将一事无成。

(B)他有什么资格批评我？大家看看,他的能力连我的一半都不到。

(C)我的家庭条件不好,但不愿意被别人看不起,所以我借钱买了一部智能手机。

(D)这么重要的活动竟然没有邀请我参加,组织者的人品肯定有问题,不值得跟这样的人交往。

(E)我刚接手别人很多年没有做成的事情,我跟他们完全不在一个层次,相信很快会将事情搞定。

49. 通常情况下,长期在寒冷环境中生活的居民可以有更强的抗寒能力。相比于我国的南方地区,我国北方地区冬天的平均气温要低很多。然而有趣的是,现在许多北方地区的居民并不具有我们所以为的抗寒能力,相当多的北方人到南方来过冬,竟然难以忍受南方的寒冷天气,怕冷程度甚至远超过当地人。

以下哪项如果为真,最能解释上述现象?

(A)一些北方人认为南方温暖,他们去南方过冬时往往对保暖工作做得不够充分。

(B)南方地区冬天虽然平均气温比北方高,但也存在极端低温的天气。

(C)北方地区在冬天通常启用供暖设备,其室内温度往往比南方高出很多。

(D)有些北方人是从南方迁过去的,他们还没有完全适应北方的气候。

(E)南方地区湿度较大,冬天感受到的寒冷程度超出气象意义上的温度指标。

50. 译制片配音,作为一种特有的艺术形式,曾在我国广受欢迎。然而时过境迁,现在许多人已不喜欢看配过音的外国影视剧。他们觉得还是听原汁原味的声音才感觉到位。有专家由此断言,配音已失去观众,必将退出历史舞台。

以下各项如果为真,则除哪项外都能支持上述专家的观点?

(A)很多上了年纪的国人仍然习惯看配过音的外国影视剧,而在国内放映的外国大片有的仍然是配过音的。

(B)配音是一种艺术再创作,倾注了配音艺术家的心血,但有的人对此并不领情,反而觉得配音妨碍了他们对原剧的欣赏。

(C)许多中国人通晓外文,观赏外国原版影视剧并不存在语言困难;即使不懂外文,边看中文字幕边听原声也不影响理解剧情。

(D)随着对外交流的加强,现在外国影视剧大量涌入国内,有的国人已经等不及慢条斯理、精工细作的配音了。

(E)现在有的外国影视剧配音难以模仿剧中演员的出色嗓音,有时也与剧情不符,对此观众并不接受。

51~52题基于以下题干:

六一儿童节到了,幼儿园老师为班上的小明、小雷、小刚、小芳、小花五位小朋友准备了红、橙、黄、绿、青、蓝、紫七份礼物。已知所有礼物都送了出去,每份礼物只能由一人获得,每人最多获得两份礼物。另外,礼物派送还需要满足如下要求:

(1)如果小明收到橙色礼物,则小芳会收到蓝色礼物。

(2)如果小雷没有收到红色礼物,则小芳不会收到蓝色礼物。

(3)如果小刚没有收到黄色礼物,则小花不会收到紫色礼物。

(4)没有人既能收到黄色礼物,又能收到绿色礼物。

(5)小明只收到橙色礼物,而小花只收到紫色礼物。

51. 根据上述信息,以下哪项可能为真?

(A)小明和小芳都收到两份礼物。

(B)小雷和小刚都收到两份礼物。

(C)小刚和小花都收到两份礼物。

(D)小芳和小花都收到两份礼物。

(E)小明和小雷都收到两份礼物。

52. 根据上述信息,如果小刚收到两份礼物,则可以得出以下哪项?

(A)小雷收到红色和绿色两份礼物。

(B)小刚收到黄色和蓝色两份礼物。

(C)小芳收到绿色和蓝色两份礼物。

(D)小刚收到黄色和青色两份礼物。

(E)小芳收到青色和蓝色两份礼物。

53. 某民乐小组拟购买几种乐器,购买要求如下:

(1)二胡、箫至多购买一种。

(2)笛子、二胡和古筝至少购买一种。

(3)箫、古筝、唢呐至少购买两种。

(4)如果购买箫,则不购买笛子。

根据以上要求,可以得出以下哪项?

(A)至多可以购买三种乐器。

(B)箫、笛子至少购买一种。

(C)至少要购买三种乐器。

(D)古筝、二胡至少购买一种。

(E)一定要购买唢呐。

54~55题基于以下题干:

某影城将在"十一"黄金周7天(周一至周日)放映14部电影,其中,有5部科幻片、3部警匪片、3部武侠片、2部战争片和1部爱情片。限于条件,影城每天放映两部电影。已知:

(1)除两部科幻片安排在周四外,其余6天每天放映的两部电影都属于不同类别。

(2)爱情片安排在周日。

(3)科幻片与武侠片没有安排在同一天。

(4)警匪片和战争片没有安排在同一天。

54. 根据以上信息,以下哪项中的两部电影不可能安排在同一天放映?

(A)警匪片和爱情片。

(B)科幻片和警匪片。

(C)武侠片和战争片。

(D)武侠片和警匪片。

(E)科幻片和战争片。

55. 根据以上信息,如果同类影片放映日期连续,则周六可能放映的电影是以下哪项?

(A)科幻片和警匪片。

(B)武侠片和警匪片。

(C)科幻片和战争片。
(D)科幻片和武侠片。
(E)警匪片和战争片。

四、写作：第 56～57 小题，共 65 分。 其中论证有效性分析 30 分，论说文 35 分。 请答在答题纸相应的位置上。

56. 论证有效性分析：分析下述论证中存在的缺陷与漏洞，选择若干要点，写一篇 600 字左右的文章，对该论证的有效性进行分析和评论。（论证有效性分析的一般要点是：概念特别是核心概念的界定和使用是否准确并前后一致，有无各种明显的逻辑错误，论证的论据是否成立并支持结论，结论成立的条件是否充分等。）

　　如果我们把古代荀子、商鞅、韩非等人的一些主张归纳起来，可以得出如下一套理论：

　　人的本性是"好荣恶辱，好利恶害"的，所以人们都会追求奖赏、逃避刑罚。因此拥有足够权力的国君只要利用赏罚就可以把臣民治理好了。

　　既然人的本性是好利恶害的，那么在选拔官员时，既没有可能也没有必要去寻求那些不求私利的廉洁之士，因为世界上根本不存在这样的人。廉政建设的关键，其实只在于任用官员之后有效地防止他们以权谋私。

　　怎样防止官员以权谋私呢？ 国君通常依靠设置监察官的方法。这种方法其实是不合理的。因为监察官也是人，也是好利恶害的，所以依靠监察官去制止其他官吏以权谋私，就是让一部分以权谋私者去制止另一部分人以权谋私，结果只能使他们共谋私利。

　　既然依靠设置监察官的方法不合理，那么依靠什么呢？ 可以利用赏罚的方法来促使臣民去监督。谁揭发官员的以权谋私就奖赏谁，谁不揭发官员的以权谋私就惩罚谁，臣民出于好利恶害的本性就会揭发官员的以权谋私。这样，以权谋私的罪恶行为就无法藏身，就是最贪婪的人也不敢以权谋私了。

57. 论说文：根据下述材料，写一篇 700 字左右的论说文，题目自拟。

　　一家企业遇到了这样一个问题：究竟是把有限的资金用于扩大生产呢，还是用于研发新产品？

　　有人主张投资扩大生产，因为根据市场调查，原产品还可以畅销三到五年，由此可以获得丰厚的利润。

　　有人主张投资研发新产品，因为这样做虽然有很大的风险，但风险背后可能有数倍于甚至数十倍于前者的利润。

答案速查

一、问题求解

1~5　　(E)(E)(B)(B)(C)　　　　6~10　　(B)(E)(D)(D)(B)
11~15　(D)(B)(A)(A)(C)

二、条件充分性判断

16~20　(D)(E)(A)(C)(B)　　　　21~25　(B)(A)(C)(C)(A)

三、逻辑推理

26~30　(A)(B)(D)(E)(E)　　　　31~35　(C)(E)(C)(C)(D)
36~40　(A)(E)(B)(D)(B)　　　　41~45　(C)(E)(E)(E)(D)
46~50　(B)(D)(C)(C)(A)　　　　51~55　(B)(D)(D)(A)(C)

四、写作

略

答案详解

一、问题求解

1. (E)

【解析】母题82·古典概型

$a>b$ 的情况有：$(2,1),(3,1),(3,2)$；

$a+1<b$ 的情况有：$(1,3),(1,4),(2,4)$；

即满足题意的情况共有 6 种．

所有可能的情况为 $C_3^1 C_4^1 = 12$，故所求概率为 $\dfrac{6}{12} = \dfrac{1}{2}$．

2. (E)

【解析】母题57·平面几何五大模型

由 $\angle A + \angle A' = \pi$ 可知，$\sin \angle A = \sin \angle A'$（$\angle A' = \pi - \angle A$）．

故 $\dfrac{S_{\triangle ABC}}{S_{\triangle A'B'C'}} = \dfrac{\frac{1}{2} \cdot AB \cdot AC \cdot \sin \angle A}{\frac{1}{2} \cdot A'B' \cdot A'C' \cdot \sin \angle A'} = \dfrac{4}{9}$．

3. (B)

【解析】母题75·不同元素的分配

不同的分组方式共有 $\dfrac{C_6^2 C_4^2 C_2^2}{A_3^3}=15$(种).

4．（B）

【解析】母题99·图像图表问题＋母题18·平均值与方差

根据方差公式可得

$$\overline{X}_1=\dfrac{2+5+8}{3}=5, \sigma_1=\dfrac{(2-5)^2+(5-5)^2+(8-5)^2}{3}=6,$$

$$\overline{X}_2=\dfrac{5+2+5}{3}=4, \sigma_2=\dfrac{(5-4)^2+(2-4)^2+(5-4)^2}{3}=2,$$

$$\overline{X}_3=\dfrac{8+4+9}{3}=7, \sigma_3=\dfrac{(8-7)^2+(4-7)^2+(9-7)^2}{3}=\dfrac{14}{3},$$

故有 $\sigma_1>\sigma_3>\sigma_2$.

5．（C）

【解析】母题5·约数与倍数问题

要使切割成的相同正方体的个数最少,则需要正方体的棱长最大.

长方体的长、宽、高的最大公约数为3,故可令小正方体的边长为3.

则切成相同正方体的个数＝$\dfrac{长方体体积}{正方体体积}=\dfrac{12\times 9\times 6}{3^3}=24$.

6．（B）

【解析】母题93·增长率问题

设降价前的价格为100,则两次降价后的价格为 $100\times(1-10\%)^2=81$.

故现售价是降价前的81%.

7．（E）

【解析】母题55·数列应用题

设甲、乙、丙车的载重量分别为 x 吨,y 吨,z 吨,则有

$$\begin{cases} 2y=x+z, \\ 2x+y=95, \\ x+3z=150, \end{cases}$$

解得 $x=30, y=35, z=40$. 故 $x+y+z=105$(吨).

8．（D）

【解析】母题90·简单算术问题

9名同学下午又咨询了张老师,占张老师下午咨询学生的10%,可知下午一共咨询了90人.

9名同学上午和下午都咨询了,故一天咨询的总人数为 $90+45-9=126$(人).

9．（D）

【解析】母题58·求面积问题

该机器人搜索出的区域如图3所示：

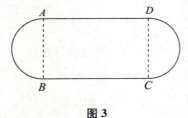

图3

故该区域面积为 $10 \times 2 + \pi r^2 = 20 + \pi$.

10. (B)

【解析】母题13·绝对值方程和不等式

当 $x < 1$ 时，原式等价于 $1 - x + x \leqslant 2$，成立；

当 $x \geqslant 1$ 时，原式等价于 $x - 1 + x \leqslant 2$，解得 $x \leqslant \dfrac{3}{2}$，故 $1 \leqslant x \leqslant \dfrac{3}{2}$；

两种情况求并集，得解集为 $\left(-\infty, \dfrac{3}{2}\right]$.

【快速得分法】取特值 0 和 $\dfrac{3}{2}$ 可速知选(B).

11. (D)

【解析】母题1·整除问题

由题意，所求平均值为 $\dfrac{9 \times (1 + 2 + 3 + 4 + \cdots + 11)}{11} = 54$.

12. (B)

【解析】母题87·独立事件的概率

5道能排除2个错误选项，全对的概率为 $\dfrac{1}{2^5}$；

4道能排除1个错误选项，全对的概率为 $\dfrac{1}{3^4}$.

故得满分的概率为 $\dfrac{1}{2^5} \times \dfrac{1}{3^4}$.

13. (A)

【解析】母题6·整数不定方程问题

设购买甲设备 x 件，乙设备 y 件，根据题意，得

$$1\,750x + 950y = 10\,000,$$

等价于 $35x + 19y = 200$，即 $y = \dfrac{200 - 35x}{19}$.

穷举法，令 $x = 1, 2, 3, \cdots$，可得 $x = 3, y = 5$.

14. (A)

【解析】母题 58·求面积问题

$S_{阴影} = S_{扇形AOB} - S_{\triangle AOC} = \frac{1}{8}\pi \times 1^2 - \frac{1}{2} \times \frac{\sqrt{2}}{2} \times \frac{\sqrt{2}}{2} = \frac{1}{8}\pi - \frac{1}{4}.$

15. (C)

【解析】母题 30·集合问题

方法一：设只复习数学的有 x 人，只复习语文的有 y 人，只复习英语的有 z 人，根据题意，可得

$$\begin{cases} x+10+3=20, \\ y+10+2=30, \\ z+2+3=6, \end{cases}$$

解得 $x=7, y=18, z=1$.

故没有复习过这三门课程的人数为 $50-(7+18+1+10+2+3)=9$(人).

方法二：复习数学的看作 A，复习语文的看作 B，复习英语的看作 C，复习数学和语文的看作 AB，复习数学和英语的看作 AC，复习语文和英语的看作 BC，全部都复习的没有，三科全部都没有复习的看作 D，因此列式为

$\Omega = A+B+C-AB-AC-BC+D \Rightarrow 50=20+30+6-10-3-2+D \Rightarrow D=9.$

二、条件充分性判断

16. (D)

【解析】母题 97·工程问题（总工作量不为1）

设总份数为 x，第一个小时处理 $\frac{1}{5}x$，第二个小时处理 $\frac{1}{4} \times \frac{4}{5}x = \frac{1}{5}x$.

条件(1)：$\frac{1}{5}x + \frac{1}{5}x = 10$，解得 $x=25$，故条件(1)充分.

条件(2)：$\frac{1}{5}x = 5$，解得 $x=25$，故条件(2)充分.

17. (E)

【解析】母题 93·增长率问题

设 1 月、2 月、……、12 月的产值分别为 $a_1, a_2, \cdots, a_{12}$，月均增长率为 x.

由平均增长率公式可得 $a_1(1+x)^{11} = a_{12}$，解得 $x = \sqrt[11]{\frac{a_{12}}{a_1}} - 1$.

故欲知平均增长率 x，须知 a_1 和 a_{12}. 故两条件单独不充分，联合也无法确定 12 月的产值.

例如：1 至 12 月产值分别为 1,2,3,4,5,6,7,8,9,10,10,12 和 1,2,3,4,5,6,7,8,9,10,11,11，则 a_1 和 S 一定，但月均增长率并不相同.

18. (A)

【解析】母题 63·直线与圆的位置关系

$x^2+y^2-ax-by+c=0$ 是圆心为 $\left(\dfrac{a}{2},\dfrac{b}{2}\right)$,半径为 $\dfrac{\sqrt{a^2+b^2-4c}}{2}$ 的圆.

圆与 x 轴相切,说明 $r=\dfrac{\sqrt{a^2+b^2-4c}}{2}=\left|\dfrac{b}{2}\right|$,两边平方化简得 $c=\dfrac{a^2}{4}$.

故条件(1)充分,条件(2)不充分.

19. (C)

【解析】母题 98·行程问题

两个条件单独显然不充分,联立之.

乘动车和乘汽车的时间均为 3 小时,距离为 $(220+100)\times 3=960$(千米),故联合起来充分.

20. (B)

【解析】母题 35·根的判别式问题

将 $y=ax+b$ 代入抛物线方程得 $x^2=ax+b$,即 $x^2-ax-b=0$.

又已知直线与抛物线有两个交点,说明 $\Delta=a^2+4b>0$,即 $a^2>-4b$.

条件(1):显然不充分.

条件(2):$b>0$,则 $-4b<0$,故 $a^2>-4b$,所以条件(2)充分.

21. (B)

【解析】母题 59·空间几何体问题

条件(1):显然不充分.

条件(2):画出截面如图 4 所示:

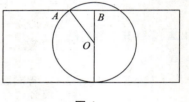

图 4

由铁球与水面交线的周长,可求得交面的半径 AB,令其等于 a.

$OB=h-r$,$AO=r$,由勾股定理可得 $(h-r)^2+a^2=r^2$.

解得铁球半径为 $r=\dfrac{h^2+a^2}{2h}$,从而求得体积. 条件(2)充分.

注意:如果题干没有给示意图,则铁球入水还有第二种可能性,画出纵截面如图 5 所示:

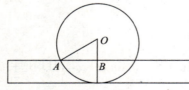

图 5

由铁球与水面交线的周长,可求得交面的半径 AB,令其等于 a.

此时,$OB=r-h$,$AO=r$,由勾股定理可得 $(r-h)^2+a^2=r^2$.

解得铁球半径为 $r=\dfrac{h^2+a^2}{2h}$,从而求得体积.

发现两种情况所得铁球半径相同,故仅由条件(2)即可求得铁球的体积.

22.（A）

【解析】母题 14·绝对值的化简求值与证明

条件(1)：由绝对值的几何意义可知，$|a-b|$ 在数轴上表示 a,b 的距离，同理，$|b-c|$ 表示 b,c 两点间的距离，$|a-c|$ 表示 a,c 两点间的距离，且 a,b,c 均为 $[-5,5]$ 上的点. 根据数轴可以看出，a,b,c 三点间距离最大时，$a=-5,b=0,c=5$，画图如下：

$$\begin{array}{c|c|c}\hline -5 & 0 & 5 \\\hline \end{array}$$

此时 $\min\{|a-b|,|b-c|,|a-c|\}=5$，那么在其他所有情况下必然有 $\min\{|a-b|,|b-c|,|a-c|\}\leqslant 5$，条件(1)充分.

条件(2)：令 $a=20,b=5,c=-10$，显然条件(2)不充分.

23.（C）

【解析】母题 6·整数不定方程问题

两个条件单独显然不充分，联立之.

由条件(1)，可设一共有 x 位教师提供了题目，每位供题教师提供 y 道题目，则有 $\begin{cases} xy=52 \\ x\leqslant 12 \end{cases}$，且 x,y 为正整数.

分解因数：$xy=52=2\times 26=4\times 13=1\times 52$. 由"每位教师提供的试题数相同"可知不止一位教师，又知教师数量 $x\leqslant 12$，故有 2 位或 4 位教师提供了题目.

联立条件(2)，每位教师提供的题型不超过 2 种，若只有 2 位教师，则最多提供 4 种题型，不满足共征集到 5 种题型的条件，故只能有 4 位教师. 两个条件联立充分.

24.（C）

【解析】母题 88·伯努利概型

两个条件单独显然不充分，联立之.

A 类考试，3 道会 2 道或者会 3 道都合格，概率为 $P=0.6^3+C_3^2\times 0.6^2\times 0.4=0.648$；

B 类考试，2 道必须都会，概率为 $P=0.8^2=0.64$.

故此人参加 A 类考试的合格机会大.

25.（A）

【解析】母题 34·一元二次函数的最值

由一元二次函数的顶点坐标公式，可得 $f(x)=x^2+2ax+b$ 的最小值为 $\dfrac{4b-4a^2}{4}=b-a^2$.

若 $f(x)=x^2+2ax+b$ 的最小值小于 0，则 $b<a^2$.

条件(1)：$1,a,b$ 成等差数列，故 $2a=1+b,b=2a-1$.

又因为 a,b 互不相等，所以 $a\neq 1$，有 $a^2+1>2a$，得 $a^2>2a-1=b$，条件(1)充分.

条件(2)：$1,a,b$ 成等比数列，故 $a^2=b\cdot 1=b$，显然条件(2)不充分.

三、逻辑推理

26.（A）

【解析】母题 5·箭头的串联

题干:①任何涉及核心技术的项目→﹁受制于人。

②我国的许多网络安全建设项目→涉及核心技术。

③全盘引进国外先进技术∧不努力自主创新→我国的网络安全将受到严重威胁。

②、①串联得:我国的许多网络安全建设项目→涉及核心技术→﹁受制于人,故(A)项正确。

27. (B)

【解析】母题5·箭头的串联

题干:①任何结果→背后有原因。

②背后有原因→可以被认识。

③可以被认识→﹁毫无规律。

①、②、③串联得:④任何结果→背后有原因→可以被认识→﹁毫无规律。

(A)项,题干没有涉及能够被人认识的事物的范围,可真可假。

(B)项,由题干知,任何结果必然不是毫无规律,故其负命题"有的结果可能毫无规律"一定为假。

(C)项,由④可知,为真。

(D)项,由①可知,为真。

(E)项,由④可知,为真。

28. (D)

【解析】母题19·论证型支持题

题干:海外代购让政府损失了税收收入 —证明→ 政府应该严厉打击海外代购行为。

(A)项,无关选项,说明政府确实在打击海外代购,但没有说明这种打击是否合理。

(B)项,无关选项,说明了海外代购快速增长的原因,但没有说明是否应该打击海外代购行为。

(C)项,削弱题干,说明了海外代购产品的优点。

(D)项,支持题干论据,说明了海外代购的产品避开了关税,导致政府损失了税收收入。

(E)项,无关选项。

29. (E)

【解析】母题40·复杂匹配与综合推理

使用选项排除法:

(A)项,若戊和己出演路人,由条件(4)可知,此场景中没有购物者。再由条件(3)可知,乙、丁二人不出演商贩。所以乙可能出演外国游客,且外国游客可能只有1位。故此项错误。

(B)项,乙出演外国游客,可能丁出演商贩,由条件(3)可知,甲、丙二人出演购物者。所以可能存在"甲、乙、丙、丁在同一场景,且此场景没有路人"的情况。故此项错误。

(C)项,根据题意并结合条件(2)、(4)可知,不同场景只有购物者和路人的角色不同,可能存在"路人只有1人,且是由另一个场景出演购物者的2人中的其中1人出演"的情况,故此项错误。

(D)项,甲、乙、丙、丁可能在同一场景中同时出现,即可能乙出演外国游客,丁出演商贩,甲和丙出演购物者。故此项错误。

(E)项,丁和戊出演购物者,由条件(4)可知,此场景中没有路人,且没有其他人出演购物者。

由条件(3)可得,乙商贩∨丁商贩→甲购物者∧丙购物者,等价于:¬甲购物者∨¬丙购物者→¬乙商贩∧¬丁商贩,故乙、丁二人不出演商贩。

由条件(2)可知,此场景中没有路人,则必然有其他3类角色,故有外国游客和商贩。

故,现知乙不出演商贩、不出演购物者,即乙只能出演外国游客。故此项正确。

30. (E)

【解析】母题19·论证型支持题

题干:

①区教育局根据儿童户籍所在施教区做出决定,该儿童被安排到离家2公里外的学校就读。

②家长依据"就近入学"原则,将区教育局告上法庭。

③法院驳回了原告请求。

区教育局和家长的分歧在于,区教育局认为"就近入学"原则是指学校离"户籍所在地"近,而家长认为是离"家"近,如果确实前者才符合法律规定,则法院会驳回家长的请求。故(E)项正确。

(A)项是干扰项,"不是唯一依据"也可以是"依据之一"。

31. (C)

【解析】母题5·箭头的串联

题干:

(1)黄金投资比例高于1/2→剩余部分投入国债和股票。

(2)股票投资比例低于1/3→剩余部分不能投入外汇∧不能投入国债。

(3)外汇投资比例低于1/4→剩余部分投入基金或黄金。

(4)国债投资比例不能低于1/6。

由(3)知,若外汇投资比例低于1/4,则剩余部分投入基金或黄金,与(4)矛盾,故外汇投资比例不低于1/4。故由(3)、(4)知,既投资国债,又投资外汇。

由(2)逆否得:剩余部分投入外汇∨投入国债→股票投资比例不低于1/3。

可知:股票投资比例不低于1/3,必然也不低于1/4,故(C)项正确。

32. (E)

【解析】母题19·论证型支持题

论据:①通识教育重在帮助学生掌握尽可能全面的基础知识。

②人文教育重在培育学生了解世界的意义,并对自己及他人行为的价值和意义作出合理的判断,形成"智识"。

专家:人文教育对个人未来生活的影响会更大一些。

(A)项,无关选项,哪种课程的多少与其对未来的影响无关。

(B)项,说明了两者的不可替代性,削弱题干。

(C)项,不能支持,说明了"没有知识"和"错误的价值观"产生的影响,但无法说明哪种对人产生的影响更大。

(D)项,不能支持,此项指出了人文教育的重要性,但没有对人文教育与通识教育进行比较。

(E)项,可以支持,说明了对个人来说"智识"比"知识"更重要,即人文教育比通识教育更重要。

33. (C)

【解析】母题36·排序题

已知邢经理第一个调研安徽省,由题干条件(2)可知,第四个调研浙江省。

再由题干条件(2)和(4)可知,福建省只能安排在浙江省之后,即第五个。故(C)项正确。

34. (C)

【解析】母题36·排序题

已知邢经理第二个调研安徽省,根据题干条件(2)可知,第五个调研浙江省,故(C)项正确。

35. (D)

【解析】母题32·争论焦点题

王研究员:对于创业者来说,最重要的是需要一种坚持精神。

李教授:对于创业者来说,最重要的是要敢于尝试新技术。

故两个人的争论焦点是,对于创业者来说最重要的是坚持的精神还是尝试新技术,即(D)项正确。

(A)项,王研究员和李教授两人均没有涉及"迎接各种创业难题的挑战",违反双方表态原则。

(B)项,王研究员和李教授两人均没有涉及"坚持创新",违反双方表态原则。

(C)项,王研究员和李教授两人均没有涉及"发明新技术",违反双方表态原则。

(E)项,王研究员和李教授两人均没有涉及"敢于成立小公司",违反双方表态原则。

36. (A)

【解析】母题19·论证型支持题

论据:持续接触高浓度污染物会直接导致10%至15%的人患有眼睛慢性炎症或干眼症。

专家观点:如果不采取紧急措施改善空气质量,这些疾病的发病率和相关的并发症将会增加。

(A)项,可以支持,说明了有毒颗粒物对人眼睛的影响。

(B)项,无关选项,是否在污染环境中工作与污染环境是否造成眼部疾病无关。

(C)项,无关选项,花粉季出现的眼睛问题与题干中冬季雾霾导致的眼睛问题无关。

(D)项,无关选项,无法由此项断定题干中的样本是否具有代表性。

(E)项,削弱题干,说明采用其他方式也可以预防眼疾问题,不一定要改善空气质量。

37. (E)

【解析】母题38·数字推理题

采用赋值法,设三个年级的人数各有3人,则有表2:

表2

项目 年级	名句与诗名对应		名句与作者对应	
	能	不能	能	不能
一年级	3	0	3	0
二年级	?	?	2	1
三年级	2	1	?	?

(A)项,无法推出,题干信息未提及二年级学生能够将名句与诗名对应的比例和三年级学生能够将名句与作者对应的比例。

(B)项,由题干信息无法推出此项。

(C)项,无法推出,不能将名句与作者对应起来的一、二年级学生比例$=\frac{0+1}{6}=\frac{1}{6}<\frac{1}{3}$。

(D)项,无法推出,题干信息未提及二年级学生能够将名句与诗名对应的比例。

(E)项,可以推出,能将名句与诗名对应起来的一、三年级学生比例$=\frac{3+2}{6}=\frac{5}{6}>\frac{2}{3}$。

38. (B)

【解析】母题22·论证型假设题与搭桥法

论据:婴儿通过触碰物体、四处玩耍和观察成人的行为等方式来学习,但机器人通常只能按照编定的程序进行学习。

科学家:既然婴儿是地球上最有效率的学习者,那么,应该设计出能像婴儿那样不费力气就能学习的机器人。

(A)项,无关选项,题干没有涉及婴儿的大脑和其他动物幼崽的比较。

(B)项,搭桥法,建立婴儿的学习方式与"最有效率"之间的联系,必须假设。

(C)项,无关选项,题干没有对最好的机器人与最差的婴儿学习者的学习能力进行对比。

(D)项,无关选项,此项属于推理过度。

(E)项,不必假设,不排除有个别的成年人可能像婴儿那样毫不费力地学习。

39. (D)

【解析】母题21·措施目的型支持题

科学家:黄金纳米粒子很容易被人体癌细胞吸收,如果将其包上一层化疗药物,就可作为"运输工具",将化疗药物准确地投放到癌细胞中,因此,微小的黄金纳米粒子能提升癌症化疗的效果,并降低化疗的副作用。

(A)项,诉诸无知。

(B)项,无关选项,题干的措施是用黄金纳米粒子携带的化疗药物治疗癌症,(B)项的措施与此无关。

(C)项,削弱题干,如果黄金纳米粒子不会与人体细胞发生反应,那么就不会被人体癌细胞吸收,与题干中科学家的发现矛盾。

(D)项,支持题干,说明题干的措施可行。

(E)项,支持题干,但力度较弱。因为能否容易判定黄金纳米粒子是否进入癌细胞与其是否有效并不直接相关。

40.（B）

【解析】母题34·形式逻辑型结构相似题

题干：甲:¬己所欲→¬施于人。乙:己所欲→施于人。

(A)项,甲:¬人草木→¬能无情。乙:草木有情∧人有情。故与题干不相似。

(B)项,甲:¬人犯我→¬我犯人。乙:人犯我→我犯人。故与题干相似。

(C)项,甲:¬人远虑→¬有近忧。乙:人远虑∧有近忧。故与题干不相似。

(D)项,甲:¬在其位→¬谋其政。乙:在其位→行其政。故与题干不相似。

(E)项,甲:¬入虎穴→¬得虎子。乙:得虎子→入虎穴。故与题干不相似。

41.（C）

【解析】母题6·假言命题的负命题

题干：

①颜子主持→曾寅成员∨荀辰成员。

②曾寅主持→颜子成员∨孟申成员。

③荀辰主持→颜子成员。

④孟申主持→荀辰成员∨颜子成员。

(A)项,若曾寅是主持人,孟申是项目组成员,则满足题干条件②,且与其他题干条件不冲突,故可能为真。

(B)项,若孟申是主持人,荀辰是项目组成员,则满足题干条件④,且与其他题干条件不冲突,故可能为真。

(C)项,若曾寅是主持人,荀辰是项目组成员,则不满足题干条件②;若荀辰是主持人,曾寅是项目组成员,则不满足题干条件③,故不可能为真。

(D)项,若孟申是主持人,颜子是项目组成员,则满足题干条件④,且与其他题干条件不冲突,故可能为真。

(E)项,若颜子是主持人,荀辰是项目组成员,则满足题干条件①;若荀辰是主持人,颜子是项目组成员,则满足题干条件③,且均与其他题干条件不冲突,故可能为真。

42.（E）

【解析】母题33·评价题

研究者：有规律的工作会增加人们的体重。

(A)项,无关选项,加入经常进行体育锻炼这一因素,则无法得出有规律的工作对体重的影响。

(B)项,无关选项,说明了时间对体重的影响。

(C)项,无关选项,说明了时间对体重的影响。

(D)项,无关选项,说明了性别对体重的影响。

(E)项,如果肯定回答,则削弱题干;如果否定回答,则支持题干。故此项正确。

43. (E)

【解析】母题 34·形式逻辑型结构相似题

题干：赵默是优秀的企业家。有国内外知名学府和研究机构工作的经历∧有担任项目负责人的管理经验→优秀的企业家。

(A)项，人力资源是核心资源。¬开展文化活动→¬提升技能∧增强凝聚力和战斗力，与题干不同。

(B)项，袁清是好作家。好作家→较强的观察能力、想象能力和表达能力，与题干不同。

(C)项，青年是企业发展的未来。激发青年的青春力量←促其早日成才，与题干不同。

(D)项，李然是人才。¬具有前瞻性目光、国际化视野和创新思维→¬人才，与题干不同。

(E)项，风云企业具有凝聚力。能引导和帮助员工树立目标∧提升能力→有凝聚力，与题干相同。

44. (D)

【解析】母题 9·对当关系

题干：

①大多数藏书家也会读一些自己收藏的书。

②有些藏书家将阅读放到了自己以后闲暇的时间。

③有些藏书家新购的书就很可能不被阅读了。

④受到"冷遇"的书只要被友人借去一本，藏书家就会失魂落魄，整日心神不安。

(A)项，无关选项，题干没有涉及此项。

(B)项，由③可知，"有的藏书家新购的书在闲暇时可能不被阅读"，"有的不"为真无法断定"有的"的真假。

(C)项，由①可知，"有的藏书家也会'读一些'自己收藏的书"，无法确定"有的藏书家也会'读遍'自己收藏的书"的真假。

(D)项，由②可知，此项为真。

(E)项，由①可知，"有的"为真，无法得知"有的不"的真假。

45. (D)

【解析】母题 15·论证型削弱题

研究人员：幸福或者不幸福并不意味着死亡的风险会相应地变得更低或者更高——证明→不幸福本身并不会对健康状况造成损害。

研究人员的论据是"死亡风险"的高低，结论是对"健康状况"的损害，(D)项指出这两者的区别，拆桥法。故(D)项最能质疑上述研究人员的论证。

(A)、(E)项，指出调查研究有一定难度，但不代表此项调查研究不可行，削弱力度弱。

(B)项，支持题干。

(C)项，无关选项。

46. (B)

【解析】母题 34·形式逻辑型结构相似题

题干：

甲:推动科技创新→加强知识产权保护。

乙:不同意。过分强化知识产权保护→¬推动科技创新。

(A)项,妻子:取得好成绩→刻苦学习。

丈夫:不同意。刻苦∧¬思考→不一定取得好成绩,与题干不同。

(B)项,母亲:做成大事→从小事做起。

孩子:不同意。只做小事→¬做成大事,与题干相同。

(C)项,老板:公司带给他回报→给公司带来回报。

员工:不同意。给公司带来回报∧我得到1%的奖励,即使1%也是有回报的,与题干不同。

(D)项,老师:改变命运→读书。

学生:不同意。¬读书→改变命运,与题干不同。

(E)项,顾客:有人买→价格便宜些。

商人:不同意。价格便宜些→喝西北风,与题干不同。

47. (D)

【解析】母题36·排序题

将题干信息形式化:

①妙笔生花→先游猴子观海。

②仙人晒靴→先游阳关三叠。

③美人梳妆→先游妙笔生花。

④禅心向天第四个游览,之后游仙人晒靴。

由①、③可知,"猴子观海"早于"妙笔生花",早于"美人梳妆"。

由②可知,"阳关三叠"早于"仙人晒靴"。

由④可知,"禅心向天"(第四)早于"仙人晒靴",可得⑤"仙人晒靴"为第五或者第六个游览。

(D)项,若第五个游览"妙笔生花",则第六个需游览"美人梳妆",与⑤矛盾,故(D)项正确。

其余各项均与题干不矛盾,可能为真。

48. (C)

【解析】母题13·定义题

题干"自我陶醉人格"的特征:

①过高估计自己的重要性,夸大自己的成就。

②对批评反应强烈,希望他人注意自己和羡慕自己。

③经常沉溺于幻想中,把自己看成是特殊的人。

④人际关系不稳定,嫉妒他人,损人利己。

(A)项,符合特征①。

(B)项,符合特征②。

(C)项,不符合题干特征。

(D)项,符合特征③、④。

(E)项,符合特征③。

49.（C）

【解析】母题 26·解释现象

待解释的现象:我国北方地区冬天的平均气温要低很多,一般长期在寒冷环境中生活的居民可以有更强的抗寒能力,但是相当多的北方人到南方来过冬,竟然难以忍受南方的寒冷天气,怕冷程度甚至远超过当地人。

(C)项,可以解释,北方有暖气,南方没有,所以北方人到了南方会感觉冷。

(E)项,可以解释,说明南方虽然温度并不算低,但是由于湿度大,导致人们感觉比较寒冷。南方湿度较大,所以体感温度要低于实际温度,但是不是低于北方温度则难以确定。比如实际温度是 0℃,体感温度达到了 －5℃,但能不能和哈尔滨的 －20℃作比较? 因此,此项解释力度弱。

其余各项均为个别情况,无法很好地解释题干。

50.（A）

【解析】母题 19·论证型支持题

专家:配音已失去观众,必将退出历史舞台。

(A)项,削弱论据,说明有的人习惯且愿意看有配音的电影,配音并未失去观众。

(B)项,可以支持,说明有的人认为配音妨碍了对原剧的欣赏。

(C)项,可以支持,说明无须配音也不影响理解剧情。

(D)项,可以支持,说明有的人不愿等配音,那么配音就失去了其作用。

(E)项,可以支持,说明配音不被观众接受。

51.（B）

【解析】母题 40·复杂匹配与综合推理

由题干信息(5)可知,小明和小花只收到一份礼物,排除(A)、(C)、(D)、(E)项,故(B)项正确。

52.（D）

【解析】母题 40·复杂匹配与综合推理

题干信息如下:

①小明收到橙色礼物→小芳收到蓝色礼物。

②¬小雷收到红色礼物→¬小芳收到蓝色礼物。

③¬小刚收到黄色礼物→¬小花收到紫色礼物。

④没有人既能收到黄色礼物,又能收到绿色礼物。

⑤小明只收到橙色礼物∧小花只收到紫色礼物。

可知:小明只收到橙色礼物,小花只收到紫色礼物,小芳收到蓝色礼物,小雷收到红色礼物,小刚收到黄色礼物。

由题干信息④可知,小刚没有收到绿色礼物。又因为小刚收到两份礼物,所以小刚收到的只能是黄色和青色礼物,故(D)项正确。

53. (D)

【解析】 母题7·二难推理

由题干条件(1)可知,¬二胡∨¬箫=箫→¬二胡。

由题干条件(4)可知,箫→¬笛子。

串联得:箫→¬二胡∧¬笛子。

因此,若购买箫,则不购买二胡和笛子,再由题干条件(2)可知,笛子、二胡和古筝至少购买一种,故购买古筝。

若不购买箫,根据题干条件(3)可知,购买了古筝和唢呐,即也购买古筝。

综上所述,由二难推理可得,一定购买古筝。所以(D)项,二胡∨古筝,为真。

54. (A)

【解析】 母题40·复杂匹配与综合推理

(A)项,根据题干信息可知,周四为两部科幻片,剩余五天,有三天均有科幻片,有两天为战争片,若警匪片和爱情片安排在同一天,则必有一部武侠片与科幻片为同一天,与题干条件(3)矛盾。其余各项均与题干不矛盾。

55. (C)

【解析】 母题40·复杂匹配与综合推理

(A)项,若周六放映科幻片和警匪片,则周日必须放映警匪片才能满足同类影片放映日期连续的要求,根据上题可知与题干矛盾。

(B)项,因为周四放映科幻片,若周六放映武侠片和警匪片,因为这两部片子均为3部,则无法实现连续放映。

(C)项,可以满足题干,周一到周三均放映武侠片和警匪片,周四放映两部科幻片,周五和周六均放映科幻片和战争片,周日放映爱情片和科幻片。

(D)项,与题干条件(3)矛盾。

(E)项,周六放映警匪片的话,周日必须放映警匪片才能满足同类影片放映日期连续的要求,由题干条件(2)知,爱情片安排在周日,故周日放映爱情片和警匪片,与上题的结论矛盾。

四、写作

56. 论证有效性分析

【谬误分析】

①"人的本性是好利恶害的"是荀子、商鞅、韩非等人的主张,而未必是事实。而且人的本性不能等同于人的行为,由于后天的教育或环境会影响其思想,所以人们未必"都"会追求奖赏、逃避刑罚。

②"好利"也可能追求其他的利益而不追求奖赏,所以不能推出"好利"的人都会追求奖赏。同样,"恶害"也可能逃避其他的伤害而不逃避刑罚,所以不能推出"恶害"的人都会逃避刑罚。

③"人的本性是好利恶害的"不能说明"世界上不存在廉洁之士"。因为可以通过后天教育、法律和道德的约束,使得廉洁之士存在。

④即使监察官是好利恶害的,但由于职责所限,加上和其他官员共谋私利也需要具备一定的条

件,另外,他们之间的利益也未必是一致的,因此,他们未必"只能共谋私利",更不能以此来否定设置监察官的合理性。

⑤即使设置监察官的方法不合理,也不能由此论证"用赏罚的方法来促使臣民去监督"是合理的,二者并不是非此即彼的关系。

⑥"用赏罚的方法来促使臣民去监督"的方法未必可行。"谁揭发就奖赏,谁不揭发就惩罚"的前提是臣民对于官员的以权谋私是知情有据的,实则未必如此。而且,了解官员以权谋私事实的人也未必因为有奖赏而去揭发,还可能会因为具有共同的利益而有意隐瞒。

⑦按照材料的观点,所有人都是好利恶害的,那么臣民当然也是好利恶害的。让臣民揭发官员,同样也是用一群"好利恶害"的人去监督另外一群"好利恶害"的人。如果官员治理官员无效,那么材料建议的方法当然也无效,因此,材料自相矛盾。

⑧即使官员以权谋私的罪恶行为无法藏身,但如果这种行为不会受到严厉的惩罚或者犯罪成本很低,贪婪的人还是会以权谋私,因此,不能得出"最贪婪的人也不敢以权谋私"的结论。

(说明:以上谬误分析引用和改编自教育部考试中心《管理类专业学位联考综合能力考试大纲》给出的参考答案。)

 参考范文

如此赏罚可行吗

材料认为"治理臣民,只要建立好赏罚就可以了",但其论证存在多处不当,分析如下:

首先,材料的立论基础是"人的本性是好利恶害的",但这仅仅是荀子、商鞅、韩非等人的主张,未必是事实。如果此观点不成立的话,后文基于此观点的一系列论证皆不成立。

其次,"好利"也可能追求其他的利益而不追求奖赏,所以不能推出"好利"的人都会追求奖赏。同样,"恶害"也可能逃避其他的伤害而不逃避刑罚,所以不能推出"恶害"的人都会逃避刑罚。

再次,监察官是好利恶害的,不代表他们是"以权谋私"的,更无法得出"他们只能共谋私利"的结论。因为不同人的利益未必是一致的,除了共谋私利外,他们也可能会产生互相制衡、监督的作用。

又次,即使设置监察官的方法不合理,也不能由此论证"用赏罚的方法来促使臣民去监督"是合理的,二者并不是非此即彼的关系。而且,"用赏罚的方法来促使臣民去监督"的方法也未必可行。"谁揭发就奖赏,谁不揭发就惩罚"的前提是臣民对于官员的以权谋私是知情有据的,实则未必如此。

最后,即使官员以权谋私的罪恶行为无法藏身,但如果这种行为不会受到严厉的惩罚或者犯罪成本很低,贪婪的人还是会以权谋私,因此,不能得出"最贪婪的人也不敢以权谋私"的结论。

综上所述,材料存在诸多逻辑错误,赏罚就可防止以权谋私的观点若想成立,还需更多强有力的论据支持。

(全文共559字)

57. 论说文

【参考立意】
① 敢于创新,不畏风险。
② 立足现在,着眼长远。

参考范文

企业应敢于冒险

  企业可以将有限的资金用于扩大生产或者用于研发新产品。经营过程中,管理者无时无刻不在面临着艰难的抉择。

  在我看来,将资金用于扩大生产固然能在短期内获得丰厚利润,但企业要想取得长远的发展,应勇于冒险、敢于创新,不断研发新产品。

  企业将有限的收入用于扩大生产可以保证原产品在未来三到五年获得稳定的收益。然而,新产品才是企业真正的核心竞争力。企业不断创新,生产出让消费者趋之若鹜的新产品,才能保证其长远地发展。而在研发过程中巨大的资金投入和长时间的积累正是企业应冒的风险。中国西迪公司数十年来股东从未分红,每年将销售收入的一部分用于高级工匠的培养和创新开发,历经十年研发出的单向阀打破德国的高价垄断,不仅价格便宜,而且使用寿命更长、性能更优。

  西迪公司固然可以选择将收入用于扩大生产、给股东分红这样简便易行的分配方式,然而,管理者承受住了来自投资方的巨大压力以及研发失败可能造成重大损失甚至企业解体的风险,最终其研发成果赢得巨大成功,企业取得了跨越式的发展。

  相反,企业若总是安于现状,满足于暂时的成功,不敢冒险,不愿创新,最终会被竞争者超越,失去领先地位。曾经是行业霸主的福特汽车,由于故步自封,满足于一时的成功,不愿冒险,如此巨大且成功的汽车帝国竟十几年来未推出新车型,结果不到三十年就被美国通用汽车夺取了行业领先地位。IBM没有适应行业结构的变化,过于保守,结果被微软等企业夺取了个人电脑业务的领先地位。如此种种失败警示着管理者们,要始终保持忧患意识。

  当然,有时候冒险会给企业带来巨大损失,甚至是破产等难以承受的后果。但是,企业应该迎难而上,敢于试错,勇于冒险,才能在激烈的市场竞争中生存下来,发展得更好。否则,只会更快地被市场淘汰。

  如今的市场经济环境下,热点转换极快,机会转瞬即逝,企业应勇于冒险,敢于创新,方能取得源源不断的成功。

(全文共765字)

绝密★启用前

2018年全国硕士研究生招生考试
管理类专业学位联考综合能力试题

(科目代码:199)
考试时间:8:30—11:30

考生注意事项

1. 答题前,考生须在试题册指定位置上填写考生姓名和考生编号;在答题卡指定位置上填写报考单位、考生姓名和考生编号,并涂写考生编号信息点。
2. 选择题的答案必须涂写在答题卡相应题号的选项上,非选择题的答案必须书写在答题卡指定位置的边框区域内。超出答题区域书写的答案无效;在草稿纸、试题册上答题无效。
3. 填(书)写部分必须使用黑色字迹签字笔或者钢笔书写,字迹工整、笔迹清楚;涂写部分必须使用2B铅笔填涂。
4. 考试结束,将答题卡和试题册按规定交回。

一、问题求解:第1~15小题,每小题3分,共45分。 下列每题给出的(A)、(B)、(C)、(D)、(E)五个选项中,只有一项是符合试题要求的。 请在答题卡上将所选项的字母涂黑。

1. 学科竞赛设一等奖、二等奖和三等奖,比例为 1:3:8,获奖率为 30%,已知 10 人获得一等奖,则参加竞赛的人数为(　　)人.

   (A)300　　　　(B)400　　　　(C)500　　　　(D)550　　　　(E)600

2. 为了解某公司员工的年龄结构,按男、女人数的比例进行了随机抽样,结果如表 1 所示:

   表 1

男员工年龄(岁)	23	26	28	30	32	34	36	38	41
女员工年龄(岁)	23	25	27	27	29	31			

   根据表中数据统计,该公司男员工的平均年龄与全体员工的平均年龄分别是(　　)(单位:岁).

   (A)32,30　　　(B)32,29.5　　(C)32,27　　　(D)30,27　　　(E)29.5,27

3. 单位采取分段收费的方式收取网络流量(单位:GB)费用:每月流量 20(含)以内免费,流量 20 到 30(含)的每 GB 收费 1 元,流量 30 到 40(含)的每 GB 收费 3 元,流量 40 以上的每 GB 收费 5 元. 小王这个月用了 45GB 的流量,则他应该交费(　　).

   (A)45 元　　　(B)65 元　　　(C)75 元　　　(D)85 元　　　(E)135 元

4. 如图 1 所示,圆 O 是 $\triangle ABC$ 的内切圆,若 $\triangle ABC$ 的面积与周长的大小之比为 $1:2$,则圆 O 的面积为(　　).

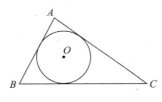

图 1

   (A)π　　　　(B)2π　　　　(C)3π　　　　(D)4π　　　　(E)5π

5. 设实数 a,b 满足 $|a-b|=2$,$|a^3-b^3|=26$,则 $a^2+b^2=$(　　).

   (A)30　　　　(B)22　　　　(C)15　　　　(D)13　　　　(E)10

6. 有 96 位顾客至少购买了甲、乙、丙三种商品中的一种,经调查:同时购买了甲、乙两种商品的有 8 位,同时购买了甲、丙两种商品的有 12 位,同时购买了乙、丙两种商品的有 6 位,同时购买了三种商品的有 2 位. 则仅购买一种商品的顾客有(　　).

   (A)70 位　　　(B)72 位　　　(C)74 位　　　(D)76 位　　　(E)82 位

7. 如图 2 所示,四边形 $A_1B_1C_1D_1$ 是平行四边形,A_2,B_2,C_2,D_2 分别是 $A_1B_1C_1D_1$ 四边的中点,A_3,B_3,C_3,D_3 分别是四边形 $A_2B_2C_2D_2$ 四边的中点,依次下去,得到四边形序列 $A_nB_nC_nD_n(n=1,2,3,\cdots)$. 设 $A_nB_nC_nD_n$ 的面积为 S_n,且 $S_1=12$,则 $S_1+S_2+S_3+\cdots=$(　　).

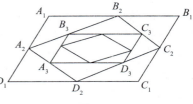

图 2

(A)16 (B)20 (C)24 (D)28 (E)30

8. 将6张不同的卡片2张一组分别装入甲、乙、丙3个袋中,若指定的两张卡片要在同一组,则不同的装法有( ).

(A)12种 (B)18种 (C)24种 (D)30种 (E)36种

9. 甲、乙两人进行围棋比赛,约定先胜2盘者赢得比赛,已知每盘棋甲获胜的概率是0.6,乙获胜的概率是0.4,若乙在第一盘获胜,则甲赢得比赛的概率为( ).

(A)0.144 (B)0.288 (C)0.36 (D)0.4 (E)0.6

10. 已知圆 $C: x^2+(y-a)^2=b$,若圆 C 在点(1,2)处的切线与 y 轴的交点为(0,3),则 $ab=$( ).

(A)-2 (B)-1 (C)0 (D)1 (E)2

11. 羽毛球队有4名男运动员和3名女运动员,从中选出两对参加混双比赛,则不同的选派方式有( ).

(A)9种 (B)18种 (C)24种 (D)36种 (E)72种

12. 从标号为1到10的10张卡片中随机抽取2张,它们的标号之和能被5整除的概率为( ).

(A)$\frac{1}{5}$ (B)$\frac{1}{9}$ (C)$\frac{2}{9}$ (D)$\frac{2}{15}$ (E)$\frac{7}{45}$

13. 某单位为检查3个部门的工作,由这3个部门的主任和外聘的3名人员组成检查组,分2人一组检查工作,每组有1名外聘成员.规定本部门主任不能检查本部门,则不同的安排方式有( ).

(A)6种 (B)8种 (C)12种 (D)18种 (E)36种

14. 如图3所示,圆柱体的底面半径为2,高为3,垂直于底面的平面截圆柱体所得截面为矩形 $ABCD$.若弦 AB 所对的圆心角是 $\frac{\pi}{3}$,则截掉部分(较小部分)的体积为( ).

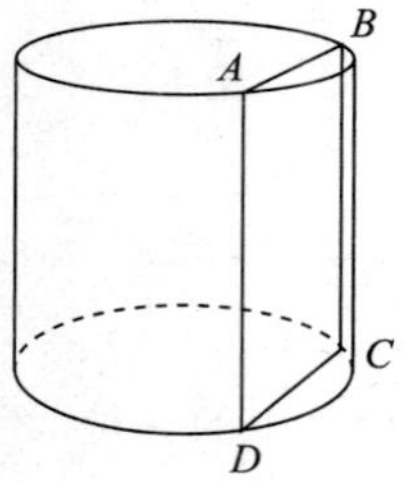

图3

(A)$\pi-3$ (B)$2\pi-6$ (C)$\pi-\frac{3\sqrt{3}}{2}$ (D)$2\pi-3\sqrt{3}$ (E)$\pi-\sqrt{3}$

15. 函数 $f(x)=\max\{x^2,-x^2+8\}$ 的最小值为( ).

(A)8 (B)7 (C)6 (D)5 (E)4

二、条件充分性判断：第 16～25 小题，每小题 3 分，共 30 分。要求判断每题给出的条件(1)和条件(2)能否充分支持题干所陈述的结论。（A）、（B）、（C）、（D）、（E）五个选项为判断结果，请选择一项符合试题要求的判断，在答题卡上将所选项的字母涂黑。

(A) 条件(1)充分，但条件(2)不充分.

(B) 条件(2)充分，但条件(1)不充分.

(C) 条件(1)和条件(2)单独都不充分，但条件(1)和条件(2)联合起来充分.

(D) 条件(1)充分，条件(2)也充分.

(E) 条件(1)和条件(2)单独都不充分，条件(1)和条件(2)联合起来也不充分.

16. 设 x, y 为实数，则 $|x+y| \leq 2$.

    (1) $x^2 + y^2 \leq 2$.

    (2) $xy \leq 1$.

17. 设 $\{a_n\}$ 为等差数列，则能确定 $a_1 + a_2 + \cdots + a_9$ 的值.

    (1) 已知 a_1 的值.

    (2) 已知 a_5 的值.

18. 设 m, n 是正整数，则能确定 $m+n$ 的值.

    (1) $\dfrac{1}{m} + \dfrac{3}{n} = 1$.

    (2) $\dfrac{1}{m} + \dfrac{2}{n} = 1$.

19. 甲、乙、丙三人的年收入成等比数列，则能确定乙的年收入的最大值.

    (1) 已知甲、丙两人的年收入之和.

    (2) 已知甲、丙两人的年收入之积.

20. 如图 4 所示，在矩形 $ABCD$ 中，$AE = FC$，则三角形 AED 与四边形 $BCFE$ 能拼接成一个直角三角形.

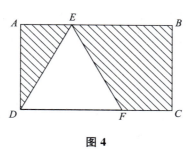

图 4

    (1) $EB = 2FC$.

    (2) $ED = EF$.

21. 甲购买了若干件 A 玩具、乙购买了若干件 B 玩具送给幼儿园，甲比乙少花了 100 元. 则能确定甲购买的玩具件数.

    (1) 甲与乙共购买了 50 件玩具.

(2)A 玩具的价格是 B 玩具的 2 倍.

22. 已知点 $P(m,0)$,$A(1,3)$,$B(2,1)$,点 (x,y) 在三角形 PAB 上,则 $x-y$ 的最小值与最大值分别为 -2 和 1.

(1)$m\leqslant 1$.

(2)$m\geqslant -2$.

23. 如果甲公司的年终奖总额增加 25%,乙公司的年终奖总额减少 10%,两者相等,则能确定两公司的员工人数之比.

(1)甲公司的人均年终奖与乙公司的相同.

(2)两公司的员工人数之比与两公司的年终奖总额之比相等.

24. 设 a,b 为实数,则圆 $x^2+y^2=2y$ 与直线 $x+ay=b$ 不相交.

(1)$|a-b|>\sqrt{1+a^2}$.

(2)$|a+b|>\sqrt{1+a^2}$.

25. 设函数 $f(x)=x^2+ax$.则 $f(x)$ 的最小值与 $f[f(x)]$ 的最小值相等.

(1)$a\geqslant 2$.

(2)$a\leqslant 0$.

三、逻辑推理:第 26～55 小题,每小题 2 分,共 60 分。 下列每题给出的(A)、(B)、(C)、(D)、(E)五个选项中,只有一项是符合试题要求的。 请在答题卡上将所选项的字母涂黑。

26. 人民既是历史的创造者,也是历史的见证者;既是历史的"剧中人",又是历史的"剧作者"。离开人民,文艺就会变成无根的浮萍、无病的呻吟、无魂的躯壳。关照人民的生活、命运、情感,表达人民的心愿、心情、心声,我们的作品才会在人民中传之久远。

根据以上陈述,可以得出以下哪项?

(A)只有不离开人民,文艺才不会变成无根的浮萍、无病的呻吟、无魂的躯壳。

(B)历史的创造者都不是历史的"剧中人"。

(C)历史的创造者都是历史的见证者。

(D)历史的"剧中人"都是历史的"剧作者"。

(E)我们的作品只要表达人民的心愿、心情、心声,就会在人民中传之久远。

27. 盛夏时节的某一天,某市早报刊载了由该市专业气象台提供的全国部分城市当天的天气预报,择其内容如表 2 所示:

表 2

天津	阴	上海	雷阵雨	昆明	小雨
呼和浩特	阵雨	哈尔滨	少云	乌鲁木齐	晴
西安	中雨	南昌	大雨	香港	多云
南京	雷阵雨	拉萨	阵雨	福州	阴

根据上述信息，以下哪项作出的论断最为准确？

(A)由于所列城市盛夏天气变化频繁，所以上面所列的9类天气一定就是所有的天气类型。

(B)由于所列城市并非我国的所有城市，所以上面所列的9类天气一定不是所有的天气类型。

(C)由于所列城市在同一天不一定展示所有的天气类型，所以上面所列的9类天气可能不是所有的天气类型。

(D)由于所列城市在同一天可能展示所有的天气类型，所以上面所列的9类天气一定是所有的天气类型。

(E)由于所列城市分处我国的东南西北中，所以上面所列的9类天气一定就是所有的天气类型。

28. 现在许多人很少在深夜11点以前安然入睡，他们未必都在熬夜用功，大多是在玩手机或看电视，其结果就是晚睡，第二天就会头昏脑涨、哈欠连天。不少人常常对此感到后悔，但一到晚上他们多半还会这么做。有专家就此指出，人们似乎从晚睡中得到了快乐，但这种快乐其实隐藏着某种烦恼。

以下哪项如果为真，最能支持上述专家的结论？

(A)晨昏交替，生活周而复始，安然入睡是对当天生活的满足和对明天生活的期待，而晚睡者只想活在当下，活出精彩。

(B)晚睡者具有积极的人生态度。他们认为，当天的事须当天完成，哪怕晚睡也在所不惜。

(C)大多数习惯晚睡的人白天无精打采，但一到深夜就感觉自己精力充沛，不做点有意义的事情就觉得十分可惜。

(D)晚睡其实是一种表面难以察觉的、对"正常生活"的抵抗，它提醒人们现在的"正常生活"存在着某种令人不满的问题。

(E)晚睡者内心并不愿意睡得晚，也不觉得手机或电视有趣，甚至都不记得玩过或看过什么，但他们总在睡觉前花较长时间磨蹭。

29. 分心驾驶是指驾驶人为满足自己的身体舒适、心情愉悦等需求而没有将注意力全部集中于驾驶过程的驾驶行为，常见的分心行为有抽烟、饮水、进食、聊天、刮胡子、使用手机、照顾小孩等。某专家指出，分心驾驶已成为我国道路交通事故的罪魁祸首。

以下哪项如果为真，最能支持上述专家的观点？

(A)一项统计研究表明，相对于酒驾、药驾、超速驾驶、疲劳驾驶等情形，我国由分心驾驶导致的交通事故占比最高。

(B)驾驶人正常驾驶时反应时间为0.3~1.0秒，使用手机时反应时间则延迟3倍左右。

(C)开车使用手机会导致驾驶人注意力下降20%；如果驾驶人边开车边发短信，则发生车祸的概率是其正常驾驶时的23倍。

(D)近来使用手机已成为我国驾驶人分心驾驶的主要表现形式，59%的人开车过程中看微信，31%的人玩自拍，36%的人刷微博、微信朋友圈。

(E)一项研究显示，在美国超过1/4的车祸是由驾驶人使用手机引起的。

30～31题基于以下题干：

某工厂有一员工宿舍住了甲、乙、丙、丁、戊、己、庚7人,每人每周需轮流值日一天,且每天仅安排一人值日,他们值日的安排还需满足以下条件：

(1)乙周二或周六值日。
(2)如果甲周一值日,那么丙周三值日且戊周五值日。
(3)如果甲周一不值日,那么己周四值日且庚周五值日。
(4)如果乙周二值日,那么己周六值日。

30. 根据以上条件,如果丙周日值日,则可以得出以下哪项？
   (A)甲周日值日。　　　(B)乙周六值日。　　　(C)丁周二值日。
   (D)戊周二值日。　　　(E)己周五值日。

31. 如果庚周四值日,那么以下哪项一定为假？
   (A)甲周一值日。　　　(B)乙周六值日。　　　(C)丙周三值日。
   (D)戊周日值日。　　　(E)己周二值日。

32. 唐代韩愈在《师说》中指出："孔子曰：三人行,则必有我师。是故弟子不必不如师,师不必贤于弟子,闻道有先后,术业有专攻,如是而已。"

根据上述韩愈的观点,可以得出以下哪项？
   (A)有的弟子必然不如师。　　(B)有的弟子可能不如师。　　(C)有的师不可能贤于弟子。
   (D)有的弟子可能不贤于师。　(E)有的师可能不贤于弟子。

33. "二十四节气"是我国在农耕社会生产生活的时间活动指南,反映了从春到冬一年四季的气温、降水、物候的周期性变化规律。已知各节气的名称具有如下特点：

(1)凡含"春""夏""秋""冬"字的节气各属春、夏、秋、冬季。
(2)凡含"雨""露""雪"字的节气各属春、秋、冬季。
(3)如果"清明"不在春季,则"霜降"不在秋季。
(4)如果"雨水"在春季,则"霜降"在秋季。

根据以上信息,如果从春至冬每季仅列两个节气,则以下哪项是不可能的？
   (A)雨水、惊蛰、夏至、小暑、白露、霜降、大雪、冬至。
   (B)惊蛰、春分、立夏、小满、白露、寒露、立冬、小雪。
   (C)清明、谷雨、芒种、夏至、立秋、寒露、小雪、大寒。
   (D)立春、清明、立夏、夏至、立秋、寒露、小雪、大寒。
   (E)立春、谷雨、清明、夏至、处暑、白露、立冬、小雪。

34. 刀不磨要生锈,人不学要落后。所以,如果不想落后,就应该多磨刀。

以下哪项与上述论证方式最为相似？
   (A)妆未梳成不见客,不到火候不揭锅。所以,如果揭了锅,就应该是到了火候。
   (B)兵在精而不在多,将在谋而不在勇。所以,如果想获胜,就应该兵精将勇。
   (C)马无夜草不肥,人无横财不富。所以,如果你想富,就应该让马多吃夜草。

(D)金无足赤,人无完人。所以,如果你想做完人,就应该有真金。

(E)有志不在年高,无志空活百岁。所以,如果你不想空活百岁,就应该立志。

35. 某市已开通运营一、二、三、四号地铁线路,各条地铁线每一站运行加停靠所需时间均彼此相同。小张、小王、小李三人是同一单位的职工,单位附近有北口地铁站。某天早晨,3人同时都在常青站乘一号线上班,但三人关于乘车路线的想法不尽相同。已知:

(1)如果一号线拥挤,小张就坐2站后转三号线,再坐3站到北口站;如果一号线不拥挤,小张就坐3站后转二号线,再坐4站到北口站。

(2)只有一号线拥挤,小王才坐2站后转三号线,再坐3站到北口站。

(3)如果一号线不拥挤,小李就坐4站后转四号线,坐3站之后再转三号线,坐1站到达北口站。

(4)该天早晨地铁一号线不拥挤。

假定三人换乘及步行总时间相同,则以下哪项最可能与上述信息不一致?

(A)小王和小李同时到达单位。

(B)小张和小王同时到达单位。

(C)小王比小李先到达单位。

(D)小李比小张先到达单位。

(E)小张比小王先到达单位。

36. 最近一项调研发现,某国30岁至45岁人群中,去医院治疗冠心病、骨质疏松等病症的人越来越多,而原来患有这些病症的大多是老年人。调研者由此认为,该国年轻人中"老年病"发病率有不断增加的趋势。

以下哪项如果为真,最能质疑上述调研结论?

(A)由于国家医疗保障水平的提高,相比以往,该国民众更有条件关注自己的身体健康。

(B)"老年人"的最低年龄比以前提高了,"老年病"的患者范围也有所变化。

(C)近年来,由于大量移民涌入,该国45岁以下年轻人的数量急剧增加。

(D)尽管冠心病、骨质疏松等病症是常见的"老年病",老年人患的病未必都是"老年病"。

(E)近几十年来,该国人口老龄化严重,但健康老龄人口的比重在不断增大。

37. 张教授:利益并非只是物质利益,应该把信用、声誉、情感甚至某种喜好等都归入利益的范畴。根据这种对"利益"的广义理解,如果每一个体在不损害他人利益的前提下,尽可能满足其自身的利益需求,那么由这些个体组成的社会就是一个良善的社会。

根据张教授的观点,可以得出以下哪项?

(A)如果一个社会不是良善的,那么其中肯定存在个体损害他人利益或自身利益需求没有尽可能得到满足的情况。

(B)尽可能满足每一个体的利益需求,就会损害社会的整体利益。

(C)只有尽可能满足每一个体的利益需求,社会才可能是良善的。

(D)如果有些个体通过损害他人利益来满足自身的利益需求,那么社会就不是良善的。

(E)如果某些个体的利益需求没有尽可能得到满足,那么社会就不是良善的。

38. 某学期学校新开设4门课程:"《诗经》鉴赏""老子研究""唐诗鉴赏""宋词选读"。李晓明、陈文静、赵珊珊和庄志达4人各选修了其中一门课程。已知:

(1)他们4人选修的课程各不相同。

(2)喜爱诗词的赵珊珊选修的是诗词类课程。

(3)李晓明选修的不是"《诗经》鉴赏"就是"唐诗鉴赏"。

以下哪项如果为真,就能确定赵珊珊选修的是"宋词选读"?

(A)庄志达选修的不是"宋词选读"。

(B)庄志达选修的是"老子研究"。

(C)庄志达选修的不是"老子研究"。

(D)庄志达选修的是"《诗经》鉴赏"。

(E)庄志达选修的不是"《诗经》鉴赏"。

39. 我国中原地区如果降水量比往年偏低,该地区的河流水位会下降,流速会减缓。这有利于河流中的水草生长,河流中的水草总量通常也会随之而增加。不过,去年该地区在经历了一次极端干旱之后,尽管该地区某河流的流速十分缓慢,但其中的水草总量并未随之而增加,只是处于一个很低的水平。

以下哪项如果为真,最能解释上述看似矛盾的现象?

(A)经过极端干旱之后,该河流中以水草为食物的水生动物数量大量减少。

(B)我国中原地区多平原,海拔差异小,其地表河水流速比较缓慢。

(C)该河流在经历了去年极端干旱之后干涸了一段时间,导致大量水生物死亡。

(D)河流流速越慢,其水温变化就越小,这有利于水草的生长和繁殖。

(E)如果河中水草数量达到一定的程度,就会对周边其他物种的生存产生危害。

40~41题基于以下题干:

某海军部队有甲、乙、丙、丁、戊、己、庚7艘舰艇,拟组成两个编队出航,第一编队编列3艘舰艇,第二编队编列4艘舰艇。编列需满足以下条件:

(1)航母己必须编列在第二编队。

(2)戊和丙至多有一艘编列在第一编队。

(3)甲和丙不在同一编队。

(4)如果乙编列在第一编队,则丁也必须编列在第一编队。

40. 如果甲在第二编队,则下列哪项中的舰艇一定也在第二编队?

(A)乙。　　　(B)丙。　　　(C)丁。　　　(D)戊。　　　(E)庚。

41. 如果丁和庚在同一编队,则可以得出以下哪项?

(A)甲在第一编队。

(B)乙在第一编队。

(C)丙在第一编队。

(D)戊在第二编队。

(E)庚在第二编队。

42. 甲:读书最重要的目的是增长知识、开阔视野。

乙:你只见其一,不见其二,读书最重要的是陶冶性情、提升境界。没有陶冶性情、提升境界,就不能达到读书的真正目的。

以下哪项与上述反驳方式最为相似?

(A)甲:文学创作最重要的是阅读优秀文学作品。

乙:你只见现象,不见本质,文学创作最重要的是观察生活、体验生活。任何优秀的文学作品都来源于火热的社会生活。

(B)甲:做人最重要的是要讲信用。

乙:你说得不全面,做人最重要的是要遵纪守法。如果不遵纪守法,就没法讲信用。

(C)甲:作为一部优秀的电视剧,最重要的是能得到广大观众的喜爱。

乙:你只见其表,不见其里,作为一部优秀的电视剧最重要的是具有深刻寓意与艺术魅力。没有深刻寓意与艺术魅力,就不能成为优秀的电视剧。

(D)甲:科学研究最重要的是研究内容的创新。

乙:你只见内容,不见方法,科学研究最重要的是研究方法的创新。只有实现研究方法的创新,才能真正实现研究内容的创新。

(E)甲:一年中最重要的季节是收获的秋天。

乙:你只看结果,不问原因,一年中最重要的季节是播种的春天。没有春天的播种,哪来秋天的收获?

43. 若要人不知,除非己莫为;若要人不闻,除非己莫言。为之而欲人不知,言之而欲人不闻,此犹捕雀而掩目,盗钟而掩耳者。

根据以上陈述,可以得出以下哪项结论?

(A)若己不言,则人不闻。

(B)若己为,则人会知;若己言,则人会闻。

(C)若能做到盗钟而掩耳,则可言之而人不闻。

(D)若己不为,则人不知。

(E)若能做到捕雀而掩目,则可为之而人不知。

44. 中国是全球最大的卷烟生产国和消费国,但近年来政府通过出台禁烟令、提高卷烟消费税等一系列公共政策努力改变这一形象。一项权威调查数据显示,在 2004 年同比上升 2.4% 之后,中国卷烟消费量在 2015 年同比下降了 2.4%,这是 1995 年以来首次下降,尽管如此,2015 年中国卷烟消费量仍占全球的 45%,但这一下降对全球卷烟总消费量产生巨大影响,使其同比下降了 2.1%。

根据以上信息,可以得出以下哪项?

(A)2015 年发达国家卷烟消费量同比下降比率高于发展中国家。

(B)2015 年世界其他国家卷烟消费量同比下降比率低于中国。

(C)2015年世界其他国家卷烟消费量同比下降比率高于中国。

(D)2015年中国卷烟消费量大于2013年。

(E)2015年中国卷烟消费量恰好等于2013年。

45. 某校图书馆新购一批文科图书,为方便读者查阅,管理人员对这批图书在文科新书阅览室中的摆放位置做出如下提示:

(1)前3排书橱均放有哲学类新书。

(2)法学类新书都放在第5排书橱,这排书橱的左侧也放有经济类新书。

(3)管理类新书放在最后一排书橱。

事实上,所有的图书都按照上述提示放置。根据提示,徐莉顺利找到了她想查阅的新书。

根据上述信息,以下哪项是不可能的?

(A)徐莉在第2排书橱中找到了哲学类新书。

(B)徐莉在第3排书橱中找到了经济类新书。

(C)徐莉在第4排书橱中找到了哲学类新书。

(D)徐莉在第6排书橱中找到了法学类新书。

(E)徐莉在第7排书橱中找到了管理类新书。

46. 某次学术会议的主办方发出会议通知:只有论文通过审核才能收到会议主办方发出的邀请函,本次学术会议只欢迎持有主办方邀请函的科研院所的学者参加。

根据以上通知,可以得出以下哪项?

(A)本次学术会议不欢迎论文没有通过审核的学者参加。

(B)论文通过审核的学者都可以参加本次学术会议。

(C)论文通过审核并持有主办方邀请函的学者,本次学术会议都欢迎其参加。

(D)有些论文通过审核但未持有主办方邀请函的学者,本次学术会议欢迎其参加。

(E)论文通过审核的学者有些不能参加本次学术会议。

47~48题基于以下题干:

一江南园林拟建松、竹、梅、兰、菊5个园子。该园林拟设东、南、北3个门,分别位于其中的3个园子。这5个园子的布局满足如下条件:

(1)如果东门位于松园或菊园,那么南门不位于竹园。

(2)如果南门不位于竹园,那么北门不位于兰园。

(3)如果菊园在园林的中心,那么它与兰园不相邻。

(4)兰园与菊园相邻,中间连着一座美丽的廊桥。

47. 根据以上信息,可以得出以下哪项?

(A)兰园不在园林的中心。　　(B)菊园不在园林的中心。　　(C)兰园在园林的中心。

(D)菊园在园林的中心。　　(E)梅园不在园林的中心。

48. 如果北门位于兰园,则可以得出以下哪项?

(A)南门位于菊园。　　(B)东门位于竹园。　　(C)东门位于梅园。

(D)东门位于松园。　　　　　　(E)南门位于梅园。

49. 有研究发现,冬季在公路上撒盐除冰,会让本来要成为雌性的青蛙变成雄性,这是因为这些路盐中的钠元素会影响青蛙受体细胞并改变原可能成为雌性青蛙的性别。有专家据此认为,这会导致相关区域青蛙数量的下降。

以下哪项如果为真,最能支持上述专家的观点?

(A)大量的路盐流入池塘可能会给其他水生物造成危害,破坏青蛙的食物链。

(B)如果一个物种以雄性为主,该物种的个体数量就可能受到影响。

(C)在多个盐含量不同的水池中饲养青蛙,随着水池中盐含量的增加,雌性青蛙的数量不断减少。

(D)如果每年冬季在公路上撒很多盐,盐水流入池塘,就会影响青蛙的生长发育过程。

(E)雌雄比例会影响一个动物种群的规模,雌性数量的充足对物种的繁衍生息至关重要。

50. 最终审定的项目或者意义重大或者关注度高,凡意义重大的项目均涉及民生问题。但是有些最终审定的项目并不涉及民生问题。

根据以上陈述,可以得出以下哪项?

(A)意义重大的项目可以引起关注。

(B)有些项目意义重大但是关注度不高。

(C)涉及民生问题的项目有些没有引起关注。

(D)有些项目尽管关注度高但并非意义重大。

(E)有些不涉及民生问题的项目意义也非常重大。

51. 甲:知难行易,知然后行。

　　乙:不对。知易行难,行然后知。

以下哪项与上述对话方式最为相似?

(A)甲:知人者智,自知者明。

　　乙:不对。知人不易,知己更难。

(B)甲:不破不立,先破后立。

　　乙:不对。不立不破,先立后破。

(C)甲:想想容易做起来难,做比想更重要。

　　乙:不对。想到就能做到,想比做更重要。

(D)甲:批评他人易,批评自己难;先批评他人,后批评自己。

　　乙:不对。批评自己易,批评他人难;先批评自己,后批评他人。

(E)甲:做人难做事易,先做人再做事。

　　乙:不对。做人易做事难,先做事再做人。

52. 所有值得拥有专利的产品或设计方案都是创新,但并不是每一项创新都值得拥有专利;所有的模仿都不是创新,但并非每一个模仿者都应该受到惩罚。

根据以上陈述,以下哪项是不可能的?

(A)有些创新者可能受到惩罚。

(B)有些值得拥有专利的创新产品并没有申请专利。

(C)有些值得拥有专利的产品是模仿。

(D)没有模仿值得拥有专利。

(E)所有的模仿者都受到了惩罚。

53. 某国拟在甲、乙、丙、丁、戊、己6种农作物中进口几种,用于该国庞大的动物饲料产业。考虑到一些农作物可能含有违禁成分,以及它们之间存在的互补或可替代等因素,该国对进口这些农作物有如下要求:

(1)它们当中不含违禁成分的都进口。

(2)如果甲或乙有违禁成分,就进口戊和己。

(3)如果丙含有违禁成分,那么丁就不进口了;如果进口戊,就进口乙和丁。

(4)如果不进口丁,就进口丙;如果进口丙,就不进口丁。

根据上述要求,以下哪项所列的农作物是该国可以进口的?

(A)甲、乙、丙。 (B)乙、丙、丁。 (C)甲、戊、己。

(D)甲、丁、己。 (E)丙、戊、己。

54～55题基于以下题干:

某校四位女生施琳、张芳、王玉、杨虹与四位男生范勇、吕伟、赵虎、李龙进行中国象棋比赛。他们被安排在四张桌上,每桌一男一女对弈,四张桌从左到右分别记为1、2、3、4号,每对选手需要进行四局比赛。比赛规定:选手每胜一局得2分,和一局得1分,负一局得0分。前三局结束时,按分差大小排列,四对选手的总积分分别是6∶0、5∶1、4∶2、3∶3。已知:

(1)张芳跟吕伟对弈,杨虹在4号桌比赛,王玉的比赛在李龙比赛桌的右边。

(2)1号桌的比赛至少有一局是和局,4号桌双方的总积分不是4∶2。

(3)赵虎前三局总积分并不领先他的对手,他们也没有下成过和局。

(4)李龙已连输三局,范勇在前三局总积分上领先他的对手。

54. 根据上述信息,前三局比赛结束时谁的总积分最高?

(A)杨虹。 (B)施琳。 (C)范勇。

(D)王玉。 (E)张芳。

55. 如果下列有位选手前三局均与对手下成和局,那么他(她)是谁?

(A)施琳。 (B)杨虹。 (C)张芳。

(D)范勇。 (E)王玉。

四、写作:第56～57小题,共65分。 其中论证有效性分析30分,论说文35分。 请答在答题纸相应的位置上。

56. 论证有效性分析:分析下述论证中存在的缺陷与漏洞,选择若干要点,写一篇600字左右的文章,对该论证的有效性进行分析和评论。(论证有效性分析的一般要点是:概念特别是核心概念的界定和使用是否准确并前后一致,有无各种明显的逻辑错误,论证的论据是否成立并支持结论,结论成立的条件是否充分等。)

哈佛大学教授本杰明·史华慈(Benjamin I. Schwartz)在二十世纪末指出,开始席卷一切的物质主义潮流将极大地冲击人类社会固有的价值观念,造成人类精神世界的空虚。这一论点值得商榷。

首先,按照唯物主义物质决定精神的基本原理,精神是物质在人类头脑中的反映。因此,物质丰富只会充实精神世界,物质主义潮流不可能造成人类精神世界的空虚。

其次,后物质主义理论认为:个人基本的物质生活条件一旦得到满足,就会把注意点转移到非物质方面。物质生活丰裕的人,往往会更注重精神生活,追求社会公平、个人尊严,等等。

还有,最近一项对某高校大学生的抽样调查表明,有69%的人认为物质生活丰富可以丰富人的精神生活,有22%的人认为物质生活和精神生活没有什么关系,只有9%的人认为物质生活丰富反而会降低人的精神追求。

总之,物质决定精神,社会物质生活水平的提高会促进人类精神世界的发展。担心物质生活的丰富会冲击人类的精神世界,只是杞人忧天罢了。

57. 论说文:根据下述材料,写一篇700字左右的论说文,题目自拟。

有人说,机器人的使命,应该是帮助人类做那些人类做不了的事,而不是代替人类。技术变革会夺取一些人低端烦琐的工作岗位,最终也会创造更高端、更人性化的就业机会。例如,历史上铁路的出现抢去了很多挑夫的工作,但又增加了千百万的铁路工人。人工智能也是一种技术变革,人工智能也将促进未来人类社会的发展。有人则不以为然。

答案速查

一、问题求解

1～5　　(B)(A)(B)(A)(E)　　　　6～10　　(C)(C)(B)(C)(E)

11～15　(D)(A)(C)(D)(E)

二、条件充分性判断

16～20　(A)(B)(D)(D)(D)　　　　21～25　(E)(C)(D)(A)(D)

三、逻辑推理

26～30　(A)(C)(D)(A)(B)　　　　31～35　(D)(E)(E)(C)(D)

36～40　(C)(A)(D)(C)(D)　　　　41～45　(D)(C)(B)(B)(D)

46～50　(A)(B)(C)(E)(D)　　　　51～55　(E)(C)(A)(B)(C)

四、写作

略

答案详解

一、问题求解

1.（B）

【解析】母题92·比例问题

根据题意，获奖总人数为 $10\times(1+3+8)=120$（人），参加竞赛的人数为 $120\div30\%=400$（人）．

2.（A）

【解析】母题99·图像图表问题＋母题91·平均值问题

根据观察可以发现，男员工年龄的中位数为32，大于32和小于32的数可分为4组（23和41，26和38，28和36，30和34），每组内的数与32差的绝对值相等，可知男员工的平均年龄为32，同理，女员工的平均年龄为27．

故

$$\text{全体员工平均年龄}=\frac{32\times 9+27\times 6}{15}=30\text{（岁）}.$$

3.（B）

【解析】母题95·阶梯价格问题

根据题意，这个月小王应该交费 $20\times 0+10\times 1+10\times 3+5\times 5=65$（元）．

4.（A）

【解析】母题 57·平面几何五大模型

连接圆心到三角形的三个顶点,将△ABC分成三个三角形,内接圆半径即为三个三角形的高,设为 r,由题意,可得

$$S=\frac{1}{2}(AB+AC+BC)r=\frac{1}{2}周长=\frac{1}{2}(AB+AC+BC),$$

解得 $r=1$. 故 $S_{圆}=\pi r^2=\pi$.

5.（E）

【解析】母题 14·绝对值的化简求值与证明

因为 $|a-b|=2$,$|a^3-b^3|=|a-b|\cdot|a^2+ab+b^2|=26$,所以 $|a^2+ab+b^2|=13$.

因为 $a^2+ab+b^2=\left(a+\frac{b}{2}\right)^2+\frac{3}{4}b^2\geqslant 0$,所以 $|a^2+ab+b^2|=a^2+ab+b^2=13$.

又因为 $|a-b|=2$,所以 $a^2-2ab+b^2=4$.

联立得 $ab=3$,$a^2+b^2=10$.

【快速得分法】令 $a=3$,$b=1$,得 $a^2+b^2=10$.

6.（C）

【解析】母题 30·集合问题

设仅购买一种商品的顾客有 x 位,则

$$96=x+8+12+6-2\times 2\text{（购买三种商品的顾客被计算了 3 次,需要减去多余的两次）},$$

解得 $x=74$.

7.（C）

【解析】母题 48·无穷等比数列

由题可知,后面一个平行四边形的面积是前一个平行四边形面积的一半,即 $S_1+S_2+S_3+\cdots$ 是首项为 12,公比为 $\frac{1}{2}$ 的无穷递缩等比数列,则有

$$S_1+S_2+S_3+\cdots=\frac{a_1}{1-q}=\frac{12}{1-\frac{1}{2}}=24.$$

8.（B）

【解析】母题 75·不同元素的分配

第 1 步,分组:由于指定的两张卡片要在一组,剩下 4 张进行分组,小组卡片数相同且性质无区别,需要消序,即 $\frac{C_4^2 C_2^2}{A_2^2}$.

第 2 步,分配:3 组卡片装入 3 个袋中,即 A_3^3.

则不同的装法有 $\frac{C_4^2 C_2^2}{A_2^2}\cdot A_3^3=18$(种).

9.（C）

【解析】母题89·闯关和比赛问题

先胜2盘者赢得比赛,若要甲赢得比赛,第二、第三盘甲都必须获胜,则有 $P=0.6\times0.6=0.36$.

10.（E）

【解析】母题63·直线与圆的位置关系

方法一:由圆心和切点构成的斜率为 $2-a$,则可得切线的斜率为 $\frac{1}{a-2}$,由题可得切线斜率为点 $(1,2)$ 与点 $(0,3)$ 的斜率,即 -1,可得 $\frac{1}{a-2}=-1 \Rightarrow a=1$,将点 $(1,2)$ 代入圆方程可得 $b=2$. 故 $ab=2$.

方法二:切点 $(1,2)$ 在圆上,即 $1+(2-a)^2=b$.

由切线过点 $(1,2)$ 和 $(0,3)$,可知切线方程为 $x+y-3=0$,圆心 $(0,a)$ 到切线的距离等于半径,即 $\frac{|a-3|}{\sqrt{2}}=\sqrt{b}$,联立两个方程,解得 $a=1,b=2$. 故 $ab=2$.

【快速得分法】由题意可得 $1+(2-a)^2=b$,由选项可猜测 $a=1,b=2$.

11.（D）

【解析】母题75·不同元素的分配

根据题意,先从男运动员和女运动员中分别选出两名运动员;再让其中一名男运动员选择这两名女运动员中的任意一名作为搭档,剩下两名自然成为搭档,即一共有两种可能.则不同的选派方式共有 $C_4^2 C_3^2 \times 2 = 36$（种）.

12.（A）

【解析】母题85·古典概型(数字之和问题)

从标号1到10的卡片中取出2张,标号之和能被5整除,和可能为5、10、15.

穷举可知,和为5的共有 $1+4$、$2+3$ 这两种可能,和为10的共有 $1+9$、$2+8$、$3+7$、$4+6$ 这四种可能,和为15的共有 $8+7$、$9+6$、$10+5$ 这三种可能.

则随机抽取的2张卡片的标号之和能被5整除的概率为 $P=\dfrac{2+4+3}{C_{10}^2}=\dfrac{1}{5}$.

13.（C）

【解析】母题79·不能对号入座问题

已知本部门主任不能检查本部门,即3个对象的不能对号入座问题,有2种可能;再将三个外聘人员进行分配,则不同的安排方式有 $2 \times A_3^3 = 12$（种）.

14.（D）

【解析】母题59·空间几何体问题

设底面圆的圆心为 O,连接 OC,OD. 则弓形面积为

$$S_{弓形} = S_{扇形OCD} - S_{三角形OCD} = \frac{1}{6}\pi \cdot 2^2 - \frac{1}{2} \cdot 2 \cdot \sqrt{3} = \frac{2}{3}\pi - \sqrt{3}.$$

故截掉部分(较小部分)的体积=底面积×高=$S_{弓形} \times 3 = 2\pi - 3\sqrt{3}$.

15. (E)

【解析】母题 43·其他特殊函数(最值函数)

分别画出 $y=x^2$, $y=-x^2+8$ 的图像,如图 5 所示.

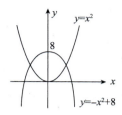

图 5

取图像中较大的部分,即为最值函数 $f(x)=\max\{x^2,-x^2+8\}$ 的图像,如图 6 所示.

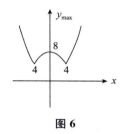

图 6

故,当 $x^2=-x^2+8$ 时,$f(x)$ 有最小值 4.

【快速得分法】当 $x^2=4$ 时,可取到最小值 4,而选项中最小值为 4,必选(E).

二、条件充分性判断

16. (A)

【解析】母题 19·均值不等式

条件(1):

方法一:几何意义.

$x^2+y^2\leqslant 2$ 可看作是圆心为 $(0,0)$,半径为 $\sqrt{2}$ 的圆所覆盖的区域.

由于 $x+y=\pm 2$ 是圆 $x^2+y^2=2$ 的上、下两条切线,故圆上和圆内的点都在两条直线之间,故条件(1)充分.

方法二:均值不等式法.

由均值不等式可知 $2xy\leqslant x^2+y^2\leqslant 2$,可得 $2xy\leqslant 2$.

与 $x^2+y^2\leqslant 2$ 相加可得 $x^2+y^2+2xy\leqslant 4$,即 $(x+y)^2\leqslant 4$,可得 $|x+y|\leqslant 2$.

故条件(1)充分.

条件(2):举反例,令 $x=2,y=\dfrac{1}{2}$,可知条件(2)不充分.

17. (B)

【解析】母题 44·等差数列基本问题

条件(1):明显不充分.

条件(2):由等差数列的中项性质,可知 $a_1+a_2+\cdots+a_9=9a_5$,所以条件(2)充分.

18. (D)

【解析】母题 6·整数不定方程问题

条件(1):

$$\frac{1}{m}+\frac{3}{n}=1 \Rightarrow 3m+n=mn \Rightarrow mn-3m-n=0$$
$$\Rightarrow m(n-3)-n+3=3 \Rightarrow (m-1)(n-3)=3$$
$$\Rightarrow \begin{cases}m-1=1,\\ n-3=3\end{cases} \text{或} \begin{cases}m-1=3,\\ n-3=1,\end{cases}$$

解得 $\begin{cases}m=2,\\ n=6\end{cases}$ 或 $\begin{cases}m=4,\\ n=4.\end{cases} \Rightarrow m+n=8.$

故条件(1)充分.

条件(2):

$$\frac{1}{m}+\frac{2}{n}=1 \Rightarrow 2m+n=mn \Rightarrow (m-1)(n-2)=2 \Rightarrow \begin{cases}m-1=1,\\ n-2=2\end{cases} \text{或} \begin{cases}m-1=2,\\ n-2=1,\end{cases}$$

解得 $\begin{cases}m=2,\\ n=4\end{cases}$ 或 $\begin{cases}m=3,\\ n=3.\end{cases} \Rightarrow m+n=6.$

故条件(2)也充分.

19. (D)

【解析】母题 19·均值不等式

设甲、乙、丙三人的年收入分别为 a,b,c,则 $ac=b^2,b=\sqrt{ac}.$

条件(1):已知 $a+c$,根据均值不等式,$a+c \geqslant 2\sqrt{ac}=2b$,所以 b 的最大值为 $\frac{a+c}{2}$,故条件(1)充分.

条件(2):已知 ac,$b=\sqrt{ac}$ 为定值,既是最大值也是最小值,故条件(2)充分.

20. (D)

【解析】母题 57·平面几何五大模型

条件(1):由 $EB=2FC$,可得 $DF=2AE$,则过 E 点作 DF 的垂线交 DF 于 DF 的中点 G,易证 △EDG 与 △EFG 全等,则 $ED=EF$.

条件(1)和条件(2)等价,如图 7 所示,△EDG≌△EFG≌△HFC,所以 △AED 与四边形 BCFE 可以拼成一个直角三角形 EBH.

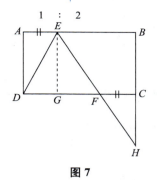

图7

21. (E)

【解析】母题90·简单算术问题

设甲、乙购买的玩具数量分别为 x,y，A、B玩具的价格分别为 a,b，则

条件(1)：$\begin{cases} x+y=50, \\ by-ax=100, \end{cases}$ 无法确定 x 的值，故条件(1)不充分.

条件(2)：$\begin{cases} a=2b, \\ by-ax=100, \end{cases}$ 无法确定 x 的值，故条件(2)不充分.

联立两个条件，即 $\begin{cases} x+y=50, \\ a=2b, \\ by-ax=100, \end{cases}$ 3个方程，4个未知数，不能确定 x 的值，故联合起来也不充分.

22. (C)

【解析】母题101·线性规划问题

条件(1)：当 m 的值很小时，将点 P 坐标代入 $x-y$ 可得值很小，不充分.

条件(2)：当 m 的值很大时，将点 P 坐标代入 $x-y$ 可得值很大，不充分.

联立：设 $x-y=b$，则有 $y=x-b$，可知

$x-y$ 的最小值和最大值分别为直线 $y=x-b$ 截距相反数的最小值和最大值；

如图8所示：$x-y$ 的最小值和最大值分别为 -2 和 $1 \Leftrightarrow A(1,3), B(2,1)$ 分别为可行域的最大值和最小值 $\Leftrightarrow P$ 在 $M(-2,0), N(1,0)$ 之间. 所以联合充分.

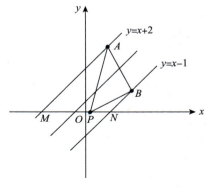

图8

23. (D)

【解析】母题93·增长率问题

设甲公司年终奖总额为 x, 乙公司年终奖总额为 y, 由题干可得 $1.25x=0.9y \Rightarrow x:y=18:25$.

条件(1)：设甲、乙公司人数分别为 a,b, 可得 $\dfrac{x}{a}=\dfrac{y}{b} \Rightarrow a:b=x:y=18:25$, 故条件(1)充分.

条件(2)：设甲、乙公司人数分别为 a,b, 可得 $a:b=x:y=18:25$, 故条件(2)充分.

24. (A)

【解析】母题63·直线与圆的位置关系

由 $x^2+y^2=2y$, 可知 $x^2+(y-1)^2=1$.

已知圆 $x^2+y^2=2y$ 与直线 $x+ay=b$ 不相交,则圆心到直线的距离大于半径,即

$$\dfrac{|0+a-b|}{\sqrt{1+a^2}}>1 \Leftrightarrow |a-b|>\sqrt{1+a^2}.$$

故条件(1)充分,条件(2)不充分.

25. (D)

【解析】母题43·其他特殊函数(复合函数)

二次函数过原点,开口向上,顶点坐标为 $\left(-\dfrac{a}{2},-\dfrac{a^2}{4}\right)$.

从结论入手,对于 $f(x)$, 当 $x=-\dfrac{a}{2}$ 时, $y_{\min}=-\dfrac{a^2}{4}$, 即 $f(x)$ 函数值域为 $\left[-\dfrac{a^2}{4},+\infty\right)$.

则 $f[f(x)]$ 的定义域为 $\left[-\dfrac{a^2}{4},+\infty\right)$.

若 $f(x)$ 的最小值和 $f[f(x)]$ 的最小值相等,则要求 $f[f(x)]$ 定义域含有 $f(x)$ 的对称轴 $-\dfrac{a}{2}$,

即 $-\dfrac{a}{2}\geq-\dfrac{a^2}{4}$, 解得 $a\leq0$ 或 $a\geq2$. 两个条件单独都是子集,单独都充分,因此选(D).

三、逻辑推理

26. (A)

【解析】母题1·充分必要条件

题干：

①离开人民→浮萍,等价于：¬浮萍→¬离开人民。

②作品传之久远→关照人民的生活、命运、情感,表达人民的心愿、心情、心声。

(A)项,¬浮萍→¬离开人民,与①相同,为真。

(E)项,没有箭头指向,可真可假。

题干只说了人民是历史的创造者、见证者、剧中人和剧作者,并没有提及这四个角色之间的关系,故(B)、(C)、(D)项均不能判断真假。

27. (C)

【解析】母题9·对当关系

题干仅仅给出了"部分"城市一天的天气,因此,不能判断"所有"天气类型。故(C)项正确。

28. (D)

【解析】母题19·论证型支持题

专家:人们似乎从晚睡中得到了快乐,但这种快乐其实隐藏着某种烦恼。

(A)项,只是表明了早睡者和晚睡者的不同,但未涉及晚睡是否有"烦恼",不能支持专家意见。

(B)、(C)项,说明晚睡有好处,削弱专家意见。

(D)项,说明晚睡有烦恼,支持专家意见。

(E)项,仅仅说明了人们会晚睡的原因,但其没有说明晚睡的结果如何,不能支持专家意见。

29. (A)

【解析】母题19·论证型支持题

专家:分心驾驶已成为我国道路交通事故的罪魁祸首。

(A)项,指出相对于其他情况,由分心驾驶导致的交通事故占比最高,支持"分心驾驶已成为我国道路交通事故的罪魁祸首"。

(B)、(C)项,说明使用手机可能会引发交通事故,但使用手机只是分心驾驶的一种情况,支持力度弱。

(D)项,无关选项,此项仅说明"使用手机"和"分心驾驶"之间的关系,未涉及"使用手机"是否引发"交通事故"。

(E)项,无关选项,题干仅涉及"我国",与"美国"的情况无关。

30. (B)

【解析】母题5·箭头的串联

已知丙周日值日,则丙周三不值日,由条件(2)逆否可得:甲周一不值日。

由条件(3)可得:己周四值日且庚周五值日。

故,己周六不值日,由条件(4)逆否可得:乙周二不值日。

又由条件(1)可得:乙周六值日。故(B)项正确。

31. (D)

【解析】母题5·箭头的串联

已知庚周四值日,则庚周五不值日,由条件(3)逆否可得:甲周一值日。

由条件(2)可得:丙周三值日且戊周五值日,所以(D)项一定为假。

32. (E)

【解析】母题10·简单命题的负命题

题干:

弟子不必不如师=弟子不一定不如师=弟子可能如师;

师不必贤于弟子＝师不一定贤于弟子＝师可能不贤于弟子。

故(E)项,有的师可能不贤于弟子,正确。

33. (E)

【解析】母题5·箭头的串联

根据题意,由条件(2)可知,凡含"雨"的节气属于春季,故"雨水"在春季。

条件(3)逆否与条件(4)串联可得:"雨水"在春季→"霜降"在秋季→"清明"在春季。

故,"清明"在春季。

(E)项中,"清明"在夏季,所以(E)项一定不可能。

其余各选项均不违背题干条件,都可能为真。

34. (C)

【解析】母题34·形式逻辑型结构相似题

题干:￢磨刀→生锈,￢学→落后。所以,￢落后→磨刀。即 A→B,C→D。所以,￢D→￢A。

(A)项,A→B,C→D。所以,￢D→￢C。与题干不同。

(B)、(D)、(E)项,显然与题干不同。

(C)项,A→B,C→D。所以,￢D→￢A。与题干最为相似。

35. (D)

【解析】母题36·排序题

由条件(4)可知,该天早晨地铁一号线不拥挤,由条件(1)可知,小张需要坐7站,换乘一次。

由条件(3)可知,小李需要坐8站,换乘两次。

故小张应该比小李先到达单位。所以(D)项与题干信息不一致。

由题干无法推出小王的乘车路线情况,故(A)、(B)、(C)、(E)项均有可能为真。

36. (C)

【解析】母题18·数字陷阱型削弱题

题干:某国30岁至45岁人群中,去医院治疗冠心病、骨质疏松等病症的人越来越多,而原来患有这些病症的大多是老年人 ——证明——→ 该国年轻人中"老年病"发病率有不断增加的趋势。

因为,发病率＝$\frac{发病人数}{总人数}$,因此,仅由分子"发病人数"增加,无法说明发病率提高,在分母变大的情况下,发病率可能反而会降低。

(C)项,说明年轻人的总量增加,使分母变大,故发病率可能会降低,削弱题干。

其余各项均为无关选项,故不能削弱题干。

37. (A)

【解析】母题3·箭头＋德摩根定律

题干:每一个体在不损害他人利益的前提下∧尽可能满足其自身的利益需求→良善的社会。

逆否可得：如果一个社会不是良善的，那么其中肯定存在个体损害他人利益或自身利益需求没有尽可能得到满足的情况。故(A)项正确。

38.（D）

【解析】母题40·复杂匹配与综合推理

由条件(2)可知，赵珊珊选修的是《诗经》鉴赏、唐诗鉴赏或宋词选读，由条件(3)可知，李晓明选修的是《诗经》鉴赏或唐诗鉴赏。

根据(D)项，若庄志达选修了《诗经》鉴赏，根据题干"4人各选修了其中一门课程"，并结合条件(3)可知，李晓明选修了唐诗鉴赏，故能确定赵珊珊选修了宋词选读。

其余各项均不能确定。

39.（C）

【解析】母题26·解释现象

待解释的现象：河流流速减缓有利于水草生长，河流中的水草总量通常也会随之而增加，但是，去年该地区在经历了一次极端干旱之后，尽管该地区某河流的流速十分缓慢，但其中的水草总量并未随之而增加，只是处于一个很低的水平。

(C)项，可以解释，说明水草总量没有增加，是因为极端干旱导致的死亡。

(A)、(D)项加剧了题干中的矛盾，其余各项均为无关选项。

40.（D）

【解析】母题40·复杂匹配与综合推理

已知甲在第二编队，由条件(3)可得：丙在第一编队；又由条件(2)可得：戊在第二编队，故(D)项正确。

41.（D）

【解析】母题40·复杂匹配与综合推理

假设丁和庚在第一编队，由于甲和丙不能在同一编队，所以第一编队的最后一个位置是甲或丙，则戊、乙、己都在第二编队。

假设丁和庚都在第二编队，己也在第二编队，第二编队的最后一个位置为甲或丙，则乙在第一编队，由条件(4)可得丁也应该在第一编队，与假设矛盾，故丁和庚不可能在第二编队。

所以戊在第二编队，即(D)项正确。

42.（C）

【解析】母题35·论证逻辑型结构相似题

题干：

甲：读书的目的(A)最重要的是增长知识、开阔视野(B)。

乙：读书的目的(A)最重要的是陶冶性情、提升境界(C)。没有陶冶性情、提升境界(¬C)，就达不到读书的目的(¬A)。

(C)项,甲:优秀的电视剧(A)最重要的是能得到广大观众的喜爱(B)。

乙:优秀的电视剧(A)最重要的是具有深刻寓意与艺术魅力(C)。没有深刻寓意与艺术魅力(¬C),就不能成为优秀的电视剧(¬A)。故此项与题干相同。

其余各项均与题干不同。

43.(B)

【解析】母题1·充分必要条件

题干:

(1)若要人不知,除非己莫为,即:如果不想人知,那么就莫为。

符号化:人不知→己莫为,等价于:己为→人知。

(2)若要人不闻,除非己莫言,即:如果不想人闻,那么就莫言。

符号化:人不闻→己莫言,等价于:己言→人闻。

故(B)项符合题干,其余各项均不符合。

44.(B)

【解析】母题38·数字推理题

题干:中国卷烟消费量在2015年同比下降了2.4%,使得2015年全球卷烟总消费量同比下降了2.1%。

由平均值的原理可知,中国卷烟消费量下降了2.4%,这说明其他国家卷烟消费量下降比率必须低于2.1%,才能使全球卷烟总消费量下降2.1%。所以,其他国家的卷烟消费量下降比率低于2.1%,当然也低于中国(2.4%)。故(B)项正确。

45.(D)

【解析】母题40·复杂匹配与综合推理

由条件(2)可知,法学类新书都放在第5排书橱,故徐莉不可能在第6排书橱中找到法学类新书,即(D)项错误。

其余各项均不违背题干,都可能为真。

46.(A)

【解析】母题1·充分必要条件

题干:收到邀请函→论文通过审核;本次学术会议欢迎→收到邀请函。

由题干,本次学术会议只欢迎收到邀请函的学者,即只欢迎论文通过审核的学者,即不欢迎论文没有通过审核的学者,故(A)项正确。

(B)、(C)、(E)项均可真可假,(D)项为假。

47.(B)

【解析】母题40·复杂匹配与综合推理(箭头的串联)

题干有以下信息:

(1)东门位于松园∨东门位于菊园→南门不位于竹园。

(2)南门不位于竹园→北门不位于兰园。

(3)如果菊园在园林的中心,那么它与兰园不相邻。

(4)兰园与菊园相邻,中间连着一座美丽的廊桥。

由题干信息(3)、(4)知,菊园不在园林的中心。故(B)项正确。

48.（C）

【解析】母题40·复杂匹配与综合推理(箭头的串联)

结合上题,(1)、(2)串联得:东门位于松园∨东门位于菊园→南门不位于竹园→北门不位于兰园。

逆否得:北门位于兰园→南门位于竹园→东门不位于松园∧东门不位于菊园。

故东门位于梅园,即(C)项正确。

49.（E）

【解析】母题20·因果型支持题(推断结果)

题干:路盐中的钠元素会影响青蛙受体细胞并改变原可能成为雌性青蛙的性别 —导致→ 相关区域青蛙数量的下降。

(A)项,说明路盐流入池塘会破坏青蛙的食物链,确实可能会造成青蛙数量下降的结果,但这和题干中"影响青蛙受体细胞并改变青蛙的性别"无关。

(B)项,支持题干,但"可能"支持力度弱。

(C)、(D)项,无关选项。

(E)项,指出雌性数量的充足对物种的繁衍生息至关重要,支持题干,其中"至关重要"一词支持力度大。

50.（D）

【解析】母题5·箭头的串联

将题干信息形式化:

(1)最终审定→意义重大∨关注度高。

(2)意义重大→涉及民生问题=不涉及民生问题→¬意义重大。

(3)有的最终审定→不涉及民生问题。

由题干信息(3)、(2)知,有的最终审定→不涉及民生问题→¬意义重大。

再结合题干信息(1)知,最终审定∧¬意义重大→关注度高。

故有:有的项目关注度高∧¬意义重大。

51.（E）

【解析】母题35·论证逻辑型结构相似题

题干:

甲:知(A)难行(B)易,知(A)然后行(B)。

乙:不对。知(A)易行(B)难,行(B)然后知(A)。

(E)项:

甲:做人(A)难做事(B)易,先做人(A)再做事(B)。

乙:不对。做人(A)易做事(B)难,先做事(B)再做人(A)。

故(E)项与题干相同。

52.（C）

【解析】母题5·箭头的串联

题干有以下信息:

(1)值得拥有专利→创新=¬创新→¬值得拥有专利。

(2)不是每一项创新都值得拥有专利,即:有的创新不值得拥有专利。

(3)模仿→¬创新。

(4)并非每一个模仿者都应该受到惩罚,即:有的模仿者不应该受到惩罚。

(3)、(1)串联得:模仿→¬创新→¬值得拥有专利。

逆否得:值得拥有专利→创新→¬模仿。

即:所有值得拥有专利的产品都不是模仿的,与(C)项矛盾,故(C)项为假。

53.（A）

【解析】母题7·二难推理

将题干信息形式化:

(1)不含违禁→进口。

(2)甲违禁或乙违禁→进口戊∧进口己。

(3)丙违禁→不进口丁;进口戊→进口乙∧进口丁。

(4)不进口丁→进口丙;进口丙→不进口丁。

由题干信息(3)、(1)知:进口丁→丙不违禁→进口丙,逆否得:不进口丙→丙违禁→不进口丁。

由题干信息(4)知,进口丙→不进口丁。

故,不进口丁。再由题干信息(4)知,进口丙。

由题干信息(3)、(2)、(1)知,不进口丁→不进口戊→甲不违禁∧乙不违禁→进口甲∧进口乙。

综上,故(A)项正确。

54.（B）

【解析】母题40·复杂匹配与综合推理

由"四对选手的总积分分别是6∶0、5∶1、4∶2、3∶3",可知四对选手中获胜方(最后一组打平)的战绩为:3胜、2胜1和、2胜1负、1胜1和和1负或3和。

由题干条件(4)知,李龙连输3局,故女方有一人连胜3局。

由题干条件(3)知,赵虎没下成和局,积分又不领先对手,所以,赵虎2负1胜,他在比分为4∶2

的桌子。

由题干条件(2)并结合题干条件(1)中"王玉的比赛桌在李龙比赛桌的右边"知,赵虎、李龙均不在1、4号桌。

由题干条件(1)知,张芳、杨虹、王玉均不和李龙比赛,故施琳和李龙比赛,比分为6∶0。

故施琳的总积分最高。

55. (C)

【解析】母题40·复杂匹配与综合推理

结合上题分析,由题干条件(1)知,王玉在3号桌,李龙在2号桌。故张芳和吕伟在1号桌。

又由题干条件(2)知,4号桌的比赛不是4∶2,故4∶2的比赛只能在1号或3号桌。

又由题干条件(2)知,1号桌的比赛至少有一局是和局,故1号桌不是4∶2。

故,3号桌比分为4∶2,故赵虎在3号桌,范勇在4号桌。

由题干条件(4)知,范勇在前三局总积分上领先他的对手,故杨虹和范勇的比分不是3∶3。

故,张芳和吕伟的比赛打成了3∶3。

综上:

1号桌:张芳∶吕伟(3∶3)。

2号桌:施琳∶李龙(6∶0)。

3号桌:王玉∶赵虎(4∶2)。

4号桌:杨虹∶范勇(1∶5)。

四、写作

56. 论证有效性分析

【谬误分析】

①哲学上的"物质主义"与物质生活的"物质"不是同一个概念,此处存在概念混淆。

②物质生活与精神生活之间不存在简单的正比关系。因此,认为物质丰富"只会"充实精神世界,过于绝对。物质主义潮流也有可能造成人类精神世界的空虚。

③"后物质主义理论"仅仅是国外某个学派所提出的观点,这一观点是否可以普遍地说明社会问题,还需要实践的检验和学术界的认同。

④"物质生活丰裕的人,往往会更注重精神生活"并不能否定一些人会沉溺于物质享受而忽略精神追求的事实。

⑤对高校大学生的调查有以偏概全的嫌疑。首先,其抽样范围、抽样方式、样本数量等关键信息不明确;其次,仅由高校大学生的情况也难以确定其他人群的情况。

⑥"物质生活的丰富"与"物质主义潮流"是不同的概念。物质生活的丰富即使不会冲击人类的精神世界,也不能用来否定"物质主义潮流将极大地冲击人类社会固有的价值观念"这一命题。

(说明:以上谬误分析引用和改编自教育部考试中心《管理类专业学位联考综合能力考试大纲》给出的参考答案。)

参考范文

物质生活不会冲击精神世界吗?

吕建刚

上述材料通过种种论证,试图说明物质生活的丰富不会冲击人类的精神世界,然而其论证存在多处不当,分析如下:

首先,"物质丰富"与"物质主义潮流"不是相同的概念。因为,"物质丰富"指的是社会生产、生活要素的日益丰盈,而"物质主义潮流"则是指一种思想的流行。而且,材料中多次提及"物质主义""后物质主义"等概念,但并未对这些核心概念进行解释,影响了材料论证的有效性。

其次,物质生活与精神生活之间不存在简单的正比关系。因此,认为物质丰富"只会"充实精神世界,过于绝对。如果一个人沉迷于追求物质的需求与欲望,可能会导致忽视精神生活,造成人类精神世界的空虚。

再次,"后物质主义理论"仅仅是国外某个学派所提出的观点,这一观点是否可以普遍地说明社会问题,还需要实践的检验和学术界的认同。

又次,"物质生活丰裕的人,往往会更注重精神生活"并不能否定一些人会沉溺于物质享受而忽略精神追求的事实。

最后,以高校大学生的调查作为论据,并没有太大说服力。第一,这个调查的抽样范围、调查方式、样本数量等关键信息不明确,无法判断该调查的有效性;第二,仅由高校大学生的情况也难以确定其他人群的情况,材料以偏概全;第三,大学生的观点未必是事实,他们的观点可能是错误的,用作论据说服力有限。

综上所述,材料的论证存在种种逻辑谬误,物质生活不会冲击精神世界的观点难以成立。

(全文共579字)

57. 论说文

【参考立意】

①拥抱人工智能,走创新之路。

②发展人工智能,冒点风险又何妨。

③人工智能的危与机。

④科技发展与危机预警。

⑤科技创新也需要"边界"。

⑥人工智能的双面性。

⑦善借人工智能之力。

拥抱人工智能，走技术创新之路

吕建刚

关于人工智能是福还是祸，它们是否会让很多人失业，甚至它们是否会取代人类，众说纷纭。而我认为，我们应该拥抱人工智能，走技术创新之路。

人工智能，可以补人之短。"尺有所短，寸有所长"，人类也有其与生俱来的短板。面对一片汪洋，只能望洋兴叹；设想一日千里，奈何蜗行牛步；试图展翅高飞，然而脚难离地。但是，技术创新可以解决这些难题，于是我们发明轮船渡过汪洋大海，发明汽车实现一日千里，发明飞机可上九天揽月。人总会有力所不能及之处，此时何不借助科技创新，实现自身无法达成的目标？如人类在计算能力上，无论是速度还是准确度，都无法与人工智能相较，这时，借助人工智能，无疑事半功倍。

人工智能，可以扬人之长。相对于人工智能，人类有自己独特的优势。比如人类更擅长常识的推理、创造性的思维、"跳出来"想问题，甚至是通过"直觉"来判断问题。而人工智能和其他的发明创造一样，节省了人类的劳动力，让人类从繁重的劳动，尤其是低质量、重复性劳动中解脱出来，让人类有更多的时间从事更擅长的、更有价值的工作，甚至帮助人类推动技术革新，这岂不是一桩美事？

诚然，有人认为人工智能有风险，甚至有人认为人工智能会取代人类。我们承认，任何事物的发展都有其两面性，科技也不例外。但毫无依据地认为人工智能会取代人类无异于杞人忧天。其实，很多科学技术上的重大突破，都是伴随争议而生的。布鲁诺因为"日心说"被烧死在罗马鲜花广场，法拉第的电磁感应原理被人嘲笑毫无用处，达尔文因为"进化论"被嘲笑为猴子……但这些质疑无碍他们的伟大。人工智能也是如此，尽管被人质疑，但它对人类科技进步的推动是客观的、毫无疑问的。所以，绝不能因为人工智能有风险就否定之。

科技是第一生产力，人工智能则是重大科技突破。因此，我们要拥抱人工智能，坚定不移地走科技创新之路！

（全文共757字）

绝密★启用前

2019年全国硕士研究生招生考试
管理类专业学位联考综合能力试题

(科目代码:199)

考试时间:8:30—11:30

考生注意事项

1. 答题前,考生须在试题册指定位置上填写考生姓名和考生编号;在答题卡指定位置上填写报考单位、考生姓名和考生编号,并涂写考生编号信息点。
2. 选择题的答案必须涂写在答题卡相应题号的选项上,非选择题的答案必须书写在答题卡指定位置的边框区域内。超出答题区域书写的答案无效;在草稿纸、试题册上答题无效。
3. 填(书)写部分必须使用黑色字迹签字笔或者钢笔书写,字迹工整、笔迹清楚;涂写部分必须使用2B铅笔填涂。
4. 考试结束,将答题卡和试题册按规定交回。

考生编号															
考生姓名															

一、问题求解：第1～15小题，每小题3分，共45分。下列每题给出的(A)、(B)、(C)、(D)、(E)五个选项中，只有一项是符合试题要求的。请在答题卡上将所选项的字母涂黑。

1. 某车间计划10天完成一项任务，工作3天后因故停工2天．若仍要按原计划完成任务，则工作效率需要提高（　　）．

   (A)20%　　　(B)30%　　　(C)40%　　　(D)50%　　　(E)60%

2. 设函数 $f(x)=2x+\dfrac{a}{x^2}(a>0)$ 在 $(0,+\infty)$ 内的最小值为 $f(x_0)=12$，则 $x_0=$（　　）．

   (A)5　　　(B)4　　　(C)3　　　(D)2　　　(E)1

3. 某影城统计了一季度的观众人数，如图1所示，则一季度的男、女观众人数之比为（　　）．

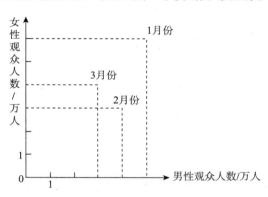

图1

   (A)3∶4　　　(B)5∶6　　　(C)12∶13　　　(D)13∶12　　　(E)4∶3

4. 设实数 a,b 满足 $ab=6$，$|a+b|+|a-b|=6$，则 $a^2+b^2=$（　　）．

   (A)10　　　(B)11　　　(C)12　　　(D)13　　　(E)14

5. 设圆 C 与圆 $(x-5)^2+y^2=2$ 关于直线 $y=2x$ 对称，则圆 C 的方程为（　　）．

   (A)$(x-3)^2+(y-4)^2=2$

   (B)$(x+4)^2+(y-3)^2=2$

   (C)$(x-3)^2+(y+4)^2=2$

   (D)$(x+3)^2+(y+4)^2=2$

   (E)$(x+3)^2+(y-4)^2=2$

6. 将一批树苗种在一个正方形花园的边上，四角都种．如果每隔3米种一棵，那么剩余10棵树苗；如果每隔2米种一棵，那么恰好种满正方形的3条边，则这批树苗有（　　）棵．

   (A)54　　　(B)60　　　(C)70　　　(D)82　　　(E)94

7. 在分别标记了数字1,2,3,4,5,6的6张卡片中，甲随机抽取1张后，乙从余下的卡片中再随机抽取2张，乙的卡片数字之和大于甲的卡片数字的概率为（　　）．

   (A)$\dfrac{11}{60}$　　　(B)$\dfrac{13}{60}$　　　(C)$\dfrac{43}{60}$　　　(D)$\dfrac{47}{60}$　　　(E)$\dfrac{49}{60}$

8. 10名同学的语文和数学成绩如表1所示：

表1

语文成绩	90	92	94	88	86	95	87	89	91	93
数学成绩	94	88	96	93	90	85	84	80	82	98

语文和数学成绩的均值分别记为 E_1 和 E_2，标准差分别记为 σ_1 和 σ_2，则（ ）．

(A) $E_1 > E_2, \sigma_1 > \sigma_2$ (B) $E_1 > E_2, \sigma_1 < \sigma_2$

(C) $E_1 > E_2, \sigma_1 = \sigma_2$ (D) $E_1 < E_2, \sigma_1 > \sigma_2$

(E) $E_1 < E_2, \sigma_1 < \sigma_2$

9. 如图2所示，正方体位于半径为3的球内，且一面位于球的大圆上，则正方体表面积最大为（ ）．

(A) 12   (B) 18

(C) 24   (D) 30

(E) 36

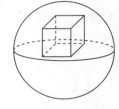

图2

10. 在三角形 ABC 中，$AB=4$，$AC=6$，$BC=8$，D 为 BC 的中点，则 $AD=$（ ）．

(A) $\sqrt{11}$ (B) $\sqrt{10}$

(C) 3   (D) $2\sqrt{2}$

(E) $\sqrt{7}$

11. 某单位要铺设草坪，若甲、乙两公司合作需要6天完成，工时费共计2.4万元；若甲公司单独做4天后由乙公司接着做9天完成，工时费共计2.35万元．若由甲公司单独完成该项目，则工时费共计（ ）万元．

(A) 2.25   (B) 2.35   (C) 2.4   (D) 2.45   (E) 2.5

12. 如图3所示，六边形 $ABCDEF$ 是平面与棱长为2的正方体所截得到的，若 A, B, D, E 分别为相应棱的中点，则六边形 $ABCDEF$ 的面积为（ ）．

(A) $\dfrac{\sqrt{3}}{2}$ (B) $\sqrt{3}$

(C) $2\sqrt{3}$ (D) $3\sqrt{3}$

(E) $4\sqrt{3}$

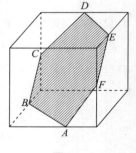

图3

13. 货车行驶 72 km 用时 1 h，其速度 v 与行驶时间 t 的关系如图4所示，则 $v_0 =$（ ）．

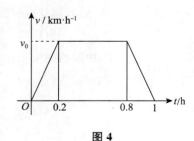

图4

(A)72　　　　(B)80　　　　(C)90　　　　(D)95　　　　(E)100

14. 某中学的 5 个学科各推荐 2 名教师作为支教候选人,若从中选派来自不同学科的 2 人参加支教工作,则不同的选派方式有(　　)种.

(A)20　　　　(B)24　　　　(C)30　　　　(D)40　　　　(E)45

15. 设数列 $\{a_n\}$ 满足 $a_1=0, a_{n+1}-2a_n=1$,则 $a_{100}=$(　　).

(A)$2^{99}-1$　　(B)2^{99}　　(C)$2^{99}+1$　　(D)$2^{100}-1$　　(E)$2^{100}+1$

二、条件充分性判断:第 16～25 小题,每小题 3 分,共 30 分。 要求判断每题给出的条件(1)和条件(2)能否充分支持题干所陈述的结论。(A)、(B)、(C)、(D)、(E)五个选项为判断结果,请选择一项符合试题要求的判断,在答题卡上将所选项的字母涂黑。

(A)条件(1)充分,但条件(2)不充分.

(B)条件(2)充分,但条件(1)不充分.

(C)条件(1)和条件(2)单独都不充分,但条件(1)和条件(2)联合起来充分.

(D)条件(1)充分,条件(2)也充分.

(E)条件(1)和条件(2)单独都不充分,条件(1)和条件(2)联合起来也不充分.

16. 甲、乙、丙三人各自拥有不超过 10 本图书,甲再购入 2 本图书后,他们拥有的图书数量能构成等比数列,则能确定甲拥有图书的数量.

(1)已知乙拥有的图书数量.

(2)已知丙拥有的图书数量.

17. 有甲、乙两袋奖券,获奖率分别是 p 和 q.某人从两袋中各随机抽取 1 张奖券,则此人获奖的概率不小于 $\frac{3}{4}$.

(1)已知 $p+q=1$.

(2)已知 $pq=\frac{1}{4}$.

18. 直线 $y=kx$ 与圆 $x^2+y^2-4x+3=0$ 有两个交点.

(1)$-\frac{\sqrt{3}}{3}<k<0$.

(2)$0<k<\frac{\sqrt{2}}{2}$.

19. 能确定小明的年龄.

(1)小明的年龄是完全平方数.

(2)20 年后小明的年龄是完全平方数.

20. 关于 x 的方程 $x^2+ax+b-1=0$ 有实根.

(1)$a+b=0$.

(2)$a-b=0$.

21. 如图5所示,已知正方形 $ABCD$ 的面积,O 为 BC 上一点,P 为 AO 的中点,Q 为 DO 上一点,则能确定三角形 PQD 的面积.

   (1)O 为 BC 的三等分点.

   (2)Q 为 DO 的三等分点.

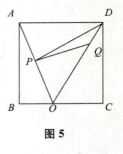

图5

22. 设 n 为正整数,则能确定 n 除以 5 的余数.

   (1)已知 n 除以 2 的余数.

   (2)已知 n 除以 3 的余数.

23. 某校理学院五个系每年的录取人数如表2所示:

   表2

系别	数学系	物理系	化学系	生物系	地学系
录取人数	60	120	90	60	30

   今年与去年相比,物理系的录取平均分没变,则理学院的录取平均分升高了.

   (1)数学系的录取平均分升高了 3 分,生物系的录取平均分降低了 2 分.

   (2)化学系的录取平均分升高了 1 分,地学系的录取平均分降低了 4 分.

24. 设三角区域 D 由直线 $x+8y-56=0$,$x-6y+42=0$ 与 $kx-y+8-6k=0(k<0)$ 围成,则对任意的 $(x,y)\in D$,有 $\lg(x^2+y^2)\leq 2$.

   (1)$k\in(-\infty,-1]$.

   (2)$k\in\left[-1,-\dfrac{1}{8}\right)$.

25. 设数列 $\{a_n\}$ 的前 n 项和为 S_n,则数列 $\{a_n\}$ 是等差数列.

   (1)$S_n=n^2+2n, n=1,2,3,\cdots$.

   (2)$S_n=n^2+2n+1, n=1,2,3,\cdots$.

三、逻辑推理:第 26~55 小题,每小题 2 分,共 60 分。 下列每题给出的(A)、(B)、(C)、(D)、(E)五个选项中,只有一项是符合试题要求的。 请在答题卡上将所选项的字母涂黑。

26. 新常态下,消费需求发生深刻变化,消费拉开档次,个性化、多样化消费渐成主流,在相当一部分消费者那里,对产品质量的追求压倒了对价格的考虑。供给侧结构性改革,说到底是满足需求。低质量的产能必然会过剩,而顺应市场需求不断更新换代的产能不会过剩。

   根据以上陈述,可以得出以下哪项?

   (A)只有质优价高的产品才能满足需求。

   (B)顺应市场需求不断更新换代的产能不是低质量的产能。

   (C)低质量的产能不能满足个性化需求。

   (D)只有不断更新换代的产品才能满足个性化、多样化消费的需求。

   (E)新常态下,必须进行供给侧结构性改革。

27. 据碳-14 检测,卡皮瓦拉山岩画的创作时间最早可追溯到 3 万年前。在文字尚未出现的时代,岩画是人类沟通交流、传递信息、记录日常生活的主要方式。于是今天的我们可以在这些岩画中看到:

一位母亲将孩子举起嬉戏,一家人在仰望并试图碰触头上的星空……动物是岩画的另一个主角,比如巨型犰狳、马鹿、螃蟹等。在许多画面中,人们手持长矛,追逐着前方的猎物。由此可以推断,此时的人类已经居于食物链的顶端。

以下哪项如果为真,最能支持上述推断?

(A)岩画中出现的动物一般是当时人类捕猎的对象。

(B)3万年前,人类需要避免自己被虎、豹等大型食肉动物猎杀。

(C)能够使用工具使得人类可以猎杀其他动物,而不是相反。

(D)有了岩画,人类可以将生活经验保留下来供后代学习,这极大地提高了人类的生存能力。

(E)对星空的敬畏是人类脱离动物、产生宗教的动因之一。

28. 李诗、王悦、杜舒、刘默是唐诗宋词的爱好者,在唐朝诗人李白、杜甫、王维、刘禹锡4人中各喜爱其中一位,且每人喜爱的唐诗作者不与自己同姓,关于他们4人,已知:

(1)如果爱好王维的诗,那么也爱好辛弃疾的词。

(2)如果爱好刘禹锡的诗,那么也爱好岳飞的词。

(3)如果爱好杜甫的诗,那么也爱好苏轼的词。

如果李诗不爱好苏轼和辛弃疾的词,则可以得出以下哪项?

(A)杜舒爱好辛弃疾的词。　　　(B)王悦爱好苏轼的词。

(C)刘默爱好苏轼的词。　　　　(D)李诗爱好岳飞的词。

(E)杜舒爱好岳飞的词。

29. 人们一直在争论猫与狗谁更聪明。最近,有些科学家不仅研究了动物脑容量的大小,还研究了其大脑皮层神经细胞的数量,发现猫平常似乎总摆出一副智力占优的神态,但猫的大脑皮层神经细胞的数量只有普通金毛犬的一半。由此,他们得出结论:狗比猫更聪明。

以下哪项最可能是上述科学家得出结论的假设?

(A)狗善于与人类合作,可以充当导盲犬、陪护犬、搜救犬、警犬等,就对人类的贡献而言,狗能做的似乎比猫多。

(B)狗可能继承了狼结群捕猎的特点,为了互相配合,它们需要做出一些复杂行为。

(C)动物大脑皮层神经细胞的数量与动物的聪明程度呈正相关。

(D)猫的脑神经细胞数量比狗少,是因为猫不像狗那样"爱交际"。

(E)棕熊的脑容量是金毛犬的3倍,但其脑神经细胞的数量却少于金毛犬,与猫很接近,而棕熊的脑容量却是猫的10倍。

30～31题基于以下题干:

某单位拟派遣3名德才兼备的干部到西部山区进行精准扶贫。报名者踊跃,经过考察,最终确定了陈甲、傅乙、赵丙、邓丁、刘戊、张己6名候选人。根据工作需要,派遣还需要满足以下条件:

(1)若派遣陈甲,则派遣邓丁但不派遣张己。

(2)若傅乙、赵丙至少派遣1人,则不派遣刘戊。

30. 以下哪项的派遣人选和上述条件不矛盾?

(A)赵丙、邓丁、刘戊。　　　　(B)陈甲、傅乙、赵丙。

(C)傅乙、邓丁、刘戊。　　　　　　(D)邓丁、刘戊、张己。

(E)陈甲、赵丙、刘戊。

31. 如果陈甲、刘戊至少派遣1人,则可以得出以下哪项?

(A)派遣刘戊。　　　　　　(B)派遣赵丙。

(C)派遣陈甲。　　　　　　(D)派遣傅乙。

(E)派遣邓丁。

32. 近年来,手机、电脑的使用导致工作与生活界限日益模糊,人们的平均睡眠时间一直在减少,熬夜已成为现代人生活的常态。科学研究表明,熬夜有损身体健康,睡眠不足不仅仅是多打几个哈欠那么简单。有科学家据此建议,人们应该遵守作息规律。

以下哪项如果为真,最能支持上述科学家所作的建议?

(A)长期睡眠不足会导致高血压、糖尿病、肥胖症、抑郁症等多种疾病,严重时还会造成意外伤害或死亡。

(B)缺乏睡眠会降低体内脂肪调节瘦素激素的水平,同时增加饥饿激素,容易导致暴饮暴食、体重增加。

(C)熬夜会让人的反应变慢、认知退步、思维能力下降,还会引发情绪失控,影响与他人的交流。

(D)所有的生命形式都需要休息与睡眠。在人类进化过程中,睡眠这个让人短暂失去自我意识、变得极其脆弱的过程并未被大自然淘汰。

(E)睡眠是身体的自然美容师,与那些睡眠充足的人相比,睡眠不足的人看上去面容憔悴、缺乏魅力。

33. 有一论证(相关语句用序号表示)如下:

①今天,我们仍然要提倡勤俭节约。

②节约可以增加社会保障资源。

③我国尚有不少地区的人民生活贫困,亟需更多社会保障资源,但也有一些人浪费严重。

④节约可以减少资源消耗。

⑤因为被浪费的任何粮食或者物品都是消耗一定的资源得来的。

如果用"甲→乙"表示甲支持(或证明)乙,则以下哪项对上述论证基本结构的表示最为准确?

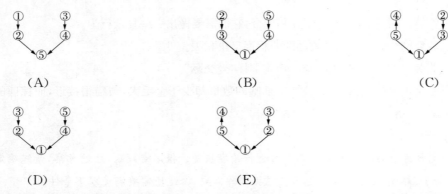

34. 研究人员使用脑电图技术研究了母亲给婴儿唱童谣时两人的大脑活动,发现当母亲与婴儿对视时,双方的脑电波趋于同步,此时婴儿也会发出更多的声音尝试与母亲沟通。他们据此认为,母亲与婴儿对视有助于婴儿的学习与交流。

以下哪项如果为真,最能支持上述研究人员的观点?

(A)在两个成年人交流时,如果他们的脑电波同步,交流就会更顺畅。
(B)当父母与孩子互动时,双方的情绪与心率可能也会同步。
(C)当部分学生对某学科感兴趣时,他们的脑电波会渐趋同步,学习效果也随之提升。
(D)当母亲与婴儿对视时,他们都在发出信号,表明自己可以且愿意与对方交流。
(E)脑电波趋于同步可优化双方的对话状态,使交流更加默契,增进彼此了解。

35. 本保险柜所有密码都是 4 个阿拉伯数字和 4 个英文字母的组合,已知:
(1)若 4 个英文字母不连续排列,则密码组合中的数字之和大于 15。
(2)若 4 个英文字母连续排列,则密码组合中的数字之和等于 15。
(3)密码组合中的数字之和或者等于 18,或者小于 15。
根据上述信息,以下哪项是可能的密码组合?
(A)1adbe356。 (B)37ab26dc。
(C)2acgf716。 (D)58bcde32。
(E)18ac42de。

36. 有一 6×6 的方阵,如图 6 所示,它所含的每个小方格中可填入一个汉字,已有部分汉字填入。
现要求该方阵中的每行每列均含有礼、乐、射、御、书、数 6 个汉字,不能重复也不能遗漏。

	乐		御	书	
				乐	
射	御	书		礼	
	射			数	礼
御		数			射
					书

图 6

根据上述要求,以下哪项是方阵底行 5 个空格中从左至右依次应填入的汉字?
(A)数、礼、乐、射、御。 (B)乐、数、御、射、礼。
(C)数、礼、乐、御、射。 (D)乐、礼、射、数、御。
(E)数、御、乐、射、礼。

37. 某市音乐节设立了流行、民谣、摇滚、民族、电音、说唱、爵士这 7 大类的奖项评选。在入围提名中,已知:
(1)至少有 6 类入围。
(2)流行、民谣、摇滚中至多有 2 类入围。
(3)如果摇滚和民族类都入围,则电音和说唱中至少有 1 类没有入围。
根据上述信息,可以得出以下哪项?
(A)流行类没有入围。 (B)民谣类没有入围。

(C)摇滚类没有入围。　　　　　　(D)爵士类没有入围。
(E)电音类没有入围。

38. 某大学有位女教师默默资助一偏远山区的贫困家庭长达15年。记者多方打听,发现做好事者是该大学传媒学院甲、乙、丙、丁、戊5位教师中的一位。在接受记者采访时,5位教师都很谦虚,他们是这么对记者说的:

甲:"这件事是乙做的。"

乙:"我没有做,是丙做了这件事。"

丙:"我并没有做这件事。"

丁:"我也没有做这件事,是甲做的。"

戊:"如果甲没有做,则丁也不会做。"

记者后来得知,上述5位教师中只有一人说的话符合真实情况。

根据以上信息,可以得出做这件好事的人是:
(A)甲。　　(B)乙。　　(C)丙。　　(D)丁。　　(E)戊。

39. 作为一名环保爱好者,赵博士提倡低碳生活,积极宣传节能减排。但我不赞同他的做法,因为作为一名大学老师,他这样做,占用了大量的科研时间,到现在连副教授都没评上,他的观点怎么能令人信服呢?

以下哪项论证中的错误和上述最为相似?

(A)张某提出要同工同酬,主张在质量相同的情况下,不分年龄、级别一律按件计酬。她这样说不就是因为她年轻、级别低吗? 其实她是在为自己谋利益。

(B)公司的绩效奖励制度是为了充分调动广大员工的积极性,它对所有员工都是公平的。如果有人对此有不同的意见,则说明他反对公平。

(C)最近听说你对单位的管理制度提了不少意见,这真令人难以置信! 单位领导对你差吗? 你这样做,分明是和单位领导过不去。

(D)单位任命李某担任信息科科长,听说你对此有意见。大家都没有提意见,只有你一个人有意见,看来你的意见是有问题的。

(E)有一种观点认为,只有直接看到的事物才能确信其存在。但是没有人可以看到质子、电子,而这些都被科学证明是客观存在的。所以,该观点是错误的。

40. 下面6张卡片,如图7所示,一面印的是汉字(动物或者花卉),一面印的是数字(奇数或者偶数)。

图7

对于上述6张卡片,如果要验证"每张至少有一面印的是偶数或者花卉",至少需要翻看几张卡片?
(A)2。　　(B)3。　　(C)4。　　(D)5。　　(E)6。

41. 某地人才市场招聘保洁、物业、网管、销售4种岗位的从业者,有甲、乙、丙、丁4位年轻人前来应聘。事后得知,每人只选择一种岗位应聘,且每种岗位都有其中一人应聘。另外,还知道:

(1)如果丁应聘网管,那么甲应聘物业。
(2)如果乙不应聘保洁,那么甲应聘保洁且丙应聘销售。
(3)如果乙应聘保洁,那么丙应聘销售,丁也应聘保洁。

根据以上陈述,可以得出以下哪项?
(A)甲应聘网管岗位。　　　　　(B)丙应聘保洁岗位。
(C)甲应聘物业岗位。　　　　　(D)乙应聘网管岗位。
(E)丁应聘销售岗位。

42. 旅游是一种独特的文化体验。游客可以跟团游,也可以自由行。自由行游客虽避免了跟团游的集体束缚,但也放弃了人工导游的全程讲解,而近年来他们了解旅游景点的文化需求却有增无减。为适应这一市场需求,基于手机平台的多款智能导游 App 被开发出来。它们可定位用户位置,自动提供景点讲解、游览问答等功能。有专家就此指出,未来智能导游必然会取代人工导游,传统的导游职业将消亡。

以下哪项如果为真,最能质疑上述专家的论断?
(A)至少有95%的国外景点所配备的导游讲解器没有中文语音,中国出境游客因为语言和文化上的差异,对智能导游 App 的需求比较强烈。
(B)旅行中才会使用的智能导游 App,如何保持用户黏性、未来又如何取得商业价值等都是待解问题。
(C)好的人工导游可以根据游客需求进行不同类型的讲解,不仅关注景点,还可表达观点,个性化很强,这是智能导游 App 难以企及的。
(D)目前发展较好的智能导游 App 用户量在百万级左右,这与当前中国旅游人数总量相比还只是一个很小的比例,市场还没有培养出用户的普遍消费习惯。
(E)国内景区配备的人工导游需要收费,大部分导游讲解的内容都是事先背好的标准化内容。但是,即便人工导游没有特色,其退出市场也需要一定的时间。

43. 甲:上周去医院,给我看病的医生竟然还在抽烟。
乙:所有抽烟的医生都不关心自己的健康,而不关心自己健康的人也不会关心他人的健康。
甲:是的,不关心他人健康的医生没有医德,我今后再也不会让没有医德的医生给我看病了。

根据上述信息,以下除了哪项,其余各项均可得出?
(A)甲认为他不会再找抽烟的医生看病。
(B)乙认为上周给甲看病的医生不会关心乙的健康。
(C)甲认为上周给他看病的医生不关心医生自己的健康。
(D)甲认为上周给他看病的医生不会关心甲的健康。
(E)乙认为上周给甲看病的医生没有医德。

44. 得道者多助,失道者寡助。寡助之至,亲戚畔之。多助之至,天下顺之。以天下之所顺,攻亲戚之所畔,故君子有不战,战必胜矣。

以下哪项是上述论证所隐含的前提?
(A)得道者多,则天下太平。　　　(B)君子是得道者。

(C)得道者必胜失道者。 (D)失道者必定得不到帮助。

(E)失道者亲戚畔之。

45. 如今,孩子写作业不仅仅是他们自己的事,大多数中小学生的家长都要面临陪孩子写作业的任务,包括给孩子听写、检查作业、签字等。据一项针对3 000余名家长进行的调查显示,84%的家长每天都会陪孩子写作业,而67%的受访家长会因陪孩子写作业而烦恼。有专家对此指出,家长陪孩子写作业,相当于充当学校老师的助理,让家庭成为课堂的延伸,会对孩子的成长产生不利影响。

以下哪项如果为真,最能支持上述专家的论断?

(A)家长是最好的老师,家长辅导孩子获得各种知识本来就是家庭教育的应有之义,对于中低年级的孩子,学习过程中的父母陪伴尤为重要。

(B)家长通常有自己的本职工作,有的晚上要加班,有的即使晚上回家也需要研究工作、操持家务,一般难有精力认真完成学校老师布置的"家长作业"。

(C)家长陪孩子写作业,会使得孩子在学习中缺乏独立性和主动性,整天处于老师和家长的双重压力下,既难生发学习兴趣,更难养成独立人格。

(D)大多数家长在孩子教育上并不是行家,他们或者早已遗忘了自己曾经学过的知识,或者根本不知道如何将自己拥有的知识传授给孩子。

(E)家长辅导孩子,不应围绕老师布置的作业,而应着重激发孩子的学习兴趣,培养孩子良好的学习习惯,让孩子在成长中感到新奇、快乐。

46. 我国天山是垂直地带性的典范,已知天山的植被形态分布具有如下特点:

(1)从低到高有荒漠、森林带、冰雪带等。

(2)只有经过山地草原,荒漠才能演变成森林带。

(3)如果不经过森林带,山地草原就不会过渡到山地草甸。

(4)山地草甸的海拔不比山地草甸草原的低,也不比高寒草甸高。

根据以上信息,关于天山植被形态,按照由低到高排列,以下哪项是不可能的?

(A)荒漠、山地草原、山地草甸草原、森林带、山地草甸、高寒草甸、冰雪带。

(B)荒漠、山地草原、山地草甸草原、高寒草甸、森林带、山地草甸、冰雪带。

(C)荒漠、山地草甸草原、山地草原、森林带、山地草甸、高寒草甸、冰雪带。

(D)荒漠、山地草原、山地草甸草原、森林带、山地草甸、冰雪带、高寒草甸。

(E)荒漠、山地草原、森林带、山地草甸草原、山地草甸、高寒草甸、冰雪带。

47. 某大学读书会开展"一月一书"活动。读书会成员甲、乙、丙、丁、戊5人在《论语》《史记》《唐诗三百首》《奥德赛》《资本论》中各选一种阅读,互不重复。已知:

(1)甲爱读历史,会在《史记》和《奥德赛》中选一本。

(2)乙和丁只爱中国古代经典,但现在都没有读诗的心情。

(3)如果乙选《论语》,则戊选《史记》。

事实上,每个人都选了自己喜爱的书目。

根据上述信息,可以得出以下哪项?

(A)甲选《史记》。 (B)乙选《奥德赛》。

(C)丙选《唐诗三百首》。　　　　(D)丁选《论语》。

(E)戊选《资本论》。

48. 如果一个人只为自己劳动,他也许能够成为著名学者、大哲人、卓越诗人,然而他永远不能成为完美无瑕的伟大人物。如果我们选择了最能为人类福利而劳动的职业,那么重担就不能把我们压倒,因为这是为大家而献身。那时我们所感到的就不是可怜的、有限的、自私的乐趣,我们的幸福将属于千百万人,我们的事业将默默地、但是永恒发挥作用地存在下去,而面对我们的骨灰,高尚的人们将洒下热泪。

根据以上陈述,可以得出以下哪项结论?

(A)如果一个人只为自己劳动,不是为大家而献身,那么重担就能将他压倒。

(B)如果我们为大家而献身,我们的幸福将属于千百万人,面对我们的骨灰,高尚的人们将洒下热泪。

(C)如果我们没有选择最能为人类福利而劳动的职业,我们所感到的就是可怜的、有限的、自私的乐趣。

(D)如果选择了最能为人类福利而劳动的职业,我们就不但能够成为著名学者、大哲人、卓越诗人,而且还能够成为完美无瑕的伟大人物。

(E)如果我们只为自己劳动,我们的事业就不会默默地、但是永恒发挥作用地存在下去。

49~50题基于以下题干:

某食堂采购4类(各种蔬菜名称的后一个字相同,即为一类)共12种蔬菜:芹菜、菠菜、韭菜、青椒、红椒、黄椒、黄瓜、冬瓜、丝瓜、扁豆、毛豆、豇豆,并根据若干条件将其分成3组,准备在早、中、晚三餐中分别使用。已知条件如下:

(1)同一类别的蔬菜不在一组。

(2)芹菜不能在黄椒那一组,冬瓜不能在扁豆那一组。

(3)毛豆必须与红椒或韭菜在同一组。

(4)黄椒必须与豇豆在同一组。

49. 根据以上信息,可以得出以下哪项?

(A)芹菜与豇豆不在同一组。　　(B)芹菜与毛豆不在同一组。

(C)菠菜与扁豆不在同一组。　　(D)冬瓜与青椒不在同一组。

(E)丝瓜与韭菜不在同一组。

50. 如果韭菜、青椒与黄瓜在同一组,则可得出以下哪项?

(A)芹菜、红椒与扁豆在同一组。　　(B)菠菜、黄椒与豇豆在同一组。

(C)韭菜、黄瓜与毛豆在同一组。　　(D)菠菜、冬瓜与豇豆在同一组。

(E)芹菜、红椒与丝瓜在同一组。

51. 《淮南子·齐俗训》中有曰:"今屠牛而烹其肉,或以为酸,或以为甘,煎熬燎炙,齐味万方,其本一牛之体。"其中的"熬"便是熬牛肉制汤的意思。这是考证牛肉汤做法的最早的文献资料。某民俗专家由此推测,牛肉汤的起源不会晚于春秋战国时期。

以下哪项如果为真,最能支持上述推测?

(A)《淮南子·齐俗训》完成于西汉时期。

(B)早在春秋战国时期,我国已经开始使用耕牛。

(C)《淮南子》的作者中有来自齐国故地的人。

(D)春秋战国时期我国已经有熬汤的鼎器。

(E)《淮南子·齐俗训》记述的是春秋战国时期齐国的风俗习惯。

52. 某研究机构以约 2 万名 65 岁以上的老人为对象,调查了笑的频率与健康状态的关系。结果显示,在不苟言笑的老人中,认为自身现在的健康状态"不怎么好"和"不好"的比例分别是几乎每天都笑的老人的 1.5 倍和 1.8 倍。爱笑的老人对自我健康状态的评价往往较高。他们由此认为,爱笑的老人更健康。

以下哪项如果为真,最能质疑上述调查者的观点?

(A)乐观的老人比悲观的老人更长寿。

(B)病痛的折磨使得部分老人对自我健康状态的评价不高。

(C)身体健康的老人中,女性爱笑的比例比男性高 10 个百分点。

(D)良好的家庭氛围使得老年人生活更乐观、身体更健康。

(E)老年人的自我健康评价往往和他们实际的健康状况之间存在一定的差距。

53. 阔叶树的降尘优势明显,吸附 PM2.5 的效果最好,一棵阔叶树一年的平均滞尘量达 3.16 公斤。针叶树叶面积小,吸附 PM2.5 的功效较弱。全年平均下来,阔叶林的吸尘效果要比针叶林强不少,阔叶树也比灌木和草的吸尘效果好得多。以北京常见的阔叶树国槐为例,成片的国槐林吸尘效果比同等面积普通草地约高 30%。有些人据此认为,为了降尘北京应大力推广阔叶树,并尽量减少针叶林面积。

以下哪项如果为真,最能削弱上述有关人员的观点?

(A)阔叶树与针叶树比例失调,不仅极易暴发病虫害、火灾等,还会影响林木的生长和健康。

(B)针叶树冬天虽然不落叶,但基本处于"休眠"状态,生物活性差。

(C)植树造林既要治理 PM2.5,也要治理其他污染物,需要合理布局。

(D)阔叶树冬天落叶,在寒冷的冬季,其养护成本远高于针叶树。

(E)建造通风走廊,能把城市和郊区的森林连接起来,让清新的空气吹入,降低城区的 PM2.5。

54~55 题基于以下题干:

某园艺公司打算在如下形状的花圃中栽种玫瑰、兰花和菊花三个品种的花卉。该花圃的形状如图 8 所示:

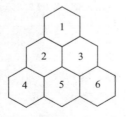

图 8

拟栽种的玫瑰有紫、红、白 3 种颜色,兰花有红、白、黄 3 种颜色,菊花有白、黄、蓝 3 种颜色。栽种需满足如下要求:

(1)每个六边形格子中仅栽种一个品种、一种颜色的花。
(2)每个品种只栽种两种颜色的花。
(3)相邻格子中的花,其品种与颜色均不相同。

54. 若格子5中是红色的花,则以下哪项是不可能的?
(A)格子2中是紫色的玫瑰。　　(B)格子1中是白色的兰花。
(C)格子1中是白色的菊花。　　(D)格子4中是白色的兰花。
(E)格子6中是蓝色的菊花。

55. 若格子5中是红色的玫瑰,且格子3中是黄色的花,则可以得出以下哪项?
(A)格子1中是紫色的玫瑰。　　(B)格子4中是白色的菊花。
(C)格子2中是白色的菊花。　　(D)格子4中是白色的兰花。
(E)格子6中是蓝色的菊花。

四、写作:第56~57小题,共65分。其中论证有效性分析30分,论说文35分。请答在答题纸相应的位置上。

56. 论证有效性分析:分析下述论证中存在的缺陷与漏洞,选择若干要点,写一篇600字左右的文章,对该论证的有效性进行分析和评论。(论证有效性分析的一般要点是:概念特别是核心概念的界定和使用是否准确并前后一致,有无各种明显的逻辑错误,论证的论据是否成立并支持结论,结论成立的条件是否充分等。)

　　有人认为选择越多越快乐,其理由是:人的选择越多就越自由,其自主性就越高,就越感到幸福和满足,所以就越快乐。其实,选择越多可能会越痛苦。

　　常言道:"知足常乐。"一个人知足了才会感到快乐,世界上的事物是无穷的,所以选择也是无穷的。所谓"选择越多越快乐",意味着只有无穷的选择才能使人感到最快乐。而追求无穷的选择就是不知足,不知足者就不会感到快乐,那就只会感到痛苦。

　　再说,在做出每一个选择时,首先需要我们对各个选项进行考察分析,然后再进行判断决策。选择越多,我们在考察分析选项时势必付出更多的精力,也就势必带来更多的烦恼和痛苦。事实也正是如此。我们在做考卷中的选择题时,选项越多选择起来就越麻烦,也就越感到痛苦。

　　还有,选择越多,选择时产生失误的概率就越高,由于选择失误而产生的后悔就越多,因而产生的痛苦也就越多。有人因为飞机晚点而后悔没选坐高铁,就是因为可选交通工具多样而造成的。如果没有高铁可选,就不会有这种后悔和痛苦。

　　退一步说,即使其选择没有绝对的对错之分,也肯定有优劣之分。人们做出某一选择后,可能会觉得自己的选择并非最优而产生懊悔,从这种意义上说,选择越多,懊悔的概率就越大,也就越痛苦。很多股民懊悔自己没有选好股票而未赚到更多的钱,从而痛苦不已,无疑是因为可选购的股票太多造成的。

57. 论说文:根据下述材料,写一篇700字左右的论说文,题目自拟。

　　知识的真理性只有经过检验才能得到证明。论辩是纠正错误的重要途径之一,不同观点的冲突会暴露错误而发现真理。

答案速查

一、问题求解

1～5　　(C)(B)(C)(D)(E)　　　　6～10　　(D)(D)(B)(E)(B)

11～15　(E)(D)(C)(D)(A)

二、条件充分性判断

16～20　(C)(D)(A)(C)(D)　　　　21～25　(B)(E)(C)(A)(A)

三、逻辑推理

26～30　(B)(C)(D)(C)(D)　　　　31～35　(E)(A)(D)(E)(B)

36～40　(A)(C)(D)(A)(B)　　　　41～45　(D)(C)(E)(B)(C)

46～50　(B)(D)(B)(A)(B)　　　　51～55　(E)(E)(A)(C)(D)

四、写作

略

答案详解

一、问题求解

1.（C）

【解析】母题97·工程问题

设工作效率需要提高 x，原工作效率为 $\frac{1}{10}$，根据题意，得

$$\frac{1}{10} \times 3 + \frac{1}{10} \times (1+x) \times 5 = 1,$$

解得 $x = 40\%$. 故应选 (C).

2.（B）

【解析】母题19·均值不等式

由题意知，在 $(0, +\infty)$ 内，$f(x) = 2x + \dfrac{a}{x^2} = x + x + \dfrac{a}{x^2} \geqslant 3\sqrt[3]{x \cdot x \cdot \dfrac{a}{x^2}} = 3\sqrt[3]{a}$.

故当 $x = x = \dfrac{a}{x^2}$ 时，$f(x)$ 取得最小值，即有

$$\begin{cases} x_0 = \dfrac{a}{x_0^2}, \\ f(x_0) = 3\sqrt[3]{a} = 12, \end{cases}$$

解得 $x_0 = 4$. 故应选 (B).

3.（C）

【解析】母题99·图像图表问题＋母题92·比例问题

观察图像,可知一季度男观众的总人数为 $5+4+3=12$（万人）,女观众的总人数为 $6+3+4=13$（万人）.

则一季度的男、女观众人数之比为 $12:13$.

4.（D）

【解析】母题13·绝对值方程和绝对值不等式

由题意知目的是求 a^2+b^2 的值,故 a,b 的大小关系不影响结果.

又由 $ab=6$ 知 a,b 同号.不妨设 $a>b>0$,则已知条件可转化为 $\begin{cases}ab=6,\\a+b+a-b=6,\end{cases}$ 解得 $a=3,b=2$,

满足所给条件,可得 $a^2+b^2=13$.故应选（D）.

【快速得分法】特殊值法,易观察可令 $a=3,b=2$.

5.（E）

【解析】母题68·对称问题

圆 $(x-5)^2+y^2=2$ 的圆心为 $(5,0)$,关于直线 $y=2x$ 的对称点设为 (x,y),则

$$\begin{cases}\dfrac{y}{2}=2\cdot\dfrac{x+5}{2},\\\dfrac{y}{x-5}=-\dfrac{1}{2},\end{cases}$$

解得 $\begin{cases}x=-3,\\y=4.\end{cases}$ 所以圆 C 的方程为 $(x+3)^2+(y-4)^2=2$.

6.（D）

【解析】母题90·简单算术应用题（植树问题）

设正方形的边长为 x,则

若每隔3米种一棵树,则每条边种 $\dfrac{x}{3}+1$ 棵树,但四角有重合,故共 $4\left(\dfrac{x}{3}+1\right)-4$ 棵树.

若每隔2米种一棵树,则每条边种 $\dfrac{x}{2}+1$ 棵树,但两角有重合,故共 $\left(\dfrac{x}{2}+1\right)\cdot 3-2$ 棵树.

设树苗共有 y 棵,则有

$$\begin{cases}4\left(\dfrac{x}{3}+1\right)-4=y-10,\\\left(\dfrac{x}{2}+1\right)\cdot 3-2=y,\end{cases}$$

解得 $x=54,y=82$.

7.（D）

【解析】母题82·古典概型

方法一:采用穷举法.

当甲抽取卡片1时,乙有 $C_5^2=10$（种）选法；

当甲抽取卡片 2 时,乙有 $C_5^2=10$(种)选法;

当甲抽取卡片 3 时,乙有 9 种选法;

当甲抽取卡片 4 时,乙有 8 种选法;

当甲抽取卡片 5 时,乙有 6 种选法;

当甲抽取卡片 6 时,乙有 4 种选法.

以上合计 47 种选法.

总的事件数为 $C_6^1 C_5^2=60$(种),故所求概率为 $\dfrac{47}{60}$.

方法二:求对立事件.

事件总数为 $C_6^1 \cdot C_5^2=60$(种).

如果甲抽取卡片 6,则乙的卡片数字之和小于等于甲的情况有 (5,1),(4,2),(4,1),(3,2),(3,1),(1,2),共 6 种;

如果甲抽取卡片 5,则乙的卡片数字之和小于等于甲的情况有 (4,1),(3,2),(3,1),(1,2),共 4 种;

如果甲抽取卡片 4,则乙的卡片数字之和小于等于甲的情况有 (3,1),(1,2),共 2 种;

如果甲抽取卡片 3,则乙的卡片数字之和小于等于甲的情况有 (1,2),共 1 种.

故所求概率 $=1-\dfrac{6+4+2+1}{60}=\dfrac{47}{60}$,故选(D).

8. (B)

【解析】母题 99·图像图表问题+母题 18·平均值与方差

$E_1=\dfrac{90+92+94+88+86+95+87+89+91+93}{10}=90.5$;

$E_2=\dfrac{94+88+96+93+90+85+84+80+82+98}{10}=89$.

显然 $E_1>E_2$,通过观察可知语文成绩的离散程度小于数学成绩,故有 $\sigma_1<\sigma_2$.

或者通过计算方差也可得出答案.

$\sigma_1^2=\dfrac{1}{10}\times[(90-90.5)^2+(92-90.5)^2+(94-90.5)^2+(89-90.5)^2+(91-90.5)^2+$
$(93-90.5)^2+(88-90.5)^2+(86-90.5)^2+(95-90.5)^2+(87-90.5)^2]$

$=\dfrac{1}{10}\times(0.5^2+1.5^2+3.5^2+1.5^2+0.5^2+2.5^2+2.5^2+4.5^2+4.5^2+3.5^2)=8.25$.

$\sigma_2^2=\dfrac{1}{10}\times[(94-89)^2+(88-89)^2+(96-89)^2+(93-89)^2+(90-89)^2+(85-89)^2+$
$(84-89)^2+(80-89)^2+(82-89)^2+(98-89)^2]$

$=\dfrac{1}{10}\times(5^2+1^2+7^2+4^2+1^2+4^2+5^2+9^2+7^2+9^2)=34.4$.

故选(B).

9. (E)

【解析】母题 59·空间几何体问题

方法一:如图 9 所示,当正方体上面 4 个点和半球体表面相接时,正方体表面积最大.设正方体的边长为 a,球体半径为 R,可知 $\sqrt{a^2+a^2+(2a)^2}=6$,解得表面积为 $6a^2=36$.

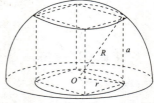

图 9

方法二:将此上半球对称成下半球,补成完整的球体,则有边长为 $a,a,2a$ 的长方体与球相接,则长方体的体对角线等于球体直径,即 $\sqrt{a^2+a^2+(2a)^2}=2R=6$,解得表面积为 $6a^2=36$.

10.（B）

【解析】母题 56 · 三角形的心及其他基本问题

方法一:如图 10 所示,过 A 点作直线 $AE\perp BC$.

设 $|DE|=x$,则由题意知 $|BE|=4-x$,$|CE|=4+x$.

在 △ABE 中用勾股定理,有 $|AE|^2=|AB|^2-|BE|^2=4^2-(4-x)^2$.

在 △ACE 中用勾股定理,有 $|AE|^2=|AC|^2-|CE|^2=6^2-(4+x)^2$.

联立两式,得 $x=\dfrac{5}{4}$.

在 △ADE 中用勾股定理,有
$$|AD|^2=|AE|^2+|DE|^2=6^2-(4+x)^2+x^2=10.$$

故有 $|AD|=\sqrt{10}$,选（B）.

方法二:余弦定理.

根据余弦定理,可知 $\cos B=\dfrac{a^2+c^2-b^2}{2ac}$.

对 △ABC 和 △ABD 分别使用余弦定理可得
$$\dfrac{4^2+8^2-6^2}{2\times 4\times 8}=\dfrac{4^2+4^2-|AD|^2}{2\times 4\times 4},$$

解得 $|AD|=\sqrt{10}$.

11.（E）

【解析】母题 97 · 工程问题

设甲单独 x 天完成,每天的费用为 m,乙单独 y 天完成,每天的费用为 n,则
$$\begin{cases}\dfrac{1}{x}+\dfrac{1}{y}=\dfrac{1}{6},\\ \dfrac{4}{x}+\dfrac{9}{y}=1,\end{cases}$$ 解得 $x=10$,$y=15$.

$$\begin{cases}6(m+n)=2.4,\\ 4m+9n=2.35,\end{cases}$$ 解得 $m=0.25$,$n=0.15$.

故由甲公司单独完成该项目,工时费为 $10\times 0.25=2.5$（万元）,选（E）.

12.（D）

【解析】母题 59 · 空间几何体问题

由题意可知此六边形为正六边形,边长为 $\sqrt{2}$.

如图 11 所示,该正六边形会形成 6 个边长为 $\sqrt{2}$ 的等边三角形.

等边三角形面积为 $S=\dfrac{\sqrt{3}}{4}a^2=\dfrac{\sqrt{3}}{4}\times(\sqrt{2})^2=\dfrac{\sqrt{3}}{2}$.

故六边形的面积为 $6\times\dfrac{\sqrt{3}}{2}=3\sqrt{3}$,选（D）.

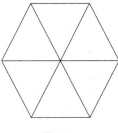

图 11

13. (C)

【解析】 母题 99·图像图表问题 ＋ 母题 98·行程问题

因为 $S=vt$，则行驶的路程恰好为题干中梯形的面积. 将右边的三角形补到左边,形成一个矩形,矩形面积 $S=v_0 t=v_0 \times 0.8=72$，故 $v_0=90$，选(C).

14. (D)

【解析】 母题 71·排列组合的基本问题

由题意知,从中选派来自不同学科的 2 人参加支教工作.

首先确定所选不同学科的方式有 $C_5^2=10$(种);

再确定教师的排序方式有 $C_2^1 C_2^1=4$(种);

故不同的选派方式有 $C_5^2 C_2^1 C_2^1=10 \times 4=40$(种). 所以选(D).

15. (A)

【解析】 母题 54·递推公式问题

方法一:归纳法.

令 $n=1, a_2-2a_1=1$，则 $a_2=1$.

令 $n=2, a_3-2a_2=1$，则 $a_3=3$.

同理 $a_4=7$,可猜想 $a_n=2^{n-1}-1$.

故 $a_{100}=2^{99}-1$，选(A).

方法二:设 t 凑等比法.

$a_{n+1}-2a_n=1$，即 $a_{n+1}=2a_n+1$①.

令 $a_{n+1}+t=2(a_n+t)$②,整理,得 $a_{n+1}=2a_n+t$③,①、②、③式等价.

由①、③式等价得 $t=1$,代入②式,得 $a_{n+1}+1=2(a_n+1)$，即 $\dfrac{a_{n+1}+1}{a_n+1}=2$.

令 $b_n=a_n+1$，则 $b_1=a_1+1=1, \dfrac{b_{n+1}}{b_n}=2$，故 $\{b_n\}$ 是首项为 1、公比为 2 的等比数列.

$b_n=b_1 \cdot q^{n-1}=2^{n-1}$，则 $a_n=b_n-1=2^{n-1}-1$，故 $a_{100}=2^{99}-1$. 所以选(A).

二、条件充分性判断

16. (C)

【解析】 母题 47·等比数列的基本问题

不妨设甲、乙、丙分别拥有图书 a, b, c 本,甲购入 2 本图书后,甲、乙、丙分别拥有图书 $a+2, b, c$ 本,且三者呈等比数列.

两个条件单独显然不充分,故联立条件(1)和条件(2),由于 a, b, c 是不大于 10 的自然数,穷举可知,这个等比数列有如下可能:

①常数列:已知 b, c 的值,显然能确定甲的图书数量,充分.

②非常数列:$1,2,4; 2,4,8; 1,3,9; 3,6,12; 4,6,9$.

其中,当数列为 $1,3,9; 3,6,12; 4,6,9$ 时,确定任意两个数,另外一个自然能确定.

当 b, c 分别为 $2,4$ 时, $a+2$ 有两种可能:1 或 8,但 $a+2=1$ 排除,故只能是 8.

因此,无论哪一种可能,均可以由 b, c 的值确定 a 的值,故联立起来充分.

17.（D）

【解析】母题87·独立事件的概率＋母题19·均值不等式

此人不获奖的概率＝$(1-p)(1-q)=1-p-q+pq$.

故获奖概率＝$1-(1-p)(1-q)=1-(1-p-q+pq)=p+q-pq$.

条件(1)：$\frac{p+q}{2} \geq \sqrt{pq}$，故 $pq \leq \left(\frac{p+q}{2}\right)^2 = \frac{1}{4}$，故 $p+q-pq \geq \frac{3}{4}$，条件(1)充分.

条件(2)：$p+q \geq 2\sqrt{pq}=1$，故 $p+q-pq \geq \frac{3}{4}$，条件(2)充分.

故选(D).

18.（A）

【解析】母题63·直线与圆的位置关系

方法一：由题意知，直线 $y=kx$ 与圆 $x^2+y^2-4x+3=0$ 有两个交点.

联立直线和圆的方程，有 $(1+k^2)x^2-4x+3=0$，方程有两个不同的解，则有

$$\Delta=(-4)^2-4 \cdot 3(1+k^2)>0 \Rightarrow -\frac{\sqrt{3}}{3}<k<\frac{\sqrt{3}}{3}.$$

方法二：圆的方程等价于 $(x-2)^2+y^2=1$，故圆心为 $(2,0)$，半径为 1.

直线与圆相交，故圆心到直线距离小于半径，得

$$\frac{|2k-0|}{\sqrt{k^2+1^2}}<1,$$

解得 $-\frac{\sqrt{3}}{3}<k<\frac{\sqrt{3}}{3}$.

故条件(1)充分，条件(2)不充分. 所以选(A).

19.（C）

【解析】母题6·整数不定方程

两个条件单独显然不充分，联立之.

设小明的年龄为 m^2，则 $20+m^2=n^2$，解得 $(n+m)(n-m)=20=5 \times 4=10 \times 2=20 \times 1$.

穷举可知，只有当 $(n+m)(n-m)=10 \times 2$ 时成立，此时 $n+m=10, n-m=2$.

解得 $m=4, n=6$. 故小明的年龄为 $4^2=16$，两条件联立充分，故选(C).

20.（D）

【解析】母题35·根的判别式问题

由题意，$\Delta=a^2-4(b-1)=a^2-4b+4$.

条件(1)：$a=-b$，则 $\Delta=a^2-4b+4=a^2+4a+4=(a+2)^2 \geq 0$，有实根，故条件(1)充分.

条件(2)：$a=b$，则 $\Delta=a^2-4b+4=a^2-4a+4=(a-2)^2 \geq 0$，有实根，故条件(2)充分.

故选(D).

21.（B）

【解析】母题57·平面几何五大模型

条件(1)：由 O 为 BC 的三等分点，Q 的位置不定，无法确定 $\triangle PQD$ 的面积，故条件(1)不充分.

条件(2)：无论 O 点位置在哪里，$S_{\triangle AOD}=\dfrac{1}{2}S_{\text{正方形}ABCD}$；又由于 P 为 AO 的中点，Q 为 DO 的三等分点，故 $S_{\triangle POD}=\dfrac{1}{2}S_{\triangle AOD}$，$S_{\triangle PQD}=\dfrac{1}{3}S_{\triangle POD}$，即 $S_{\triangle PQD}=\dfrac{1}{6}S_{\triangle AOD}=\dfrac{1}{12}S_{\text{正方形}ABCD}$，条件(2)充分.

22. (E)

【解析】母题2·带余除法问题

使用特殊值法.

两个条件单独显然不充分，联立两个条件，可令余数均为0，则 n 为 6 的倍数.

令 $n=6$，除以 5 的余数为 1；令 $n=12$，除以 5 的余数为 2，显然余数不确定.故选(E).

23. (C)

【解析】母题91·平均值问题

两个条件单独显然不充分，联立之.

数学系增加：$60\times 3=180$(分)；

生物系减少：$60\times 2=120$(分)；

化学系增加：$90\times 1=90$(分)；

地学系减少：$30\times 4=120$(分)；

故总分增加：$180-120+90-120=30$(分)，所以平均值增加了，故选(C).

24. (A)

【解析】母题69·解析几何中的最值问题

$kx-y+8-6k=0$，可整理为 $k(x-6)-(y-8)=0$，是恒过点 $A(6,8)$ 的直线系，而直线 $x-6y+42=0$ 也过点 $A(6,8)$.

$\lg(x^2+y^2)\leqslant 2$，即 $x^2+y^2\leqslant 100$，以原点为圆心，以 10 为半径作圆，易知，圆也过 A 点. 画图像如图 12 所示：

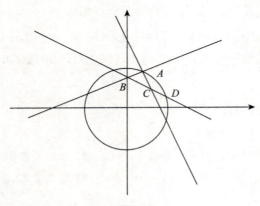

图 12

由 $x^2+y^2\leqslant 100$，可知 $\sqrt{(x-0)^2+(y-0)^2}\leqslant 10$，即圆心到三角形区域内任意一点的距离要小于等于 10. 故，当直线 $AC(kx-y+8-6k=0)$ 经过直线 $BC(x+8y-56=0)$ 与圆的交点 D 时，取到极值.

联立 $\begin{cases} x+8y-56=0, \\ x^2+y^2=100, \end{cases}$ 解得 $x=8, y=6$.

此时,斜率为 $k=\dfrac{8-6}{6-8}=-1$,故斜率的范围为 $k\in(-\infty,-1]$.

故条件(1)充分,条件(2)不充分.

25. (A)

【解析】母题51·等差数列与等比数列的判定

条件(1):$a_n=S_n-S_{n-1}=n^2+2n-(n-1)^2-2(n-1)=2n+1$,得 $a_{n+1}-a_n=2$,又 $a_1=S_1=3$,故条件(1)充分.

条件(2):$a_n=S_n-S_{n-1}=n^2+2n+1-(n-1)^2-2(n-1)-1=2n+1$,得 $a_1=3$,又 $S_1=1^2+2\times 1+1=4\neq 3=a_1$,故条件(2)不充分.

【快速得分法】等差数列的 S_n 形如一个没有常数项的一元二次函数,故条件(1)充分,条件(2)不充分,故选(A).

三、逻辑推理

26. (B)

【解析】母题5·箭头的串联

题干有以下信息:

①低质量产能→过剩,等价于:¬过剩→¬低质量产能。

②顺应市场需求不断更新换代的产能→¬过剩。

②、①串联得:顺应市场需求不断更新换代的产能→¬过剩→¬低质量产能。

故(B)项正确。

27. (C)

【解析】母题19·论证型支持题

题干:在许多画面中,人们手持长矛,追逐着前方的猎物 $\xrightarrow{\text{证明}}$ 3万年前的人类已经居于食物链的顶端。

(A)项,如果此项为真,能够说明人类确实可以捕杀一些动物,但无法确定人类是否居于食物链的顶端,支持力度弱。

(B)项,削弱了人类居于食物链顶端的结论。

(C)项,说明使用工具使得人类可以猎杀动物,而不会被动物猎杀,恰当地说明了人类居于食物链的顶端,支持力度大。

(D)、(E)项,无关选项。

28. (D)

【解析】母题40·复杂匹配与综合推理

由题干条件(1)逆否可得:不爱辛弃疾→不爱王维,又已知李诗不爱好辛弃疾的词,故李诗不爱好王维的诗。

由题干条件(3)逆否可得:不爱苏轼→不爱杜甫,又已知李诗不爱好苏轼的词,故李诗不爱好杜甫的诗。

由"每人喜爱的唐诗作者不与自己同姓",可知李诗不喜爱同姓诗人,即李诗不喜爱李白,故李诗喜爱刘禹锡。

又由题干条件(2)可得,李诗爱好岳飞的词,即(D)项正确。

29.(C)

【解析】母题22·论证型假设题

题干:猫的大脑皮层神经细胞的数量只有普通金毛犬的一半 $\xrightarrow{证明}$ 狗比猫更聪明。

为使论证成立,必须假设大脑皮层神经细胞的数量和聪明程度相关(搭桥法),故(C)项正确。其余各项均不必假设。

30.(D)

【解析】母题40·复杂匹配与综合推理

选项代入法,与题干信息有矛盾的选项可直接排除。

(A)项,由条件(2)可得,有赵丙不可有刘戊,排除。

(B)项,由条件(1)可得,有陈甲必有邓丁,排除。

(C)项,由条件(2)可得,有傅乙不可有刘戊,排除。

(E)项,由条件(2)逆否得,有刘戊不可有赵丙,排除。

故(D)项正确。

31.(E)

【解析】母题40·复杂匹配与综合推理(二难推理)

如果派遣陈甲,由条件(1)知:陈甲→邓丁∧¬张己,故派遣邓丁。

如果不派遣陈甲,则派遣刘戊,由条件(2)逆否可知:刘戊→¬傅乙∧¬赵丙,且剩余陈甲、邓丁、张己三人必定有两人入选。由于不派遣陈甲,则派遣邓丁和张己。

综上,一定派遣邓丁,即(E)项正确。

32.(A)

【解析】母题19·论证型支持题

题干:熬夜有损身体健康 $\xrightarrow{证明}$ 人们应该遵守作息规律。

(A)项,提出新论据,说明熬夜确实影响身体健康,支持力度大。

其余各项都说明了睡眠的重要性或者熬夜的坏处,但与健康不直接相关,故支持力度小。

33.(D)

【解析】母题31·评论逻辑技法

由题干易知,中心论点是①,而②和④是分论点。

②的论据应该和社会保障相关,故论据应该为③。

④的论据应该和资源消耗有关,故论据应该为⑤。

故(D)项正确。

34.(E)

【解析】母题19·论证型支持题

题干:母亲与婴儿对视时,双方的脑电波趋于同步且婴儿发声尝试交流 $\xrightarrow{证明}$ 母亲与婴儿对视有助于婴儿的学习与交流。

搭桥法:建立起脑电波和婴儿的学习与交流之间的关系,故(E)项正确。

(A)、(B)、(C)项显然为无关选项。

(D)项,无法确定此项中的"信号"是否与脑电波相关,故不能支持题干。

35.(B)

【解析】母题 7·二难推理

方法一:选项排除法。

题目中都是不确定性条件,代入选项排除即可。

(A)项,4个英文字母连续排列,数字之和等于 15,与条件(3)矛盾,排除。

(B)项,4个英文字母不连续排列,且数字之和等于 18,符合题干条件。

(C)项,4个英文字母连续排列,但数字之和不等于 15,与条件(2)矛盾,排除。

(D)项,4个英文字母连续排列,但数字之和不等于 15,与条件(2)矛盾,排除。

(E)项,4个英文字母不连续排列,但数字之和不大于 15,与条件(1)矛盾,排除。

方法二:二难推理。

根据二难推理,由条件(1)、(2)可知,密码组合中的数字之和大于 15 或者等于 15。

再结合条件(3)可得:密码组合中的数字之和等于 18。

再由条件(2)逆否可得:4个英文字母不连续排列。

故(B)项正确。

36.(A)

【解析】母题 40·复杂匹配与综合推理

方法一:快速得分法(排除法)。

由第 3 行,只余"数"和"乐",由第 2 行中的"乐"可知,第三行只能如图 13 所示:

	乐		御	书	
				乐	
射	御	书	数	礼	乐
		射		数	礼
御		数			射
					书

图 13

然后用选项排除法:

(B)项,"礼"与第三行重复,排除。

(C)项,"御"与第一行重复,排除。

(D)项,"数"与第三行重复,排除。

(E)项,"御"和"礼"均与第三行重复,排除。

故(A)项正确。

方法二:正面推理法。说明:(a,b)代表第 a 行第 b 列的汉字。如图 14 所示:

礼	乐	射	御	书	数
书	数	礼	乐		御
射	御	书	数	礼	乐
乐	射	御	书	数	礼
御	书	数			射
数	礼	乐	射	御	书

图 14

很显然,(3,4)为"数"→(3,6)为"乐"→(2,6)为"御"→(1,6)为"数"→(1,3)为"射"→(1,1)为"礼"→(4,1)为"乐"→(2,1)为"书"→(6,1)为"数"→(5,2)为"书"→(6,2)为"礼"→(2,3)为"礼"→(4,3)为"御"→(6,3)为"乐"→(4,4)为"书"→(6,4)为"射"→(6,5)为"御"。即可判断(A)项正确。

37.（C）

【解析】母题 40·复杂匹配与综合推理（选人问题）

根据条件(1)、(2)可得:(4)民族、电音、说唱、爵士入围。

条件(3)逆否得:电音和说唱都入围→摇滚和民族至少有 1 类没有入围。

结合条件(4)可知,摇滚类没有入围,故(C)项正确。

38.（D）

【解析】母题 8·复言命题的真假话问题

题干有以下信息:

(1)乙。

(2)¬乙∧丙。

(3)¬丙。

(4)¬丁∧甲。

(5)¬甲→¬丁,等价于:甲∨¬丁。

假设丙资助,则题干信息(2)和(5)均正确,与题干"5 位教师中只有一人说的话符合真实情况"矛盾,所以丙没有资助,即¬丙。

因此,题干信息(3)为真,其余判断均为假。

由题干信息(5)为假,可知:¬甲∧丁,故做好事的人是丁。

39.（A）

【解析】母题 35·论证逻辑型结构相似题

题干:赵博士占用大量的科研时间,连副教授都没有评上,因此,他的节能减排的观点不可信。

题干所犯的逻辑谬误为"诉诸人身",即赵博士连副教授都不是,因此,他的观点不可信。

(A)项,张某太年轻,因此,张某的观点不可信。故此项也犯了 诉诸人身 的逻辑谬误,与题干相同。

(B)项,绩效奖励制度→公平,反对绩效奖励制度→反对公平,属于 形式逻辑错误 。

(C)项,诉诸情感。

(D)项,诉诸众人。

(E)项,质子、电子:存在∧¬看到,与"存在→看到"矛盾,可以证明"只有直接看到的事物才能确信其存在"的观点是错误的。因此,此项论证正确。

40. (B)

【解析】母题 2·并且、或者、要么及德摩根定律

题干:偶数∨花卉。

其矛盾命题为:非偶数∧非花卉,即,奇数∧动物。

因此,需要验证"虎""7""鹰",即 3 张卡片。

41. (D)

【解析】母题 40·复杂匹配与综合推理

由条件(3)可得,如果乙应聘保洁,那么丁也应聘保洁。那么一定有一种岗位无人应聘,与题干"每种岗位都有其中一人应聘"矛盾,所以乙不应聘保洁。

再由条件(2)可得,甲应聘保洁且丙应聘销售。

由条件(1)逆否可得:甲不应聘物业,得,丁不应聘网管。所以乙应聘网管,丁应聘物业。

故(D)项正确。

42. (C)

【解析】母题 15·论证型削弱题

题干:智能导游 App 可定位用户位置,自动提供景点讲解等功能 —证明→ 未来智能导游必然会取代人工导游,传统的导游职业将消亡。

(A)项,提供论据,支持智能导游 App。

(B)项,无关选项,题干的论证与"用户黏性""商业价值"等无关。

(C)项,提出反面论据,直接指出了智能导游 App 无法代替人工导游,最能削弱题干。

(D)项,此项是"目前"的情况,而题干论证的是"未来"的情况,无关选项。

(E)项,说明人工导游的讲解是标准化的,是可以被智能导游 App 取代的,只是退出市场需要时间而已,支持在"未来"智能导游会取代人工导游。

43. (E)

【解析】母题 28·一般推论题

题干:

(1)甲:上周给我看病的医生在抽烟。

(2)乙:抽烟的医生→不关心自己的健康→不关心他人的健康。

(3)甲:是的。不关心他人的健康→没有医德→不会找他看病。

(A)项,由题干条件(3)可知,为真。

(B)项,由题干条件(2)可知,为真。

(C)、(D)项,由题干条件(2)、(3)可知,为真。

(E)项,没有医德的观点是甲提出的,乙对此并未涉及,故可真可假。

44. (B)

【解析】母题11·隐含三段论

题干中的论据:

(1)得道者→多助→天下顺之。

(2)失道者→寡助→亲戚畔之。

(3)以天下之所顺,攻亲戚之所畔→必胜。

即:得道者→多助→天下顺之→必胜。

题干中的结论:君子战必胜。

故需补充:君子→得道者,即(B)项正确。

45. (C)

【解析】母题19·论证型支持题

题干:家长陪孩子写作业,会对孩子的成长产生不利影响。

(A)项,说明家长陪孩子写作业有好处,削弱题干。

(B)项,无关选项,此项与家长陪孩子写作业是否会对孩子产生不利影响无关。

(C)项,补充论据,说明家长陪孩子写作业确实带来了不利影响,支持题干。

(D)项,只能说明家长辅导孩子有困难,但不涉及这种辅导是否会对孩子产生不利影响。

(E)项,给家长辅导孩子提出了建议,但不涉及这种辅导是否会对孩子产生不利影响。

46. (B)

【解析】母题36·排序题

题干:

(1)荒漠<森林带<冰雪带。

(2)荒漠<山地草原<森林带。

(3)山地草原<森林带<山地草甸。

(4)山地草甸草原≤山地草甸≤高寒草甸。

即:荒漠<山地草原<森林带<冰雪带;山地草甸草原≤山地草甸≤高寒草甸。

由题干条件(4)可知,山地草甸在山地草甸草原和高寒草甸之间,故(B)项不可能。

其余各项均与题干条件不矛盾,可能为真。

47. (D)

【解析】母题40·复杂匹配与综合推理

由条件(2)可得:(4)乙和丁只能选择《史记》和《论语》。

结合条件(1)可知,甲只能选《奥德赛》。

由条件(3)可知,若乙选《论语》,则戊选《史记》,与(4)矛盾。

所以,乙选《史记》,丁选《论语》。

故(D)项正确。

48. (B)

【解析】母题28·一般推论题

题干：

(1)只为自己劳动→永远不能成为伟大人物。

(2)为人类福利劳动(为大家而献身)→重担不能把我们压倒∧感到的不是可怜的、有限的、自私的乐趣∧幸福属于千百万人∧我们的事业将默默地、但是永恒发挥作用地存在下去∧面对我们的骨灰,高尚的人们将洒下热泪。

显然,(B)项正确。

49. (A)

【解析】母题40·复杂匹配与综合推理

根据题干条件(2)可知,芹菜不能在黄椒那一组,又由题干条件(4)可知,黄椒必须与豇豆在同一组。故芹菜不能和豇豆在同一组,故(A)项正确。

50. (B)

【解析】母题40·复杂匹配与综合推理

由题干可知,4类12种蔬菜,分为3组,同一类别的蔬菜不能在同一个组。所以每一组都包括一种菜、一种瓜、一种豆、一种椒。

又已知韭菜、青椒与黄瓜在同一组,根据条件(2)可知,芹菜不能在黄椒那一组,故芹菜只能和红椒在同一组,故黄椒和菠菜在同一组。又根据条件(4)可知,黄椒、豇豆和菠菜在同一组。故(B)项正确。

51. (E)

【解析】母题19·论证型支持题

题干:《淮南子·齐俗训》是考证牛肉汤做法的最早的文献资料 —证明→ 牛肉汤的起源不会晚于春秋战国时期。

(E)项,搭桥法,建立"《淮南子·齐俗训》"和"春秋战国时期"之间的关系,支持题干。

(A)项,削弱题干。

其余各项均为无关选项。

52. (E)

【解析】母题15·论证型削弱题

题干:爱笑的老人"对自我健康状态的评价往往较高" —证明→ 爱笑的老人"更健康"。

(A)项,无关选项,题干未涉及"乐观的老人"和"悲观的老人"哪个更长寿的比较。

(B)项,不能削弱,"部分"老人的情况难以代表"整体"的状况。

(C)项,无关选项,题干不涉及男性和女性的比较。

(D)项,良好的家庭氛围作为原因,使得老年人乐观(爱笑)而且健康,共因削弱。但和题干中的"对自我健康状态的评价往往较高"这一调查无关,因此削弱力度弱。

(E)项,直接切断题干中的论据"对自我健康状态的评价往往较高"与"更健康"之间的联系,削弱力度大。

53. (A)

【解析】 母题17·措施目的型削弱题

题干:全年平均下来,阔叶林的吸尘效果要比针叶林强不少,阔叶树也比灌木和草的吸尘效果好得多 —导致→ 大力推广阔叶树,并尽量减少针叶林面积 —以求→ 降尘。

(A)项,措施有恶果,大力推广阔叶树,并尽量减少针叶林面积,极易暴发病虫害、火灾等,还会影响林木的生长和健康。

(B)项,支持题干,说明针叶林有弱点。

(C)项,无关选项。

(D)项,措施有恶果,阔叶树的养护成本高,但是如果成本高,可以达到预期的降尘效果,也是可行的,削弱力度不如(A)项。

(E)项,有其他方式可以降尘,不能削弱大力推广阔叶树也可以起到降尘的作用。

54. (C)

【解析】 母题40·复杂匹配与综合推理

由题干可知,总共有3个品种,根据题干条件(3)"相邻格子中的花,其品种与颜色均不相同"可知,格子1、2、3相互之间均不是同一品种。同理,格子5、2、3相互之间也不是同一品种,故格子1和格子5是同一品种。

又因为格子5中是红色的花,又已知题干中红色的花的品种只有玫瑰和兰花,故格子1中也必然是玫瑰或者兰花,不可能是菊花。因此,(C)项正确。

55. (D)

【解析】 母题40·复杂匹配与综合推理

由题干条件(3)知,格子2、3、5相互之间均不是同一品种。同理,格子2、4、5相互之间也不是同一品种,故格子3、4是同一品种。同理,格子1、5是同一个品种,格子2、6也是同一个品种。

由"格子5中是红色的玫瑰",又由题干条件(3)知:"2、3、4、6是两个兰花及两个菊花"且不能是红色的。因此出现兰花的只能是白色或黄色。兰花的位置只能是2、6或者3、4两种情况。

若兰花出现在2、6,其中黄色的兰花与"格子3中是黄色的花"和题干条件(3)矛盾,故兰花只能是种在格子3、格子4中。

故格子3种黄色兰花,格子4种白色兰花。因此,(D)项正确。

四、写作

56. 论证有效性分析

【谬误分析】

①"世界上的事物是无穷的",并不意味着"选择也是无穷的"。因为事物是客观存在的,而选择则受多种条件的制约。因此,选择再多也是有限的,人们不可能追求"无穷的选择",也就无所谓"不知足"。

②由"知足常乐"无法推出"不知足者就不会感到快乐"而"只会感到痛苦"。

③选择多,虽然会在判断决策时带来额外的负担,但同时也意味着我们有可能做出更好的决策,从而获取更大的收益。因此,认为选择多就"势必带来更多的烦恼和痛苦"并不妥当。

④由考卷中的"选择题"类比生活中的决策,存在不当类比之嫌。考卷中选择题带给我们的痛

苦,多数不是因为选项太多而是因为题目不会。

⑤"选择越多,选择时产生失误的概率就越高"并不妥当,二者未必存在正比关系。人的很多选择可能都是合适的选择,而且,也许正是因为选择多,我们才能做出更好的决策方案。

⑥"有人因为飞机晚点而后悔没选坐高铁",这一痛苦的真正原因是"飞机晚点",而不是"选择多",此处存在归因谬误。"如果没有高铁可选,就不会有这种后悔和痛苦"也不成立,因为如果没有高铁可选,"飞机晚点"的痛苦依然存在。

⑦"很多股民懊悔自己没有选好股票而未赚到更多的钱"与"可选购的股票太多"没有直接的因果关系。股民懊悔的原因还可能是买入、卖出的时机不对。

(说明:以上谬误分析引用和改编自教育部考试中心《管理类专业学位联考综合能力考试大纲》给出的参考答案。)

 参考范文

选择越多越痛苦吗?

材料认为"选择越多可能会越痛苦",但其论证存在多处逻辑漏洞,分析如下:

第一,"世界上的事物是无穷的",并不意味着"选择也是无穷的"。因为事物是客观存在的,而选择则受多种条件的制约。因此,选择再多也是有限的,人们不可能追求"无穷的选择",也就无所谓"不知足"。

第二,由"知足常乐"无法推出"不知足者就不会感到快乐"而"只会感到痛苦"。而且"知足常乐"只是一句俗语,其本身的成立性也值得质疑。

第三,选择多,虽然会在判断决策时带来额外的负担,但同时也意味着我们有可能做出更好的决策,从而获取更大的收益。因此,认为选择多就"势必带来更多的烦恼和痛苦"并不妥当。

第四,"选择越多,选择时产生失误的概率就越高"并不妥当,二者未必存在正比关系。人的很多选择可能都是合适的选择,而且,也许正是因为选择多,我们才能做出更好的决策方案。

第五,"有人因为飞机晚点而后悔没选坐高铁",这一痛苦的真正原因是"飞机晚点",而不是"选择多",此处存在归因谬误。"如果没有高铁可选,就不会有这种后悔和痛苦"也不成立,因为如果没有高铁可选,"飞机晚点"的痛苦依然存在。

第六,"很多股民懊悔自己没有选好股票而未赚到更多的钱"与"可选购的股票太多"没有直接的因果关系。股民懊悔的原因还可能是买入、卖出的时机不对。

综上所述,材料的论证存在多处漏洞,选择越多未必越痛苦。

(全文共573字)

57. 论说文

【命题思路分析】

2018年是改革开放40周年。

40年前的1978年5月11日,《光明日报》发表本报特约评论员文章《实践是检验真理的唯一标准》,由此引发了一场关于"真理标准问题"的大讨论。

1978年6月2日,邓小平在全军政治工作会议上讲话,再次精辟阐述了毛泽东的实事求是、一切从实际出发、理论与实践相结合的这样一个马克思主义的根本观点、根本方法。

1978年12月18日—22日,党的十一届三中全会确定了改革开放政策。

因此,老吕认为,2019年的论说文题目反映了当前社会的政治热点:知识的真理性只有经过检验(实践是检验真理的唯一标准)才能得到证明。论辩(大讨论就是论辩)是纠正错误的有效途径之一,不同观点的冲突会暴露错误而发现真理。

【参考立意】

①理不辩不明,很多真理的发现都来源于争辩。

②实践是检验真理的标准。

容许论辩,方见真理

老吕弟子班学员　李珍

正如材料所言,论辩是纠正错误的有效途径之一,不同观点的冲突会暴露错误而发现真理。所以,在观点出现分歧和碰撞的时候,要容许论辩,宽于争鸣,方见真理。

凡事都用"正确答案"判断、"统一标准"衡量,只会使社会发展停滞,甚至"拉历史的倒车"。"八股文""样板戏"难道不是最好的例证吗?《四书》《五经》固然是经典著作,《沙家浜》《智取威虎山》也当属艺术精品。但以此为标杆、以此为准绳,断然不可取。凡事追求统一、讲求定式就可以获得功名利禄,谁还去创新?凡事都有样板、都有"规定",谁还敢去创新?历史证明,没有人!所以,"唯标准是瞻"要不得,用唯一标准衡量更是要不得。

容许论辩、喜见争鸣,让不同的思想发声,才会发现真理。《论语》中有:"知者乐水,仁者乐山;知者动,仁者静;知者乐,仁者寿。""山水、动静、快乐长寿"不分伯仲、不较高低,方能彰显"智者""仁者"不同的品格。先秦诸子"百家争鸣"亦是如此,孔子、墨子、韩非子……"群星璀璨",儒家、墨家、法家……"各成一家之言"。不同学派的"争奇斗艳"、相互学习,铸就了春秋时期思想文化空前繁荣的景象。因此,要听见不同的声音,首先要有一颗想听到不同声音的心。

反观今天,很多管理者大搞"一言堂",只要下属与自己的观点相悖,就怨之、怒之、孤立之甚至打压之。这种行为表面上看起来颇有魄力,实则独断专行,给下属以压迫感。久而久之,真正的人才难以施展,愤然离去;而"顺毛驴"们却凭着溜须拍马青云直上。管理者孤立了自己,成了孤家寡人,组织运营自然也每况愈下。

所以,管理者要允许不同观点的论辩,乐见不同声音的争鸣,从而暴露错误、发现真理!

(全文共694字)

绝密★启用前

2020年全国硕士研究生招生考试
管理类专业学位联考综合能力试题

(科目代码:199)

考试时间:8:30—11:30

考生注意事项

1. 答题前,考生须在试题册指定位置上填写考生姓名和考生编号;在答题卡指定位置上填写报考单位、考生姓名和考生编号,并涂写考生编号信息点。
2. 选择题的答案必须涂写在答题卡相应题号的选项上,非选择题的答案必须书写在答题卡指定位置的边框区域内。超出答题区域书写的答案无效;在草稿纸、试题册上答题无效。
3. 填(书)写部分必须使用黑色字迹签字笔或者钢笔书写,字迹工整、笔迹清楚;涂写部分必须使用2B铅笔填涂。
4. 考试结束,将答题卡和试题册按规定交回。

考生编号															
考生姓名															

一、问题求解：第1~15小题，每小题3分，共45分。下列每题给出的(A)、(B)、(C)、(D)、(E)五个选项中，只有一项是符合试题要求的。请在答题卡上将所选项的字母涂黑。

1. 某产品去年涨价10%，今年涨价20%，则该产品两年涨价为( ).
   (A)15%　　(B)16%　　(C)30%　　(D)32%　　(E)33%

2. 设 $A=\{x\,|\,|x-a|<1,x\in\mathbf{R}\}$，$B=\{x\,|\,|x-b|<2,x\in\mathbf{R}\}$，则 $A\subset B$ 的充分必要条件是( ).
   (A)$|a-b|\leqslant 1$　　(B)$|a-b|\geqslant 1$　　(C)$|a-b|<1$
   (D)$|a-b|>1$　　(E)$|a-b|=1$

3. 总成绩＝甲成绩×30%＋乙成绩×20%＋丙成绩×50%，考试通过的标准是每部分≥50分，且总成绩≥60分.已知某人甲成绩70分，乙成绩75分且通过这项考试，则此人丙成绩分数至少是( )分.
   (A)48　　(B)50　　(C)55　　(D)60　　(E)62

4. 从1至10，这10个整数中任取三个数，恰有一个质数的概率是( ).
   (A)$\dfrac{2}{3}$　　(B)$\dfrac{1}{2}$　　(C)$\dfrac{5}{12}$　　(D)$\dfrac{2}{5}$　　(E)$\dfrac{1}{120}$

5. 若等差数列 $\{a_n\}$ 满足 $a_1=8$，且 $a_2+a_4=a_1$，则 $\{a_n\}$ 前 n 项和的最大值为( ).
   (A)16　　(B)17　　(C)18　　(D)19　　(E)20

6. 已知实数 x 满足 $x^2+\dfrac{1}{x^2}-3x-\dfrac{3}{x}+2=0$，则 $x^3+\dfrac{1}{x^3}=$( ).
   (A)12　　(B)15　　(C)18　　(D)24　　(E)27

7. 设实数 x,y 满足 $|x-2|+|y-2|\leqslant 2$，则 x^2+y^2 的取值范围是( ).
   (A)$[2,18]$　　(B)$[2,20]$　　(C)$[2,36]$　　(D)$[4,18]$　　(E)$[4,20]$

8. 某网店对单价为55元，75元，80元的三种商品进行促销，促销策略是：每单满200元减 m 元，如果每单减 m 元的实际售价均不低于原价的8折，那么 m 的最大值为( ).
   (A)40　　(B)41　　(C)43　　(D)44　　(E)48

9. 某人在同一观众群体中调查了对五部电影的看法，得到数据如表1所示：

表1

电影	第一部	第二部	第三部	第四部	第五部
好评率	0.25	0.5	0.3	0.8	0.4
差评率	0.75	0.5	0.7	0.2	0.6

则观众意见分歧最大的是( )两部电影.
(A)第一部和第三部　　(B)第二部和第三部
(C)第二部和第五部　　(D)第四部和第一部
(E)第四部和第二部

10. 如图1所示，在 $\triangle ABC$ 中，$\angle ABC=30°$，将线段 AB 绕点 B 旋转至 DB，使 $\angle DBC=60°$，则 $\triangle DBC$ 与 $\triangle ABC$ 的面积之比为( ).

(A) 1   (B) $\sqrt{2}$

(C) 2   (D) $\frac{\sqrt{3}}{2}$

(E) $\sqrt{3}$

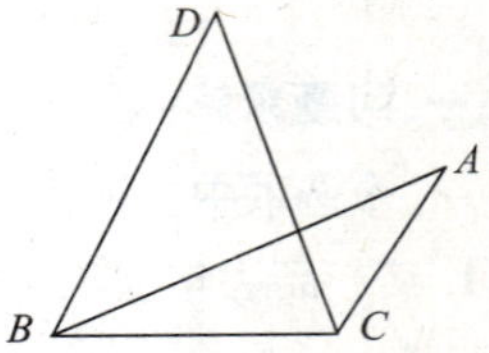

11. 已知数列 $\{a_n\}$ 满足 $a_1=1, a_2=2$，且 $a_{n+2}=a_{n+1}-a_n(n=1,2,3\cdots)$，则 $a_{100}=(\quad)$.

(A) 1   (B) -1

(C) 2   (D) -2

(E) 0

图1

12. 如图2所示，圆 O 的内接 $\triangle ABC$ 是等腰三角形，底边 $BC=6$，顶角为 $\frac{\pi}{4}$，则圆 O 的面积为( ).

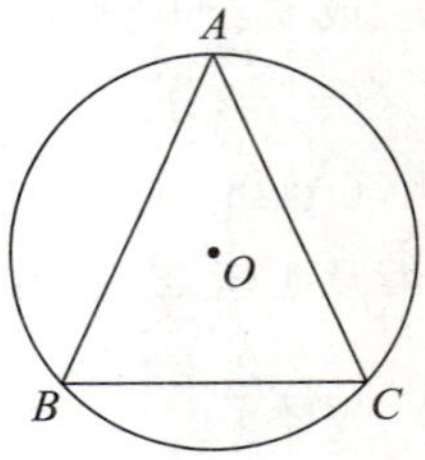

(A) 12π (B) 16π

(C) 18π (D) 32π

(E) 36π

13. 甲、乙两人在相距1 800米的 A、B 两地，甲的速度是100米/分钟，乙的速度是80米/分钟，两人相向而行，到达对面后立即按原速度返回，则两人第三次相遇时，甲距其出发点( )米.

(A) 600   (B) 900   (C) 1 000   (D) 1 400   (E) 1 600

图2

14. 如图3所示，A,B,C,D 两两相连，从一个节点沿线段到另一个节点当作1步，若机器人从节点 A 出发，随机走了3步，则机器人未到达节点 C 的概率为( ).

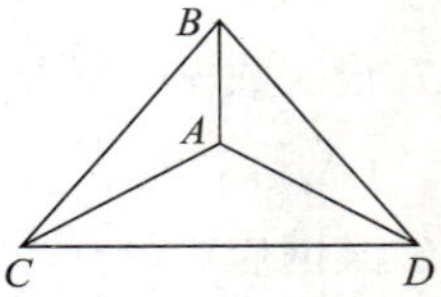

(A) $\frac{4}{9}$ (B) $\frac{11}{27}$

(C) $\frac{10}{27}$ (D) $\frac{19}{27}$

(E) $\frac{8}{27}$

图3

15. 某科室有4名男职员，2名女职员，若将这6名职员分为3组，每组2人且女职员不同组，则有( )种不同的分组方式.

(A) 4   (B) 6   (C) 9   (D) 12   (E) 15

二、**条件充分性判断**：第16~25小题，每小题3分，共30分。要求判断每题给出的条件(1)和条件(2)能否充分支持题干所陈述的结论。(A)、(B)、(C)、(D)、(E)五个选项为判断结果，请选择一项符合试题要求的判断，在答题卡上将所选项的字母涂黑。

(A) 条件(1)充分，但条件(2)不充分.

(B) 条件(2)充分，但条件(1)不充分.

(C) 条件(1)和条件(2)单独都不充分，但条件(1)和条件(2)联合起来充分.

(D)条件(1)充分,条件(2)也充分.
(E)条件(1)和条件(2)单独都不充分,条件(1)和条件(2)联合起来也不充分.

16. 在△ABC中,∠B=60°,则$\frac{c}{a}>2$.
    (1)∠C<90°.
    (2)∠C>90°.

17. $x^2+y^2=2x+2y$上的点到$ax+by+\sqrt{2}=0$距离的最小值大于1.
    (1)$a^2+b^2=1$.
    (2)$a>0, b>0$.

18. 若a,b,c是实数,则能确定a,b,c的最大值.
    (1)已知a,b,c的平均值.
    (2)已知a,b,c的最小值.

19. 某商店有20部手机,从中任选两部,则恰有1部甲的概率为$P>\frac{1}{2}$.
    (1)甲手机不少于8部.
    (2)乙手机大于7部.

20. 共有n辆车,则能确定人数.
    (1)若每辆20座,1车未满.
    (2)若每辆12座,则少10个座.

21. 能确定长方体的体对角线.
    (1)已知长方体一个顶点的三个面的面积.
    (2)已知长方体一个顶点的三个面的面对角线.

22. 已知甲、乙、丙三人共捐款3 500元,则能确定每人的捐款金额.
    (1)三人的捐款金额各不相同.
    (2)三人的捐款金额都是500的倍数.

23. 设函数$f(x)=(ax-1)(x-4)$,则在$x=4$左侧附近有$f(x)<0$.
    (1)$a>\frac{1}{4}$.
    (2)$a<4$.

24. 设a,b是正实数,则$\frac{1}{a}+\frac{1}{b}$存在最小值.
    (1)已知ab的值.
    (2)已知a,b是方程$x^2-(a+b)x+2=0$的不同实根.

25. 设a,b,c,d是正实数,则$\sqrt{a}+\sqrt{d}\leq\sqrt{2(b+c)}$.
    (1)$a+d=b+c$.
    (2)$ad=bc$.

三、逻辑推理：第26～55小题，每小题2分，共60分。下列每题给出的(A)、(B)、(C)、(D)、(E)五个选项中，只有一项是符合试题要求的。请在答题卡上将所选项的字母涂黑。

26. 领导干部对于各种批评和意见应采取"有则改之,无则加勉"的态度,营造"言者无罪,闻者足戒"的氛围,只有这样,人们才能知无不言,言无不尽。领导干部只有从谏如流并为说真话者撑腰,才能做到"兼听则明"或作出科学决策;只有乐于和善于听取各种不同意见,才能营造风清气正的政治生态。

根据以上信息,可以得出以下哪项?

(A) 领导干部必须善待批评,从谏如流,为说真话者撑腰。

(B) 大多数领导干部对于批评和意见能够采取"有则改之,无则加勉"的态度。

(C) 领导干部如果不能从谏如流,就不能作出科学决策。

(D) 只有营造"言者无罪,闻者足戒"的氛围,才能形成风清气正的政治生态。

(E) 领导干部只有乐于和善于听取各种不同意见,人们才能知无不言,言无不尽。

27. 某教授组织了120名年轻的参试者,先让他们熟悉电脑上的一个虚拟城市,然后让他们以最快的速度寻找由指定地点到达关键地标的最短路线,最后再让他们识别茴香、花椒等40种芳香植物的气味。结果发现,寻路任务中得分较高者其嗅觉也比较灵敏。该教授由此推测,一个人空间记忆力好、方向感强,就会使其嗅觉更为灵敏。

以下哪项如果为真,最能质疑该教授的上述推测?

(A) 大多数动物主要是靠嗅觉寻找食物、躲避天敌,其嗅觉进化有助于"导航"。

(B) 有些参试者是美食家,经常被邀请到城市各处的特色餐馆品尝美食。

(C) 部分参试者是马拉松运动员,他们经常参加一些城市举办的马拉松比赛。

(D) 在同样的测试中,该教授本人在嗅觉灵敏度和空间方向感方面都不如年轻人。

(E) 有的年轻人喜欢玩方向感要求较高的电脑游戏,因过分投入而食不知味。

28. 有学校提出,将效仿免费师范生制度,提供减免学费等优惠条件以吸引成绩优秀的调剂生,提高医学人才培养质量。有专家对此提出反对意见:医生是既崇高又辛苦的职业,要有足够的爱心和兴趣才能做好,因此,宁可招不满,也不要招收调剂生。

以下哪项最可能是上述专家论断的假设?

(A) 没有奉献精神,就无法学好医学。

(B) 如果缺乏爱心,就不能从事医生这一崇高的职业。

(C) 调剂生往往对医学缺乏兴趣。

(D) 因优惠条件而报考医学的学生往往缺乏奉献精神。

(E) 有爱心并对医学有兴趣的学生不会在意是否收费。

29. 某公司为员工免费提供菊花、绿茶、红茶、咖啡和大麦茶5种饮品。现有甲、乙、丙、丁、戊5位员工,他们每人都只喜欢其中的2种饮品,且每种饮品都只有2人喜欢,已知:

(1) 甲和乙喜欢菊花,且分别喜欢绿茶和红茶中的一种。

(2) 丙和戊分别喜欢咖啡和大麦茶中的一种。

根据上述信息,可以得出以下哪项?

(A)甲喜欢菊花和绿茶。　　　　(B)乙喜欢菊花和红茶。

(C)丙喜欢红茶和咖啡。　　　　(D)丁喜欢咖啡和大麦茶。

(E)戊喜欢绿茶和大麦茶。

30. 考生若考试通过并且体检合格,则将被录取。因此,如果李铭考试通过,但未被录取,那么他一定体检不合格。

以下哪项与以上论证方式最为相似?

(A)若明天是节假日并且天气晴朗,则小吴将去爬山。因此,如果小吴未去爬山,那么第二天一定不是节假日或者天气不好。

(B)一个数若能被3整除且能被5整除,则这个数能被15整除。因此,一个数若能被3整除但不能被5整除,则这个数一定不能被15整除。

(C)甲单位员工若去广州出差并且是单人前往,则均乘坐高铁。因此,甲单位小吴如果去广州出差,但未乘坐高铁,那么他一定不是单人前往。

(D)若现在是春天并且雨水充沛,则这里野草丰美。因此,如果这里野草丰美,但雨水不充沛,那么现在一定不是春天。

(E)一壶茶若水质良好且温度适中,则一定茶香四溢。因此,如果这壶茶水质良好且茶香四溢,那么一定温度适中。

31~32题基于以下题干:

"立春""春分""立夏""夏至""立秋""秋分""立冬""冬至"是我国二十四节气中的八个节气,"凉风""广莫风""明庶风""条风""清明风""景风""阊阖风""不周风"是八种节风。上述八个节气与八种节风之间一一对应。已知:

(1)"立秋"对应"凉风"。

(2)"冬至"对应"不周风""广莫风"之一。

(3)若"立夏"对应"清明风",则"夏至"对应"条风"或者"立冬"对应"不周风"。

(4)若"立夏"不对应"清明风"或者"立春"不对应"条风",则"冬至"对应"明庶风"。

31. 根据上述信息,可以得出以下哪项?

(A)"秋分"不对应"明庶风"。　　　　(B)"立冬"不对应"广莫风"。

(C)"夏至"不对应"景风"。　　　　(D)"立夏"不对应"清明风"。

(E)"春分"不对应"阊阖风"。

32. 若"春分"和"秋分"两个节气对应的节风在"明庶风"和"阊阖风"之中,则可以得出以下哪项?

(A)"春分"对应"阊阖风"。　　　　(B)"秋分"对应"明庶风"。

(C)"立春"对应"清明风"。　　　　(D)"冬至"对应"不周风"。

(E)"夏至"对应"景风"。

33. 小王:在这次年终考评中,女员工的绩效都比男员工高。

小李:这么说,新入职员工中绩效最好的还不如绩效最差的女员工。

以下哪项如果为真,最能支持小李的上述论断?

(A)男员工都是新入职的。

(B)新入职的员工有些是女性。
(C)新入职的员工都是男性。
(D)部分新入职的女员工没有参与绩效考评。
(E)女员工更乐意加班,而加班绩效翻倍计算。

34. 某市 2020 年的人口发展报告显示,该市常住人口 1 170 万,其中常住外来人口 440 万,户籍人口 730 万。从区级人口分布情况来看,该市 G 区常住人口 240 万,居各区之首;H 区常住人口 200 万,位居第二;同时,这两个区也是吸纳外来人口较多的区域,两个区常住外来人口 200 万,占全市常住外来人口的 45% 以上。

根据以上陈述,可以得出以下哪个选项?
(A)该市 G 区的户籍人口比 H 区的常住外来人口多。
(B)该市 H 区的户籍人口比 G 区的常住外来人口多。
(C)该市 H 区的户籍人口比 H 区的常住外来人口多。
(D)该市 G 区的户籍人口比 G 区的常住外来人口多。
(E)该市其他各区的常住外来人口都没有 G 区或 H 区的多。

35. 移动支付如今正在北京、上海等大中城市迅速普及,但是,并非所有中国人都熟悉这种新的支付方式,许多老年人仍然习惯传统的现金交易。有专家因此断言,移动支付的迅速普及会将老年人阻挡在消费经济之外,从而影响他们晚年的生活质量。

以下哪项如果为真,最能质疑上述专家的论断?
(A)到 2030 年,中国 60 岁以上人口将增至 3.2 亿,老年人的生活质量将进一步引起社会关注。
(B)有许多老年人因年事已高,基本不直接进行购物消费,所需物品一般由儿女或社会提供,他们的晚年生活很幸福。
(C)国家有关部门近年来出台多项政策指出,消费者在使用现金支付被拒时可以投诉,但仍有不少商家我行我素。
(D)许多老年人已在家中或社区活动中心学会移动支付的方法以及防范网络诈骗的技巧。
(E)有些老年人视力不好,看不清手机屏幕;有些老年人记忆力不好,记不住手机支付密码。

36. 表 2 显示了某城市过去一周的天气情况:

表 2

星期一	星期二	星期三	星期四	星期五	星期六	星期日
东南风	南风	无风	北风	无风	西风	东风
1~2 级	4~5 级		1~2 级		3~4 级	2~3 级
小雨	晴	小雪	阵雨	晴	阴	中雨

以下哪项对该城市这一周天气情况的概括最为准确?
(A)每日或者刮风,或者下雨。 (B)每日或者刮风,或者晴天。
(C)每日或者无风,或者无雨。 (D)若有风且风力超过 3 级,则该日是晴天。
(E)若有风且风力不超过 3 级,则该日不是晴天。

37~38题基于以下题干：

放假3天，小李夫妇除安排1天休息之外，其他2天准备做6件事：①购物（这件事编号为①，以此类推）；②看望双方父母；③郊游；④带孩子去游乐场；⑤去市内公园；⑥去电影院看电影。

他们商定：

(1)每件事均做一次，且在1天内做完，每天至少做2件事。

(2)④和⑤安排在同一天完成。

(3)②在③之前的1天完成。

37. 如果③和④安排在假期的第2天，则以下哪项是可能的？

(A)①安排在第2天。　　　(B)②安排在第2天。

(C)休息安排在第1天。　　(D)⑥安排在最后1天。

(E)⑤安排在第1天。

38. 如果假期第2天只做⑥等3件事，则可以得出以下哪项？

(A)②安排在①的前一天。　(B)①安排在休息一天之后。

(C)①和⑥安排在同一天。　(D)②和④安排在同一天。

(E)③和④安排在同一天。

39. 因业务需要，某公司欲将甲、乙、丙、丁、戊、己、庚7个部门合并到丑、寅、卯3个子公司。已知：

(1)一个部门只能合并到一个子公司。

(2)若丁和丙中有一个未合并到丑公司，则戊和甲均合并到丑公司。

(3)若甲、己、庚中至少有一个未合并到卯公司，则戊合并到寅公司且丙合并到卯公司。

根据上述信息，可以得出以下哪项？

(A)甲、丁均合并到丑公司。　(B)乙、戊均合并到寅公司。

(C)乙、丙均合并到寅公司。　(D)丁、丙均合并到丑公司。

(E)庚、戊均合并到卯公司。

40. 王研究员：吃早餐对身体有害，因为吃早餐会导致皮质醇峰值更高，进而导致体内胰岛素异常，这可能引发Ⅱ型糖尿病。

李教授：事实并非如此，因为上午皮质醇水平高只是人体生理节律的表现，而不吃早餐不仅会增加患Ⅱ型糖尿病的风险，还会增加患其他疾病的风险。

以下哪项如果为真，最能支持李教授的观点？

(A)一日之计在于晨，吃早餐可以补充人体消耗，同时为一天的工作准备能量。

(B)糖尿病患者若在9点至15点之间摄入一天所需的卡路里，血糖水平就能保持基本稳定。

(C)经常不吃早餐，上午工作处于饥饿状态，不利于血糖调节，容易患上胃溃疡、胆结石等疾病。

(D)如今，人们工作繁忙，晚睡晚起现象非常普遍，很难按时吃早餐，身体常常处于亚健康状态。

(E)不吃早餐的人通常缺乏营养和健康方面的知识，容易形成不良生活习惯。

41. 某语言学爱好者欲基于无涵义语词、有涵义语词构造合法的语句。已知：

(1)无涵义语词有a、b、c、d、e、f，有涵义语词有W、Z、X。

(2)如果两个无涵义语词通过一个有涵义语词连接，则它们构成一个有涵义语词。

(3)如果两个有涵义语词直接连接,则它们构成一个有涵义语词。

(4)如果两个有涵义语词通过一个无涵义语词连接,则它们构成一个合法的语句。

根据上述信息,以下哪项是合法的语句?

(A)aWbcdXeZ。 (B)aWbcdaZe。 (C)fXaZbZWb。

(D)aZdacdfX。 (E)XWbaZdWc。

42. 某单位拟在椿树、枣树、楝树、雪松、银杏、桃树中选择4种栽种在庭院中。已知:

(1)椿树、枣树至少种植一种。

(2)如果种植椿树,则种植楝树但不种植雪松。

(3)如果种植枣树,则种植雪松但不种植银杏。

如果庭院中种植银杏,则以下哪项是不可能的?

(A)种植椿树。 (B)种植楝树。

(C)不种植枣树。 (D)不种植雪松。

(E)不种植桃树。

43. 披毛犀化石多分布在欧亚大陆北部,我国东北平原、华北平原、西藏等地也偶有发现。披毛犀有一种独特的构造——鼻中隔,简单地说就是鼻子中间的骨头。研究发现,西藏披毛犀化石的鼻中隔只是一块不完全的硬骨,早先在亚洲北部、西伯利亚等地发现的披毛犀化石的鼻中隔要比西藏披毛犀的"完全",这说明西藏披毛犀具有更原始的形态。

以下哪项如果为真,最能支持以上论述?

(A)一个物种不可能有两个起源地。

(B)西藏披毛犀化石是目前已知最早的披毛犀化石。

(C)为了在冰雪环境中生存,披毛犀的鼻中隔经历了由软到硬的进化过程,并最终形成一块完整的骨头。

(D)冬季的青藏高原犹如冰期动物的"训练基地",披毛犀在这里受到耐寒训练。

(E)随着冰期的到来,有了适应寒冷能力的西藏披毛犀走出西藏,往北迁徙。

44. 黄土高原以前植被丰富,长满大树,而现在千沟万壑,不见树木,这是植被遭破坏后水流冲刷大地造成的惨痛结果。有专家进一步分析认为,现在黄土高原不长植物,是因为这里的黄土其实都是生土。

以下哪项最有可能是上述专家推断的假设?

(A)生土不长庄稼,只有通过土壤改造等手段才适宜种植粮食作物。

(B)因缺少应有的投入,生土无人愿意耕种,无人耕种的土地贫瘠。

(C)生土是水土流失造成的恶果,缺乏植物生长所需要的营养成分。

(D)东北的黑土地中含有较厚的腐殖层,这种腐殖层适合植物的生长。

(E)植物的生长依赖熟土,而熟土的存续依赖人类对植被的保护。

45. 目前,科学家发明了一项技术,可以把二氧化碳等物质"电成"有营养价值的蛋白粉,这项技术不像种庄稼那样需要具备合适的气温、湿度和土壤条件。他们由此认为,这项技术开辟了未来新型食物生产的新路,有助于解决全球饥饿问题。

以下选项除了哪项均能支持上述科学家的观点?

(A)让二氧化碳、水和微生物一起接受电流电击,可以产生出有营养价值的食物。

(B)粮食问题是全球性重大难题,联合国估计到 2050 年将有 20 亿人缺乏基本营养。

(C)把二氧化碳等物质"电成"蛋白粉的技术将彻底改变农业,还能避免对环境造成的不利影响。

(D)由二氧化碳等物质"电成"的蛋白粉约含 50% 的蛋白质、25% 的碳水化合物、核酸和脂肪。

(E)未来这项技术将被引入沙漠和其他面临饥荒的地区,为解决那里的饥饿问题提供帮助。

46~47 题基于以下题干:

某公司甲、乙、丙、丁、戊 5 人爱好出国旅游。去年,在日本、韩国、英国和法国 4 国中,他们每人都去了其中的 2 个国家旅游,且每个国家总有他们中的 2 到 3 人去旅游。已知:

(1)如果甲去韩国,则丁不去英国。

(2)丙和戊去年总是结伴出国旅游。

(3)丁和乙只去欧洲国家旅游。

46. 根据以上信息,可以得出以下哪项?

(A)甲去了韩国和日本。 (B)乙去了英国和日本。

(C)丙去了韩国和英国。 (D)丁去了日本和法国。

(E)戊去了韩国和日本。

47. 如果 5 人去欧洲国家旅游的总人次与去亚洲国家的一样多,则可以得出以下哪项?

(A)甲去了日本。 (B)甲去了英国。

(C)甲去了法国。 (D)戊去了英国。

(E)戊去了法国。

48. 1818 年前后,纽约市规定,所有买卖的鱼油都需要经过检查,同时缴纳每桶 25 美元的检查费。一天,一名鱼油商人买了三桶鲸鱼油,打算把鲸鱼油制成蜡烛出售,鱼油检查员发现这些鲸鱼油根本没经过检查,根据鱼油法案,该商人需要接受检查并缴费,但该商人声称鲸鱼不是鱼,拒绝缴费,遂被告上法庭。陪审员最后支持了原告,判决该商人支付 75 美元检查费。

以下哪项如果为真,最能支持陪审员所作的判决?

(A)纽约市相关法律已经明确规定,"鱼油"包括鲸鱼油和其他鱼类油。

(B)"鲸鱼不是鱼"和中国古代公孙龙的"白马非马"类似,两者都是违反常识的诡辩。

(C)19 世纪的美国虽然有许多人认为鲸鱼不是鱼,但是也有许多人认为鲸鱼是鱼。

(D)当时多数从事科学研究的人都肯定鲸鱼不是鱼,而律师和政客持反对意见。

(E)古希腊有先哲早就把鲸鱼归类到胎生四足动物和卵生四足动物之下,比鱼类更高一级。

49. 尽管近年来我国引进不少人才,但真正顶尖的领军人才还是凤毛麟角。就全球而言,人才特别是高层次人才紧缺已呈常态化、长期化趋势。某专家由此认为,未来 10 年,美国、加拿大、德国等主要发达国家对高层次人才的争夺将进一步加剧,而发展中国家高层次人才紧缺状况更甚于发达国家。因此,我国高层次人才引进工作急需进一步加强。

以下哪项如果为真,最能加强上述专家的论证?

(A)我国理工科高层次人才紧缺程度更甚于文科。

(B)发展中国家的一般性人才不比发达国家多。

(C)我国仍然是发展中国家。

(D)人才是衡量一个国家综合国力的重要指标。

(E)我国近年来引进的领军人才数量不及美国等发达国家。

50. 移动互联网时代,人们随时都可进行数字阅读,浏览网页、读电子书是数字阅读,刷微博、朋友圈也是数字阅读。长期以来,一直有人担忧数字阅读的碎片化、表面化,但近来有专家表示,数字阅读具有重要价值,是阅读的未来发展趋势。

以下哪项如果为真,最能支持上述专家的观点?

(A)长有长的用处,短有短的好处,不求甚解的数字阅读,也未尝不可,说不定在未来某一时刻,当初阅读的信息就会浮现出来,对自己的生活产生影响。

(B)当前人们越来越多地通过数字阅读了解热点信息,通过网络进行相互交流,但网络交流者常常伪装或者匿名,可能会提供虚假信息。

(C)有些网络读书平台能够提供精致的读书服务,他们不仅帮你选书,而且帮你读书,你需"听"即可,但用"听"的方式去读书,效率较低。

(D)数字阅读容易挤占纸质阅读的时间,毕竟纸质阅读具有系统、全面、健康、不依赖电子设备等优点,仍将是阅读的主要方式。

(E)数字阅读便于信息筛选,阅读者能在短时间内对相关信息进行初步了解,也可以此为基础作深入了解,相关网络阅读服务平台近几年已越来越多。

51. 某街道的综合部、建设部、平安部和民生部四个部门,需要负责街道的秩序、安全、环境、协调四项工作。每个部门只负责其中的一项工作,且各部门负责的工作各不相同。

已知:

(1)如果建设部负责环境或秩序,则综合部负责协调或秩序。

(2)如果平安部负责环境或协调,则民生部负责协调或秩序。

根据以上信息,以下哪项工作安排是可能的?

(A)建设部负责环境,平安部负责协调。

(B)建设部负责秩序,民生部负责协调。

(C)综合部负责安全,民生部负责协调。

(D)民生部负责安全,综合部负责秩序。

(E)平安部负责安全,建设部负责秩序。

52. 学问的本来意义与人的生命、生活有关,但是如果学问成为口号或者教条,就会失去其本来的意义。因此,任何学问都不应该成为口号或教条。

以下哪项与上述论证方式最为相似?

(A)椎间盘没有血液循环的组织,但是如果要确保其功能正常运转,就需依靠其周围流过的血液提供养分。因此,培养功能正常运转的人工椎间盘应该很困难。

(B)大脑会改编现实经历,但是如果大脑只是储存现实经历的"文件柜",就不会对其进行改编。

因此大脑不应该只是储存现实经历的"文件柜"。

(C)人工智能应该可以判断黑猫和白猫都是猫,但是如果人工智能不预先"消化"大量照片,就无从判断黑猫和白猫都是猫。因此,人工智能必须预先消化大量照片。

(D)机器人没有人类的弱点和偏见,但是只有数据得到正确采集和分析,机器人才不会"主观臆断"。因此,机器人应该也有类似的弱点和偏见。

(E)历史包含必然性,但是如果坚信历史只包含必然性,就会阻止我们用不断积累的历史数据去证实或证伪它。因此,历史不应该只包含必然性。

53. 人非生而知之者,孰能无惑?惑而不从师,其为惑也,终不解矣。生乎吾前,其闻道也固先乎吾,吾从而师之;生乎吾后,其闻道也亦先乎吾,吾从而师之。吾师道也,夫庸知其年之先后生于吾乎?是故无贵无贱,无长无少,道之所存,师之所存也。

根据以上信息,可以得出以下哪项?

(A)与吾生乎同时,其闻道也必先乎吾。

(B)师之所存,道之所存也。

(C)无贵无贱,无长无少,皆为吾师。

(D)与吾生乎同时,其闻道不必先乎吾。

(E)若解惑,必从师。

54~55题基于以下题干:

某项测试共有4道题,每道题给出A、B、C、D四个选项,其中只有一项是正确答案。现有张、王、赵、李4人参加了测试,他们的答题情况和测试结果如表3所示:

表3

答题者	第一题	第二题	第三题	第四题	测试结果
张	A	B	A	B	均不正确
王	B	D	B	C	只答对1题
赵	D	A	A	B	均不正确
李	C	C	B	D	只答对1题

54. 根据以上信息,可以得出以下哪项?

(A)第二题的正确答案是 C。　　(B)第二题的正确答案是 D。

(C)第三题的正确答案是 D。　　(D)第四题的正确答案是 A。

(E)第四题的正确答案是 D。

55. 如果每道题的正确答案各不相同,则可以得出以下哪项?

(A)第一题的正确答案是 B。　　(B)第一题的正确答案是 C。

(C)第二题的正确答案是 D。　　(D)第二题的正确答案是 A。

(E)第三题的正确答案是 C。

四、写作：第56~57小题，共65分。其中论证有效性分析30分，论说文35分。请答在答题纸相应的位置上。

56. 论证有效性分析：分析下述论证中存在的缺陷与漏洞，选择若干要点，写一篇600字左右的文章，对该论证的有效性进行分析和评论。（论证有效性分析的一般要点是，概念特别是核心概念的界定和使用是否准确并前后一致，有无各种明显的逻辑错误，论证的论据是否成立并支持结论，结论成立的条件是否充分等。）

   北京将联手张家口共同举办2022年冬季奥运会，中国南方的一家公司决定在本地投资建立一家商业性的冰雪运动中心。这家公司认为，该中心一旦投入运营，将获得可观的经济收益，这是因为：

   北京与张家口共同举办冬奥会，必然会在中国掀起一股冰雪运动热潮。中国南方许多人从未有过冰雪运动的经历，会出于好奇心而投身于冰雪运动，这正是一个千载难逢的绝好商机，不能轻易错过。

   而且，冰雪运动与广场舞、跑步等不一样，需要一定的运动用品，例如冰鞋、滑雪板与运动服，等等。这些运动用品价格不菲而具有较高的商业利润，如果在开展商业性冰雪运动的同时也经营冬季运动用品，则公司可以获得更多的利润。

   另外，目前中国网络购物已经成为人们的生活习惯，但相对于网络商业，人们更青睐直接体验式的商业模式，而商业性冰雪运动正是直接体验式的商业模式，无疑具有光明的前景。

57. 论说文：根据下述材料，写一篇700字左右的论说文，题目自拟。

   据报道，美国航天飞机"挑战者"号采用了斯沃克公司的零配件，该公司的密封圈技术专家博易斯乔利多次向公司高层提醒：低温会导致橡胶密封圈脆裂而引发重大事故。但是，这一意见一直没有受到重视。1986年1月27日，佛罗里达州卡纳维拉尔角发射场的气温降到零度以下，美国宇航局再次打电话给斯沃克公司，询问其对航天飞机的发射还有没有疑虑之处，为此，斯沃克公司召开会议。博易斯乔利坚持认为不能发射，但公司高层认为他所持理由不够充分，于是同意宇航局发射。1月28日上午航天飞机离开发射台，仅过了73秒后，悲剧就发生了。

答案速查

一、问题求解

1～5　(D)(A)(B)(B)(E)　　　6～10　(C)(B)(B)(C)(E)

11～15　(B)(C)(D)(E)(D)

二、条件充分性判断

16～20　(B)(C)(C)(C)(E)　　　21～25　(D)(E)(A)(A)(A)

三、逻辑推理

26～30　(C)(A)(C)(D)(C)　　　31～35　(B)(E)(C)(A)(B)

36～40　(E)(A)(C)(D)(C)　　　41～45　(A)(E)(C)(C)(B)

46～50　(E)(A)(A)(C)(E)　　　51～55　(E)(B)(E)(D)(A)

四、写作

略

答案详解

一、问题求解

1. (D)

【解析】母题93·增长率问题

设原价为1,则现价为 $1×(1+10\%)×(1+20\%)=1.32$,显然该产品两年涨价32%.

2. (A)

【解析】母题30·集合的运算

$A⊂B$ 读作 A 真包含于 B,表示集合 A 是集合 B 的真子集,且 $A≠B$.

$A⊆B$ 读作 A 包含于 B,表示集合 A 是集合 B 的子集,且存在 $A=B$.

解不等式,得

A 集合: $-1<x-a<1$,解得 $a-1<x<a+1$.

B 集合: $-2<x-b<2$,解得 $b-2<x<b+2$.

由于 $A⊂B$,故有 $\begin{cases}a-1\geqslant b-2,\\ a+1\leqslant b+2,\end{cases}$ 解得 $-1\leqslant a-b\leqslant 1$,即 $|a-b|\leqslant 1$.

详细分析,存在如下三种情况(如图4、图5、图6所示):

I

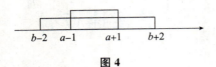

图 4

此时 $\begin{cases} b-2 < a-1, \\ a+1 < b+2, \end{cases}$ 解得 $-1 < a-b < 1$.

II

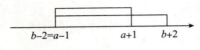

图 5

此时 $\begin{cases} b-2 = a-1, \\ a+1 < b+2, \end{cases}$ 解得 $a-b = -1$ 或 $a-b < 1$.

III

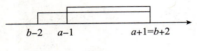

图 6

此时 $\begin{cases} b-2 < a-1, \\ a+1 = b+2, \end{cases}$ 解得 $a-b = 1$ 或 $a-b > -1$.

综上所述，$-1 \leq a-b \leq 1$，即 $|a-b| \leq 1$.

【快速得分法】特殊值法.

令 $a=1, b=0$，代入，得 A 集合：$0 < x < 2$，B 集合：$-2 < x < 2$. $A \subset B$ 成立，此时 $|a-b| = 1$，故排除 (C)、(D) 项.

令 $a=0, b=0$，代入，得 A 集合：$-1 < x < 1$，B 集合：$-2 < x < 2$. $A \subset B$ 成立，此时 $|a-b| < 1$，故排除 (B)、(E) 项.

3. (B)

【解析】母题 91·平均值问题

总成绩 $= 70 \times 30\% + 75 \times 20\% + $ 丙成绩 $\times 50\% \geq 60$，解得丙成绩 ≥ 48.

但由于考试通过的标准是每部分 ≥ 50 分，故丙成绩最少为 50 分.

4. (B)

【解析】母题 82·常见古典概型问题

从 1 至 10 的质数有 2,3,5,7. 故任取三个数，恰有一个质数的概率为 $\dfrac{C_4^1 C_6^2}{C_{10}^3} = \dfrac{1}{2}$.

5. (E)

【解析】母题 46·等差数列 S_n 的最值问题

$a_2+a_4=a_1,a_2+a_4=2a_3=8$,故 $a_3=4$,公差 $d=\dfrac{a_3-a_1}{2}=-2$.

此数列显然为 $\{8,6,4,2,0,-2,-4,\cdots\}$,故 $\{a_n\}$ 前 n 项和的最大值为 $8+6+4+2=20$.

6.（C）

【解析】母题 27・已知 $x+\dfrac{1}{x}=a$ 或者 $x^2+ax+1=0$,求代数式的值

原式可化为 $\left(x+\dfrac{1}{x}\right)^2-3\left(x+\dfrac{1}{x}\right)=0$,解得 $x+\dfrac{1}{x}=3$ 或 0,其中 0 为增根,舍掉. 故

$$x^3+\dfrac{1}{x^3}=\left(x+\dfrac{1}{x}\right)\cdot\left(x^2+\dfrac{1}{x^2}-1\right)$$
$$=\left(x+\dfrac{1}{x}\right)\cdot\left(x^2+\dfrac{1}{x^2}+2-3\right)$$
$$=\left(x+\dfrac{1}{x}\right)\cdot\left[\left(x+\dfrac{1}{x}\right)^2-3\right]$$
$$=18.$$

7.（B）

【解析】母题 69・解析几何中的最值问题

$x^2+y^2=(x-0)^2+(y-0)^2$,可以看作是原点到 (x,y) 的距离的平方.

画图像知 $|x-2|+|y-2|\leqslant 2$ 是一个正方形,如图 7 所示.

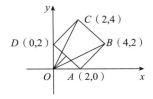

图 7

原点到该正方形距离的最小值为原点到直线 AD 的距离,易知为 $\sqrt{2}$.

原点到该正方形距离的最大值为原点到点 B 或点 C 的距离,易知为 $\sqrt{20}$.

故 x^2+y^2 的取值范围是 $[2,20]$.

【快速得分法】极值蒙猜法.

令 $|x-2|+|y-2|=2=1+1=|1-2|+|1-2|$,则 x^2+y^2 的最小值为 2.

令 $|x-2|+|y-2|=2=2+0=|4-2|+|2-2|$,则 x^2+y^2 的最大值为 20.

8.（B）

【解析】母题 100・最值问题

当买 1 件 55 元的商品,2 件 75 元的商品时,总价最接近 200 元.

此时,根据每单减 m 元的实际售价不低于原价的 8 折,可得

$$55+75\times 2-m\geqslant(55+75\times 2)\times 0.8,$$

解得 $m\leqslant 41$. 故 m 的最大值为 41.

9.（C）

【解析】母题18·平均值与方差

第二部电影：一半人都感觉好,另外一半人都感觉差,说明意见分歧大(方差大).

第四部电影：80%的人都觉得好,只有20%的人感觉差,那么说明好评率还是具备一定的一致性的,意见分歧小(方差小).

同理,第一部电影,第三部电影意见分歧小,第五部电影意见分歧大.所以意见分歧最大的两部电影是第二部和第五部.

10.（E）

【解析】母题57·平面几何五大模型

令 $BC=a$，$AB=c$，则利用三角形面积公式,有

$$\frac{S_{\triangle DBC}}{S_{\triangle ABC}}=\frac{\frac{1}{2}ac\sin\angle DBC}{\frac{1}{2}ac\sin\angle ABC}=\frac{\sin\angle DBC}{\sin\angle ABC}=\frac{\sin 60°}{\sin 30°}=\sqrt{3}.$$

【快速得分法】两个三角形等底,故面积比等于高之比,用尺子量一下两个三角形的高,一比便可得到答案.

11.（B）

【解析】母题54·已知递推公式求 a_n 问题（周期数列）

$a_3=a_2-a_1=1$，$a_4=a_3-a_2=-1$，$a_5=a_4-a_3=-2$，$a_6=a_5-a_4=-1$，$a_7=a_6-a_5=1$，$a_8=a_7-a_6=2$，$a_9=a_8-a_7=1$，$a_{10}=a_9-a_8=-1$，…

由此可知,数列 $\{a_n\}$ 是有规律的,各项都会按 $1,2,1,-1,-2,-1$ 构成循环,周期为6.

因为 $100=6\times 16+4$，所以 $a_{100}=a_4=-1$.

12.（C）

【解析】母题58·求面积问题

连接 OB、OC，可知 $\angle BOC=2\angle BAC=\dfrac{\pi}{2}$，由勾股定理或正弦值,可得半径 $OB=\dfrac{BC}{\sqrt{2}}=3\sqrt{2}$，故圆 O 的面积 $=\pi R^2=18\pi$.

【快速得分法】不会做的话,用尺子量一下半径的长度,即可算出答案.

13.（D）

【解析】母题98·行程问题

设两地距离为 S，则两人第1次相遇合计走 S，之后到下一次相遇合计再走 $2S$，故第三次相遇时共计走了 $5S=9\,000$ 米,所用时间是 $\dfrac{9\,000}{100+80}=50$（分钟）.

此时,甲走了 $100\times 50=5\,000$（米）,距离出发点为 $5\,000-1\,800\times 2=1\,400$（米）.

14.（E）

【解析】母题87·独立事件

无论机器人在哪个节点,它不到达节点 C 的概率均为 $\frac{2}{3}$.故随机走 3 步,未到达节点 C 的概率为 $\frac{2}{3} \times \frac{2}{3} \times \frac{2}{3} = \frac{8}{27}$.

15. (D)

【解析】母题 75·不同元素的分配问题

方法一:

三组人分别为 1 男 1 女,1 男 1 女和 2 男.故先选 1 男 1 女,再选 1 男 1 女,但这两组有重合,故需要消序;余下的 2 位男职员 1 组,即 $\frac{C_2^1 C_4^1 \times C_1^1 C_3^1}{A_2^2} \times C_2^2 = 12$.

方法二:

不妨设两个女职员分别为女 1、女 2.女 1 去挑一个男职员,即 C_4^1.女 2 从余下的三个男职员中挑一个,即 C_3^1.余下的两个男职员自然在同一组,即 C_2^2.故总计有 $C_4^1 C_3^1 C_2^2 = 12$(种)不同的分组方式.

二、条件充分性判断

16. (B)

【解析】母题 56·三角形的心及其他基本问题

极值法.令 $\angle C = 90°$,此时 $\frac{c}{a} = 2$.因为 $\angle C$ 越大,对应的边 c 越大,则 $\frac{c}{a}$ 就越大,所以当 $\angle C > 90°$ 时,$\frac{c}{a} > 2$.

故条件(1)不充分,条件(2)充分.

17. (C)

【解析】母题 69·解析几何中的最值问题

原方程可以化为 $(x-1)^2 + (y-1)^2 = 2$,圆心到直线的距离为 $d = \frac{|a+b+\sqrt{2}|}{\sqrt{a^2+b^2}}$,圆上的点到直线距离的最小值大于 1,即 $d - \sqrt{2} > 1$.

举反例,易知条件(1)和条件(2)单独都不充分.联立之.

$d - \sqrt{2} = |a+b+\sqrt{2}| - \sqrt{2} = a+b+\sqrt{2} - \sqrt{2} = a+b$.

而 $(a+b)^2 = a^2+b^2+2ab = 1+2ab > 1$,所以 $(a+b)^2 > 1$,可得 $a+b > 1$.

故 $d - \sqrt{2} = a+b > 1$,所以联立两个条件充分.

18. (C)

【解析】母题 18·平均值与方差

条件(1)和条件(2)显然单独都不充分,联立之.

由条件(1)已知 a,b,c 的平均值,可令 $a+b+c = N$,设 c 为最小值,$a+b = N-c$,若最大值为 a,$a = N-b-c$ 且 $b \geqslant c$,所以当 $b=c$ 时 a 最大,为 $N-2c$,故联立两个条件充分.

19. (C)

【解析】母题86·袋中取球模型

方法一：

条件(1)：显然不充分.举反例，若甲手机有20部，则取2部，恰有1部甲手机的概率为0.

条件(2)：显然不充分.举反例，若乙手机有20部，则取2部，恰有1部甲手机的概率为0.

联立两个条件，则甲手机的取值范围为$[8,12]$，此时取2部，恰有1部甲手机的概率均大于$\dfrac{1}{2}$.

比如：(极值法)当甲手机为8或12时，恰有1部甲手机的概率为$P=\dfrac{C_8^1 C_{12}^1}{C_{20}^2}=\dfrac{8\times 12}{\frac{20\times 19}{2\times 1}}=\dfrac{48}{95}>\dfrac{1}{2}$，

充分.

方法二：

设甲手机数量为n，其他手机数量为$20-n$.则恰有1部甲手机的概率为

$$P=\dfrac{C_n^1 C_{20-n}^1}{C_{20}^2}=\dfrac{-n^2+20n}{190}>\dfrac{1}{2}.$$

解不等式，得$10-\sqrt{5}<n<10+\sqrt{5}$，取近似值，则$7.8<n<12.2$，由于$n$只能取整数，故$n\in[8,12]$.

两个条件联立，可推出甲手机的取值范围为$[8,12]$，因此联立两个条件充分.

20. (E)

【解析】母题6·整数不定方程问题

条件(1)和条件(2)单独都不充分，联立之.

设有x个人，则

$$\begin{cases} 20(n-1)<x<20n, \\ 12n+10=x, \end{cases}$$

解得$\dfrac{5}{4}<n<\dfrac{15}{4}$.

因为n为正整数，故可取2或3.则人数为34或46.因此联立也无法确定人数.

21. (D)

【解析】母题59·空间几何体问题

条件(1)：已知ab,ac,bc，可以知道a,b,c的值，故可求体对角线$\sqrt{a^2+b^2+c^2}$，因此条件(1)充分.

条件(2)：已知$\sqrt{a^2+b^2}$，$\sqrt{b^2+c^2}$，$\sqrt{a^2+c^2}$，平方后求和，即可求出$\sqrt{a^2+b^2+c^2}$，因此条件(2)也充分.

22. (E)

【解析】母题6·整数不定方程问题

条件(1)：显然不充分.

条件(2)：设三人的捐款数为$500a,500b,500c$，则有$500a+500b+500c=3\,500$.

整理,得 $a+b+c=7$,有多组解,不充分.

联立条件(1)和条件(2),得 $a+b+c=7=1+2+4$,但无法确定谁是1,谁是2,谁是4.故联立两个条件也不充分.

23. (A)

【解析】母题33·一元二次函数的基础题(图像判断)

$f(x)$ 在 x 轴上有两个交点,即 $x=\dfrac{1}{a}$ 和 $x=4$.

条件(1):$a>\dfrac{1}{4}$,即 $\dfrac{1}{a}<4$,故对任意 $\dfrac{1}{a}<x_0<4$,$f(x_0)<0$,条件(1)充分.

条件(2):举反例,当 $a=-1$ 时,开口方向向下,显然不成立,故条件(2)不充分.

24. (A)

【解析】母题19·均值不等式

根据均值不等式,可得 $\dfrac{1}{a}+\dfrac{1}{b}=\dfrac{a+b}{ab}\geqslant\dfrac{2\sqrt{ab}}{ab}$.

条件(1):当 $a=b$ 时,取到最小值,故条件(1)充分.

条件(2):均值不等式取到最小值的条件为 $a=b$,但此条件中,$a\neq b$,故最值取不到,因此条件(2)不充分.

25. (A)

【解析】母题19·均值不等式

$\sqrt{a}+\sqrt{d}\leqslant\sqrt{2(b+c)}$,两边平方,可得 $a+d+2\sqrt{ad}\leqslant 2(b+c)$.

条件(1):$a+d=b+c$,原式可化为 $2\sqrt{ad}\leqslant a+d$,根据均值不等式,可知条件(1)充分.

条件(2):举反例,令 $a=1,d=4,b=c=2$,题干的结论不成立,故条件(2)不充分.

三、逻辑推理

26. (C)

【解析】母题3·箭头+德摩根定律

题干:

①人们知无不言,言无不尽→领导干部对批评和意见采取"有则改之,无则加勉"的态度。

②兼听则明 ∨ 作出科学决策→从谏如流 ∧ 为说真话者撑腰。

③营造风清气正的政治生态→乐于和善于听取各种不同意见。

②等价于¬从谏如流 ∨ ¬为说真话者撑腰→¬兼听则明 ∧ ¬作出科学决策,故(C)项正确。

其余各项均不正确。

27. (A)

【解析】母题16·因果型削弱题

题干:寻路任务中得分较高者其嗅觉也比较灵敏 $\xrightarrow{\text{证明}}$ 一个人空间记忆力好、方向感强,就会使其嗅觉更为灵敏。

(A)项,因果倒置,说明是嗅觉灵敏导致方向感强,而不是方向感强导致嗅觉灵敏,削弱题干。

(B)项,不确定此项中的"有些参试者"是寻路任务中得分高的人还是得分低的人,因此无法削弱或支持题干。

(C)项,无关选项,不确定"马拉松运动员"与题干中测试的关系。

(D)项,无关选项,题干不涉及"教授"和"年轻人"的比较。

(E)项,典型干扰项"有的不",另外"食不知味"是指心里有事,因此吃东西不香,而不是嗅觉不灵敏。

28.(C)

【解析】母题22·论证型假设题

专家的论据:要有足够的爱心和兴趣才能做好医生,即:¬爱心∨¬兴趣→做不好医生。

专家的观点:不建议招收调剂生。

假设(C)项为真,即调剂生对医学缺乏兴趣,结合论据可知,调剂生做不好医生,因此,不招收调剂生。故(C)项是最可能的假设。

其余各项均为无关选项。

29.(D)

【解析】母题40·综合推理(复杂匹配题)

由题干条件"每人都只喜欢其中的2种饮品,且每种饮品都只有2人喜欢",并结合题干条件(1)可知,甲和乙都不喜欢咖啡和大麦茶。

又由题干条件(2)可知,丙和戊分别喜欢咖啡和大麦茶中的一种,故丁喜欢咖啡和大麦茶,即(D)项正确。

30.(C)

【解析】母题34·形式逻辑型结构相似题

题干:考试通过∧体检合格→被录取。因此,考试通过∧¬被录取→¬体检合格。

形式化:A∧B→C。因此,A∧¬C→¬B。

(A)项,A∧B→C。因此,¬C→A∨¬B,与题干不同。

(B)项,A∧B→C。因此,A∧¬B→¬C,与题干不同。

(C)项,A∧B→C。因此,A∧¬C→¬B,与题干相同。

(D)项,A∧B→C。因此,C∧¬B→¬A,与题干不同。

(E)项,A∧B→C。因此,A∧C→B,与题干不同。

31.(B)

【解析】母题40·综合推理(复杂匹配题)

由题干条件(2)可得,"冬至"不对应"明庶风",则由题干条件(4)逆否可得,¬"冬至"对应"明庶风"→"立夏"对应"清明风"∧"立春"对应"条风",故"夏至"不对应"条风"。

由"立夏"对应"清明风"、"夏至"不对应"条风",结合题干条件(3)可得,"立冬"对应"不周风"。

再由题干条件(2)可知,"冬至"对应"广莫风"。

(B)项,"立冬"不对应"广莫风",正确。

32.（E）

【解析】母题40·综合推理(复杂匹配题)

由题干及上题分析可知:立秋——凉风、立夏——清明风、立春——条风、立冬——不周风、冬至——广莫风。

由本题题干可知:"春分"和"秋分"两个节气对应的节风在"明庶风"和"阊阖风"之中。故余下的"夏至"和"景风"对应,即(E)项正确。

33.（C）

【解析】母题36·综合推理(排序题)

小李：如果"女员工的绩效>男员工的绩效",那么,"绩效最差的女员工>新入职员工中绩效最好的员工"。

如果(C)项为真,则女员工的绩效>所有新入职的员工的绩效,故,绩效最差的女员工>新入职员工中绩效最好的员工,能使小李的论断为真,故选(C)项。

其余各项均不正确。

34.（A）

【解析】母题38·综合推理(数字推理题)

一个集合的两次分类问题,用九宫格法。

设G区常住外来人口为 a 万人,户籍人口为 b 万人；H区常住外来人口为 c 万人,户籍人口为 d 万人,可得表4：

表4

万人

常住人口 区域	常住外来人口 200	户籍人口
G区 240	a	b
H区 200	c	d

由上表可得：$\begin{cases} a+b=240 \\ a+c=200 \end{cases}$，两式相减得：$b-c=40$。

故该市G区的户籍人口比H区的常住外来人口多,即(A)项正确。

35.（B）

【解析】母题16·因果型削弱题(推断结果型)

题干：许多老年人仍然习惯传统的现金交易(原因)——导致——>移动支付的迅速普及会将老年人阻挡

在消费经济之外,从而影响他们晚年的生活质量(推断结果)。

(B)项,此项说明即使老年人不会移动支付,也可以由子女代购,并不会影响老年人的生活质量,削弱题干。

(D)项,如果题干说的是所有老年人都不会移动支付,则此项是很好的削弱,但题干的论证只涉及一部分老年人不会移动支付,与有许多老年人会移动支付并不矛盾。故此项是干扰项。

其余各项均为无关选项。

36.(E)

【解析】母题2·并且、或者、要么

选项排除法:

(A)项,刮风∨下雨,与星期三、星期五的天气情况不符。

(B)项,刮风∨晴天,与星期三的天气情况不符。

(C)项,无风∨无雨,与星期一、星期四、星期日的天气情况不符。

(D)项,有风且风力超过3级→晴天,与星期六的天气情况不符。

故(E)项正确。

37.(A)

【解析】母题40·综合推理(复杂匹配题)

由题干可知,假期3天中,1天休息,另外2天做事。

已知③和④安排在假期的第2天,结合题干条件(2)可得:③、④和⑤安排在第2天,故排除(E)项。

再由题干条件(3)可知,②在第1天完成,故排除(B)项。

故第3天休息,不做任何事,由此可排除(C)、(D)项。

故(A)项正确。

38.(C)

【解析】母题40·综合推理(复杂匹配题)

由题干可知,第2天只做⑥等3件事,又由于有1天休息,可见,其余2天各做3件事。

由于④和⑤在同一天,且②和③不在同一天,故其中一天的安排为④+⑤+②和③中的一件。

故,另外一天的安排为①+⑥+②和③中的一件,故(C)项正确。

39.(D)

【解析】母题3·箭头+德摩根定律

题干:

①¬丁丑∨¬丙丑→戊丑∧甲丑,等价于:(丁丑∧丙丑)∨(戊丑∧甲丑)。

②¬甲卯∨¬己卯∨¬庚卯→戊寅∧丙卯,等价于:(甲卯∧己卯∧庚卯)∨(戊寅∧丙卯),即"甲卯∧己卯∧庚卯"和"戊寅∧丙卯"至少一真。

若"戊丑∧甲丑"为真,则"甲卯∧己卯∧庚卯"和"戊寅∧丙卯"均为假,故与题干条件②矛盾。

因此"戊丑∧甲丑"不可能为真。

再由题干条件①中的两个选言肢至少一真(用①逆否也可),可知"丁丑∧丙丑"为真,即(D)项正确。

40.（C）

【解析】母题 19·论证型支持题

李教授：上午皮质醇水平高,只是人体生理节律的表现,而不吃早餐不仅会增加患Ⅱ型糖尿病的风险,还会增加患其他疾病的风险 $\xrightarrow{证明}$ 不吃早餐会对身体有害。

(A)项,不能支持,此项说明吃早餐的益处,但没有体现不吃早餐的害处。

(B)项,无关选项,题干讨论的是不吃早餐会引发Ⅱ型糖尿病,但不涉及不吃早餐对糖尿病患者的影响。

(C)项,可以支持,说明经常不吃早餐"不利于血糖调节",且容易引发其他疾病。

(D)项,可以支持,说明不按时吃早餐有害处,但"亚健康"与(C)项中引发的疾病相比,支持力度弱。

(E)项,不能支持,"不良生活习惯"与"对身体有害"不是同一概念。

41.（A）

【解析】母题 13·定义题

(A)项,根据题干条件(1)和(2),可知 aWb、dXe 分别构成一个有涵义语词,又根据题干条件(3),可知 dXeZ 构成一个有涵义语词,再根据题干条件(4),可知 aWb 与 dXeZ 由 c 连接,构成一个合法的语句。

(B)项,根据题干条件(1)和(2),可知 aWb、aZe 分别构成一个有涵义语词,但两者之间由两个无涵义语词连接,不满足题干条件(4)。

(C)项,根据题干条件(1)和(2),可知 fXa 构成一个有涵义语词,根据题干条件(2)和(3),可知 bZWb 构成一个有涵义语词,但两者之间由一个有涵义语词连接,不满足题干条件(4)。

(D)项,根据题干条件(1)和(2),可知 aZd 构成一个有涵义语词,aZd 与 X 这两个有涵义语词之间由四个无涵义语词连接,不满足题干条件(4)。

(E)项,根据题干条件(1)、(2)、(3),可知 ZdWc 构成一个有涵义语词,ZdWc 与 XW 这两个有涵义语词之间由两个无涵义语词连接,不满足题干条件(4)。

42.（E）

【解析】母题 5·箭头的串联

题干：

①椿树∨枣树=¬枣树→椿树。

②椿树→楝树∧¬雪松。

③枣树→雪松∧¬银杏=银杏∨¬雪松→¬枣树。

④银杏。

④、③、①、②串联可得：银杏→¬枣树→椿树→楝树∧¬雪松。

又由题干"在椿树、枣树、楝树、雪松、银杏、桃树中选择 4 种栽种在庭院中",故种植桃树,即(E)项是不可能的。

43.（C）

【解析】母题 19·论证型支持题

题干:①西藏披毛犀化石的鼻中隔只是一块不完全的硬骨;②早先在亚洲北部、西伯利亚等地发现的披毛犀化石的鼻中隔要比西藏披毛犀的"完全" $\xrightarrow{\text{证明}}$ 西藏披毛犀具有更原始的形态。

(A)项,无关选项,题干讨论的不是"起源地"。

(B)项,无关选项,题干讨论的是披毛犀化石的鼻中隔与披毛犀的原始形态的关系,而此项仅涉及披毛犀化石的早晚。

(C)项,搭桥法,说明披毛犀的鼻中隔的形成是从不完全到完全的过程,那么鼻中隔形成不完全,则披毛犀的形态越原始,支持题干。

(D)项,无关选项。

(E)项,无关选项,西藏披毛犀走出西藏,往北迁徙,不能证明它们是"亚洲北部、西伯利亚等地发现的披毛犀"的祖先或者比后者更原始。

44. (C)

【解析】母题22·论证型假设题

题干:黄土高原不见树木,是"水土流失的结果";有专家进一步分析认为,现在黄土高原不长植物,是因为这里的黄土是"生土"。

(A)项,无关选项,引入新内容"土壤改造"。

(B)项,无关选项,引入新内容"投入"。

(C)项,搭桥法,建立"水土流失"和"生土"的联系,必须假设。

(D)项,无关选项,引入新内容"东北的黑土地"。题干讨论的对象是黄土高原,而不是东北。

(E)项,无关选项,引入新内容"熟土的存续"。

45. (B)

【解析】母题19·论证型支持题

科学家:可以把二氧化碳等物质"电成"有营养价值的蛋白粉,这项技术不像种庄稼那样需要具备合适的气温、湿度和土壤条件 $\xrightarrow{\text{证明}}$ 这项技术开辟了未来新型食物生产的新路,有助于解决全球饥饿问题。

(A)项,可以支持,说明该项技术可以产生出有营养价值的食物。

(B)项,不能支持,粮食问题是否是全球性重大难题,与该项技术能否解决这一难题无关。

(C)项,可以支持,说明该项技术不仅改变了农业,还有额外的好处。

(D)项,可以支持,说明该项技术可以产生出有营养价值的食物。

(E)项,可以支持,说明该项技术有助于解决沙漠和其他面临饥荒地区的饥饿问题。

46. (E)

【解析】母题40·综合推理(分组问题)

由题干信息,可知甲、乙、丙、丁、戊5人每人去其中的2个国家旅游,因此,总计出国次数为10次,共有4个国家可选,且每个国家只有2到3人去,故本题是10人分4组的模型,且每组人数只能为3/3/2/2。

另由三个条件可知：

(1)甲去韩国→┐丁去英国。

(2)丙和戊捆绑为一组。

(3)丁和乙只去欧洲国家。

因每人去2个不同的国家，结合条件(3)可得：丁和乙一定去英国和法国。

又知每个国家最多只能有3人，结合条件(2)可知，丙和戊二人只能去韩国和日本，故(E)项正确。

47. (A)

【解析】母题40·综合推理(匹配问题)

由于丁去了英国，由条件(1)可知，甲没去韩国，即甲去日本、法国、英国中的2个国家。

结合上题可得表5：

表 5

人员 国家	甲	乙	丙和戊	丁
日本		×	√	×
韩国	×	×	√	×
英国		√	×	√
法国		√	×	√

又由"5人去欧洲国家旅游的总人次与去亚洲国家的一样多"，即去欧洲国家旅游和去亚洲国家旅游的总人次应各5次，故甲必须去日本，才能满足此条件，即(A)项正确。

48. (A)

【解析】母题19·论证型支持题

本题要求支持陪审员，陪审员最后支持了原告，判决该商人支付75美元检查费，即要削弱商人的说法："鲸鱼不是鱼"。

(A)项，法律规定鲸鱼油是鱼油，而法律恰恰是判决的依据，故此项正确。

(B)项，从逻辑上分析"鲸鱼是鱼"，虽然有道理，但它并不是法律判决的依据，故支持力度不如(A)项。

(C)、(D)、(E)项，无关选项，鲸鱼是不是鱼与大家怎么认识这一问题无关。

49. (C)

【解析】母题19·论证型支持题(搭桥法)

专家：未来10年，美国、加拿大、德国等主要发达国家对高层次人才的争夺将进一步加剧，而"发展中国家"的高层次人才紧缺状况更甚于发达国家────证明────→"我国"高层次人才引进工作急需进一步加强。

显然需要将论据中的"发展中国家"和结论中的"我国"进行搭桥，故(C)项正确。

(A)项，无关选项，出现了与题干无关的新比较。

(B)项，无关选项，题干论述的是"高层次人才"而不是"一般性人才"。

(D)项，无关选项，题干讨论的是高层次人才的缺乏，而不是人才的重要性。

(E)项,干扰项,题干讨论的是"未来10年"的情况,此项说明的是"过去几年"的情况。

50.(E)

【解析】母题19·论证型支持题

专家的观点:数字阅读具有重要价值,是阅读的未来发展趋势。

(A)项,诉诸无知,"说不定"是一种猜测。

(B)项,指出数字阅读可能的危害,削弱专家的观点。

(C)项,指出有的网络平台的"听书"的缺点,削弱专家的观点。

(D)项,指出纸质阅读仍将是阅读的主要方式,而数字阅读有缺点,削弱专家的观点。

(E)项,指出数字阅读的价值及发展趋势,支持专家的观点。

51.(E)

【解析】母题40·综合推理(复杂匹配题)

由题干可知:

(1)建设部负责环境∨建设部负责秩序→综合部负责协调∨综合部负责秩序。

(2)平安部负责环境∨平安部负责协调→民生部负责协调∨民生部负责秩序。

题干问以下哪项工作安排是"可能"的;用选项排除法。

(A)项,平安部负责协调,由"各部门负责的工作各不相同"可知,民生部不能负责协调,由条件(2)可得:民生部负责秩序。由条件(1)得:建设部负责环境→综合部负责协调∨综合部负责秩序,与"各部门负责的工作各不相同"矛盾,排除。

(B)项,建设部负责秩序,由"各部门负责的工作各不相同"可知,综合部不能负责秩序,又由条件(1)可知,综合部负责协调,故民生部不能负责协调,排除。

(C)项,综合部负责安全,由条件(1)逆否可得,建设部不能负责环境且不能负责秩序,又民生部负责协调,则建设部无活可干,排除。

(D)项,民生部负责安全,由条件(2)逆否可得,平安部不能负责环境且不能负责协调,又综合部负责秩序,则平安部无活可干,排除。

(E)项,由条件(1)可知,建设部负责秩序,则综合部负责协调,再由条件(2)逆否可知,平安部负责安全,故民生部负责环境,无矛盾,可选。

52.(B)

【解析】母题35·论证逻辑型结构相似题

本题考的是归谬法(证假设真):如果学问成为口号或者教条,就会失去其本来的意义(与"学问的本来意义"矛盾),故,学问不应该成为口号或者教条。

(B)项,如果大脑只是储存现实经历的"文件柜",就不会对现实进行改编(与"大脑会改编现实经历"矛盾),故,大脑不应该只是储存现实经历的"文件柜"。所以此项与题干的论证方式相同。

(A)项,论证中出现了新内容"人工椎间盘",与题干的论证方式不同。

(C)项,如果人工智能不预先"消化"大量照片,就无从判断黑猫和白猫都是猫(与"人工智能应该可以判断黑猫和白猫都是猫"矛盾),因此,人工智能必须预先消化大量照片。本项是个反证法(证真设假),与题干的论证方式不同。

(D)项,"只有,才"与题干中的"如果,那么"结构不同。

(E)项,显然与题干的论证方式不同。

53.（E）

【解析】母题5·箭头的串联

题干:

(1)所有人必然有惑。

(2)不从师→惑不得解。

(3)生乎吾前∧闻道先乎吾→从而师之。

(4)生乎吾后∧闻道先乎吾→从而师之。

(5)无贵无贱,无长无少,道之所存,师之所存也。即:道之所存→师之所存。

(A)项,题干未涉及"与吾生乎同时",可真可假。

(B)项,师之所存→道之所存,由(5)知,无箭头指向,可真可假。

(C)项,(5)的意思并不是"无论贵贱长少都是吾师",而是"无论贵贱长少,只要你有道,都是吾师",故此项可真可假。

(D)项,题干未涉及"与吾生乎同时",可真可假。

(E)项,由(2)逆否可得,解惑→从师,为真。

54.（D）

【解析】母题40·综合推理(匹配题)

因为第一题和第二题中4个人分别选了A、B、C、D,故一定有人答对。故第三题和第四题4个人均答错。由第四题4个人均答错可知,第四题的正确答案是A,即(D)项正确。

55.（A）

【解析】母题40·综合推理(匹配题)

由题干和上题(第54题)分析可得表6:

表6

选项	第一题	第二题	第三题	第四题
A	×	×	×	√
B		×	×	×
C				×
D	×			×

由上题可知,第二题和第三题的正确答案一定是C或D,故第一题的正确答案只能是B,即(A)项正确。

四、写作

56. 论证有效性分析

【谬误分析】

①"北京与张家口共同举办冬奥会"就必然"在中国掀起一股冰雪运动热潮"吗？未必如此。冰雪运动与夏季运动不同，它需要一定的气候和场地条件才能进行，仅靠冬奥会的带动就能掀起冰雪运动热潮未免过于乐观。

②仅仅因为"好奇心"未必能使南方人投入冰雪运动。一方面，如前文所述冰雪运动需要气候和场地条件；另一方面，"好奇心"驱使行为，是否具备可持续性存在疑问。

③冰雪运动需要"价格不菲的运动用品"，不意味着"开展商业性冰雪运动的同时经营冬季运动用品"就有利可图。既然这些运动用品价格不菲，那么它就可能让人望而却步，成为大家参与冰雪运动的阻力。如果没有人或很少人参加冰雪运动，从事此类商业活动如何盈利呢？

④"网络购物"与实体体验的对比，主要指的是同类商品的线上、线下对比，而冰雪运动不存在这种对比，此处存在不当类比。

⑤上述材料全文仅仅讨论了在南方开设冰雪运动中心的"可能"收入，但是，未考虑诸如气候条件、消费习惯、消费水平、经营成本等诸多影响这一投资是否能够盈利的因素，因此，其投资结论过于乐观。

如此投资未必可行

吕建刚

　　上述材料中的南方公司认为，在冬奥会的带动下，建设冰雪运动中心的项目一定可以获利，但其论证存在多处不当，分析如下：

　　首先，"北京与张家口共同举办冬奥会"就必然"在中国掀起一股冰雪运动热潮"吗？未必如此。冰雪运动与夏季运动不同，它需要一定的气候和场地条件才能进行，仅靠冬奥会的带动也许的确能引起人们对冰雪运动的关注，但能否让更多南方人参与冰雪运动则有待调研。

　　其次，仅仅因为"好奇心"未必能使南方人投入冰雪运动。一方面，如前文所述冰雪运动需要气候和场地条件；另一方面，冰雪运动具有一定的难度，需要一定的运动基础。这些都可能成为南方人参与冰雪运动的阻力。而且，"好奇心"驱使的行为，是否具备可持续性也存在疑问。

　　再次，冰雪运动需要"价格不菲的运动用品"，这就有可能让人望而却步，反而成为南方人参与冰雪运动的阻力，进而影响该公司盈利。而且，即使有一些人会购买相关的运动用品，但这些产品的成本高吗？利润空间够吗？销量如何？这些问题都存在疑问。

　　而且，材料中"网络购物"与实体体验的对比，主要指的是同类商品的线上、线下对比，而冰雪运动显然与"体验式购物"有所不同，此处存在不当类比。

　　总之，上述材料全文仅仅讨论了在南方开设冰雪运动中心的"可能"收入，但是，未考虑诸如气候条件、消费习惯、消费水平、经营成本等诸多影响这一投资是否能够盈利的因素，因此，其投资结论过于乐观。

（全文共581字）

57. 论说文

【命题思路分析】

习近平总书记在党的十九大报告上指出,要"登高望远、居安思危",并把"防范化解重大风险"作为打好全面建成小康社会决胜期的三大攻坚战之首。

2019年6月25日《人民日报》的《思想纵横》栏目发表文章《防范危机好过应对危机》,该文章第1段内容如下:

"1986年,美国'挑战者'号航天飞机爆炸,这是人类航天史上的一次重大灾难。据事后调查,灾难的主要原因与航天飞机上的O型密封圈有关。这种密封圈存在一个缺陷,即在低温环境下密封性会变差,导致危险气体漏出,从而威胁整个航天飞机的安全。'挑战者'号发射之前,有几个工程师已经发现这个问题并提出警告,可是美国宇航局忽视了这些警告,仍然在一个寒冷的早晨强行发射,结果酿成机毁人亡的惨剧。'挑战者'号灾难事故发生的原因令人深思,它提醒我们既要高度警惕'黑天鹅'事件,也要防范'灰犀牛'事件。"

【参考立意】

①危机意识(海恩法则、墨菲定律)。

②集思广益、科学决策。

预防危机胜过处理危机

吕建刚

世人皆知危机预防优于危机处理,然而,一枚小小的橡胶密封圈居然造成"挑战者"号航天飞机爆炸的严重后果,不禁让人扼腕叹息!

无独有偶,《汉书·霍光传》也记载了一个同样的故事:有位客人发现主人家的烟囱是直的,旁边又有很多木材,就建议烟囱要改曲,木材须移去,否则将来可能会有火灾。主人却不以为然,不久后主人家里果然失火。这就是成语"曲突徙薪"的由来。

现实生活中,类似的故事更是不断上演。"防患于未然"的标语嘴上说说、纸上写写、墙上挂挂,预防危机的实际行动却不见踪影。这是为何?一方面,未雨绸缪最大的成功不过是平安无事,既无赫赫之战功,亦无煌煌之美名;另一方面,在很多人眼中,所谓未雨绸缪,不过是徒增成本而已。侥幸心理让他们认为,反正危机不一定发生,我为什么要付出这么多时间、精力、金钱去做一件根本不会产生利润的事呢?因此,他们往往对表面文章乐此不疲,而对预防式的事前控制和事中控制敬而远之。

然而,"祸患常积于忽微"。任何危机的发生都有一个从产生隐患、酝酿发展,再到偶然触发的过程,也都有一个从量变到质变、从微疵到大错的经过。所以,危机意识的匮乏、事前控制的缺失往往会引发难以控制的恶性后果。无论是"挑战者"号航天飞机爆炸事件,还是无锡高架桥侧翻事件,还是厦门地铁塌陷事件,皆是如此。这也正是海恩法则告诉我们的:每一起严重事故的背后,必然有29次轻微事故和300起未遂先兆以及1 000起事故隐患。

因此，事后补救不如事中控制，事中控制不如事前预防。试想，如果"挑战者"号的管理者们多一点危机意识，多一些事前预防，认真思考专家的忠告，也许就不会有航天飞机爆炸的恶性后果了。

"明者远见于未萌，而智者避危于无形。"记住：处理危机不如预防危机，亡羊补牢难比未雨绸缪！

（全文共727字）

 参考范文2

管理决策应集思广益
吕建刚

"挑战者"号航天飞机爆炸事故，让笔者扼腕叹息！叹息之余，不禁设想一个问题：如果美国宇航局能够重视和采纳专家的意见，是否就可以避免这一事故的发生呢？可见，管理者应集思广益、科学决策。

首先，集思广益是科学决策的客观要求。很多决策都是在"信息不完整""信息不对称"的情况下做出的。由于位置不同、视角不同，管理者可能很难站在其他角度想问题，更不可能掌握所有决策相关信息。这个时候，多听听别人的意见和建议，就可以打开"上帝视角"，发现从前"看不见的背面"，让信息由不对称到对称，从不完善到逐渐完善，通过集思广益来丰富自己的思想，从而做出科学决策。

其次，集思广益是决策者的内在需要。"尺有所短，寸有所长"，管理者不可能是全才，多数管理者仅仅是某一领域或某个方面的行家里手，在其他方面一定有其短处。在自己不擅长的领域，多听听别人的建议和意见，就显得尤为重要。"挑战者"号航天飞机爆炸事故中，那几位发现问题的工程师就掌握了决策者不具备的知识和技能，发现了决策者没发现的问题。可见，集思广益能提高决策的科学性。

要做到集思广益，一方面，要重视专家的意见。专家之所以成为专家，是因为他们是相关领域的特定人才，对其研究领域有一定的发言权，因此，他们的意见应该给予一定的重视。另一方面，要广开言路，让普通人也有发言权。普通员工，尤其是一线员工，往往比高高在上的管理者更容易发现一些问题，因此，他们的意见也值得重视。

总而言之，管理者不能独断专行、搞"一言堂"，而应该营造人人勇于提意见、人人乐于提建议的轻松氛围，这样才能集思广益、科学决策。

（全文共665字）

全国硕士研究生入学统一考试
管理类专业学位联考综合能力答题卡（199）

报考单位

姓　名

考生编号（左对齐）

注意事项：
1、填（书）写必须使用黑色字迹签字笔，笔迹工整，字迹清楚，涂写必须使用2B铅笔。
2、选择题必须用2B铅笔涂在答题卡指定题号，非选择题必须用黑色签字笔在指定区域作答。不在指定区域作答、在草稿纸上、试题本上作答无效。
3、请保持答题卡清洁，请勿做任何标记，否则按无效卷处理。
4、请必须将试题本上的试题信息条形码贴在答题卡标有"试题信息条形码"的框内。

正确填涂　■
错误填涂　▽ ╳ ◐ ⊘ ⊖ ⊟
缺考标志　☐
缺考考生信息由监考员填涂并加盖缺考章，盖章不要遮盖考生信息。

选择题答题区域

1 [A] [B] [C] [D] [E]　　16 [A] [B] [C] [D] [E]　　31 [A] [B] [C] [D] [E]　　46 [A] [B] [C] [D] [E]
2 [A] [B] [C] [D] [E]　　17 [A] [B] [C] [D] [E]　　32 [A] [B] [C] [D] [E]　　47 [A] [B] [C] [D] [E]
3 [A] [B] [C] [D] [E]　　18 [A] [B] [C] [D] [E]　　33 [A] [B] [C] [D] [E]　　48 [A] [B] [C] [D] [E]
4 [A] [B] [C] [D] [E]　　19 [A] [B] [C] [D] [E]　　34 [A] [B] [C] [D] [E]　　49 [A] [B] [C] [D] [E]
5 [A] [B] [C] [D] [E]　　20 [A] [B] [C] [D] [E]　　35 [A] [B] [C] [D] [E]　　50 [A] [B] [C] [D] [E]
6 [A] [B] [C] [D] [E]　　21 [A] [B] [C] [D] [E]　　36 [A] [B] [C] [D] [E]　　51 [A] [B] [C] [D] [E]
7 [A] [B] [C] [D] [E]　　22 [A] [B] [C] [D] [E]　　37 [A] [B] [C] [D] [E]　　52 [A] [B] [C] [D] [E]
8 [A] [B] [C] [D] [E]　　23 [A] [B] [C] [D] [E]　　38 [A] [B] [C] [D] [E]　　53 [A] [B] [C] [D] [E]
9 [A] [B] [C] [D] [E]　　24 [A] [B] [C] [D] [E]　　39 [A] [B] [C] [D] [E]　　54 [A] [B] [C] [D] [E]
10 [A] [B] [C] [D] [E]　　25 [A] [B] [C] [D] [E]　　40 [A] [B] [C] [D] [E]　　55 [A] [B] [C] [D] [E]
11 [A] [B] [C] [D] [E]　　26 [A] [B] [C] [D] [E]　　41 [A] [B] [C] [D] [E]
12 [A] [B] [C] [D] [E]　　27 [A] [B] [C] [D] [E]　　42 [A] [B] [C] [D] [E]
13 [A] [B] [C] [D] [E]　　28 [A] [B] [C] [D] [E]　　43 [A] [B] [C] [D] [E]
14 [A] [B] [C] [D] [E]　　29 [A] [B] [C] [D] [E]　　44 [A] [B] [C] [D] [E]
15 [A] [B] [C] [D] [E]　　30 [A] [B] [C] [D] [E]　　45 [A] [B] [C] [D] [E]

阴影部分请勿作答或做任何标记

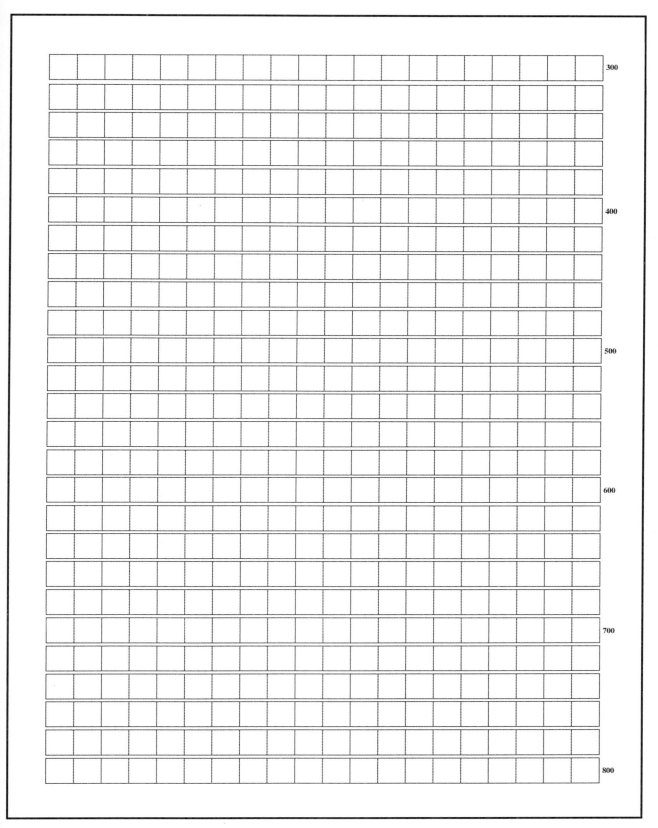

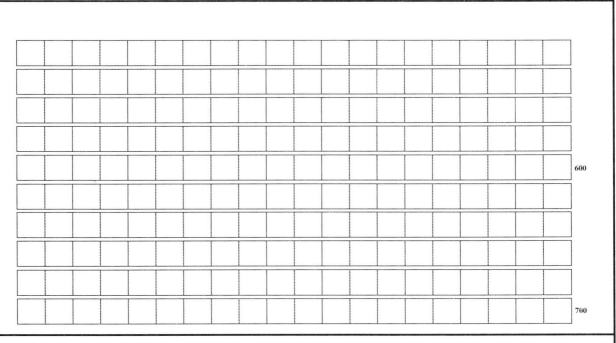

作文57

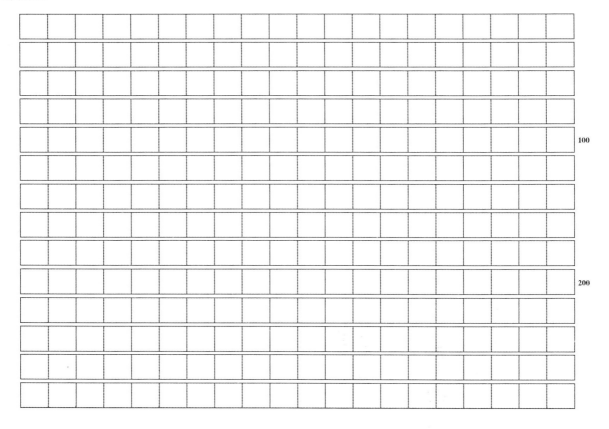

作文56

全国硕士研究生入学统一考试
管理类专业学位联考综合能力答题卡（199）

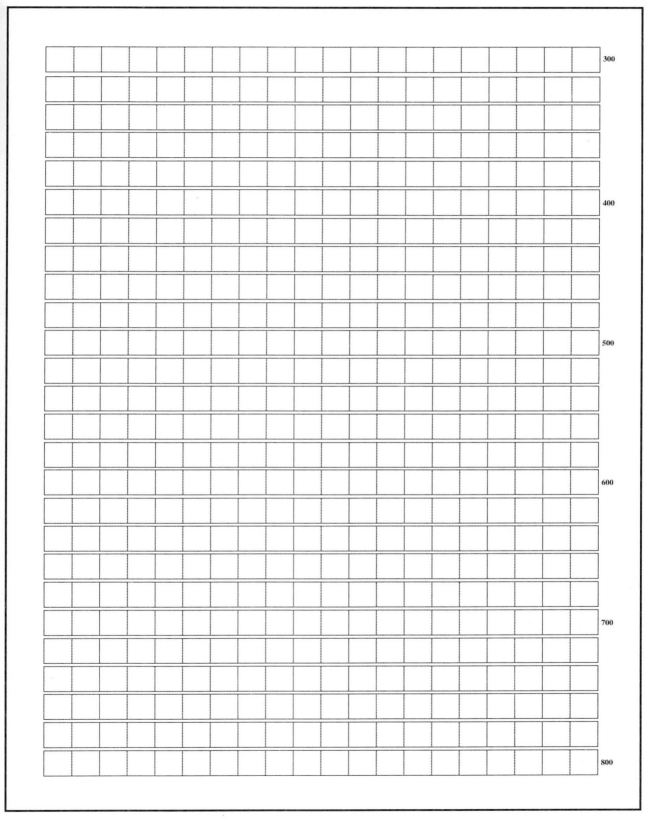

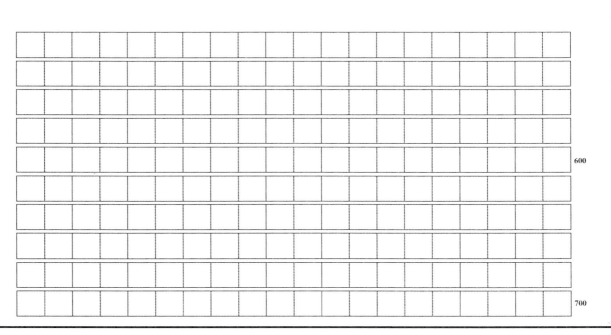

作文57

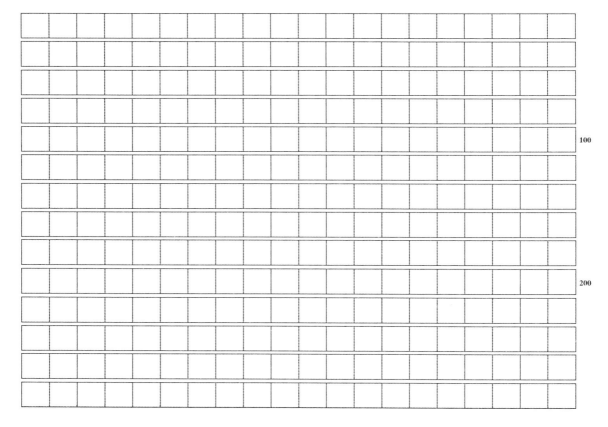

作文56

全国硕士研究生入学统一考试
管理类专业学位联考综合能力答题卡（199）

报考单位

姓　名

考生编号（左对齐）

注意事项：
1、填（书）写必须使用黑色字迹签字笔，笔迹工整，字迹清楚，涂写必须使用2B铅笔。
2、选择题必须用2B铅笔涂在答题卡指定题号，非选择题必须用黑色签字笔在指定区域作答。不在指定区域作答、在草稿纸上、试题本上作答无效。
3、请保持答题卡清洁，请勿做任何标记，否则按无效卷处理。
4、请必须将试题本上的试题信息条形码贴在答题卡标有"试题信息条形码"的框内。

正确填涂　■
错误填涂　☑ ☒ ⊙ ⊘ ▬
缺考标志　□
缺考考生信息由监考员填涂并加盖缺考章，盖章不要遮盖考生信息。

选择题答题区域

1 [A] [B] [C] [D] [E]　　16 [A] [B] [C] [D] [E]　　31 [A] [B] [C] [D] [E]　　46 [A] [B] [C] [D] [E]
2 [A] [B] [C] [D] [E]　　17 [A] [B] [C] [D] [E]　　32 [A] [B] [C] [D] [E]　　47 [A] [B] [C] [D] [E]
3 [A] [B] [C] [D] [E]　　18 [A] [B] [C] [D] [E]　　33 [A] [B] [C] [D] [E]　　48 [A] [B] [C] [D] [E]
4 [A] [B] [C] [D] [E]　　19 [A] [B] [C] [D] [E]　　34 [A] [B] [C] [D] [E]　　49 [A] [B] [C] [D] [E]
5 [A] [B] [C] [D] [E]　　20 [A] [B] [C] [D] [E]　　35 [A] [B] [C] [D] [E]　　50 [A] [B] [C] [D] [E]
6 [A] [B] [C] [D] [E]　　21 [A] [B] [C] [D] [E]　　36 [A] [B] [C] [D] [E]　　51 [A] [B] [C] [D] [E]
7 [A] [B] [C] [D] [E]　　22 [A] [B] [C] [D] [E]　　37 [A] [B] [C] [D] [E]　　52 [A] [B] [C] [D] [E]
8 [A] [B] [C] [D] [E]　　23 [A] [B] [C] [D] [E]　　38 [A] [B] [C] [D] [E]　　53 [A] [B] [C] [D] [E]
9 [A] [B] [C] [D] [E]　　24 [A] [B] [C] [D] [E]　　39 [A] [B] [C] [D] [E]　　54 [A] [B] [C] [D] [E]
10 [A] [B] [C] [D] [E]　　25 [A] [B] [C] [D] [E]　　40 [A] [B] [C] [D] [E]　　55 [A] [B] [C] [D] [E]
11 [A] [B] [C] [D] [E]　　26 [A] [B] [C] [D] [E]　　41 [A] [B] [C] [D] [E]
12 [A] [B] [C] [D] [E]　　27 [A] [B] [C] [D] [E]　　42 [A] [B] [C] [D] [E]
13 [A] [B] [C] [D] [E]　　28 [A] [B] [C] [D] [E]　　43 [A] [B] [C] [D] [E]
14 [A] [B] [C] [D] [E]　　29 [A] [B] [C] [D] [E]　　44 [A] [B] [C] [D] [E]
15 [A] [B] [C] [D] [E]　　30 [A] [B] [C] [D] [E]　　45 [A] [B] [C] [D] [E]

阴影部分请勿作答或做任何标记

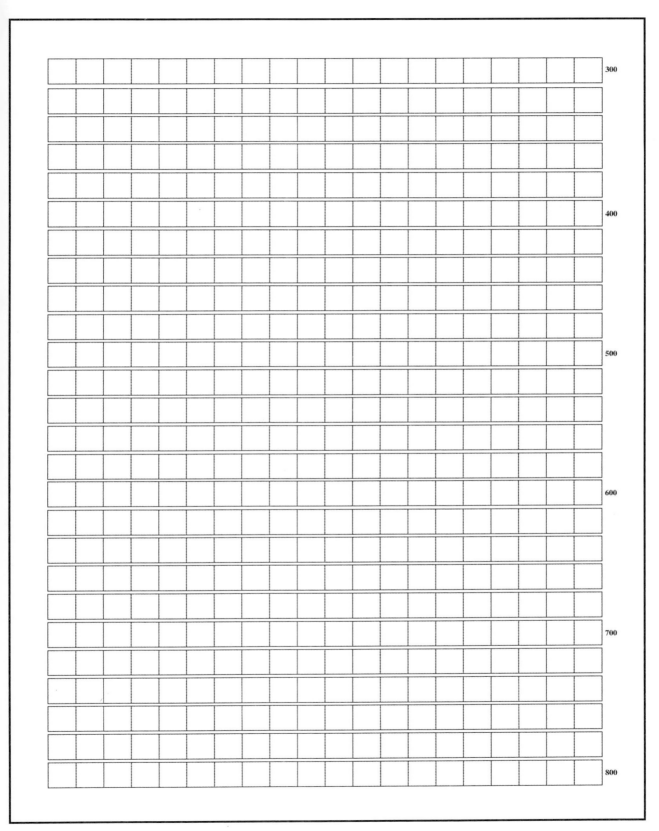

考生姓名：_____

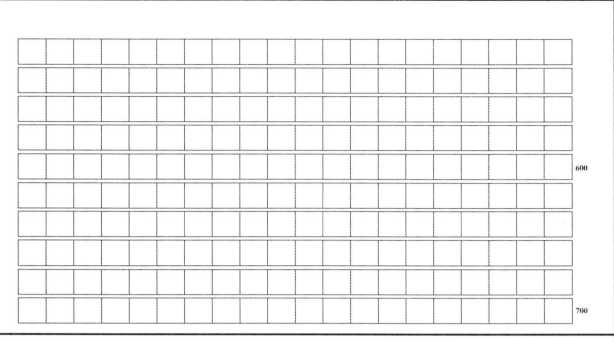

作文57

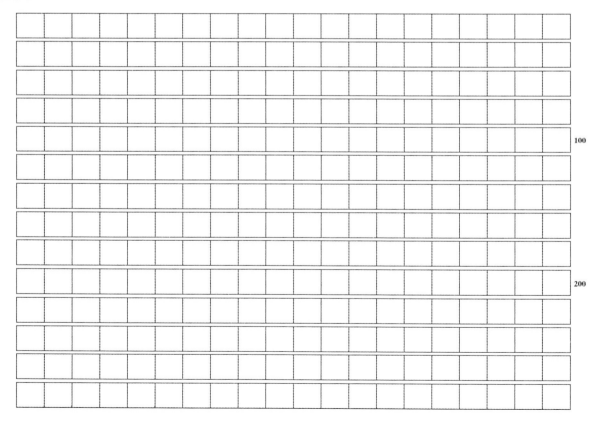

作文56

全国硕士研究生入学统一考试
管理类专业学位联考综合能力答题卡（199）

报 考 单 位

姓 名

考生编号（左对齐）

注意事项：
1、填（书）写必须使用黑色字迹签字笔，笔迹工整，字迹清楚，涂写必须使用2B铅笔。
2、选择题必须用2B铅笔涂在答题卡指定题号，非选择题必须用黑色签字笔在指定区域作答。不在指定区域作答、在草稿纸上、试题本上作答无效。
3、请保持答题卡清洁，请勿做任何标记，否则按无效卷处理。
4、请必须将试题本上的试题信息条形码贴在答题卡标有"试题信息条形码"的框内。

正确填涂 ■
错误填涂 [Ⅴ] [×] [●] [／] [━]

缺考标志 □
缺考考生信息由监考员填涂并加盖缺考章，盖章不要遮盖考生信息。

选择题答题区域

1 [A] [B] [C] [D] [E]   16 [A] [B] [C] [D] [E]   31 [A] [B] [C] [D] [E]   46 [A] [B] [C] [D] [E]
2 [A] [B] [C] [D] [E]   17 [A] [B] [C] [D] [E]   32 [A] [B] [C] [D] [E]   47 [A] [B] [C] [D] [E]
3 [A] [B] [C] [D] [E]   18 [A] [B] [C] [D] [E]   33 [A] [B] [C] [D] [E]   48 [A] [B] [C] [D] [E]
4 [A] [B] [C] [D] [E]   19 [A] [B] [C] [D] [E]   34 [A] [B] [C] [D] [E]   49 [A] [B] [C] [D] [E]
5 [A] [B] [C] [D] [E]   20 [A] [B] [C] [D] [E]   35 [A] [B] [C] [D] [E]   50 [A] [B] [C] [D] [E]
6 [A] [B] [C] [D] [E]   21 [A] [B] [C] [D] [E]   36 [A] [B] [C] [D] [E]   51 [A] [B] [C] [D] [E]
7 [A] [B] [C] [D] [E]   22 [A] [B] [C] [D] [E]   37 [A] [B] [C] [D] [E]   52 [A] [B] [C] [D] [E]
8 [A] [B] [C] [D] [E]   23 [A] [B] [C] [D] [E]   38 [A] [B] [C] [D] [E]   53 [A] [B] [C] [D] [E]
9 [A] [B] [C] [D] [E]   24 [A] [B] [C] [D] [E]   39 [A] [B] [C] [D] [E]   54 [A] [B] [C] [D] [E]
10 [A] [B] [C] [D] [E]   25 [A] [B] [C] [D] [E]   40 [A] [B] [C] [D] [E]   55 [A] [B] [C] [D] [E]
11 [A] [B] [C] [D] [E]   26 [A] [B] [C] [D] [E]   41 [A] [B] [C] [D] [E]
12 [A] [B] [C] [D] [E]   27 [A] [B] [C] [D] [E]   42 [A] [B] [C] [D] [E]
13 [A] [B] [C] [D] [E]   28 [A] [B] [C] [D] [E]   43 [A] [B] [C] [D] [E]
14 [A] [B] [C] [D] [E]   29 [A] [B] [C] [D] [E]   44 [A] [B] [C] [D] [E]
15 [A] [B] [C] [D] [E]   30 [A] [B] [C] [D] [E]   45 [A] [B] [C] [D] [E]

阴影部分请勿作答或做任何标记

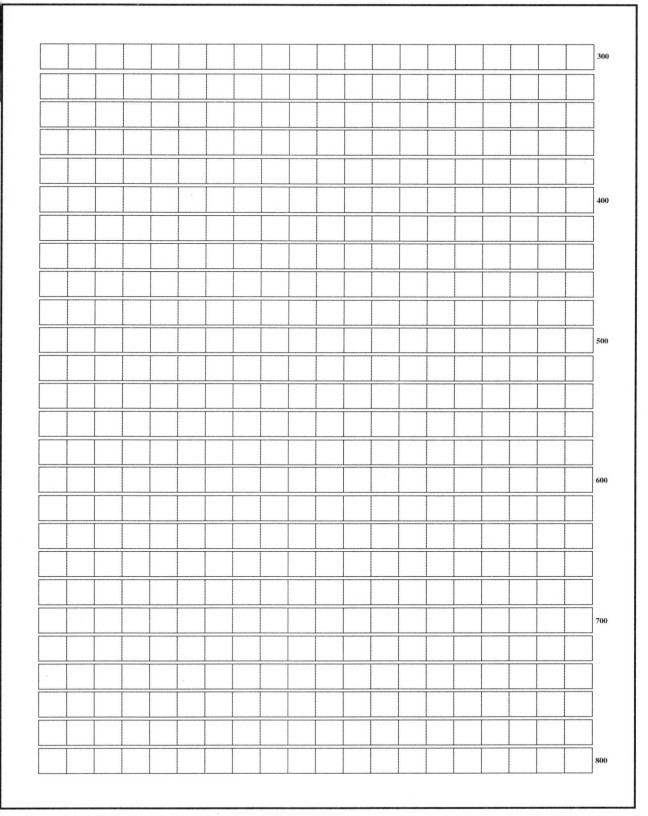

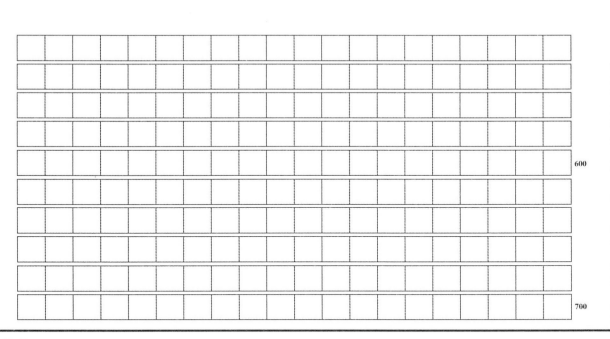

作文57

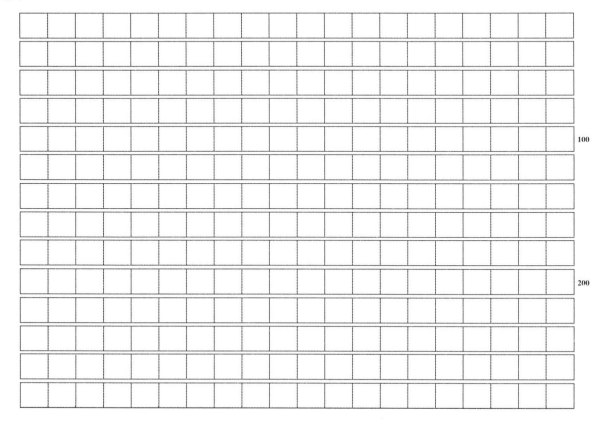

作文56

全国硕士研究生入学统一考试
管理类专业学位联考综合能力答题卡（199）

报考单位

姓　名

考生编号（左对齐）

注意事项：
1、填（书）写必须使用黑色字迹签字笔，笔迹工整，字迹清楚，涂写必须使用2B铅笔。
2、选择题必须用2B铅笔涂在答题卡指定题号，非选择题必须用黑色签字笔在指定区域作答。不在指定区域作答、在草稿纸上、试题本上作答无效。
3、请保持答题卡清洁，请勿做任何标记，否则按无效卷处理。
4、请必须将试题本上的试题信息条形码贴在答题卡标有"试题信息条形码"的框内。

正确填涂　■
缺考标志　□

错误填涂　[∨] [×] [◐] [／] [━]
缺考考生信息由监考员填涂并加盖缺考章，盖章不要遮盖考生信息。

选择题答题区域

1 [A] [B] [C] [D] [E]	16 [A] [B] [C] [D] [E]	31 [A] [B] [C] [D] [E]	46 [A] [B] [C] [D] [E]
2 [A] [B] [C] [D] [E]	17 [A] [B] [C] [D] [E]	32 [A] [B] [C] [D] [E]	47 [A] [B] [C] [D] [E]
3 [A] [B] [C] [D] [E]	18 [A] [B] [C] [D] [E]	33 [A] [B] [C] [D] [E]	48 [A] [B] [C] [D] [E]
4 [A] [B] [C] [D] [E]	19 [A] [B] [C] [D] [E]	34 [A] [B] [C] [D] [E]	49 [A] [B] [C] [D] [E]
5 [A] [B] [C] [D] [E]	20 [A] [B] [C] [D] [E]	35 [A] [B] [C] [D] [E]	50 [A] [B] [C] [D] [E]
6 [A] [B] [C] [D] [E]	21 [A] [B] [C] [D] [E]	36 [A] [B] [C] [D] [E]	51 [A] [B] [C] [D] [E]
7 [A] [B] [C] [D] [E]	22 [A] [B] [C] [D] [E]	37 [A] [B] [C] [D] [E]	52 [A] [B] [C] [D] [E]
8 [A] [B] [C] [D] [E]	23 [A] [B] [C] [D] [E]	38 [A] [B] [C] [D] [E]	53 [A] [B] [C] [D] [E]
9 [A] [B] [C] [D] [E]	24 [A] [B] [C] [D] [E]	39 [A] [B] [C] [D] [E]	54 [A] [B] [C] [D] [E]
10 [A] [B] [C] [D] [E]	25 [A] [B] [C] [D] [E]	40 [A] [B] [C] [D] [E]	55 [A] [B] [C] [D] [E]
11 [A] [B] [C] [D] [E]	26 [A] [B] [C] [D] [E]	41 [A] [B] [C] [D] [E]	
12 [A] [B] [C] [D] [E]	27 [A] [B] [C] [D] [E]	42 [A] [B] [C] [D] [E]	
13 [A] [B] [C] [D] [E]	28 [A] [B] [C] [D] [E]	43 [A] [B] [C] [D] [E]	
14 [A] [B] [C] [D] [E]	29 [A] [B] [C] [D] [E]	44 [A] [B] [C] [D] [E]	
15 [A] [B] [C] [D] [E]	30 [A] [B] [C] [D] [E]	45 [A] [B] [C] [D] [E]	

阴影部分请勿作答或做任何标记

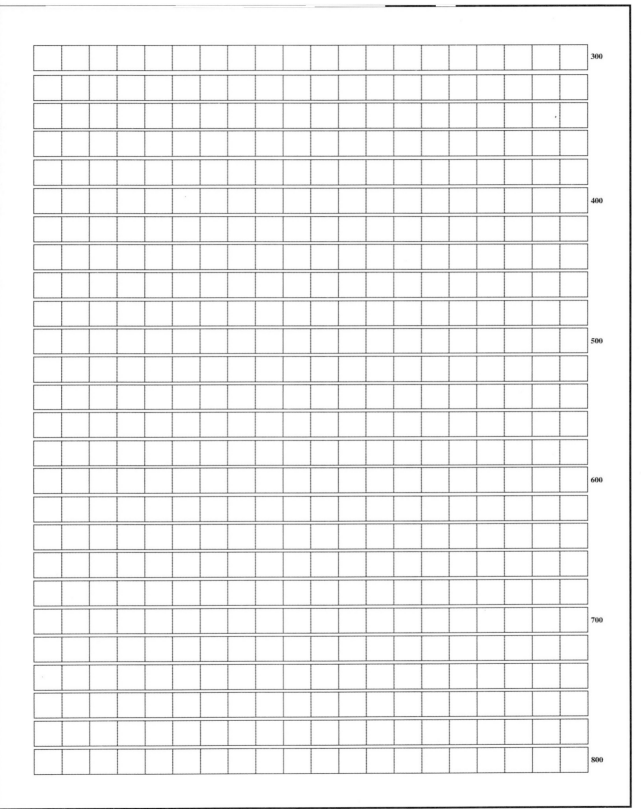

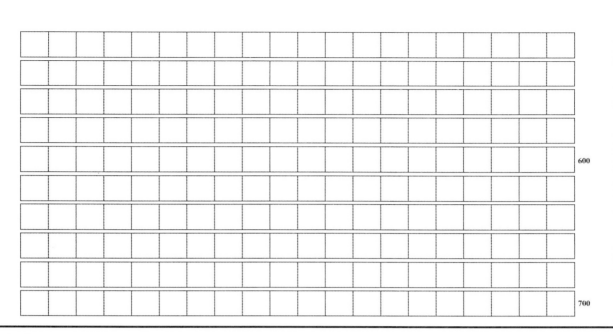

作文57

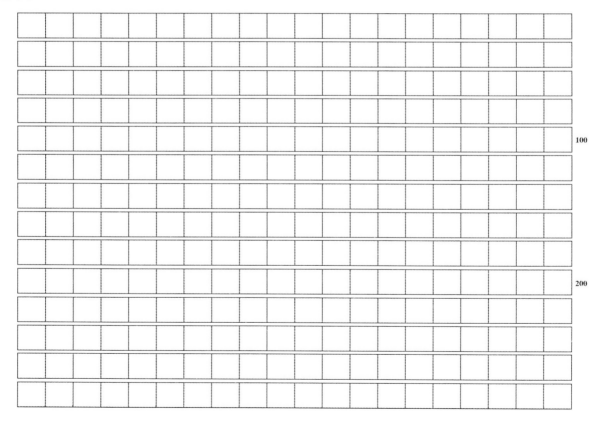

作文56

全国硕士研究生入学统一考试
管理类专业学位联考综合能力答题卡（199）

报 考 单 位	考生编号（左对齐）
姓 名	

注意事项：
1、填（书）写必须使用黑色字迹签字笔，笔迹工整，字迹清楚，涂写必须使用2B铅笔。
2、选择题必须用2B铅笔涂在答题卡指定题号，非选择题必须用黑色签字笔在指定区域作答。不在指定区域作答、在草稿纸上、试题本上作答无效。
3、请保持答题卡清洁，请勿做任何标记，否则按无效卷处理。
4、请务必将试题本上的试题信息条形码贴在答题卡标有"试题信息条形码"的框内。

正确填涂 ■　　错误填涂 [∨] [×] [—] [ˋ] [／] [━]
缺考标志 □　　缺考考生信息由监考员填涂并加盖缺考章，盖章不要遮盖考生信息。

选择题答题区域

1 [A] [B] [C] [D] [E]	16 [A] [B] [C] [D] [E]	31 [A] [B] [C] [D] [E]	46 [A] [B] [C] [D] [E]
2 [A] [B] [C] [D] [E]	17 [A] [B] [C] [D] [E]	32 [A] [B] [C] [D] [E]	47 [A] [B] [C] [D] [E]
3 [A] [B] [C] [D] [E]	18 [A] [B] [C] [D] [E]	33 [A] [B] [C] [D] [E]	48 [A] [B] [C] [D] [E]
4 [A] [B] [C] [D] [E]	19 [A] [B] [C] [D] [E]	34 [A] [B] [C] [D] [E]	49 [A] [B] [C] [D] [E]
5 [A] [B] [C] [D] [E]	20 [A] [B] [C] [D] [E]	35 [A] [B] [C] [D] [E]	50 [A] [B] [C] [D] [E]
6 [A] [B] [C] [D] [E]	21 [A] [B] [C] [D] [E]	36 [A] [B] [C] [D] [E]	51 [A] [B] [C] [D] [E]
7 [A] [B] [C] [D] [E]	22 [A] [B] [C] [D] [E]	37 [A] [B] [C] [D] [E]	52 [A] [B] [C] [D] [E]
8 [A] [B] [C] [D] [E]	23 [A] [B] [C] [D] [E]	38 [A] [B] [C] [D] [E]	53 [A] [B] [C] [D] [E]
9 [A] [B] [C] [D] [E]	24 [A] [B] [C] [D] [E]	39 [A] [B] [C] [D] [E]	54 [A] [B] [C] [D] [E]
10 [A] [B] [C] [D] [E]	25 [A] [B] [C] [D] [E]	40 [A] [B] [C] [D] [E]	55 [A] [B] [C] [D] [E]
11 [A] [B] [C] [D] [E]	26 [A] [B] [C] [D] [E]	41 [A] [B] [C] [D] [E]	
12 [A] [B] [C] [D] [E]	27 [A] [B] [C] [D] [E]	42 [A] [B] [C] [D] [E]	
13 [A] [B] [C] [D] [E]	28 [A] [B] [C] [D] [E]	43 [A] [B] [C] [D] [E]	
14 [A] [B] [C] [D] [E]	29 [A] [B] [C] [D] [E]	44 [A] [B] [C] [D] [E]	
15 [A] [B] [C] [D] [E]	30 [A] [B] [C] [D] [E]	45 [A] [B] [C] [D] [E]	

阴影部分请勿作答或做任何标记

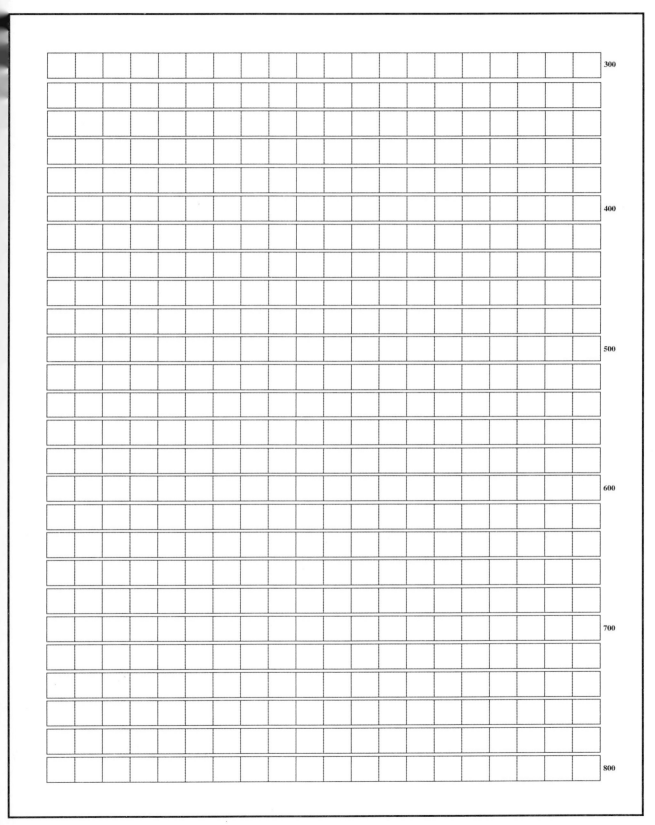

作文57

作文56

全国硕士研究生入学统一考试
管理类专业学位联考综合能力答题卡（199）

报考单位

姓　名

考生编号（左对齐）

注意事项：
1、填（书）写必须使用黑色字迹签字笔，笔迹工整，字迹清楚，涂写必须使用2B铅笔。
2、选择题必须用2B铅笔涂在答题卡指定题号，非选择题必须用黑色签字笔在指定区域作答。不在指定区域作答、在草稿纸上、试题本上作答无效。
3、请保持答题卡清洁，请勿做任何标记，否则按无效卷处理。
4、请必须将试题本上的试题信息条形码贴在答题卡标有"试题信息条形码"的框内。

正确填涂　■
缺考标志　□
错误填涂　☑ ☒ ⊡ ⊘ ―
缺考考生信息由监考员填涂并加盖缺考章，盖章不要遮盖考生信息。

选择题答题区域

1 [A] [B] [C] [D] [E]　　16 [A] [B] [C] [D] [E]　　31 [A] [B] [C] [D] [E]　　46 [A] [B] [C] [D] [E]
2 [A] [B] [C] [D] [E]　　17 [A] [B] [C] [D] [E]　　32 [A] [B] [C] [D] [E]　　47 [A] [B] [C] [D] [E]
3 [A] [B] [C] [D] [E]　　18 [A] [B] [C] [D] [E]　　33 [A] [B] [C] [D] [E]　　48 [A] [B] [C] [D] [E]
4 [A] [B] [C] [D] [E]　　19 [A] [B] [C] [D] [E]　　34 [A] [B] [C] [D] [E]　　49 [A] [B] [C] [D] [E]
5 [A] [B] [C] [D] [E]　　20 [A] [B] [C] [D] [E]　　35 [A] [B] [C] [D] [E]　　50 [A] [B] [C] [D] [E]
6 [A] [B] [C] [D] [E]　　21 [A] [B] [C] [D] [E]　　36 [A] [B] [C] [D] [E]　　51 [A] [B] [C] [D] [E]
7 [A] [B] [C] [D] [E]　　22 [A] [B] [C] [D] [E]　　37 [A] [B] [C] [D] [E]　　52 [A] [B] [C] [D] [E]
8 [A] [B] [C] [D] [E]　　23 [A] [B] [C] [D] [E]　　38 [A] [B] [C] [D] [E]　　53 [A] [B] [C] [D] [E]
9 [A] [B] [C] [D] [E]　　24 [A] [B] [C] [D] [E]　　39 [A] [B] [C] [D] [E]　　54 [A] [B] [C] [D] [E]
10 [A] [B] [C] [D] [E]　　25 [A] [B] [C] [D] [E]　　40 [A] [B] [C] [D] [E]　　55 [A] [B] [C] [D] [E]
11 [A] [B] [C] [D] [E]　　26 [A] [B] [C] [D] [E]　　41 [A] [B] [C] [D] [E]
12 [A] [B] [C] [D] [E]　　27 [A] [B] [C] [D] [E]　　42 [A] [B] [C] [D] [E]
13 [A] [B] [C] [D] [E]　　28 [A] [B] [C] [D] [E]　　43 [A] [B] [C] [D] [E]
14 [A] [B] [C] [D] [E]　　29 [A] [B] [C] [D] [E]　　44 [A] [B] [C] [D] [E]
15 [A] [B] [C] [D] [E]　　30 [A] [B] [C] [D] [E]　　45 [A] [B] [C] [D] [E]

阴影部分请勿作答或做任何标记

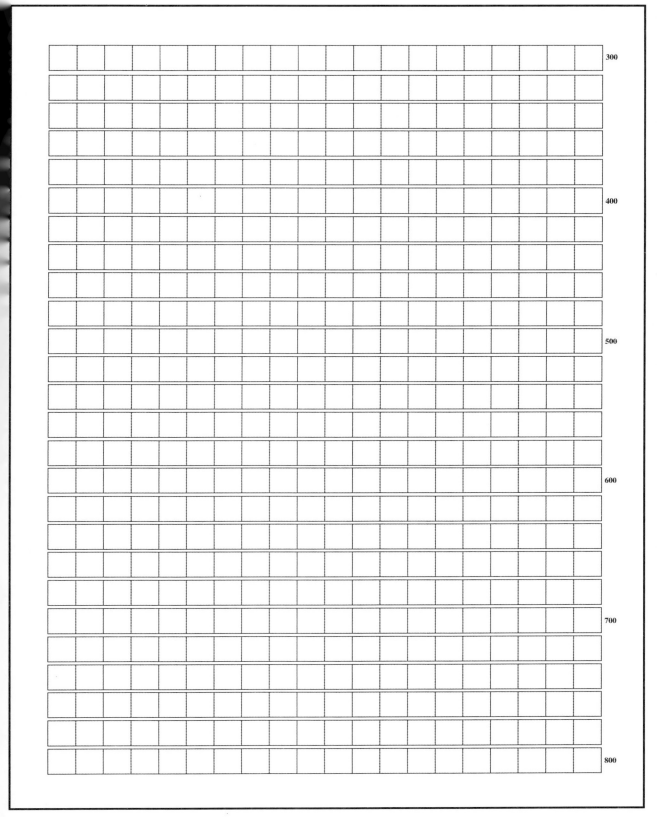

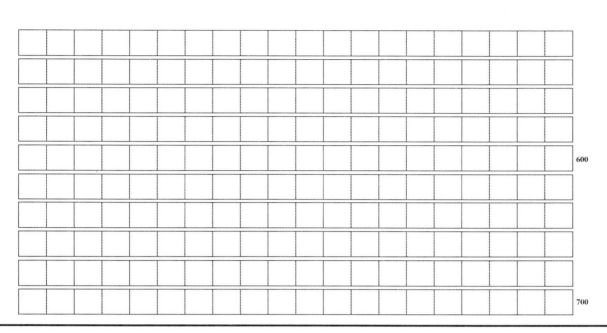

作文57

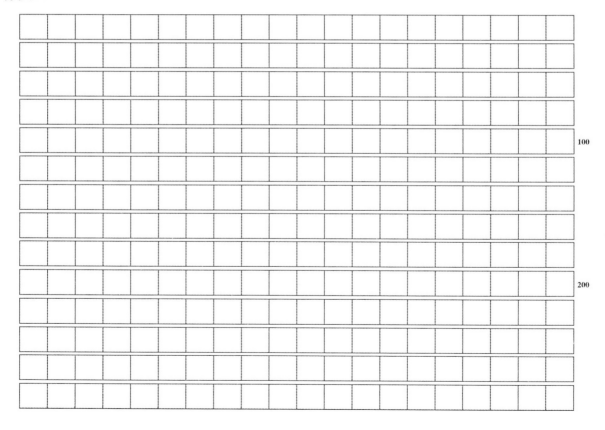

作文56

全国硕士研究生入学统一考试
管理类专业学位联考综合能力答题卡（199）

报考单位

姓　名

考生编号（左对齐）

注意事项：
1、填（书）写必须使用黑色字迹签字笔，笔迹工整，字迹清楚，涂写必须使用2B铅笔。
2、选择题必须用2B铅笔涂在答题卡指定题号，非选择题必须用黑色签字笔在指定区域作答。不在指定区域作答、在草稿纸上、试题本上作答无效。
3、请保持答题卡清洁，请勿做任何标记，否则按无效卷处理。
4、请务必将试题本上的试题信息条形码贴在答题卡标有"试题信息条形码"的框内。

正确填涂 ■　　　错误填涂 [✓] [✗] [⊡] [／] [—]

缺考标志 □　　　缺考考生信息由监考员填涂并加盖缺考章，盖章不要遮盖考生信息。

选择题答题区域

1 [A] [B] [C] [D] [E]　　16 [A] [B] [C] [D] [E]　　31 [A] [B] [C] [D] [E]　　46 [A] [B] [C] [D] [E]
2 [A] [B] [C] [D] [E]　　17 [A] [B] [C] [D] [E]　　32 [A] [B] [C] [D] [E]　　47 [A] [B] [C] [D] [E]
3 [A] [B] [C] [D] [E]　　18 [A] [B] [C] [D] [E]　　33 [A] [B] [C] [D] [E]　　48 [A] [B] [C] [D] [E]
4 [A] [B] [C] [D] [E]　　19 [A] [B] [C] [D] [E]　　34 [A] [B] [C] [D] [E]　　49 [A] [B] [C] [D] [E]
5 [A] [B] [C] [D] [E]　　20 [A] [B] [C] [D] [E]　　35 [A] [B] [C] [D] [E]　　50 [A] [B] [C] [D] [E]
6 [A] [B] [C] [D] [E]　　21 [A] [B] [C] [D] [E]　　36 [A] [B] [C] [D] [E]　　51 [A] [B] [C] [D] [E]
7 [A] [B] [C] [D] [E]　　22 [A] [B] [C] [D] [E]　　37 [A] [B] [C] [D] [E]　　52 [A] [B] [C] [D] [E]
8 [A] [B] [C] [D] [E]　　23 [A] [B] [C] [D] [E]　　38 [A] [B] [C] [D] [E]　　53 [A] [B] [C] [D] [E]
9 [A] [B] [C] [D] [E]　　24 [A] [B] [C] [D] [E]　　39 [A] [B] [C] [D] [E]　　54 [A] [B] [C] [D] [E]
10 [A] [B] [C] [D] [E]　　25 [A] [B] [C] [D] [E]　　40 [A] [B] [C] [D] [E]　　55 [A] [B] [C] [D] [E]
11 [A] [B] [C] [D] [E]　　26 [A] [B] [C] [D] [E]　　41 [A] [B] [C] [D] [E]
12 [A] [B] [C] [D] [E]　　27 [A] [B] [C] [D] [E]　　42 [A] [B] [C] [D] [E]
13 [A] [B] [C] [D] [E]　　28 [A] [B] [C] [D] [E]　　43 [A] [B] [C] [D] [E]
14 [A] [B] [C] [D] [E]　　29 [A] [B] [C] [D] [E]　　44 [A] [B] [C] [D] [E]
15 [A] [B] [C] [D] [E]　　30 [A] [B] [C] [D] [E]　　45 [A] [B] [C] [D] [E]

阴影部分请勿作答或做任何标记

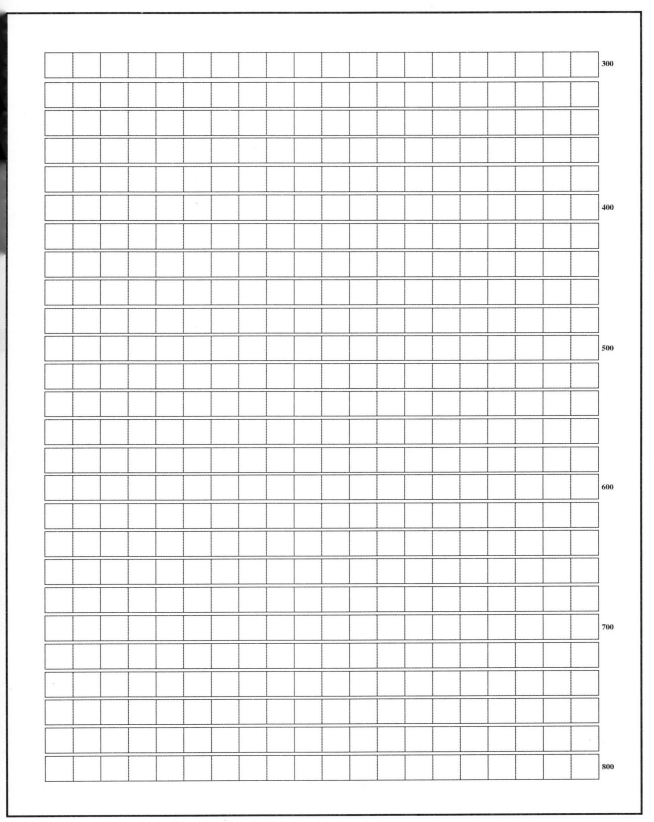

600

700

作文57

100

200

作文56

全国硕士研究生入学统一考试
管理类专业学位联考综合能力答题卡（199）

报考单位

姓　名

考生编号（左对齐）

注意事项：
1、填（书）写必须使用黑色字迹签字笔，笔迹工整，字迹清楚，涂写必须使用2B铅笔。
2、选择题必须用2B铅笔涂在答题卡指定题号，非选择题必须用黑色签字笔在指定区域作答。不在指定区域作答、在草稿纸上、试题本上作答无效。
3、请保持答题卡清洁，请勿做任何标记，否则按无效卷处理。
4、请必须将试题本上的试题信息条形码贴在答题卡标有"试题信息条形码"的框内。

正确填涂　■
错误填涂　[∨] [×] [●] [◢] [／] [━]
缺考标志　□
缺考考生信息由监考员填涂并加盖缺考章，盖章不要遮盖考生信息。

选择题答题区域

1 [A] [B] [C] [D] [E]	16 [A] [B] [C] [D] [E]	31 [A] [B] [C] [D] [E]	46 [A] [B] [C] [D] [E]
2 [A] [B] [C] [D] [E]	17 [A] [B] [C] [D] [E]	32 [A] [B] [C] [D] [E]	47 [A] [B] [C] [D] [E]
3 [A] [B] [C] [D] [E]	18 [A] [B] [C] [D] [E]	33 [A] [B] [C] [D] [E]	48 [A] [B] [C] [D] [E]
4 [A] [B] [C] [D] [E]	19 [A] [B] [C] [D] [E]	34 [A] [B] [C] [D] [E]	49 [A] [B] [C] [D] [E]
5 [A] [B] [C] [D] [E]	20 [A] [B] [C] [D] [E]	35 [A] [B] [C] [D] [E]	50 [A] [B] [C] [D] [E]
6 [A] [B] [C] [D] [E]	21 [A] [B] [C] [D] [E]	36 [A] [B] [C] [D] [E]	51 [A] [B] [C] [D] [E]
7 [A] [B] [C] [D] [E]	22 [A] [B] [C] [D] [E]	37 [A] [B] [C] [D] [E]	52 [A] [B] [C] [D] [E]
8 [A] [B] [C] [D] [E]	23 [A] [B] [C] [D] [E]	38 [A] [B] [C] [D] [E]	53 [A] [B] [C] [D] [E]
9 [A] [B] [C] [D] [E]	24 [A] [B] [C] [D] [E]	39 [A] [B] [C] [D] [E]	54 [A] [B] [C] [D] [E]
10 [A] [B] [C] [D] [E]	25 [A] [B] [C] [D] [E]	40 [A] [B] [C] [D] [E]	55 [A] [B] [C] [D] [E]
11 [A] [B] [C] [D] [E]	26 [A] [B] [C] [D] [E]	41 [A] [B] [C] [D] [E]	
12 [A] [B] [C] [D] [E]	27 [A] [B] [C] [D] [E]	42 [A] [B] [C] [D] [E]	
13 [A] [B] [C] [D] [E]	28 [A] [B] [C] [D] [E]	43 [A] [B] [C] [D] [E]	
14 [A] [B] [C] [D] [E]	29 [A] [B] [C] [D] [E]	44 [A] [B] [C] [D] [E]	
15 [A] [B] [C] [D] [E]	30 [A] [B] [C] [D] [E]	45 [A] [B] [C] [D] [E]	

阴影部分请勿作答或做任何标记

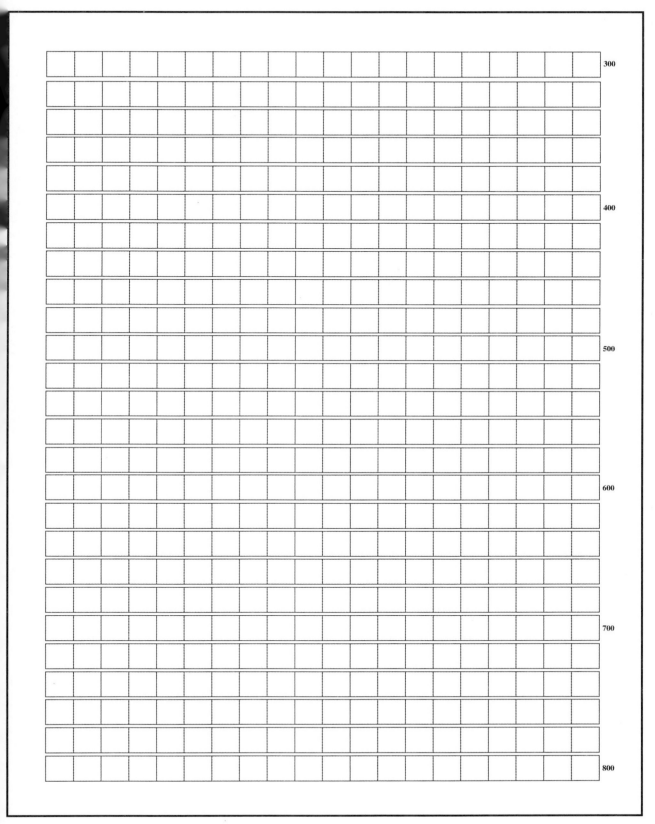

作文57

作文56

全国硕士研究生入学统一考试
管理类专业学位联考综合能力答题卡（199）

报考单位

姓　名

考生编号（左对齐）

注意事项：
1、填（书）写必须使用黑色字迹签字笔，笔迹工整，字迹清楚，涂写必须使用2B铅笔。
2、选择题必须用2B铅笔涂在答题卡指定题号，非选择题必须用黑色签字笔在指定区域作答。不在指定区域作答、在草稿纸上、试题本上作答无效。
3、请保持答题卡清洁，请勿做任何标记，否则按无效卷处理。
4、请必须将试题本上的试题信息条形码贴在答题卡标有"试题信息条形码"的框内。

正确填涂　■
错误填涂　[✓] [✗] [●] [／] [＼] [━]
缺考标志　□　　缺考考生信息由监考员填涂并加盖缺考章，盖章不要遮盖考生信息。

选择题答题区域

1 [A] [B] [C] [D] [E]　　16 [A] [B] [C] [D] [E]　　31 [A] [B] [C] [D] [E]　　46 [A] [B] [C] [D] [E]
2 [A] [B] [C] [D] [E]　　17 [A] [B] [C] [D] [E]　　32 [A] [B] [C] [D] [E]　　47 [A] [B] [C] [D] [E]
3 [A] [B] [C] [D] [E]　　18 [A] [B] [C] [D] [E]　　33 [A] [B] [C] [D] [E]　　48 [A] [B] [C] [D] [E]
4 [A] [B] [C] [D] [E]　　19 [A] [B] [C] [D] [E]　　34 [A] [B] [C] [D] [E]　　49 [A] [B] [C] [D] [E]
5 [A] [B] [C] [D] [E]　　20 [A] [B] [C] [D] [E]　　35 [A] [B] [C] [D] [E]　　50 [A] [B] [C] [D] [E]
6 [A] [B] [C] [D] [E]　　21 [A] [B] [C] [D] [E]　　36 [A] [B] [C] [D] [E]　　51 [A] [B] [C] [D] [E]
7 [A] [B] [C] [D] [E]　　22 [A] [B] [C] [D] [E]　　37 [A] [B] [C] [D] [E]　　52 [A] [B] [C] [D] [E]
8 [A] [B] [C] [D] [E]　　23 [A] [B] [C] [D] [E]　　38 [A] [B] [C] [D] [E]　　53 [A] [B] [C] [D] [E]
9 [A] [B] [C] [D] [E]　　24 [A] [B] [C] [D] [E]　　39 [A] [B] [C] [D] [E]　　54 [A] [B] [C] [D] [E]
10 [A] [B] [C] [D] [E]　　25 [A] [B] [C] [D] [E]　　40 [A] [B] [C] [D] [E]　　55 [A] [B] [C] [D] [E]
11 [A] [B] [C] [D] [E]　　26 [A] [B] [C] [D] [E]　　41 [A] [B] [C] [D] [E]
12 [A] [B] [C] [D] [E]　　27 [A] [B] [C] [D] [E]　　42 [A] [B] [C] [D] [E]
13 [A] [B] [C] [D] [E]　　28 [A] [B] [C] [D] [E]　　43 [A] [B] [C] [D] [E]
14 [A] [B] [C] [D] [E]　　29 [A] [B] [C] [D] [E]　　44 [A] [B] [C] [D] [E]
15 [A] [B] [C] [D] [E]　　30 [A] [B] [C] [D] [E]　　45 [A] [B] [C] [D] [E]

阴影部分请勿作答或做任何标记

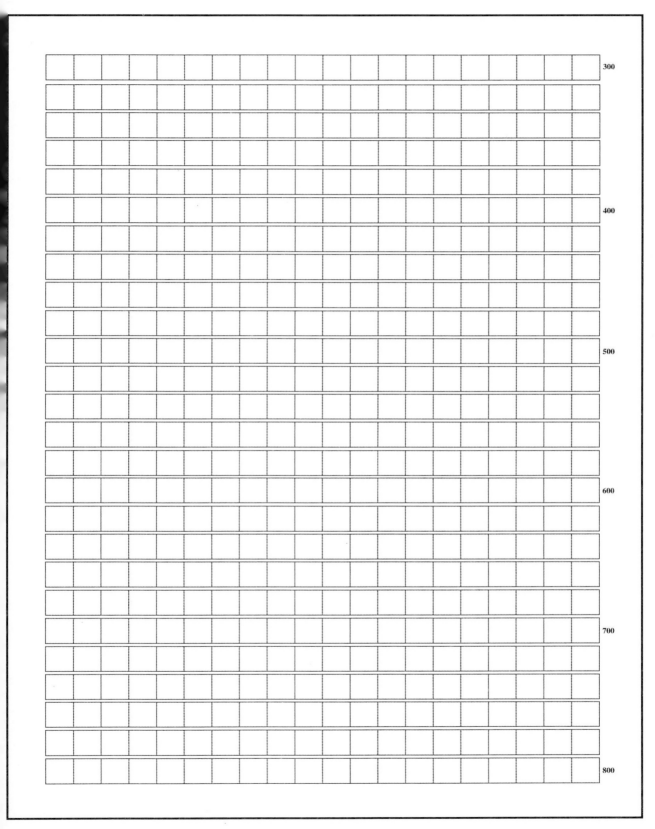

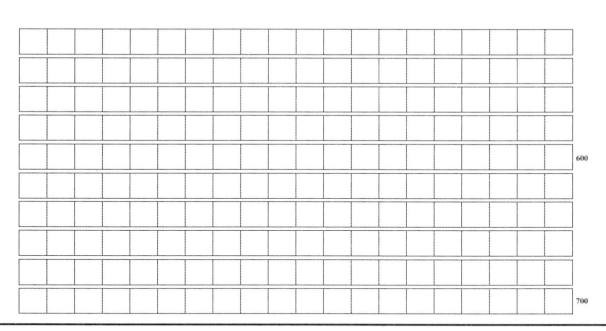

作文57

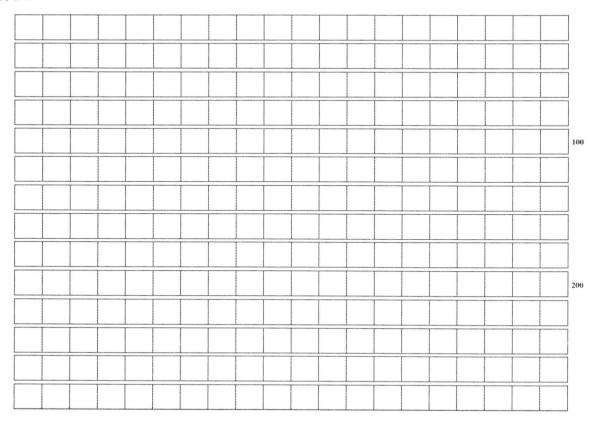

作文56

全国硕士研究生入学统一考试
管理类专业学位联考综合能力答题卡（199）

报 考 单 位

姓 名

考生编号（左对齐）

注意事项：
1、填（书）写必须使用黑色字迹签字笔，笔迹工整，字迹清楚，涂写必须使用2B铅笔。
2、选择题必须用2B铅笔涂在答题卡指定题号，非选择题必须用黑色签字笔在指定区域作答。不在指定区域作答、在草稿纸上、试题本上作答无效。
3、请保持答题卡清洁，请勿做任何标记，否则按无效卷处理。
4、请必须将试题本上的试题信息条形码贴在答题卡标有"试题信息条形码"的框内。

正确填涂 ■
错误填涂 [√] [×] [⊙] [/] [\] [—]

缺考标志 □
缺考考生信息由监考员填涂并加盖缺考章，盖章不要遮盖考生信息。

选择题答题区域

1 [A] [B] [C] [D] [E]   16 [A] [B] [C] [D] [E]   31 [A] [B] [C] [D] [E]   46 [A] [B] [C] [D] [E]
2 [A] [B] [C] [D] [E]   17 [A] [B] [C] [D] [E]   32 [A] [B] [C] [D] [E]   47 [A] [B] [C] [D] [E]
3 [A] [B] [C] [D] [E]   18 [A] [B] [C] [D] [E]   33 [A] [B] [C] [D] [E]   48 [A] [B] [C] [D] [E]
4 [A] [B] [C] [D] [E]   19 [A] [B] [C] [D] [E]   34 [A] [B] [C] [D] [E]   49 [A] [B] [C] [D] [E]
5 [A] [B] [C] [D] [E]   20 [A] [B] [C] [D] [E]   35 [A] [B] [C] [D] [E]   50 [A] [B] [C] [D] [E]
6 [A] [B] [C] [D] [E]   21 [A] [B] [C] [D] [E]   36 [A] [B] [C] [D] [E]   51 [A] [B] [C] [D] [E]
7 [A] [B] [C] [D] [E]   22 [A] [B] [C] [D] [E]   37 [A] [B] [C] [D] [E]   52 [A] [B] [C] [D] [E]
8 [A] [B] [C] [D] [E]   23 [A] [B] [C] [D] [E]   38 [A] [B] [C] [D] [E]   53 [A] [B] [C] [D] [E]
9 [A] [B] [C] [D] [E]   24 [A] [B] [C] [D] [E]   39 [A] [B] [C] [D] [E]   54 [A] [B] [C] [D] [E]
10 [A] [B] [C] [D] [E]   25 [A] [B] [C] [D] [E]   40 [A] [B] [C] [D] [E]   55 [A] [B] [C] [D] [E]
11 [A] [B] [C] [D] [E]   26 [A] [B] [C] [D] [E]   41 [A] [B] [C] [D] [E]
12 [A] [B] [C] [D] [E]   27 [A] [B] [C] [D] [E]   42 [A] [B] [C] [D] [E]
13 [A] [B] [C] [D] [E]   28 [A] [B] [C] [D] [E]   43 [A] [B] [C] [D] [E]
14 [A] [B] [C] [D] [E]   29 [A] [B] [C] [D] [E]   44 [A] [B] [C] [D] [E]
15 [A] [B] [C] [D] [E]   30 [A] [B] [C] [D] [E]   45 [A] [B] [C] [D] [E]

阴影部分请勿作答或做任何标记

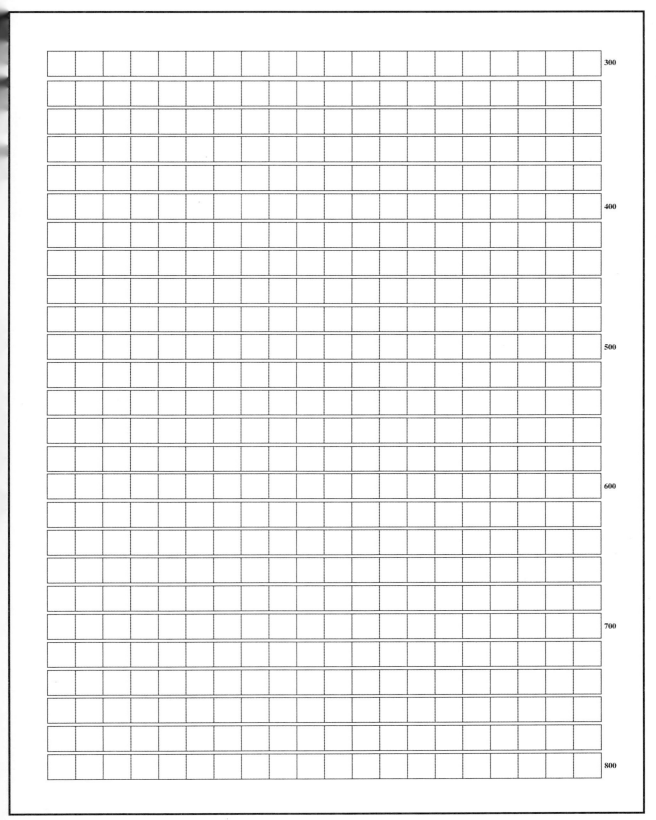

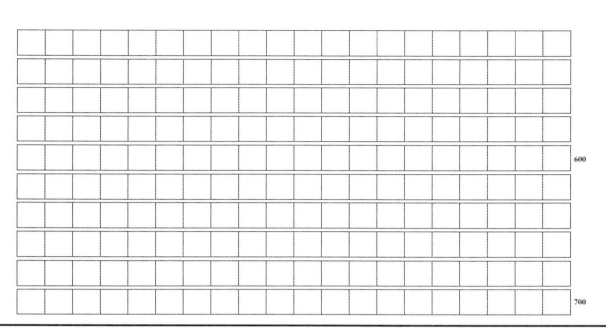

作文57

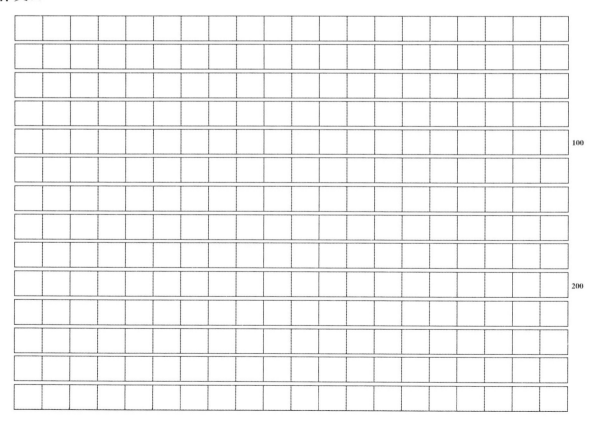

作文56

全国硕士研究生入学统一考试
管理类专业学位联考综合能力答题卡（199）

报考单位

姓名

考生编号（左对齐）

注意事项：
1、填（书）写必须使用黑色字迹签字笔，笔迹工整，字迹清楚，涂写必须使用2B铅笔。
2、选择题必须用2B铅笔涂在答题卡指定题号，非选择题必须用黑色签字笔在指定区域作答。不在指定区域作答、在草稿纸上、试题本上作答无效。
3、请保持答题卡清洁，请勿做任何标记，否则按无效卷处理。
4、请必须将试题本上的试题信息条形码贴在答题卡标有"试题信息条形码"的框内。

正确填涂 ■　　错误填涂 ⊘ ⊗ ● ⊘ ⊘ ━

缺考标志 □　　缺考考生信息由监考员填涂并加盖缺考章，盖章不要遮盖考生信息。

选择题答题区域

1 [A] [B] [C] [D] [E]　　16 [A] [B] [C] [D] [E]　　31 [A] [B] [C] [D] [E]　　46 [A] [B] [C] [D] [E]
2 [A] [B] [C] [D] [E]　　17 [A] [B] [C] [D] [E]　　32 [A] [B] [C] [D] [E]　　47 [A] [B] [C] [D] [E]
3 [A] [B] [C] [D] [E]　　18 [A] [B] [C] [D] [E]　　33 [A] [B] [C] [D] [E]　　48 [A] [B] [C] [D] [E]
4 [A] [B] [C] [D] [E]　　19 [A] [B] [C] [D] [E]　　34 [A] [B] [C] [D] [E]　　49 [A] [B] [C] [D] [E]
5 [A] [B] [C] [D] [E]　　20 [A] [B] [C] [D] [E]　　35 [A] [B] [C] [D] [E]　　50 [A] [B] [C] [D] [E]
6 [A] [B] [C] [D] [E]　　21 [A] [B] [C] [D] [E]　　36 [A] [B] [C] [D] [E]　　51 [A] [B] [C] [D] [E]
7 [A] [B] [C] [D] [E]　　22 [A] [B] [C] [D] [E]　　37 [A] [B] [C] [D] [E]　　52 [A] [B] [C] [D] [E]
8 [A] [B] [C] [D] [E]　　23 [A] [B] [C] [D] [E]　　38 [A] [B] [C] [D] [E]　　53 [A] [B] [C] [D] [E]
9 [A] [B] [C] [D] [E]　　24 [A] [B] [C] [D] [E]　　39 [A] [B] [C] [D] [E]　　54 [A] [B] [C] [D] [E]
10 [A] [B] [C] [D] [E]　　25 [A] [B] [C] [D] [E]　　40 [A] [B] [C] [D] [E]　　55 [A] [B] [C] [D] [E]
11 [A] [B] [C] [D] [E]　　26 [A] [B] [C] [D] [E]　　41 [A] [B] [C] [D] [E]
12 [A] [B] [C] [D] [E]　　27 [A] [B] [C] [D] [E]　　42 [A] [B] [C] [D] [E]
13 [A] [B] [C] [D] [E]　　28 [A] [B] [C] [D] [E]　　43 [A] [B] [C] [D] [E]
14 [A] [B] [C] [D] [E]　　29 [A] [B] [C] [D] [E]　　44 [A] [B] [C] [D] [E]
15 [A] [B] [C] [D] [E]　　30 [A] [B] [C] [D] [E]　　45 [A] [B] [C] [D] [E]

阴影部分请勿作答或做任何标记

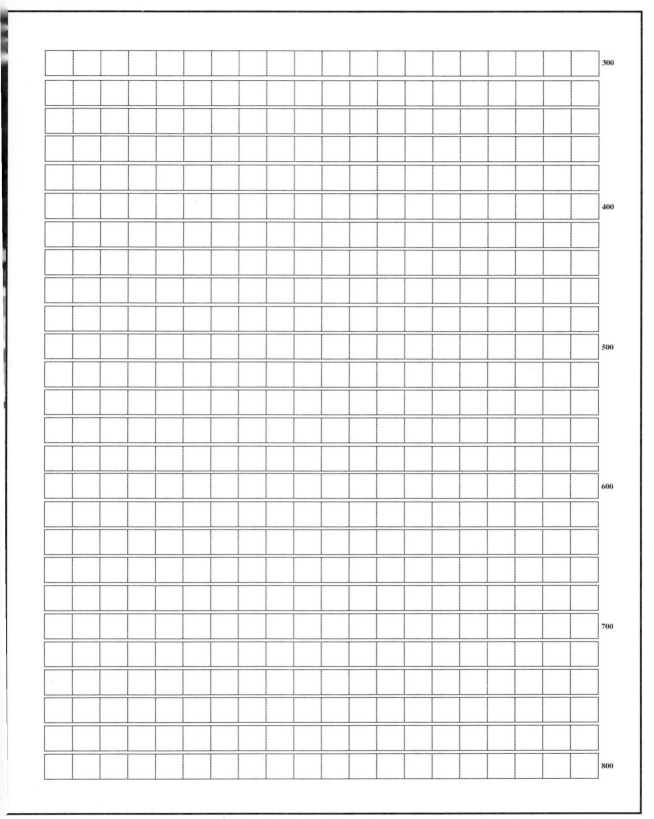

600

700

作文57

100

200

作文56

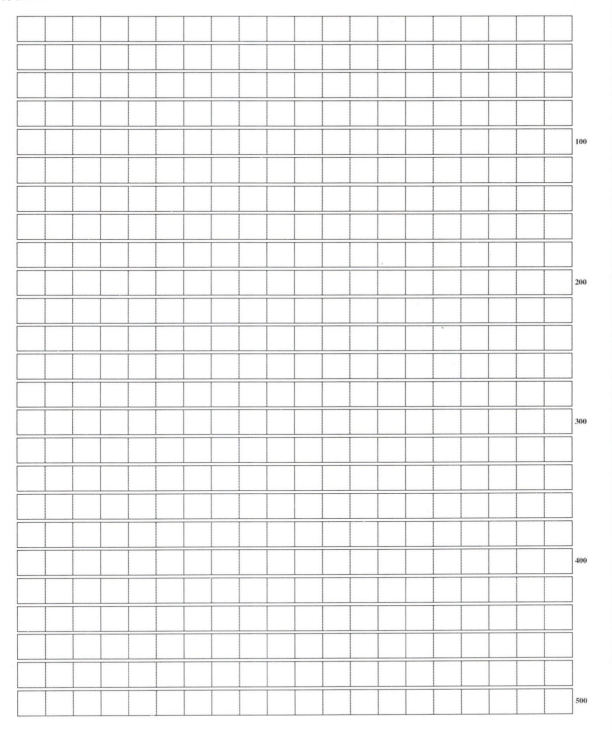